教育部哲学社会科学系列发展报告

MOE Serial Reports on Developments in Humanities and Social Sciences

中国能源发展报告2018

China Energy Outlook 2018

主　编　〔美〕林伯强

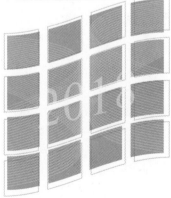

北京大学出版社

PEKING UNIVERSITY PRESS

图书在版编目(CIP)数据

中国能源发展报告.2018/(美)林伯强主编.—北京：北京大学出版社，2019.4
(教育部哲学社会科学系列发展报告)
ISBN 978-7-301-30403-7

Ⅰ.①中…　Ⅱ.①林…　Ⅲ.①能源发展—研究报告—中国—2018　Ⅳ.①F426.2

中国版本图书馆 CIP 数据核字(2019)第 045010 号

书　　　名	中国能源发展报告 2018 ZHONGGUO NENGYUAN FAZHAN BAOGAO 2018
著作责任者	〔美〕林伯强　主编
责 任 编 辑	王树通
标 准 书 号	ISBN 978-7-301-30403-7
出 版 发 行	北京大学出版社
地　　　址	北京市海淀区成府路 205 号　100871
网　　　址	http://www.pup.cn　新浪微博　@北京大学出版社
电 子 信 箱	zpup@pup.cn
电　　　话	邮购部 010-62752015　发行部 010-62750672　编辑部 010-62752021
印 　刷 　者	北京大学印刷厂
经 销 者	新华书店
	730 毫米×980 毫米　16 开本　23.25 印张　450 千字 2019 年 4 月第 1 版　2019 年 4 月第 1 次印刷
定　　　价	70.00 元

未经许可，不得以任何方式复制或抄袭本书之部分或全部内容。
版权所有，侵权必究
举报电话：010-62752024　电子信箱：fd@pup.pku.edu.cn
图书如有印装质量问题，请与出版部联系，电话：010-62756370

前　言

2017年10月,党的十九大的《决胜全面建成小康社会 夺取新时代中国特色社会主义伟大胜利》报告,总结了过去五年的工作和历史性变革,明确了新时代中国发展的方向。其中强调坚持节约资源和保护环境的基本国策,实行最严格的生态环境保护制度,形成绿色发展方式和生活方式,坚持走生产发展、生活富裕、生态良好的文明发展道路。因此,中国经济的低碳转型和能源结构调整力度将进一步加大。

重工业一直以来都是中国能源消耗和污染的主力,在当前"供给侧改革"和"去产能"的大背景下,其产业结构变化会对能源和环境造成显著的影响。高速的经济增长带来了高能源需求,同时也带来了很大的环境与减排压力。交通运输业举足轻重,据IEA(国际能源机构)统计,目前世界交通运输部门的排放占世界能源消费排放近1/3,预计到2030年,交通运输能耗和排放比重都将超过50%。在中国新时代发展的进程中,阐明这些行业的能源波动和节能减排对于推进绿色发展具有积极的意义。

根据《能源发展"十三五"规划》,2020年,中国能源消费总量需要控制在50亿吨标准煤以内,其中非化石能源消费比重提高到15%以上,天然气消费比重力争达到10%,煤炭消费比重降低到58%以下。虽然长期而言,煤炭有逐渐被替代的趋势,但在未来相当长时间内依然是中国最主要的能源品种,经济增长与煤炭需求依然是正相关关系。如何有效应对煤炭使用带来的环境污染,尤其是雾霾问题,仍然是中国在低碳转型过程中值得深刻研究的问题。

在环境治理和能源结构调整的双重压力下,至少从消费量上看,天然气将是中国短期内增长最快的能源品种。2017年入冬之后,北方部分地区出现了大面积的天然气短缺,甚至出现了居民采暖断气的现象。一方面,中国近些年为了解决北方冬季雾霾问题,加快能源结构调整的速度,大力推行居民和工业部门的"煤改气"。但天然气供应能力增长相对滞后,这是造成天然气短缺的直接原因。另一方面,天然气定价机制市场化改革滞后,则是导致供应短缺的深层原因。推进"煤改气"是实现雾霾治理、清洁发展、建设美丽中国的必然要求,需要克服短期供应

困难,坚定不移推进。

2017年3月国家发改委发布了《关于有序放开发用电计划的通知》,这是中国电力改革的关键性文件。近年来电力供需状况和供应格局发生的变化,十分有利于电力改革。但是由于电力需求变动的周期性以及中国人均电力消费的持续增长,这个时间窗口难以持续很长,因此电力改革的时机不能错过。现阶段电力市场改革的核心是建立合理透明的交易机制和价格机制,"逐步放开"计划电量是改革的关键性环节。

对中国来说,发展清洁能源对促进环境保护、减少温室气体排放、实现可持续发展具有重要意义。清洁能源成本大幅度降低,其发展的主要矛盾在于弃风弃光以及需要在大规模弃风弃光背景下进一步快速扩大规模的困局。因此清洁能源发展应该从本国大局出发、联系实际、做好规划、科学统筹,将发展与市场化改革有机结合。中国的经济发展速度与能源体量是前所未有的,清洁能源转型不可能完全照搬欧美经验,需要走出一条自己的发展之路。

储能将是绿色发展的关键一环。中国储能电站发展相对缓慢,但是对大规模储能技术的研发投入比较大,研发进展也相对比较快。对于这种关键性行业,需要在其发展初期进行补贴,以建立足够大的市场,使企业有能力进行研发投入和投资。考虑到储能技术对改变人类能源系统和清洁发展的重要性,中国在储能发展方面不能落后,应该尽快通过政策支持来缩小与国际的技术差距。

中国作为全球最大的石油进口国,目前国内的成品油价格机制根据国际油价波动调整,成品油价格无法反映国内供需。2018年3月在上海国际能源交易中心,中国原油期货的正式挂牌交易,有利于提升中国对国际石油定价的影响。除了利于国内成品油定价,甚至有希望在未来形成一个亚洲指数,从而摆脱目前在国际石油市场上的被动形势和减少所谓"亚洲溢价",让中国的石油供需和库存成为国际油价的重要参照指标。

十九大报告进一步强调了绿色发展,建立碳交易市场是必然趋势。在试点经验的基础上,尽快搭建统一有效的全国碳交易平台。中长期看,基于总量控制的市场碳交易,应该是实现碳减排成本最低、效率最高的政策工具。

相对于传统汽车而言,新能源汽车有利于减少石油消费,促进环境保护。电动汽车取代汽柴油汽车将成为未来汽车行业发展趋势。中国新能源汽车的推广仍主要依靠中央和地方政府的双重补贴,但是政府已经明确表示补贴将逐步取消和退出。那么从市场的角度出发,研究如何拉动电动汽车的购买量将成为推广电动汽车发展的核心问题。

《中国能源发展报告2018》力图全方位研究和报告上述重要和热点问题。全书分为十二章:其中第1章至第3章对重工业、服务业、城市交通业的能源发展和利用情况及其能源效率、节能潜力、碳排放等问题进行了研究;第4章至第7章研究了中国在新发展阶段环境约束下,传统与清洁能源的发展及波动影响;第8章着重研究了储能技术的发展现状及未来展望;第9章对中国的原油期货交易和碳交易进行了研究;第10章分析了中国的新能源汽车市场;第11章和第12章则从宏观角度探索了中国的区域能源选择及能源转型。

《中国能源发展报告》系列从2010年起获得教育部哲学社会科学研究(发展)报告资助。本书还得到福建省能源经济与能源政策协同创新中心资金和厦门大学繁荣计划特别基金在数据采集、分析处理、模型建立等方面提供的大力支持。

本书是团队合作的结果,厦门大学管理学院能源政策研究院、能源经济与能源政策协同创新中心以及厦门大学中国能源经济研究中心的白锐、陈星、陈语、陈宇芳、陈子月、杜之利、葛佳敏、龚旭、贾智杰、邝运明、李峥、李振声、李敏悦、刘奎、柳炜升、栾冉冉、谭睿鹏、田鹏、王闽茜、王瑶、吴微、徐萌萌、张广璐、朱俊鹏等博士研究生、硕士研究生参与了编写。厦门大学能源政策研究院及中国能源经济研究中心的所有教师、科研人员、行政人员、研究生为本书编写提供了诸多的帮助。特别感谢我的博士生凌楚雄所做的大量组织和出版协调工作。北京大学出版社编辑为本书的出版做了大量细致的工作,深表感谢。我们深知所做的努力总是不够,不足之处,望读者指正。

林伯强

2018年9月于厦门

目 录

第1章 重工业为主的产业结构和环境污染 ……………………… 001
   1.1 各省份环境污染程度的综合评价 ……………………… 002
   1.2 产业结构与环境污染 ……………………… 003
   1.3 结果与讨论 ……………………… 004
   1.4 本章小结 ……………………… 007

第2章 城市交通业 ……………………… 009
   2.1 城市公共交通效率与私人汽车能源消费变动 ……………………… 009
   2.2 汽车产业发展 ……………………… 010
   2.3 城市公共交通的发展 ……………………… 012
   2.4 抑制汽车能源消费的意义 ……………………… 016
   2.5 城市公共交通对私人汽车能耗的影响 ……………………… 018
   2.6 发展城市公共交通的政策建议 ……………………… 021

第3章 服务业结构变动与全要素综合效率 ……………………… 023
   3.1 服务业分区域和分行业的综合效率测算 ……………………… 024
   3.2 服务业结构变动对服务业综合效率的影响分析 ……………………… 028
   3.3 本章小结 ……………………… 031

第4章 能源消费与环境约束 ……………………… 032
   4.1 中国能源和环境发展状况 ……………………… 032
   4.2 融资约束对于企业环境绩效的影响 ……………………… 048

第 5 章 煤炭与天然气 057
- 5.1 煤炭需求变动分析 057
- 5.2 中国天然气需求分析 068
- 5.3 中国天然气供给分析 074
- 5.4 中国非常规油气发展现状与展望 080

第 6 章 电力 106
- 6.1 中国电力交易市场进展 106
- 6.2 居民阶梯电价政策对居民用电影响的评估与分析 118
- 6.3 阶梯电价与电力补贴 133

第 7 章 新能源 148
- 7.1 光伏行业发展现状综述 148
- 7.2 风电行业发展及其展望 163
- 7.3 中国海上风电发展现状及展望 174

第 8 章 储能技术发展与展望 183
- 8.1 储能背景概述 183
- 8.2 储能技术现状与发展 184
- 8.3 储能市场发展状况 186
- 8.4 储能产业展望 190

第 9 章 中国原油期货市场与碳交易市场 195
- 9.1 中国原油期货市场的建立与现状分析 195
- 9.2 中国碳交易市场的现状和发展趋势 207
- 9.3 中国碳税税制研究——碳税税率和征税行业 226

第 10 章 新能源汽车 243
- 10.1 电动汽车发展现状及政策梳理 243
- 10.2 新能源汽车环境价值及支付意愿评估 258

第 11 章 低碳能源消费政策和能源结构转型 269
- 11.1 "以电代煤"低碳政策回顾 269
- 11.2 中国"以电代煤"现状评估——以北京为例 276
- 11.3 中国"以电代煤"的推广 283

11.4 "以电代煤"低碳发展的政策建议 ………………………………… 294

第 12 章　区域选择与影响 ………………………………… 297
　　12.1　中国跨区域能源选择与协调发展 ………………………… 297
　　12.2　政策建议 ………………………………………………… 306

参考文献 ………………………………………………………… 310

附录 1　中国能源领域相关数据 ………………………………… 318

附录 2　2017 年国内能源大事记 ………………………………… 339

附录 3　2017 年国际能源大事记 ………………………………… 349

第1章　重工业为主的产业结构和环境污染

产业是国民经济可持续发展的支撑力量和社会和谐稳定的重要基石。习近平总书记指出："产业结构优化升级是提高中国经济综合竞争力的关键举措。要加快改造提升传统产业,深入推进信息化与工业化深度融合,着力培育战略性新兴产业,大力发展服务业特别是现代服务业,积极培育新业态和新商业模式,构建现代产业发展新体系。"从国际看,当前全球经济格局正处于深度调整的阶段,特别是2008年国际金融危机爆发之后,发达国家纷纷提出"再工业化"战略,试图在新的技术平台上提升制造业和发展新兴产业,继续以核心技术和专业服务牢牢掌控全球价值链的高端环节。

从国内来看,产业结构调整是经济发展到一定阶段所面临的必然选择。改革开放以来,中国的经济发展取得了举世瞩目的成就,2011年中国超过日本,成为世界第二大经济体。而与此同时,中国的能源消费也迅速增长。2009年,中国成为世界上最大的能源消费国,2016年中国一次能源消费总量为43.6亿吨标准煤,占全球总能源消费量的23%。巨大的能源消费量不但使能源供需形势日益严峻,还带来了严重的环境问题。尤其是自2012年冬天开始,全国大范围地区多次出现的雾霾天气,将严峻的环境形势暴露在人们面前,并引起了广泛的国际关注。

雾霾和水污染等恶性环境问题频发,有一定的气象因素,但与粗放型的发展模式、长期以重化工业为主的产业结构和以煤炭为主的能源结构以及能源效率低下和环境治理低效等多种发展过程中的问题有关。相比于其他国家,中国的能源消费结构以重工业为主,重工业能源消费占全国一次能源消费总量的比重接近65%,电力消费占全社会用电量的比重超过60%。长期以来重工业的高速发展,导致产业升级和淘汰落后产能的进程相对比较缓慢,高排放高污染成了重工业摘不掉的标签。

十九大报告提出,要着力解决突出环境问题,包括"持续实施大气污染防治行动,打赢蓝天保卫战""加快水污染防治"和"强化土壤污染管控和修复"等,同时还提出要建设现代化经济体系。在这种背景下,本章试图分析中国当前以重工业为主的产业结构同环境污染之间的联系,为产业结构优化升级和建设现代化经济体系提供一定的参考。

1.1 各省份环境污染程度的综合评价

环境污染的影响因素很多,且由于各省份产业结构与经济发展程度等方面均存在较大差异,因此使用不同的指标得到的环境污染结果有很大的不同。现有文献主要单独选取二氧化硫、氮氧化物、二氧化氮或可吸入颗粒污染物等作为环境污染的衡量指标,或选取其中的几种,而较少考虑废水、固体废弃物等污染物排放,且缺乏一个综合衡量各种污染物排放的环境污染评价体系。环境污染包括大气污染、水污染和固体废弃物污染等多种因素,因此衡量环境污染水平应制定一个更为综合、全面的指标。

鉴于此,我们首先选取2000—2015年中国除台湾、香港和澳门以外的31个省份作为样本,采用熵权法构建了一个包含二氧化硫、烟粉尘、废水和固体废弃物排放等因素的环境污染综合指数,对各省份的环境污染现状进行综合评价。熵是系统无序程度的一个度量,而熵权法正是依据熵的这一特性,如果指标的信息熵越小,该指标提供的信息量越大,在综合评价中所起作用理当越大,权重就应该越高。使用熵权法,我们构建了各省份的环境污染综合指数,如图1-1所示。

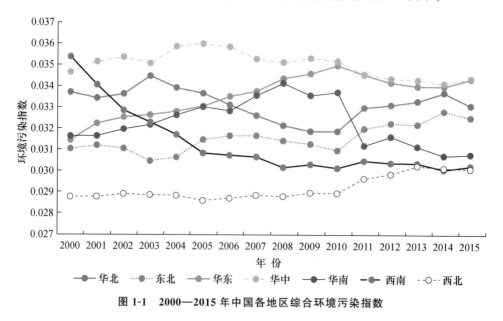

图 1-1 2000—2015 年中国各地区综合环境污染指数

为便于展示,我们将各省份所处的地理位置分为东北、华北、华东、华中、华南、西南和西北等7个地区。其中东北地区包括辽宁、吉林和黑龙江;华北地区包括河北、山西、内蒙古、北京和天津;华东地区包括山东、江苏、安徽、浙江、福建、江西和上海;华中地区包括河南、湖北和湖南;华南地区包括广东、广西和海南;

西南地区包括云南、贵州、四川和西藏；西北地区包括新疆、陕西、宁夏、青海和甘肃。

　　从图1-1的结果可以看出，西南地区的环境污染情况在逐渐改善，西北地区则不断恶化，2010年之后环境恶化程度有所加剧，到2013年之后才开始有所缓解。其他地区的环境污染状况都有一定的波动，但总的来看，2010年之后华中和华东地区的环境污染情况开始逐步得到改善，而华北和东北地区则有进一步加重的趋势。从2015年的结果来看，华东和华中地区的环境污染形势较为严峻，华北和东北地区的综合环境污染指数也紧随其后，环境形势同样不容乐观，华南地区相对较好，西南和西北地区的环境则在全国范围内处于较为优良的水平。且中国各地区的环境污染呈现出较为明显的集聚效应。华北、华东、华中和西南地区的一些省份环境污染水平一直相对较高。从变化趋势来看，新疆、内蒙古等地区的环境污染呈现出较为显著的恶化趋势，而广东、浙江等东部省份最近几年的环境水平逐渐好转，青海、西藏等地的环境污染则一直保持在较低的水平。

1.2　产业结构与环境污染

　　当前已有一些文献研究了产业结构同环境污染之间的联系。从研究方法来看，目前的研究大多采用传统的面板数据分析各种潜在影响因素与环境污染之间的关系，引入空间计量方法的研究还相对较少。传统的面板回归通常假定各个地区的污染排放是相互独立的，这显然与现实存在偏离，风向、水流等客观因素使得一个地区的环境质量必然会受到邻近地区污染排放的影响，环境污染存在很强的空间联动性，而工业尤其是重工业发展的产业集聚效应和有关公共政策的外部性等则进一步加强了环境污染的空间相关性，如果忽略这种空间相关性的影响，模型估计将是有偏的或产生错误的参数检验。而空间面板模型更能准确把握各个因素环境污染的空间冲击，从空间角度探究不同因素的影响方向和影响程度。

　　引入空间变量或者经过空间过滤的空间计量模型建立之后，还需要通过空间相关性检验对其效果的好坏进行判断，一般可以通过对真实值和模型估计值之间的残差进行空间相关性检验实现。如果参数经过检验在空间上没有表现出相关性，则表明在引入空间变量或者经过考虑空间效应后的模型已经成功地处理了空间相关性。

　　空间效应可以通过空间自相关莫兰指数来检验。莫兰检验结果表明，各省份之间的环境污染综合指数之间存在着显著的空间效应。进一步地，根据各省份的莫兰指数值，我们可以得到各地区环境污染的不同类型。限于篇幅，这里仅列举了2000—2015年间属于高-高型污染类型的省份，其中高-高型污染类型是指高污染的地区被高污染的地区所包围。整理的结果如表 1-1 所示。从表 1-1 的结果中可以看出,高-高型污染区域集中分布在河北、山西、内蒙古、辽宁、山东和河南等省份,江苏、湖北、湖南和广西部分年份也处于高-高型集聚区。

表 1-1 2000—2015 年高-高型环境污染省份

年 份	省 份
2000	河北、山西、辽宁、山东、河南、湖南、广西、重庆、贵州、云南、陕西
2001	河北、山西、辽宁、江苏、山东、河南、湖北、湖南、广西、重庆、贵州、云南
2002	河北、山西、辽宁、江苏、山东、河南、湖北、湖南、广西、重庆、贵州
2003	河北、山西、内蒙古、辽宁、江苏、山东、河南、湖南、广西、重庆、贵州
2004	河北、山西、内蒙古、辽宁、江苏、山东、河南、湖北、湖南、广西、贵州
2005	河北、山西、内蒙古、辽宁、江苏、山东、河南、湖南、广西、重庆
2006	河北、山西、内蒙古、辽宁、江苏、浙江、山东、河南、湖北、湖南、广西、贵州
2007	河北、山西、内蒙古、辽宁、江苏、浙江、山东、河南、湖南、广西
2008	河北、山西、辽宁、江苏、浙江、福建、山东、河南、湖北、湖南、广东、广西
2009	河北、山西、辽宁、江苏、浙江、福建、山东、河南、湖北、湖南、广东、广西
2010	河北、山西、辽宁、江苏、浙江、福建、山东、河南、湖北、湖南、广东、广西
2011	河北、山西、内蒙古、辽宁、江苏、浙江、福建、山东、河南、湖北、湖南
2012	河北、山西、内蒙古、辽宁、江苏、浙江、山东、河南、湖北、湖南、广西
2013	河北、山西、内蒙古、辽宁、江苏、浙江、山东、河南、湖北、陕西
2014	河北、陕西、内蒙古、辽宁、江苏、浙江、安徽、山东、河南、湖北、陕西
2015	河北、陕西、内蒙古、辽宁、江苏、浙江、安徽、江西、山东、河南、湖北、陕西

1.3 结果与讨论

在经济发展的初期,工业化速度的提升往往意味着对资源的过度开采和废弃物排放量的剧增。当经济发展到一定程度时,经济增长方式逐渐由粗放型向集约型增长转型,产业结构也将发生相应的优化升级,工业在国民经济中的比重开始下降,第三产业占比开始增加,资源约束和环境压力有所缓解。本文使用各地区第二产业占比来衡量产业结构。与此同时,为深入分析产业结构对环境污染的影响,我们还选取了包括各省份实际人均 GDP、环境污染治理投资、研发经费投入强度和外商直接投资等因素作为控制变量。

1. 各控制变量的设定

(1) 实际人均 GDP。实际人均 GDP 的计算首先通过各省份 GDP 指数得到历年实际 GDP,再分别除以各省份当年人口,得到实际人均 GDP,用来衡量各省份经济发展水平。各省份GDP和人口数量来自中国统计年鉴。

（2）环境污染治理投资。随着收入的提高，人们对环境质量的要求也越来越高，政府也将加大环境污染治理力度来改善环境质量。环保意识越强，环境污染程度也就相对越低。本文使用历年工业环境污染治理投资额来衡量环保意识，并用GDP平减指数进行修正。工业环境污染治理投资来自中国环境统计年鉴。

（3）研发经费投入强度。技术进步是效率提高的关键，研究与开发(R&D)是推动技术进步的重要来源。本文采用各省"研究与试验发展经费投入强度"来衡量R&D。从国家或地区看，研发强度是指国家或地区研发投入总量与国内或地区生产总值之比，是国际上通用的反映一个国家或地区科技投入水平的核心指标，高水平的研发投入强度被认为是提高国家或地区自主创新能力的重要保障。

（4）外商直接投资。由外商直接投资(FDI)反映的对外开放程度是中国环境污染研究需要考虑的基本因素。现有研究显示，FDI对环境质量影响的方向并不确定。一方面，FDI可以为当地企业带来先进的"清洁"生产技术，这可以减少当地的环境污染；另一方面，"污染避难所"假说认为FDI会通过高污染产业向东道国转移而恶化其环境质量。本文使用各地区实际使用的外商投资额表示FDI，并通过当年的平均美元汇率折算成人民币。

2. 为了对各省份综合环境污染进行系统性考察，本文构建了两种空间权重矩阵

第一种是常见的邻接矩阵，其元素表示各省份之间是否相邻，如果相邻则为1，否则为0。第二种是地理距离权重矩阵，其元素表示各省份之间距离的倒数。

从估计结果来看，各省份之间的环境污染水平存在着显著的空间相关性。如果一个省份周围的其他省份环境质量差，那么该省份的环境质量相对较差的可能性就更高，各省份之间的环境污染行为存在着"集团"行为。

（1）人均GDP对环境污染的影响显著。其中$\ln GDP$的系数显著为负，$\ln^2 GDP$的系数显著为正，$\ln^3 GDP$的系数显著为负，这说明人均GDP与环境污染水平呈倒"N"形关系。通过对回归方程求一阶偏导数并令其为零，可以求得环境污染与人均GDP倒"N"形曲线的两个拐点。两个拐点处的人均GDP分别为1.97万元和50.61万元。跨过拐点，说明对应省份的环境污染水平同经济增长负相关，环境水平会随着经济增长而逐渐得到改善，反之则会随着经济增长而逐渐恶化。表1-2列举了人均GDP跨过50.61万元拐点的省份及其对应的时间。从全国范围来看，跨过拐点的省份数量仍然相对较少，且大部分省份位于东部经济较为发达的地区。而污染水平较高的河北、山西、山东等省份仍未跨过拐点，说明从目前的趋势来看如不采取相应的措施，未来一段时间这些省份的环境污染和经济增长将继续处于正相关阶段，中国的环境污染治理仍存在着较大的压力。

表 1-2　跨过和未跨过第二个拐点的省份

跨过拐点的省份	未跨过拐点的省份
北京（2006）、天津（2008）、内蒙古（2011）、辽宁（2012）、吉林（2015）、上海（2006）、江苏（2010）、浙江（2010）、福建（2012）、山东（2012）、广东（2011）、重庆（2015）	河北、山西、黑龙江、安徽、江西、河南、湖北、湖南、广西、海南、四川、贵州、云南、西藏、陕西、甘肃、青海、宁夏、新疆

注：省份后面括号中的时间为对应区域人均 GDP 超过 50.61 万元对应的时间。

（2）产业结构。回归结果表明，产业结构对环境污染水平均有着显著的正向影响，这说明工业占比越高，环境质量也就相对越差。当前粗放式的工业化发展模式和以重化工业为主的产业结构以及由此带来的大量能源消费，再加上以煤炭为主的能源结构，共同成为中国环境污染的主要原因之一。因此，制定实施有效的绿色产业扶持政策，加快发展服务业等第三产业，合理引导、加速实现中国"后工业"时代的到来，特别是对一些重工业大省，促进其产业结构的"绿色"调整升级，应当成为治理环境污染的基本思路之一。

（3）环境污染治理投资。环境污染治理投资的估计系数为正，也就是说中国工业环境污染治理投资额的增加不但没有改善反而加剧了环境污染，环境污染治理没有达到预期的效果，可能的原因是：第一，环境污染越严重的地方，在环境污染治理方面的投资也可能相对越多。很多地方长期以来以牺牲环境为代价谋求经济发展，采取"先污染，后治理"的发展思路。这就导致环境污染治理投资更多地承担了善后而非预防的作用。第二，相比于快速的经济增长和大量的污染物排放，环境治理投资严重不足。大部分省份环境污染治理投资占 GDP 比重在 1%～2%之间，个别年份甚至低于 1%。较低的环境污染治理投资不仅无法消除现有的污染，甚至无法控制污染物排放增长。第三，当前的污染治理投资主要针对企业污染物排放，这种污染治理模式无法对企业采取更加清洁的生产方式产生激励，因此也就无法从源头上遏制污染物排放的增加。

（4）外商直接投资。FDI 对环境污染水平的影响在 SEM 模型中显著为负，在 SDM 模型中显著为正，在 SAR 模型中则不显著。FDI 对环境的影响机制较为复杂。负向的影响说明一个地区 FDI 的增加有助于当地的环境治理。从现有研究来看，FDI 对发展中国家环境污染主要有两方面的影响：第一，FDI 倾向于使用较为先进的生产技术和污染排放系统，在实际生产过程中对资源环境的损耗相对较少，从而降低了中国的环境污染水平，在引进先进环保技术和设备特别是环境友好型技术转移方面作出了积极贡献；第二，FDI 与环境污染之间存在着一个复杂的传导机制，技术效应、规模效应、结构效应等都会对环境产生一定的正向或负向影响，FDI 存量增加所导致的经济规模扩张和经济结构重污染化都可能加重环境污染。

（5）研发投入强度。实证结果表明，三种模型下研发投入占比表示的技术进步都对环境污染水平有着显著的负向影响，这说明加强技术进步，提高研发投入在GDP中的比重能够使环境污染得到有效治理。通过加强研发投入可以提高生产效率和能源效率，降低能源消耗，从而降低污染物排放水平。

地理距离空间权重矩阵下的回归结果同邻接空间权重矩阵下的回归结果类似。总的来看，人均GDP的一次项和三次项系数为负而二次项系数为正，说明人均GDP和环境污染呈一定的倒"N"形关系；产业结构和环境污染治理投资同环境污染存在一定程度上的正相关，而FDI同环境污染的关系则不显著。这说明结果是稳健的。

1.4 本章小结

本章首先使用熵权法构建了包含二氧化硫、烟粉尘、废水和固体废弃物排放的中国省际综合环境污染指数，对各省份的环境污染水平进行综合评价，进而在考虑了空间因素的情况下对影响中国环境污染的因素进行了实证分析。实证结果表明，中国各省份之间的环境污染存在明显的空间相关性，且环境污染同经济发展水平呈较为显著的倒"N"形关系，少部分省份已跨过倒"N"形的第二个拐点，环境质量开始随经济发展水平的提高得到改善，但多数污染较为严重的省份并未跨过第二个拐点，未来一段时间内环境污染水平仍有可能随经济增长而恶化；从环境污染的各个影响因素来看，第二产业占比同污染水平显著正相关，而提高研发投入占比能够显著改善环境污染水平。从本章研究结果来看，FDI同中国各省份环境污染水平不存在显著的相关性。基于以上结论，本文提出以下政策建议：

加强区域协作，共同应对环境污染治理问题。本章的实证结果表明，环境污染具有明显的空间相关性。通俗地讲，一个省份的环境污染水平不仅同当地的污染物排放和环境治理措施有关，同相邻地区的环境污染水平也存在着显著的相关性，环境污染的区域集聚效应十分明显。因而加强省际之间的污染治理协作就显得尤为重要。为促进区域之间污染协作治理，首先要实行科学的顶层设计，制定跨行政区政府协作治理的法律法规，构建区域性的总体规划以及实施标准细则。并且可以设立具有切实监督执行权力的协调机构，职能可以包括制定空气质量管理标准，对固定源污染进行管理等。

第二产业占比同环境污染水平有着显著的正向影响，因此应更加注重产业转型升级。长期的以重化工业为主的发展策略，导致中国同很多西方国家在能源强度方面存在很大差距。重工业在中国产业结构中占有很重要的比重，消耗了大量的能源，同时也造成了大量的污染物排放。不同产业产生相同GDP所消耗的能源差距巨大,以电力消费为例,第二产业单位 GDP 电耗为 1500 千瓦时/万元,其中,工业单位 GDP 电耗为 1750 千瓦时/万元,而第三产业单位 GDP 电耗仅约为 220 千瓦时/万元。因此加快发展第三产业,实现经济增长驱动方式的转变,对实现控制能源消费总量目标和环境治理有巨大的现实意义。事实上自 2013 年起,中国服务业在经济中的比重已经超过第二产业,中国的经济增长方式已经发生了巨大变化。但相比于其他国家,重工业在经济结构中的比重仍然过高,由此带来的能源、环境问题依然十分严重,因此仍有很长的路要走。

此外,还应进一步加大对环境污染治理的投入。从本章的研究结果来看,各省份环境污染治理投资同环境污染水平显著正相关。可能的原因是污染程度越高的省份在环境污染治理方面的投资也就越高,而这也从侧面反映了环境污染治理投资严重不足的事实。从实际投资情况来看,东部省份投入明显高于中部和西部,这也是东部近年来环境污染指数逐渐下降的重要原因之一。但从另一个角度来说,东部污染情况仍然要明显高于中部和西部,因而加大东部的污染治理投入是十分必要的。而对于中西部来说,为避免东部先污染后治理的老路,应提前加强环保意识,且现阶段加强环境治理方面的投资也会获得更大的边际效益。

对于政府来说,为刺激工业企业对污染治理的投资,最好的方法即是制定更加严格以及严谨的排放标准。中国一些主要污染物年排放量仍高达 2000 万吨左右,只有再减少 30%~50%,环境质量才会明显改善。在"十三五"时期环境保护要以提高环境质量为核心。环境质量是根本目标,污染减排是重要手段。"十三五"时期需要扩大污染物总量控制范围,将细颗粒物等环境质量指标列入约束性指标。对全国实施重点行业工业烟粉尘总量控制,对总氮、总磷和挥发性有机物实施重点区域与重点行业相结合的总量控制,增强差别化、针对性和可操作性。具体而言,可以考虑在电力、钢铁、水泥等重点行业开展烟粉尘总量控制,实施基于新排放标准的行业治污减排管理;在"三湖一库"、海河流域以及长三角等污染最严重、问题最突出的地区实行总氮或总磷区域排放总量控制,要求沿海城市污水处理厂实施脱氮除磷,以及推进实施燃煤电厂超低排放改造、石化及化工行业挥发性有机物治理等一批环境治理重点工程,通过大工程带动大治理。

第 2 章 城市交通业

2.1 城市公共交通效率与私人汽车能源消费变动

广义的公共交通包括民航、铁路、公路、水运等交通方式;狭义的公共交通是指城市范围内定线运营的公共汽车及轨道交通、公共自行车、轮渡、索道等交通方式。如果按照属性来分类,可以分为道路公共交通、轨道公共交通、水上公共交通以及其他公共交通,如图 2-1 所示。

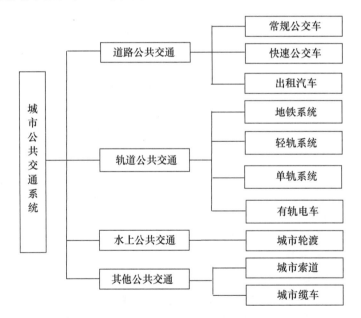

图 2-1 中国城市公共交通系统的分类及构成

数据来源:《城市公共交通分类标准》。

城市公共交通是城市经济发展的"动脉",是联系社会生产、流通和人民生活的纽带,是城市功能正常运转的基础支撑和提升城市综合竞争力的关键。改革开放以来,中国城市公共交通有了较快发展,但随着经济社会发展和城镇化进程的加快,随着中国经济的发展和人口的增长,大城市交通状况日趋恶化。简单的扩路增车方法已解决不了城市的这一重大问题。

相比于私人汽车来说,公共交通效率更高,这种效率可以体现在两个方面,一是可以运载更多的乘客,拥有更高的载客效率;二是人均能耗更低,拥有更高的能源效率。因此,发展公共交通是目前解决城市交通问题的一个有效途径。

国务院高度重视城市公共交通发展。习近平总书记在北京市视察时指出,发展公共交通是现代城市发展的方向。李克强总理在《2016年政府工作报告》中强调,要完善公共交通网络,治理交通拥堵等突出问题。

2012年12月,国务院出台了《关于城市优先发展公共交通的指导意见》,明确指出"随着中国城镇化加速发展,城市交通发展面临新的挑战。城市公共交通具有集约高效、节能环保等优点,优先发展公共交通是缓解交通拥堵、转变城市交通发展方式、提升人民群众生活品质、提高政府基本公共服务水平的必然要求,是构建资源节约型、环境友好型社会的战略选择",并首次提出了城市公共交通优先发展战略。

2016年7月,交通运输部印发了《城市公共交通"十三五"发展纲要》,这是"十三五"期间推进城市公共交通优先发展的指导性文件。本《纲要》描绘了"十三五"时期中国城市公共交通发展的愿景,即全面建成适应经济社会发展和公众出行需要、与中国城市功能和城市形象相匹配的现代化城市公共交通体系,主要体现在群众出行满意、行业发展可持续两个方面。到2020年,初步建成适应全面建成小康社会需求的现代化城市公共交通体系。在具体目标上,本《纲要》根据不同人口规模对城市进行分类,按照"数据可采集、同类可比较、群众可感知"原则,分别提出了"十三五"期间各类城市的公交发展指标。

2.2 汽车产业发展

交通运输是连接生产端和消费端,承载人类社会经济活动的重要部门,而交通运输业的发展离不开能源的支撑。从工业革命蒸汽机的发明开始,交通运输部门消耗了大量的原煤、汽油、柴油、燃料油、天然气、热力、电力等一次及二次能源。IEA 2014年的数据显示,①世界平均交通运输部门能源消耗比重为27.88%,并且这一比重仍在随着各国经济的发展而增加。从另一个角度来说,交通运输部门的高能耗就意味着高污染和高排放。据2015年的《IEA世界能源展望》统计,目前交通运输部门的排放占世界能源消费排放近1/3,预计到2030年,交通运输能耗和排放比重都将超过50%。

汽车部门是交通运输行业的重要组成部分,随着中国经济的快速发展以及城市化水平的不断提高,中国汽车行业进入了快速发展的时期。2017年,中国汽车

---

① 数据来源:http://www.iea.org/statistics/

产销分别完成2901.5万辆和2887.9万辆,比上年同期分别增长3.2%和3%,产销量连续九年位居世界第一。2017年,全国汽车保有量达2.17亿辆,与2016年相比,全年增加2304万辆,增长11.85%。随着人们生活水平的不断提高,越来越多的人成为有车一族,中国私人汽车的数量和比例都在不断扩大。从车辆类型看,载客汽车保有量达1.85亿辆,其中以个人名义登记的小型和微型载客汽车(私家车)达1.70亿辆,占载客汽车保有量的91.89%,如图2-2所示。

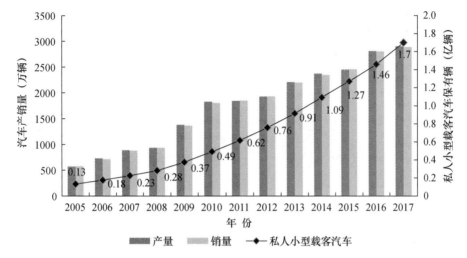

图2-2 汽车产销量及私人小型载客汽车保有量(2005—2017)
数据来源:CEIC数据库。

与2016年相比,私家车增加2300万辆,增长11.86%。全国平均每百户家庭拥有36辆私家车,成都、深圳、苏州等城市每百户家庭拥有私家车超过70辆。与2005年前相比,私家车从1300万辆上升到1.70亿辆,上涨超过了10倍,并且私家车占总的汽车保有量比重也从38%上升到了78%。2017年,载货汽车保有量也达2341万辆,新注册登记310万辆,为历史最高水平。从分布情况看,全国有53个城市的汽车保有量超过百万辆,24个城市超过200万辆,北京、成都、重庆、上海、苏州、深圳、郑州7个城市超过300万辆。

快速发展的汽车部门带来了巨大的能源消费量。根据Lin and Du(2017)对汽车部门能耗的估算,如图2-3所示,中国2016年汽车部门能耗占全国能源消费比重约为10.36%,约为十年前的3倍。汽车部门能耗占石油消费比重也在快速上升,尤其近几年增长明显加快,2015年汽车部门石油消费比重已经超过了50%。未来随着中国经济水平进一步发展,汽车保有量仍将处于一个快速增长的时期,汽车部门能源消费量将会继续增加。

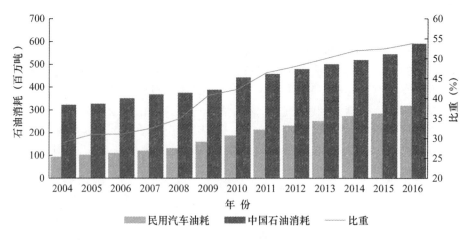

图 2-3 民用汽车石油消费量(2004—2016)

数据来源：Lin Boqiang and Du Zhili, Development path of electric vehicles under the constraints of environment and energy security (Working Paper).

2.3 城市公共交通的发展

2.3.1 城市轨道公共交通

城市轨道交通是城市公共交通的骨干。它具有节能、省地、运量大、全天候、无污染（或少污染）、安全等特点，属绿色环保交通体系，符合可持续发展的原则，特别适用于大中城市。城市轨道交通种类繁多，包括地铁、轻轨、单轨、有轨电车、磁悬浮等运输方式，是城市公共交通模式的一种。

根据《城市轨道交通 2016 年度统计和分析报告》数据显示，截至 2016 年年末，中国内陆地区(以下文中涉及全国数据均指中国内陆地区，不含港澳台)共 30 座城市开通城市轨道交通运营，共计 133 条线路，运营线路总长度达 4152.8 千米。其中，地铁 3168.7 千米，占 76.3%；其他制式城市轨道交通运营线路长度 984.1 千米，占 23.7%。年度新增运营线路长度创历史新高，首次超过 500 千米(534.8 千米)，同比增长 20.2%。全年累计完成客运量 160.9 亿人次，同比增长 16.6%。拥有 2 条及以上城市轨道交通运营线路的城市已增加至 21 座。运营线路增多、客流持续增长、系统制式多元化、运营线路网络化的发展趋势更加明显。2016 年，中国城市轨道交通完成投资 3847 亿元，在建线路总长 5636.5 千米，均创历史新高。批复投资累计 34995.4 亿元。截至 2016 年年末，共有 58 座城市的城市轨道交通线网规划获批(含地方政府批复的 14 座城市)，规划线路总长达 7305.3 千米。在建、规划线路规模进一步扩大、投资额持续增长、建设速度稳健提升。

中国人口超过千万的超大城市就多达 15 座，因此从长远来看，要解决中国大城市交通拥堵和环境问题，需要轨道交通有快速的发展。

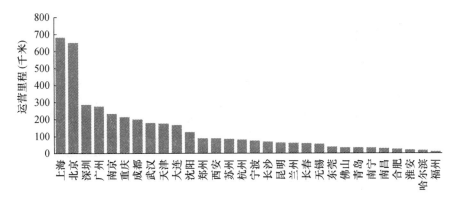

图 2-4　2016 年各城市轨道交通运营里程
数据来源：中国城市轨道交通协会，《城市轨道交通 2016 年度统计和分析报告》。

从图 2-4 中可以看出，虽然目前全国已经有 30 个城市建设了轨道交通，但是各个城市的分布差别较大。上海和北京在 2016 年城市轨道交通里程分别达到了 682.5 千米和 650.4 千米，而运营里程最少的福州仅有 9.2 千米。北京、上海、广州、深圳四个超一流城市的轨道交通合计运营里程达到了 1895.7 千米，占全国总运营里程的 45.65%。从各个城市轨道交通运营里程的分布情况来看，目前轨道建设过于集中。中国汽车保有量超过 300 万辆的城市多达 7 个，超过 100 万辆的城市更是突破 50 大关，因此，城市轨道交通建设仍需要进一步拓展。

根据中国城市轨道交通协会的数据，2016 年城市轨道交通全年完成客运量总计 160.9 亿人次，比上年 138 亿人次增长了 22.9 亿人次，增长 16.6%。其中，北京客运量达到 36.6 亿人次，首次实现了日均客运量超千万人次（1002.5 万人次），上海客运量 34 亿人次，广州客运量 24.8 亿人次，深圳客运量 12.9 亿人次，均创历史新高，北京、上海、广州、深圳四市的客运量占全国总量的 67.3%。从客运量增长情况来看，随着新开通城市轨道交通运营线路的增多，各城市尤其是城市轨道交通新兴城市的客运量增长明显，城市轨道交通逐渐成为这些城市市民出行的重要公共交通方式。其中，宁波客运量较上年增长了 2 倍，长沙的客运量增长明显，较上年增长 90.7%；成都、武汉的客运量分别增长 65.7% 和 63.2%；佛山、郑州、深圳三市的客运量分别增长 49.8%、40.5%、38.9%；另有杭州、南京、无锡、西安、大连、上海、苏州七市的客运量增长率均超过了 10%。

图 2-5 显示了 2016 年各城市轨道交通的负荷强度情况，从图中可以看出，中

国城市轨道交通整体的负荷强度相对较高。其中排在前几位的城市分别有广州、西安、北京、上海、成都,几个城市都是人口密度较高的地区。

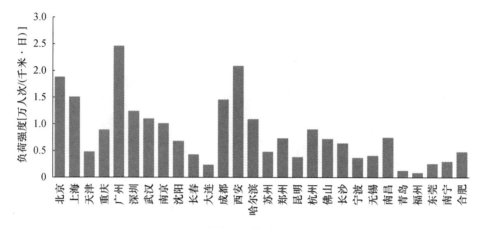

图 2-5　2016 年各城市轨道交通负荷强度
数据来源:中国城市轨道交通协会,《城市轨道交通 2016 年度统计和分析报告》。

从 2016 年轨道交通营收的情况来看,根据《城市轨道交通 2016 年度统计和分析报告》,2016 年平均千米/车运营成本 27.6 元,比上年下降 4.2%;平均千米/车运营收入 16.3 元。平均人·千米运营成本 0.99 元,平均人·千米运营收入 0.49 元,平均单位票款收入 0.15 元/(人·千米)。城市轨道交通票价收入仍处于较低水平。2016 年度计算运营收支比为 77.7%,相比上年提升了 17.7 个百分点。其中运营收支比超过 100%,即运营盈利的城市有深圳、武汉、昆明、沈阳、广州、合肥六个城市。运营收支比逐年提高,城市轨道交通运营的经济性和相关资源经营的水平也在逐年提升。但其他 24 个运营城市运营收支比均低于 100%,其中,14 个城市的运营收支比在平均水平以下,从整体看,城市轨道交通运营入不敷出依然是普遍状况。

根据《城市轨道交通 2016 年度统计和分析报告》,平均人·千米能耗为 0.177 千瓦时,比上年有所增长。其中南宁、青岛两个城市由于新开通线路客流量小,人·千米能耗高于 0.5 千瓦时/(人·千米),宁波、无锡、东莞、南昌由于新开通线路客流量小或城市整体客流量较小,人·千米能耗均高于平均值。据运营单位上报数据统计计算,平均千米/车能耗为 4.79 千瓦时,其中,平均千米/车牵引能耗为 2.01 千瓦时,均比上年有所增加。

2.3.2　城市道路公共交通

根据《2016 年中国交通运输统计年鉴》的数据,到 2015 年,全国共有城市公共汽电车辆超过63万标准台,客运量约为765亿人次,运营线路总长度约90万千米;[①]全国快速公交系统运营线路总长度超过3000千米,公交专用车道约8500千米;全国已有25座城市开通了轨道交通线路,运营线路总长度约3200千米,客运量超过140亿人次。

《2016年中国交通运输统计年鉴》列出了中国36座中心城市[②]的具体道路公交运营数据,我们可以借此了解各地区道路公交发展情况。

图2-6展示了2015年中国36座中心城市的公共汽电车和出租车数量,从图中我们可以看到,出租车的数量基本上是公交车的2倍。从整体上看,36个中心城市平均公共汽电车保有量为6616辆,而出租车为13 771辆。但是在个别城市,比如深圳和厦门,公交车和出租车的数量几乎相同。另外,北京和上海无论是在公共汽电车还是出租车的数量上,都遥遥领先其他城市。

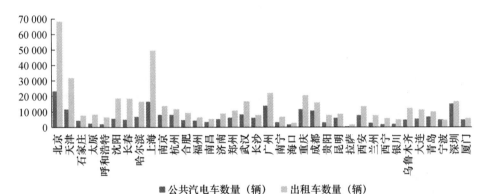

图2-6　2015年36座中心城市公共汽电车及出租车数量
数据来源:《2016年中国交通运输统计年鉴》。

从图2-7中可以看到,公交车运营里程基本上和客运量呈正相关关系。客运量较大的城市分别为北京、上海、广州、重庆、西安以及深圳,都是人口和汽车保有量非常密集的城市。

城市公共交通的发展为人们出行提供了更有效、更节能的交通方式,但是高效率的城市公共交通系统是否会有效地抑制汽车能源消费,或者这一抑制效应到底有多大?这是在目前城市公共交通优先发展战略背景下需要明确的一个重要问题,以便为未来公共交通发展决策提供证据支持。

---

① 此处"万千米"词头叠加,应表述为10^7米或10兆米(兆,10^6)。——编辑注
② 全国36个中心城市包括各省省会、直辖市以及5个计划单列市(大连、宁波、青岛、深圳及厦门)。

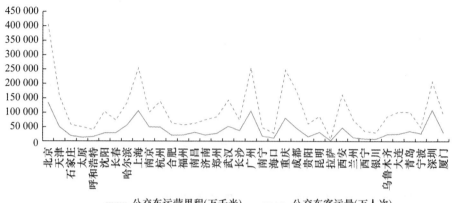

图 2-7　2015 年 36 个中心城市公交车运营里程及客运量

数据来源:《2016 年中国交通运输统计年鉴》。

2.4　抑制汽车能源消费的意义

1. 首先在于缓解石油对外依存度逐渐扩大的趋势,保障石油安全

如图 2-8 所示,从 1993 年开始,中国成为石油净进口国,此后石油进口量不断提高,石油对外依存度也不断提高。到 2017 年,中国石油消费 6.07 亿吨,进口量为 4.20 亿吨,对外依存度超过了 69%。随着中国石油消费需求的逐渐增多,未来

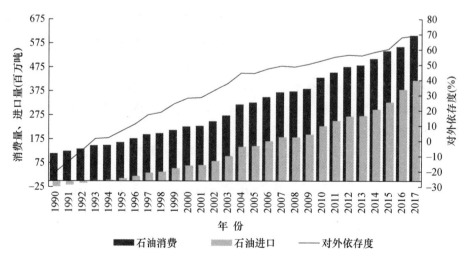

图 2-8　中国石油消费量、进口量及对外依存度(1990—2017)

数据来源:CEIC 数据库。

石油对外依存度仍将继续上升。汽车能耗作为最主要的石油消费因素,其能源消费量将直接决定中国的石油安全问题。因此,抑制汽车数量的增长以及汽车能源消费量是缓解中国石油对外依存度扩大,保障石油安全的重要途径。

2. 抑制汽车能源消费是改善空气质量的重要措施

近几年,中国的环境问题逐渐凸现出来,京津冀、长三角、河南等多地频繁出现雾霾天气,长三角地区细颗粒物污染从2001年起,浓度就已达到了30微克/立方米以上,2007年接近37微克/立方米,远远超出中国平均水平(马丽梅、张晓,2014)。并且,二氧化硫、烟尘等空气污染物在中国省际之间的溢出效应非常明显,这也为环境治理带来了更大难度。根据2017年年末中国PM2.5的分布情况,达到中度污染及以上的省份多达12个。汽车在行驶时,会排放出碳氢化合物、氮氧化合物、一氧化碳、二氧化硫、含铅化合物等污染物,可以说,汽车尾气排放是雾霾形成的重要原因(周峤,2015)。根据公安部交管局统计,2016年中国新能源汽车保有量为109万辆,比2015年增长86.90%,其中,纯电动汽车保有量74.1万辆。即使增长速度较快,但目前新能源汽车仍然只占到汽车总量的0.56%。在未来长时间内,汽车仍将以石油为主要燃料。因此,抑制汽车能源消费对改善空气质量和缓解雾霾将起到重要的作用。

并且,汽车保有量增多也带来了日益严重的交通拥堵问题,北京、上海等超大城市也成为拥堵最为严重的城市。根据TomTom公司发布的2016年世界城市拥堵指数,报告覆盖了48个国家的城市,拥堵指数前100名中,中国城市占了21座,前20名中国有8座城市入围。抑制汽车能源消费意味着汽车保有量的减少或使用频率的降低,因此城市公共交通优先发展战略有着突出的积极意义。

在十九大报告中,习近平总书记也提出了"要瞄准世界科技前沿,强化基础研究,实现前瞻性基础研究、引领性原创成果重大突破。加强应用基础研究,拓展实施国家重大科技项目,突出关键共性技术、前沿引领技术、现代工程技术、颠覆性技术创新,为建设科技强国、质量强国、航天强国、网络强国、交通强国、数字中国、智慧社会提供有力支撑"。以及"保障和改善民生要抓住人民最关心最直接最现实的利益问题""完善公共服务体系,保障群众基本生活,不断满足人民日益增长的美好生活需要,不断促进社会公平正义,形成有效的社会治理、良好的社会秩序,使人民获得感、幸福感、安全感更加充实、更有保障、更可持续"。而发展公共交通,改善城市交通环境,创建便捷的、满足广大人民群众生活需求的城市交通体系,正是"交通强国"和"完善公共服务体系,保障和改善民生"的综合体现。

2.5 城市公共交通对私人汽车能耗的影响

2.5.1 城市轨道公共交通

Lin and Du(2017)[①]证明,轨道交通的修建对汽车总能耗以及人均汽车能耗都有显著的抑制作用,修建轨道交通可以使汽车能源消费减少5.5个百分点,并且可以使人均汽车能耗减少6.6%,可以说这一抑制作用相当明显。并且轨道交通的修建具有明显的持续意义,在修建的第二年分别可以使总的汽车能源消费和人均汽车能耗下降6%左右。由于数据周期较短,并没有继续对政策变量的三期、四期影响进行考察。根据该文的计算,2015年中国汽车能源消费约为3.25亿吨石油,如果轨道交通能够在此基础上推广,政策实施当期可减少大约1625万吨石油的消费。

2.5.2 城市道路公共交通

我们分别构建了36个中心城市的公交车和出租车运营效率指标,从整体上来看,如图2-9所示,2015年的公交车效率和出租车效率都比2010年有所提高,但是公交效率的提升并不明显。并且,2015年公交车和出租车的平均效率分别为0.56和0.62,仍然比较低,说明城市道路公交的运营效率仍有很大的发展空间。

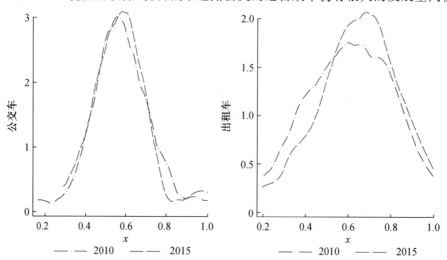

图2-9 城市公交车与出租车运营效率核密度图

数据来源:笔者计算绘图。

---

① Lin B, Du Z. Can urban rail transit curb automobile energy consumption? [J]. Energy Policy, 2017, 105:120—127.

从36座城市横向比较的结果来看,在公交车效率方面,北京、上海、南京、宁波几个城市排在最末,平均效率仅有0.38左右。除了自身运营和规划方面的问题外,客观条件上,几个城市都拥有轨道交通,会对公交选择进行有力的替代。但是另一方面,深圳2015年的公交车效率排在第四位,仅排在兰州、海口、哈尔滨之后,并且深圳早在2004年就开通了轨道交通,汽车保有量已经超过300万辆。深圳是少有的几个公交挤占道路资源超过出租车的城市之一。作为全国首座"公交示范"城市,深圳在城市公交发展方面做出了极大的努力。在提高公交覆盖率的同时,积极扩建公交专用通道。2015年深圳的公交专用通道已经达到了820千米,公交专用道设置率为6.5%。同时,深圳更科学地规划了公交的运行线路,在道路拥堵不断加剧的情况下,深圳的常规公交高峰车速稳步提升,从2010年的15.9千米/小时提高到20.2千米/小时,提高了27%,人均公交出行时间也较2010年的38分钟节省了6.8分钟。此外,南昌、大连、沈阳的公交效率排名也非常靠前,三者也都是拥有轨道交通的城市。在出租车运营效率方面,北京、上海都排在末端,而排名第一的城市是拉萨。拉萨的出租车数量较少,2015年仅有1600余辆,但是客运量却非常大,一个可能的解释是,拉萨旅游业较为发达,直接带动了出租车效率的提升,而相比来看,拉萨的公交车效率仅有0.59,略高于平均水准。

综合来看,轨道交通、汽车保有量以及投入量都不是影响城市道路公交效率最直观的理由,良好的规划、配套设施以及乘坐体验对效率的影响更为主要。

基于上文测算的城市道路公交效率,从意义上看,它代表了一定的投入下产生更多的客运量并挤占更少的道路资源。但实际上,效率指标蕴含了更丰富的内涵意义。正如前文对深圳公交效率的分析,城市道路公共交通效率的提高意味着城市公交规划更为合理,覆盖率更高,线路设计更加科学。并且配套设施完善,提高车辆运行速度,节省出行时间,从而为居民带来更好的出行体验。这些内涵意义都可能导致人们出行倾向的改变,从而减少私人汽车的购买或使用,进而减少私人汽车的能源消费。

通过研究发现,城市公交车的运营效率对私人汽车能源消费的影响显著为负,这和我们的预期相吻合,说明城市公交效率的提高可以有效抑制私人汽车能源消费的增长。另外,作为城市道路公共交通的子系统,出租车的运营效率对私人汽车能源消费的影响不大。产生这一结果的主要原因在于:一方面,出租车在城市公共交通系统的组成中,定位是辅助公交,其最重要的意义是快速、便捷、并且很好地解决了"最后一公里"问题。另一方面,出租车的乘坐价格相对昂贵,基本上不会成为居民常备的出行方式,因此出租车的出行比率较低。在36座城市样本中,出租车占全部城市公交出行(包括公交、出租车、地铁)的平均比率仅为

24%,远低于公交车70%的平均出行率。出租车主要是为弥补公交车不足而存在的,二者优势互补才构成了相对完整的道路公交系统。因而城市出租车的发展虽然不能减少私人汽车的能源消费,但是从满足人们生活需求多样性的角度来看,它也是城市道路公交系统必不可少的一环。

中国各地区之间人均收入差异较为明显,这种差异主要表现为东西差距。在36座中心城市中,2015年人均GDP最高的深圳(13.34万元)是最低的南宁(4.27万元)的3.13倍,如果忽略差异,显然不能客观地刻画现实情况。

通过考虑收入差异,我们可以得到收入分界点为人均GDP 6.1万元。我们还可以得到,收入差异下,城市道路公交效率对私人汽车能源消费的影响呈逐渐上升的态势。即对于人均收入较低的城市来说,道路公交效率的提升对于抑制私人汽车能源消费的作用更强。造成这种现象的原因可以从两方面来解释。首先价格低廉是城市道路公交非常重要的一个吸引点,而作为一种基础的消费品,城市道路公交的收入弹性显然是小于1的,因而随着收入的提高,城市公交的价格优势也会逐渐削弱,因而导致抑制效应逐渐减小。另外,这一作用机制可能是通过汽车保有量来传导的,一般情况下,平均收入低的城市,汽车绝对数量以及人均保有量都会较低。Dargay(2007)发现汽车保有量增速与收入呈倒"U"形关系,当收入水平处在低点时,汽车保有量增长率很低,但增长率会随着收入的增加而提高,在达到一定高度后又开始下降。当汽车数量趋近饱和时,收入的增加使人们选择更好的交通工具而不是拥有更多。结合目前中国城市现状来看,中国每百人汽车保有量不足15辆,远低于世界发达国家。即使像北京这样汽车保有量超过500万辆的城市,每百人汽车保有量也不足25辆。因此,中国汽车保有量仍然处在较低的水平。而对于人均收入较高的城市来说,人们对汽车的需求会更大,保有量在高速扩张阶段,因此城市公交效率的提升对私人汽车能源消费影响较小。而对于收入较低的城市来说,收入水平处在低点时,汽车保有量增长率很低,因此城市道路公交效率的抑制作用会更加突出。因此,我们可能也会有这样的猜想,即随着人们收入的逐步提高,汽车保有量达到倒"U"形拐点之后,城市公交效率的抑制作用可能会不断放大。

由于不同收入区间导致城市道路公交效率对私人汽车能源消费弹性不同,因而了解中国各城市的现状就十分重要。从2015年的数据来看,36座中心城市中人均GDP低于6.1万元的城市还有11座,绝大部分均为西部城市。由于我们的样本选择为31座省会城市和5个计划单列市,因此样本的人均收入水平较高,按照2010年为基年,中国人均GDP尚不足4.5万元,距离6.1万元的门限值仍有较大距离。因此,从全国范围来看,对绝大多数城市来说,提高城市道路公交效率对抑制私人汽车能源消费都有非常显著的效果,因此积极推广公交先行战略具有重要和积极的现实意义。

2.6 发展城市公共交通的政策建议
2.6.1 城市轨道公共交通

相比来看，日本也是通过轨道交通解决了大城市的交通问题。作为世界上人口最密集的城市，东京城市圈面积为1.34万平方千米，拥有人口3760万，汽车保有量约为800万辆，而北京城市面积1.6万平方千米，人口数量达2100万，汽车保有量约为560万辆。直观想过去，东京要在更小的土地面积上解决更多人口、更多车辆的出行，交通压力应该更大。但是，东京目前交通情况良好，很少发生拥堵现象。完善和发达的城市轨道公共交通系统是东京解决交通问题的重要原因。东京的轨道交通主要由地铁、JR铁道、民铁三部分组成，目前，东京城市圈轨道交通线路总长约2500千米，居世界第一位，其中地铁333千米，民铁和JR铁道分别达到了1100千米和880千米。东京轨道交通网络覆盖程度高，换乘便捷，目前东京的交通出行总量中，轨道系统占86%。相比之下，到2016年，北京的轨道交通总长度仅为650千米。在完善的城市轨道交通系统的强大支撑下，东京通过收取高额的停车费、违规罚单来"迫使"人们选择公共交通。东京停车通常按10分钟或15分钟来计费，市区内一般路边停车1小时约为20元人民币，并且限停1小时，大厦内的停车场每小时大约在35～90元人民币，停车超时要被罚款约900元人民币。因此开车出行的成本很高，东京汽车出行的比例只有11%。东京为中国解决大城市交通以及环境问题提供了一个很好的典范。中国人口超过千万的超大城市就多达15个，因此从长远来看，要解决中国大城市交通拥堵和环境问题，需要轨道交通有快速的发展。

从推广轨道交通的政策来说，政府应该重新制定轨道交通项目审批的标准，并且尽可能简化流程。上一个轨道交通的审批标准出台在2003年，从本文的分析来看，目前轨道交通需求无论是人均GDP还是城市GDP都早已超出当时的标准，因此这份标准已经成为一个约束力不强的"软标准"。这就导致各城市根据标准制定了交通规划，但是迟迟得不到国家的审批。轨道交通项目修建周期较长，审批流程也相对复杂，个别城市轨道交通项目从规划到通车超过了十年。因此，政府应该根据新的形势、新的需求，重新制定项目审批标准，进而简化项目运作流程，尽量缩短项目周期。

另外，轨道交通项目成本高昂，需要政府发挥灵活的融资渠道。轨道交通修建耗资巨大，地铁每千米成本大概需要5亿～10亿元，并且绝大多数线路是在亏本运行。因此，轨道交通项目单单靠政府拨款难以推广，需要公司合伙制、发行债券等多种灵活的融资方式并行。并且，也可以着眼如单轨等小型、灵活且成本相对较低的交通方式,作为地铁、轻轨的补充。

2.6.2 城市道路公共交通

为更好地践行国家公交先行战略,我们提出以下政策建议:

(1)完善道路公共交通系统规划,改善出行体验。具体而言,可以通过提高公交系统覆盖率,提高公交系统准点率等方式,改善人们在乘坐公交出行过程中的乘坐体验,从而使他们更多地选择通过公共交通方式出行。与此同时,更多选择公共交通出行可以降低私家车在出行选择过程中的比重,有效缓解道路拥堵,进一步提高公交系统效率,形成一个相互促进,不断优化提高的良性的正循环。

(2)加强城市公交配套基础设施建设,扩建公交专用线路。为公共交通设立独立道路,专线专行,可以有效地提高城市公共交通的运营效率。尤其是在城市拥堵现象日益严重的情况下,高效快速的运行将成为城市公交最有吸引力的竞争点。

(3)合理发挥市场机制的调节作用,在道路公共交通发展的过程中引入互联网思维。适当放宽行业准入条件,在一些行业适当引入民间资本,比如网约车的发展,可以在很大程度上提高出租车行业的服务质量,提升社会整体的出行效率。未来可以考虑进一步放宽行业准入条件,保证安全的同时引入良性竞争,使用市场的手段提升整体出行效率。

第3章 服务业结构变动与全要素综合效率

第三产业即服务业,是指除第一产业、第二产业以外的其他行业,具体包括批发和零售业,交通运输、仓储和邮政业,住宿和餐饮业,信息传输、软件和信息技术服务业,金融业,房地产业,租赁和商务服务业,科学研究和技术服务业,水利、环境和公共设施管理业,居民服务、修理和其他服务业,教育,卫生和社会工作,文化、体育和娱乐业,公共管理、社会保障和社会组织,国际组织以及农、林、牧、渔业中的农、林、牧、渔服务业,采矿业中的开采辅助活动,制造业中的金属制品、机械和设备修理业。①

党的十八大以来,中国服务业取得一系列新进展和新突破,占据了国民经济的半壁江山,新兴服务行业和业态大量涌现,助推传统产业转型升级,服务贸易规模不断扩张,吸引外资和对外投资取得新突破。服务业在优化结构、提高质量、促进就业、拉动消费、改善民生等方面发挥了重要作用,成为拉动国民经济增长的主动力和新引擎,特别是在当前中国经济增长放缓、经济发展进入"新常态"的背景下,服务业成为中国经济增长的新动力。十九大报告提出的"支持传统产业优化升级,加快发展现代服务业,瞄准国际标准提高水平"进一步为未来中国服务业发展指明了方向。

2017年,服务业增加值占全国GDP比重为51.6%,比上年增长8.0%,比国内生产总值和第二产业增加值增速分别高出1.1和1.9个百分点,已连续五年在三次产业中领跑。服务业增长对国民经济增长的贡献率为58.8%,比第二产业高出22.5个百分点;拉动全国GDP增长4.0个百分点,比第二产业高出1.5个百分点。与此同时,服务业内部结构和各自行业生产组织方式都在不断变化,相比于住宿、餐饮等传统服务业,金融业、房地产业等现代服务业增长得相对较快。

在这种背景下,如何提高服务业增长质量显得更加重要。从长期来看,效率提高应该取代单纯的要素投入,成为增长最主要的动力。国家"十三五"规划中进

---

① 服务业概念在理论界尚有争议。一般认为服务业即指生产和销售服务产品的生产部门和企业的集合。鉴于服务业的口径和范围不统一给服务业的统计核算工作带来困难,国家统计局2013年修订了最新的《三次产业划分修订》,明确了第三产业即服务业,是指除第一产业、第二产业以外的其他行业。如无特别指出,本文提及的服务业均指国家统计局2013年《三次产业划分修订》所定义的服务业。

一步提出在加快推动服务业优质高效发展的同时,也需要重视发展质量和效率。尤其是当前中国经济已由高速增长阶段转向高质量发展阶段,必须坚持质量第一、效益优先,提高供给体系质量,加快建设制造强国。党的十九大也进一步提出了"支持传统产业优化升级,加快发展现代服务业"的发展目标和方向。

在这种背景下,本章基于服务业子行业之间的异质性,对服务业结构变动给服务业整体效率水平带来的影响进行分析,以期为未来服务业特别是现代服务业的发展提供一定的参考和依据。

3.1 服务业分区域和分行业的综合效率测算

传统衡量及评价服务业发展和服务业效率的指标多为劳动生产率。服务业的劳动生产率一直是个有争议的问题,最著名的理论是美国经济学家威廉·鲍莫尔在1967年提出的由于服务业成本不断上升使得服务业劳动生产率增长滞后的理论,即鲍莫尔成本病。劳动是传统服务业最主要的投入要素,随着现代服务业的发展,资本、能源等其他要素所占的份额也在逐渐增加。劳动密集型的传统服务业在服务业中所占的比重逐渐降低,而新兴的人力资本密集型的现代服务业的比重逐渐增高。劳动生产率这种单要素指标忽略了资本等其他投入要素对劳动的替代,受到很多研究的批评,已经难以全面衡量服务业发展状况。在新古典生产理论的框架下,考虑各种投入要素间替代关系的全要素生产率或者全要素综合效率在衡量各种系统效率的研究中得到广泛发展和应用。

除了投入生产要素进行生产得到正常的"好"产出外,二氧化碳及其他污染物排放作为一种"坏"的副产品也同时被生产出来。前者在文献中通常被称为"期望产出",后者被称为"非期望产出"。随着中国面临的能源环境问题愈发严峻以及全球气候变暖问题愈发引起全球关注,越来越多的文献将能源消费与环境污染物排放纳入全要素综合效率计算框架,同时考虑"期望产出"与"非期望产出",在节约要素投入的条件下尽可能多得到期望产出、减少非期望产出。2015年中国服务业能源消费占全国能源消费总量的16.7%,比同年日本全国能源消费总量还大。中国服务业的能源消费及其环境问题也不容忽视,需要考虑到服务业效率测算过程中。

由于服务业包含众多子行业,各子行业之间的异质性问题导致关于整个服务业效率测算的研究相对较少。本节基于非径向距离函数,用数据包络分析方法对中国各省服务业及中国服务业各子行业的全要素综合效率进行测算。全要素综合效率指标不同于广泛应用的曼奎斯特生产率指数,它是基于各个投入和产出的松弛变量即可改进的量进行加权的一个综合效率评价指数,不仅能衡量各个投入与产出变量的使用效率,而且能衡量变量间互相协调的综合利用效率。全要素综合效率考虑了系统中各生产要素间的相互关系,是对效率改善、要素质量提高、专业化分工、组织创新和规模经济等多方面内容的综合衡量,适合分析资源配置不合理和管理不善等导致的整个生产系统无效性损失。投入变量有劳动、资本和能源,产出变量有总产出与二氧化碳排放,二者分别作为合意产出与非合意产出。

本节收集了中国除西藏、台湾、香港、澳门外的 30 个省(市、自治区)1995—2015 年和服务业 14 个细分行业 2004—2014 年的相关数据,分别从省际层面和行业层面测算服务业的综合效率。省级面板数据和行业面板数据分别换算为 1995 年不变价和 2004 年不变价。分行业城镇单位就业人员和分行业全社会固定资产投资来自国家统计局网站,其他数据来自 CEIC 数据库。各个投入产出变量如下所示:

(1) 资本投入。我们用国际上通用的永续盘存法来估算资本投入。1995—2006 年各省服务业资本存量直接从 Wu(2009) 中得到,本节采用 Wu(2009) 估算的各省服务业资本折旧率以及 CEIC 数据库中各省服务业固定资产投资将数据延长至 2015 年并折合成 1995 年不变价。而服务业子行业资本存量是本节根据永续盘存法计算得到。

(2) 劳动力投入。理论上,衡量劳动要素的投入应从人数、时间和效率等方面综合考虑。但事实上由于数据的可获得性,分省分行业的服务业劳动时间和工作效率等指标无法获得,因此只能选取服务业就业人数作为劳动投入指标的代理变量。省级数据采用分省"第三产业就业人数"来衡量。1995—2010 年省级面板数据来自 CEIC 数据库,2010—2015 年数据部分来自前瞻网数据库,部分缺失值根据全国第三产业就业人数增长率估算。由于无法获得服务业细分行业劳动投入相关数据,本节参考王恕立和胡宗彪(2012)的方法,通过将服务业各子行业城镇劳动投入等比例折算,得到各服务业子行业的劳动投入。

(3) 能源投入。本节能源投入的核算口径为"终端能源消费",因此电力消费也纳入考虑范围。由于各能源品种的差异,并不能直接加总,本节利用煤炭、油品、天然气和电力与标准煤的折算关系折算成标准煤后,加总得到历年各省服务业的能源投入量。国家统计局仅公布了交通运输、仓储和邮政业,批发零售业,住宿和餐饮业以及其他服务业三个服务业门类的能源消费。本节参考王恕立(2015)和滕泽伟等(2017),按各子行业增加值的比重来估计各细分行业的能源消费。

(4) 合意产出:服务业增加值。各省服务业增加值不变价根据各省第三产业 GDP 当年价和各省第三产业 GDP 指数平减得到。同理可以得到服务业子行业增加值数据。[①]

[①] 由于服务业子行业 GDP 指数统计的行业分类为:交通运输、仓储和邮政业,批发和零售业,住宿和餐饮业,金融业,房地产业,其他行业,因此,租赁和商务服务业,科学研究、技术服务和地质勘查业,水利、环境和公共设施管理业,居民服务和其他服务业,教育,卫生、社会保障和社会福利业,文化、体育和娱乐业,公共管理和社会组织这 8 个行业的 GDP 平减指数是根据其他行业的 GDP 指数和 GDP 增加值计算得到的。

(5) 非合意产出：二氧化碳排放。煤炭、石油和天然气的燃烧是主要的二氧化碳直接排放源。各省服务业二氧化碳排放和服务业子行业二氧化碳排放是通过每种化石能源消耗量乘以其各自的排放系数折算后加总得到。

3.1.1 中国各省服务业综合效率

本节基于省际面板数据得到了中国各省服务业总体综合效率。我们还将样本的 30 个省份分为东、中、西三个区域，从而分析服务业综合效率的区域差异。东部地区由 8 个沿海省份（辽宁、河北、山东、江苏、浙江、福建、广东、海南）和 3 个直辖市（北京、天津、上海）组成，中部地区由 8 个省份（黑龙江、吉林、山西、河南、安徽、江西、湖北、湖南）组成，西部地区由 6 个省份（甘肃、青海、陕西、四川、贵州、云南）、4 个自治区（新疆、宁夏、内蒙古、广西）和 1 个直辖市（重庆）组成。

2015 年，服务业综合效率最高的三个省份为广东、江苏和上海，其全要素综合效率值均为 1。1995—2015 年间服务业综合效率均值最高和最低的省份分别为广东和贵州，全要素综合效率均值分别为 0.864 和 0.250。全要素综合效率均值排名前六位的省份分别为广东、江苏、福建、山东、浙江和上海，均位于东部。西部地区效率均值最高的是广西，排在第 7 位，中部地区效率均值最高的是黑龙江，排在第 8 位。东部和中部地区效率均值最低的分别是海南和湖北，分别排在第 25 位和第 20 位，海南服务业效率比很多中西部地区的省份都低。效率均值最低的 10 个省份除了海南以外都处于西部地区。东、中、西部全要素综合效率均值分别为 0.571、0.533 和 0.472。从图 3-1 各区域整体来看，东部地区服务业综合效率高于中部地区，西部地区效率最低。可见服务业效率与经济发展水平或许有一定关系。

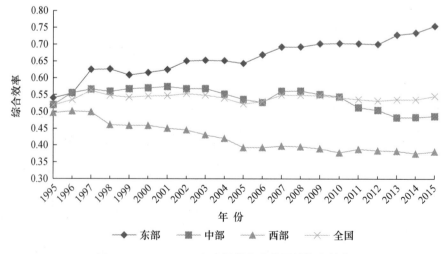

图 3-1　1995—2015 年中国服务业分区域综合效率

3.1.2 中国服务业各子行业综合效率

表3-1列出了中国服务业细分行业的全要素综合效率结果,全要素综合效率在行业间的变动充分表明,服务业存在较大的行业异质性。从全要素综合效率均值来看,金融业和交通运输、仓储及邮电通信业分别为服务业综合效率最高和最低的行业,其全要素综合效率均值分别为0.951和0.150。金融业的综合效率在研究区间内都保持较高水平,从2005年开始一直是综合效率最高的行业,其中2007年、2009年、2010年、2013年和2014年综合效率都为1。交通运输、仓储及邮电通信业综合效率最低是因为交通行业相对于其他行业而言能源消耗大,并且其对油品的大量消费也导致大量的二氧化碳排放,因此它的能源投入和非合意产出在服务业中都是最大的。并且交通部门的综合效率远低于其他行业,从表3-1中可以看到排名第13的水利、环境和公共设施管理业的全要素综合效率均值为0.448,远高于排名第14的交通部门全要素综合效率均值0.150。由此看出,服务业的行业异质性主要来源于交通部门。

表3-1 中国服务业细分行业的综合效率(2004—2015)

行 业	2004	2009	2014	全要素综合效率均值	全要素综合效率排名	年均增长率(%)
金融业	0.776	1.000	1.000	0.951	1	2.6
居民服务和其他服务业	0.797	0.933	1.000	0.914	2	2.3
批发和零售业	0.442	0.776	1.000	0.730	3	8.5
信息传输、计算机服务和软件业	0.573	0.703	0.805	0.671	4	3.5
房地产业	0.544	0.668	0.581	0.639	5	0.7
租赁和商务服务业	0.481	0.605	1.000	0.618	6	7.6
科学研究、技术服务和地质勘查业	0.449	0.599	1.000	0.606	7	8.3
文化、体育和娱乐业	0.423	0.554	0.672	0.535	8	4.7
卫生、社会保障和社会福利业	0.425	0.546	0.727	0.534	9	5.5
住宿和餐饮业	0.403	0.541	0.645	0.529	10	4.8
公共管理和社会组织	0.409	0.543	0.727	0.525	11	5.9
教育业	0.401	0.527	0.743	0.516	12	6.4
水利、环境和公共设施管理业	0.366	0.468	0.530	0.448	13	3.8
交通运输、仓储及邮电通信业	0.128	0.151	0.153	0.150	14	1.8

注:由于篇幅限制,表中只列出了2004年、2009年和2014年的效率估计结果。

从综合效率的变动趋势来看,所有行业的全要素综合效率在研究区间内都保持上升趋势。批发和零售业,科学研究、技术服务和地质勘查业,租赁和商务服务业是综合效率增长最快的三个行业,全要素综合效率年均增长率分别为8.5%、8.3%和7.6%。房地产业的综合效率增长最慢,年均增长率仅为0.7%,并且其效率经历一个先上升再下降的过程。

3.2 服务业结构变动对服务业综合效率的影响分析

上文利用NDDF方法测算得到中国服务业省际层面和行业层面的综合效率,虽然可以根据松弛变量大小从投入变量的角度给出提高服务业各地区和各行业综合效率的建议,但无法分析影响服务业综合效率的因素。并且由于服务业各子行业的特点不同,服务业结构的变动可能会影响服务业整体效率。因此下文利用回归分析中的面板Tobit模型重点考察服务业结构的变动对服务业综合效率的影响。

3.2.1 理论基础与变量描述

前文计算得出的效率值属于受限被解释变量,无法满足标准的Tobit模型对因变量的要求。因此本节将各省服务业无效值即"1-效率值"作为因变量从而满足Tobit模型的条件。由于服务业各省以及各子行业之间都存在异质性,本节采用随机效应的面板Tobit模型。[①]

本节主要探讨服务业内部结构对其综合效率的影响。服务业内部结构是模型中最重要的解释变量,如何衡量这一变量至关重要。由于服务业各子行业增加值的省际面板数据的统计数据中只包含交通运输、仓储和邮政业,批发、零售、住宿和餐饮业,金融业和房地产业,所以本文使用交通运输、仓储和邮政业,批发、零售、住宿和餐饮业,[②]金融业和房地产业这四个子行业增加值在服务业增加值中的占比,作为服务业结构的代理变量。并且根据前一部分对服务业各细分行业综合效率的测算结果,金融业和交通运输、仓储及邮电通信业分别是服务业子行业中综合效率最高和最低的行业,因此我们把这两个具有代表性的行业包含到服务业

---

① 当存在不可观测异质性时,可以考虑个体效应,若个体效应与解释变量不相关,则为随机效应模型(RE),反之,则为固定效应模型(FE)。对于固定效应的Tobit模型,由于找不到个体异质性的充分统计量,故无法像固定效应的Logit或者计数模型那样进行条件最大似然估计。如果直接在混合Tobit回归中加入面板单位的虚拟变量,所得的固定效应估计量也是不一致的。因此,目前文献都仅考虑随机效应的Tobit模型。

② 由于2006年以后的统计才把住宿和餐饮业从批发零售、住宿餐饮业中拆分出来,而我们需要1999—2015年的数据,因此本节将批发和零售业与住宿和餐饮业合并为批发、零售、住宿和餐饮业。

结构中是较为合理的。我们还采用传统服务业①在服务业中的增加值占比来衡量服务业结构,并进行了稳健性分析。

为了控制其他因素对服务业综合效率的影响,我们在估计方程中加入了以下控制变量:

(1)经济发展水平。一般而言,经济越发达,产业结构越高级,产业结构越会从工业主导向服务业主导变化,服务业增加值占 GDP 的比重越大。本节采用"服务业增加值占比"作为衡量服务业发展水平的代理变量。

(2)研发强度。技术进步是效率提高的关键,研发(R&D)是推动技术进步的重要来源。本节采用各省"研究与试验发展经费投入强度"来衡量 R&D。由于各省服务业研发投入强度的数据不可得,我们用全省研发投入强度代替。这里我们假设全省的研发投入强度可以反映各省服务业的研发投入强度,原因有二:第一,企业、政府属研究机构、高等学校是中国研发活动的三大执行主体,研究机构、高等学校的研究成果惠及各个行业。而企业研发支出在全国研发支出中所占比重为 77% 左右,②研发投入是以企业尤其是高新技术产业为主导,高新技术产业在制造业、服务业中都有体现。第二,科技创新和技术进步在各个行业及领域间会有溢出效应。

(3)商品零售价格指数。本文使用商品零售价格指数来衡量价格因素的影响。根据定义,商品零售价格指数可以反映一定时期内商品零售价格变动趋势,并且同财政收入、市场供需和消费占比等因素均有较为密切的联系。

以上数据均来自 CEIC 中国经济数据库。由于各省研发投入变量只有 1999—2015 年的数据可得,因此分析的数据区间为 1999—2015 年。

3.2.2 结果分析与讨论

似然比检验表明存在个体效应,应使用随机效应的面板 Tobit 回归,而非混合 Tobit 回归。从模型的回归结果来看,除了金融业占比以外的三个服务业结构变量对服务业效率的影响都是显著的。交通运输、仓储和邮政业与批发、零售、住宿和餐饮业比重的提高都会显著降低服务业效率,而房地产业比重的提高会显著提高服务业效率。加入三个控制变量后的回归结果表明,除了批发、零售、住宿和餐饮业占比以外的三个服务业结构变量对服务业效率的影响都是显著的。各变量的系数正负号与未加入控制变量时相同,交通运输、仓储和邮政业比重的提高会

---

① 目前,学术界对传统服务业和现代服务业的分类还没有统一的标准,不同的分类可能得到不同的结果。各省服务业子行业增加值的统计包括:交通运输、仓储及邮电通信业,批发和零售业,住宿和餐饮业,金融业,房地产业和其他行业 6 个行业门类。本节将交通运输、仓储及邮电通信业,批发和零售业,住宿和餐饮业三个行业视为传统服务业。从终端能源消费量来看,这三个行业占据了服务业 70% 以上的能源消费。

② 凤凰财经:http://finance.ifeng.com/a/20170905/15649310_0.shtml,2017-09-05。

显著降低服务业效率,而金融业和房地产业比重的提高都会显著提高服务业效率。

经济发展水平、服务业研发强度与商品零售价格指数等三个控制变量对服务业效率的影响都是显著的,并且符号一致,大小相近。其中,服务业增加值占比即各省的经济发展水平对服务业效率的影响是最大的,服务业增加值占比高的省份比服务业增加值占比低的省份服务业的效率更高。研发强度的提高会显著提高服务业效率。商品零售价格指数的提高会显著降低服务业效率,这可能由于价格越高使得企业追求扩张而忽视效率。但是尽管批发、零售、住宿和餐饮业是服务业子行业中增加值占比最大的行业,其平均比重也仅为25%,因此商品零售价格指数的影响也较小,其系数仅为0.002。

为了控制区域因素,探究各省份的地理位置对服务业效率的影响,我们进一步加入地区虚拟变量进行分析。根据上节结果,西部地区服务业综合效率低于东中部地区,因此我们预期服务业无效值与西部地区虚拟变量呈正向关系。回归结果表明,用4个服务业结构变量单独回归的结果与未加入地区虚拟变量时一致,而同时加入4个服务业结构变量与地区虚拟变量之后,交通运输、仓储和邮政业比重的提高会显著降低服务业效率,房地产业比重的提高会显著提高服务业效率,批发、零售、住宿和餐饮业比重和金融业比重对服务业效率的影响不显著。且所有回归结果表明交通运输、仓储和邮政业比重对服务业效率的负向影响与房地产业比重对服务业效率的正向影响都是显著且稳健的。

从地区虚拟变量的回归结果来看,西部地区的服务业效率会显著低于中东部地区,而一个省份位于中部地区对该省份的服务业效率的影响不显著。这一发现与前部分测算各省份服务业效率的结果是一致的。从分区域服务业综合效率上我们可以明显看到,东部地区服务业效率明显高于中西部地区,西部地区服务业效率明显低于中东部地区,中部地区的服务业效率与全国平均水平接近。因此地理区位因素会显著影响各地区服务业效率水平。

3.2.3 稳健性检验

上文我们将服务业4个子行业在服务业增加值中的比重作为服务业结构变量进行面板Tobit回归,接下来我们把传统服务业在服务业增加值中的比重作为服务业结构的代理变量进行稳健性分析。

传统服务业一般指为人们日常生活提供各种服务的行业,具有劳动密集型的特点。依据这一特点,我们将交通运输、仓储及邮电通信业,批发和零售业,住宿和餐饮业视为传统服务业。随着经济的发展和服务业的结构优化与规模扩大,会出现传统服务业向现代服务业转型和现代服务业提升传统服务业的相互促进的局面。以金融、中介、物流配送、信息等为主的现代服务业的发展在优化产业结构和促进经济增长的同时,其显著的知识创新特性和较高的技术与管理水平,也会促进传统服务业的改造和提升,实现跨越式发展。

将4个服务业结构变量替换成传统服务业占服务业增加值比重的面板 Tobit 回归结果表明,由于传统服务业劳动密集型、知识技术含量较低、附加值较低等特点,传统服务业比重的提高会显著降低服务业效率。这意味着提高现代服务业比重可以显著提高服务业效率。其他控制变量以及地区虚拟变量的回归结果也是稳健的。

3.3 本章小结

本章基于省级面板和行业面板数据测算了各省服务业的全要素综合效率和服务业各子行业的全要素综合效率,结果表明金融业和交通运输、仓储及邮电通信业分别是综合效率最高和最低的行业,并且服务业综合效率存在行业以及区域差异。然后使用效率测算结果作为因变量,分析了服务业内部结构对其综合效率的影响。结果表明传统服务业比重的提高对服务业综合效率有显著的负向影响,提高服务业占比、加大研发投入能促进服务业综合效率的提高。

根据结论提出以下政策建议:

第一,服务业比重提高会显著提高服务业效率。因此要继续加大服务业的发展力度,鼓励服务经济的发展。但要防止服务业的粗放扩张,在保证效率、绿色低碳以及打好工业发展基础的前提下提高服务业比重。

第二,由于近年来金融业和房地产业的快速增长及其高附加值、低能耗、低排放的特性,它们尤其是房地产业在服务业增加值中的比重对服务业效率提高有显著的促进作用。要以提升发展规模和效率为核心,加快服务业结构调整升级,重点提升金融、研发、信息服务、文化创新等知识、技术密集型服务行业比重。此外也要警惕房地产和金融市场的投资泡沫。

第三,交通等传统服务业比重对服务业效率有显著的抑制作用。因此要提高交通等传统服务业的资源配置效率,促进其优化升级和节能减排。

第四,提高研发强度会显著提高服务业效率,因此要加大对各个部门尤其是服务业部门的研发投入,提高技术创新能力。强化企业技术创新主体地位,引导建立研发机构、培养研发团队、加大研发投入。促进人工智能、生命科学、物联网、区块链等新技术研发及其在服务领域的转化应用。

第4章 能源消费与环境约束

4.1 中国能源和环境发展状况

4.1.1 中国能源发展现状

改革开放以来,中国经济取得举世瞩目的成就。当前,中国国内生产总值稳居世界第二位,能源消费总量世界第一。2017年10月18日,党的十九大报告指出,十八大以来的五年,中国的经济建设取得重大成就,经济发展质量和效益不断提升。经济保持中高速增长(2012—2016年年均增长7.32%),国内生产总值从54万亿元增长到80万亿元(万亿即10^{12},应表述为太(T)元),稳居世界第二,对世界的经济贡献率超过30%。十九大报告强调,中国要贯彻新发展理念,建设现代化经济体系。当前,中国的经济已由高速增长阶段转向高质量发展阶段,正处于转变发展方式、优化经济结构、转换增长动力的攻关期,建设现代化经济体系是跨越关口的迫切要求和中国发展的战略目标。

当前中国处于城市化和工业化的中后期阶段。十九大报告指出,过去五年,中国的供给侧结构性改革不断推进,经济结构不断优化,新兴产业蓬勃发展,农业现代化稳步推进。城镇化率年均提高1.2个百分点,8000多万农业转移人口成为城镇居民。据国家统计局数据,2016年中国城市化率高达57.35%,第二产业增加值占比首次低于40%,为39.8%。同时,中国的生态文明建设也成效显著。绿色发展理念显著增强,忽视生态环境保护的状况明显改变;生态文明体系加快形成,主体功能区制度逐渐健全;全面节约资源有效推进,能源消耗强度大幅下降;生态环境治理明显加强,环境状况得到改善。

尽管中国的经济结构不断优化,生态文明建设取得了较大的成效。然而,快速发展的城市化和工业化仍然对中国造成了深远的影响。首先,快速发展的城市化和工业化消耗了大量的能源。能源是国民经济的血脉。随着中国经济的快速发展及城市化和工业化的不断推进,中国的能源事业取得了巨大进步。2012年,中国能源消费总量为40.2亿吨标准煤,至2016年,中国能源消费总量为43.6亿吨标准煤,目前中国依然是世界上最大的能源消费和碳排放国。其次,快速发展的工业化和城市化也造成了较为严峻的环境污染问题。环境是人类生存和发展的前提,不仅为人类的生产生活提供必要的资源,也为人类的发展提供条件。节能减排和保护环境是中国的一项基本国策,促进经济、社会、环境的协调发展和实施可持续发展战略,是中国政府面临的重要而又艰巨的任务。

中国经济已经步入新常态发展阶段,经济增长和能源消耗速度逐步放缓。中国能源发展质量和效率问题突出,能源发展转型变革任重而道远。"十三五"是中国全面建成小康社会的决胜阶段。根据中国能源"十三五"发展规划,2020年,中国能源消费总量将控制在50亿吨标准煤以内,其中煤炭消费控制在41亿吨以内;国内一次能源生产量约40亿吨标准煤,包括煤炭39亿吨;同时,中国非化石能源消费比重提高到15%以上,天然气消费比重力争达到10%,煤炭消费比重降低到58%以下。

2015年中国能源消费总量和生产总量分别为43亿吨和36.2亿吨标准煤,煤炭和天然气消费占比分别为64%和5.9%。根据"十三五"规划,要达成2020年能源消费目标,需要将能源消费年均增长率控制在3%以内,能源生产年均增长率在2%左右。同时,煤炭消费年均下降1.2%,天然气消费年均增长0.82%左右。作为"十三五"规划的开局之年,2016年,中国的各项事业取得突出进展。本文将从以下几个方面对中国能源发展状况进行分析。

1. 中国一次能源发展状况

党的十九大报告强调,中国要"加快生态文明体制改革,建设美丽中国",同时要"推进能源生产和消费革命,构建清洁低碳、安全高效的能源体系"。改革开放以来,中国能源生产和消费增长迅速。图4-1是自1990年以来中国能源生产和消费情况。从图中可以看出:首先,中国的能源生产和消费呈现递增的趋势,能源生产总量和消费总量年均增长率分别为4.7%和5.8%;其次,中国的能源生产和能源消费增速放缓,近五年来年均增长率分别只有0.4%和2.4%。其中能源生产在2016年为负增长,生产总量为34.6亿吨标准煤,增长率为-4.4%,为1990年以来最低值。2016年能源消费总量为43.6亿吨标准煤,增长率为1.4%,全球消费占比23%。2016年,中国能源消费增长率控制在"十三五"规划的3%的年均范围之内。

能源生产和消费的放缓与中国经济新常态密切相关。经济新常态具有如下主要特点:一是经济由高速增长转为中高速增长;二是经济结构不断优化;三是从要素驱动、投资驱动转为创新驱动。在经济增长放缓,经济结构不断优化的条件下,中国的能源消费增速将下降。根据能源"十三五"规划,"十三五"阶段中国的能源消费增速将由"十五"期间的9%下降到2.5%。

中国的一次能源生产和消费结构逐渐向清洁化发展。图4-2和图4-3是1990年以来中国一次能源生产和消费结构。中国的能源生产和消费结构依然以煤炭为主,这和中国"富煤"的能源禀赋有关。从能源生产结构来看,首先,煤炭生产占

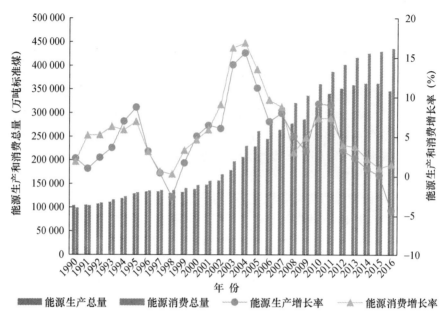

图 4-1　历年中国能源生产和消费状况

数据来源：中国统计年鉴 2017。

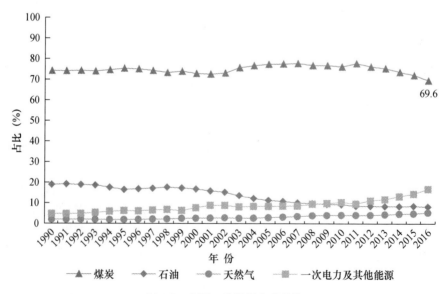

图 4-2　中国一次能源生产结构

数据来源：中国统计年鉴 2017。

比较为稳定,2015年之前一直保持在70%以上,但在2016年首次低于70%,为69.6%;其次,一次电力及其他能源生产占比呈逐渐上升趋势。一次电力及其他能源包括水电、风电、光电等清洁能源。清洁能源生产占比上升表明中国能源生产逐渐清洁化;同时,天然气生产占比也缓慢提高,至2016年已达5.3%。

中国一次能源消费结构也逐渐向清洁化发展,如图4-3所示。首先,煤炭消费占比下降明显,从1990年的76.2%下降至2016年的62%。作为"十三五"的开局之年,2016年,煤炭消费占比下降2%,高于"十三五"规划中1.2%的年均目标。一次电力及其他能源消费占比在近五年上升明显,年均增长0.9%,并在2016年增长1.3%,达到13.3%。2016年,天然气消费占比6.4%,相比于2015年提高0.5个百分点。《能源发展"十三五"规划》要求在2020年天然气消费占比力争达到10%,这需年均增长率高于0.82%。2016年中国天然气消费实际增长率低于该数值,说明在未来的四年,中国天然气消费将增长更快。

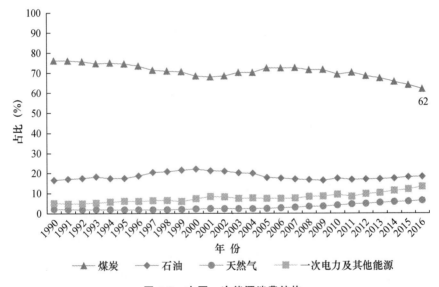

图4-3 中国一次能源消费结构

数据来源:中国统计年鉴2017。

图4-4是2016年中国各省能源消费情况,从图中可以看到,中国各省能源消费差距较小,排在前三位的江苏、广东和山东都是中国经济大省,能源消费总量都在3亿吨以上。其中山东省的能源消费总量最高,为3.87亿吨标准煤。根据中国统计数据,山东省2016年的GDP为6.7×10^4(万)亿元,排名全国第三,低于广东省和江苏省。最高的能源消费和相对较低的经济产出,说明山东的能源利用率低于江苏和广东。其他省份,海南省和青海省能源消费总量较低,都低于5000万

吨,其中海南省能源消费总量最低,为 2006 万吨,是山东省的 1/19。

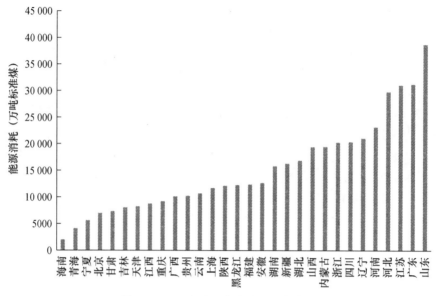

图 4-4　2016 年中国各省能源消费情况
数据来源:中国能源统计年鉴 2017。

中国能源效率在近年来得到较大提高,但整体水平还偏低。图 4-5 是中国能源加工转换效率。2015 年中国能源加工转换总效率为 73.72%,比上年增长 0.23%。炼焦和炼油的加工转换效率都保持在较高水平,在 2015 年分别为 92.34% 和 97.55%。导致中国能源加工转换效率较低的原因主要是发电站供热效率水平较低,在 2015 年为 44.22%,但是为历史最高值。

提高能源效率是节能减排的重要举措。为了进一步分析中国能源效率的变化,图 4-6 列出了 GDP 排名靠前的 7 个国家以及全球 1990 年以来的能源强度。能源强度定义为单位 GDP 的能源消费量(能源消费总量/2010 年不变价美元 GDP)。首先,上述地区的能源强度总体上都呈现下降的趋势,日本、德国、法国以及英国的能源强度水平较低且较为接近。2016 年,世界能源强度为 0.172 吨油当量/万美元。其次,作为发展中国家,中国和印度的能源强度都相对较高,但中国的能源强度在这些地区中一直处于最大值,并在某些年份(2002—2005)呈现上升趋势。整体上,中国的能源强度由 1990 年的 0.842 吨油当量/万美元下降至 2016 年的 0.321 吨油当量/万美元。尽管中国能源强度下降较为明显,但是与上述发达国家以及全球相比,中国的能源强度仍然处于较高的水平,这反映出中国能源效率的低下以及中国巨大的节能潜力。

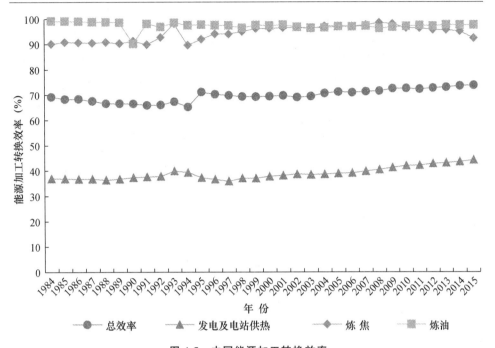

图 4-5 中国能源加工转换效率

数据来源：中国统计年鉴 2017。

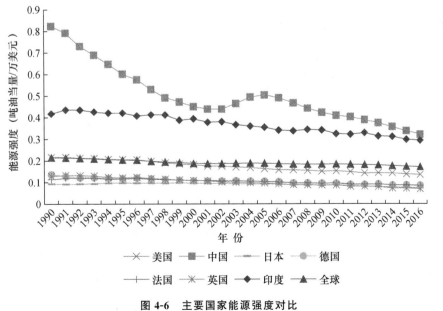

图 4-6 主要国家能源强度对比

数据来源：World Bank、Statistical Review of World Energy 2017，作者计算所得。

2. 中国主要能源基础储量

中国主要能源基础储量如表 4-1 所示,截止到 2016 年,中国石油基础储量为 350 120.3 万吨,天然气储量为 54 365.46 亿立方米,煤炭基础储量为 2492.26 亿吨。其中,新疆、黑龙江、陕西、山东、甘肃、河北几个省份石油基础储量较高,都在 2 亿吨以上。四川和新疆的天然气储量较高,在 10 000 亿立方米以上。山西、内蒙古、陕西、新疆以及贵州的煤炭基础储量较高,在 100 亿吨以上。

表 4-1　2016 年中国主要能源基础储量

地　区	石油（万吨）	天然气（亿立方米）	煤炭（亿吨）	地　区	石油（万吨）	天然气（亿立方米）	煤炭（亿吨）
全国	350 120.3	54 365.46	2492.26	湖北	1185.9	46.87	3.2
北京	—	—	2.66	湖南	—	—	6.62
天津	3349.9	274.91	2.97	广东	16.4	0.59	0.23
河北	26 576.4	338.03	43.27	广西	154	1.58	0.9
山西	—	413.75	916.19	海南	452.3	24.35	1.19
内蒙古	8381.3	9630.49	510.27	重庆	266.9	2726.9	18.03
辽宁	14 351.6	154.54	26.73	四川	623.4	13 191.61	53.21
吉林	17 500.6	731.25	9.71	贵州	—	6.1	110.93
黑龙江	42 665.8	1302.33	62.28	云南	12.2	0.47	59.58
上海	—	—	—	西藏	—	—	0.12
江苏	2729.5	23.31	10.39	陕西	38 375.6	7802.5	162.93
浙江	—	—	0.43	甘肃	28 261.7	318.03	27.32
安徽	238.5	0.25	82.37	青海	8252.3	1354.44	12.39
福建	—	—	3.98	宁夏	2432.4	274.44	37.45
江西	—	—	3.36	新疆	59 576.3	10 251.78	162.31
山东	29 412.2	334.93	75.67	海域	60 878.2	5087.24	—
河南	4427	74.77	85.58				

数据来源:中国统计年鉴 2017。

根据 BP 发布的 *Statistical Review of World Energy 2017*,如表 4-2,截至 2016 年,中国石油基础储量全球占比 1.5%,天然气基础储量占比 2.9%,煤炭基础储量占比 21.4%。中国的能源禀赋依然以煤炭为主。能源储采比指年末剩余储量和当年开采量的比值,具体来说指的是按照当前的技术水平可供开采的年数,是反映一个国家某种能源储量的重要指标。根据表 4-2 的数据可知,目前中国煤炭的储采比为 72，石油的储采比为 17.5，天然气的储采比为 38.8。这说明，按照 2016 年的开采量，中国的煤炭、石油以及天然气分别只够开采 72 年、17.5 年以及 38.8 年。为了进一步了解中国的能源储量状况，本文加入世界储采比进行对比。世界煤炭、石油和天然气基本储量的储采比分别是 153、52.5 以及 50.6，都高于中国相应的指标。这说明，中国能源的巨大消耗和能源资源的相对贫乏，将导致化石能源储量的快速短缺。尽管中国有着全球 21.4% 的煤炭储量占比，但是中国以煤为主的能源消费结构是煤炭过快消耗的主要原因。

表 4-2　2016 年中国主要能源储备及储产比

主要能源	储量	占世界比重（%）	中国储采比	世界储采比
煤炭	2440.10 亿吨	21.40	72	153
石油	35 亿吨	1.50	17.5	52.5
天然气	5.4×10^4 亿立方米	2.90	38.8	50.6

数据来源：Statistical Review of World Energy 2017.

4.1.2　中国环境污染现状

党的十九大报告中强调，"必须坚定不移贯彻创新、协调、绿色、开放、共享的发展理念"，将绿色发展理念列为其中之一。报告同时指出，"必须树立和践行绿水青山就是金山银山的理念""实行最严格的生态环境保护制度，形成绿色发展方式和生活方式，坚定走生产发展、生活富裕、生态良好的文明发展道路，建设美丽中国，为人民创造良好生产生活环境，为全球生态安全作出贡献""人与自然是生命共同体，人类必须尊重自然、顺应自然、保护自然"。在十九大的提纲挈领下，中国的生态文明建设将更上一个台阶。

2016 年是"十三五"规划的开局之年，也是全面建成小康社会决胜阶段的开局之年。首先，中国不断推进能源结构的优化调整，实施以电代煤、以气代煤的策略，减少了煤炭的直接消费，降低了污染物排放。其次，在面对日益增长的环境污染压力下，中国加大了环境污染投资和治理力度，这也在一定程度上改善了环境质量。在经济结构和能源消费结构不断优化的情况下，中国在环境污染治理方面取得了积极的进展。

1. 废气和废水污染物排放

大气污染是中国目前面临的较为严重的环境问题，大气污染的原因在于废气污染物的排放。2016 年，中国废气污染物排放得到大幅度的下降，如图 4-7。其中，二氧化硫排放 1102.86 万吨，比上年下降 756.26，下降比例高达 40.68%；烟（粉）尘排放量为 1010.66 万吨，比上年下降 527.35 万吨，下降比例 34.29%；氮氧化物排放总量为 1394.31 万吨，比上年下降 456.71 万吨，下降比例 24.67%。废气污染物排放的下降有利于改善空气质量。党的十九大报告强调,要"着力解决突出环境问题""坚持全民共治、源头防治,持续实施大气污染防治行动,打赢蓝天保卫战"。三种废气污染物排放的大幅下降一方面与能源消费结构转变有关,另一方面也说明中国的环保治理力度在不断加大。

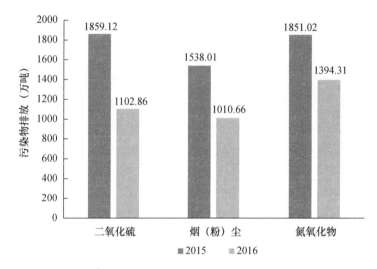

图 4-7　废气中主要污染物排放

数据来源:中国统计年鉴2017。

从分地区废气污染物排放来看,如图 4-8,污染物排放较高的几个省份是山东、河北、山西、江苏、广东等。其中,二氧化硫和氮氧化物排放量最高的是山东省,分别为 113.45 万吨和 122.94 万吨,占全国排放的 10.29% 和 8.81%。烟(粉)尘排放最高的是河北省,排放量为 125.68 万吨,占全国排放的 12.44%。同时,河北省的氮氧化物排放量也较高,为 112.66 万吨,占全国排放的 8.08%。部分地区废气污染物排放居高不下,导致了较为严峻的空气污染问题。

水环境污染也是中国面临的较为严重的环境问题。图 4-9 是中国各地区 2015 年和 2016 年废水污染物排放量对比。废水污染物主要来源于两个方面:生活废水和工业废水排放。其中生活废水指居民日常生活中排放的洗涤水,工业废水是工业生产活动产生的废水和废液。整体上,2016 年大部分地区的废水排放量有所下降。但废水排放量靠前的地区没有变化,依次是广州、江苏、山东、浙江、河南,废水排放量都在 40 亿吨以上。这些地区有两个显著的特征:一是工业企业多,工业生产活动密集,这导致大量的工业废水排放;其次是人口数量较多,这会增加生活废水排放。十九大报告指出,要"加快水污染防治,实施流域环境和近岸

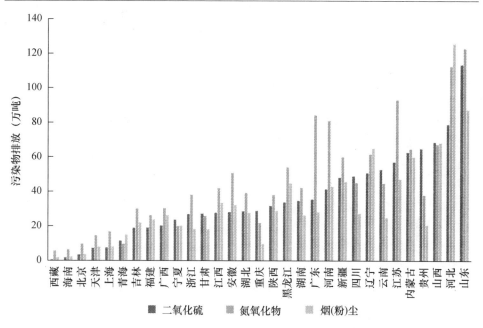

图 4-8　2016 中国各地区废气中污染物排放

数据来源：中国统计年鉴 2016、2017。

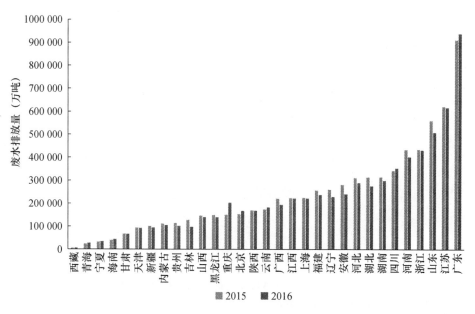

图 4-9　中国各地区废水排放量

数据来源：中国统计年鉴 2016、2017。

海域综合治理"。水是人类赖以生存的必要物质,水环境污染不仅会影响人类的长远发展,也是制约中国经济发展的重要因素之一,加大水环境治理力度,是影响人类生存发展的重要举措。

2. 空气污染现状

空气污染是当前中国面临的最为严重的环境污染问题之一,不仅对社会的正常运行造成了影响,也给居民的健康带来了严重的威胁。世界卫生组织的研究数据表明,2012 年,空气污染导致全球大约 700 万人的死亡,这一研究确认了空气污染是世界上最大的健康威胁。这一情况在中国更甚。国际医学界权威杂志 The Lancet 2012 年发表的《全球疾病负担 2010 年报告》提出,2010 年,中国因室外 PM2.5 污染导致 120 万人过早死亡。陈竺等(2013)评估空气污染对中国人健康的影响,结果表明,中国每年因为室外空气污染引发的过早死亡人数在 35 万~40 万人之间。世界卫生组织公布的数据中,2014 年中国癌症死亡人数约为 220 万人,其中,肺癌死亡人数约 60 万人,占比 27.3%。空气污染也将对城市建筑和环境产生巨大的影响。由氮氧化物和硫化物产生的酸雨,直接对建筑物的外墙造成损害,显著地降低建筑物和裸露在外的机器的寿命。同时,空气污染也将对河流湖泊造成污染,对动植物的健康造成危害。

当前中国面临着严重的城市空气污染问题。据中国国家环保部发布的《2016 中国环境状况公报》显示,中国 338 座地级以上城市中,有 84 座城市空气质量达标,占比 24.9%,比上年高 3.3%;254 座城市环境空气质量超标,占比 75.1%。同时,如图 4-10 所示,338 座城市中,空气质量优良的城市占比 78.9%,轻度污染以上城市占比 21.1%。

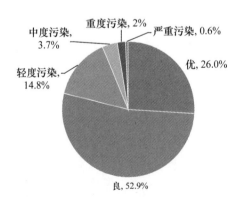

图 4-10　2016 年 338 座城市空气质量级别比例

数据来源:2016 中国环境状况公报。

图 4-11 是中国 2016 年 338 座城市主要空气污染物浓度范围示意图,根据中

国环境空气质量标准,①中国有71.9%的城市未达到PM2.5年均浓度二级标准,比上年下降5.6%;有58.3%的城市未达到PM10年均浓度二级标准,比上年下降7.1%;有16.9%的城市未达到NO_2年均浓度二级标准,比上年下降1.5%;有3%的城市未达到SO_2年均浓度二级标准,比上年下降0.3%。根据浓度范围示意图,可以看到中国城市空气污染问题仍然较为严重,其中最为严重的是可吸入颗粒物污染(包括PM2.5和PM10)。但是与上一年进行对比,中国城市空气污染状况有所改善。

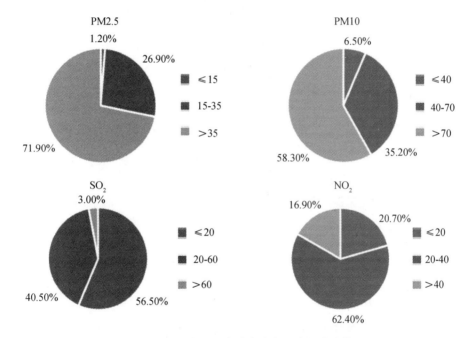

图4-11 2016年338座城市空气污染物浓度范围
数据来源:2016中国环境状况公报。

相比于全国338座地级市,中国74座环境重点监测城市的空气污染更为严重。图4-12是2016年74座城市空气质量级别比例,空气质量优良的城市占比74.3%,低于全国338座城市的78.9%,而轻度污染以上城市占比为25.7%,高于全国338座城市的占比。

---

① 据中国环保部2012年公布的环境空气质量标准,二类区域为居民区、商业交通居民混合区、文化区、工业区和农村地区,二类区适用二级浓度限值,SO_2的年均二级浓度限值为35微克/立方米,SO_2的年均二级浓度限值为60微克/立方米,PM10的年均二级浓度限值为70微克/立方米,NO_2的年均二级浓度限值为40微克/立方米。

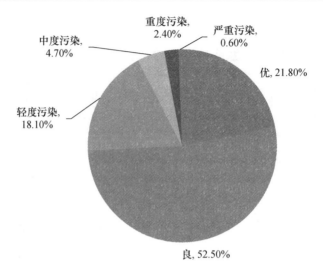

图 4-12　2016 年 74 座城市空气质量级别比例
数据来源：2016 中国环境状况公报。

雾霾污染是当前中国面临的较为严峻的空气污染问题。近年来，中国大部分地区雾霾天气频发，雾霾天气不仅对人的身体产生极大的伤害，也对社会生产生活造成了极大的不便，雾霾治理迫在眉睫。雾霾天气的主要污染物是 PM2.5，图 4-13 是近年来中国分区域 PM2.5 月均浓度值。两个显著的现象是：首先，京津冀

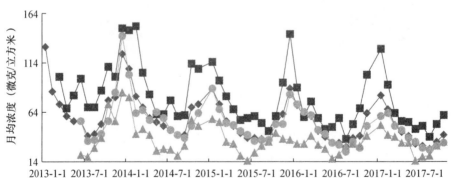

图 4-13　分区域 PM2.5 月均浓度
数据来源：中国国家环保部。

地区 PM2.5 月均浓度值最高,说明京津冀地区是雾霾的高发地区;其次,PM2.5 月均浓度呈现出显著的季节性特征,即每年的寒冷季节是高污染的频发期。一个原因是,冬季风速小,相对湿度大,这容易造成污染物在地面的聚集。而对于北方地区来说,另一个重要的原因是,在寒冷季节,居民需要燃烧大量的煤炭取暖,这也导致了大量的污染物排放。

最后,图 4-14 是 2015 年和 2016 年中国 74 座新标准第一阶段监测实施城市空气质量综合指数。空气质量综合指数是国家环保部对 74 座新标准第一阶段监测实施城市空气质量进行排名的重要指标。空气质量综合指数越高,说明空气污染越严重,空气质量越差。从图中可以看出,绝大部分城市的空气质量综合指数都有一定程度的下降,但是,仍然有十余座城市如唐山、石家庄、太原、西安等,空气质量综合指数有所上升,说明这些城市空气质量有一定的下降。污染排名靠前的地市中,保定、邢台、衡水、石家庄、唐山、邯郸都属于河北省,反映出河北省的空气污染较为严重,这也和现实观察到的现象一致。但在总体上,绝大部分城市空气质量综合指数下降,说明中国空气污染状况得到了一定的改善。

4.1.3 中国能源和环境发展状况总结

"十三五"时期是中国全面建成小康社会的决胜阶段,也是中国能源消费革命的重要阶段。为了建立低碳、安全、清洁的能源体系,中国需推动能源生产和消费革命。根据以上对中国能源消费和环境状况的分析,可以看到中国能源消费和环境状况的重大变化。主要分为以下几点:

1. 能源和环境发展状况

(1) 从能源发展角度来看。① 中国的能源生产和能源消费总量增速放缓,能源生产甚至出现负增长。这表明中国目前能源供需状况较为良好。② 能源结构调整步伐加快,逐渐向清洁低碳化方向发展。中国非化石能源消费比重逐年上升,煤炭消费占比逐渐下降,这在一定程度上有助于中国节能减排政策的推进。③ 能源效率方面,中国的能源加工总效率在整体上呈上升趋势,说明中国的能源利用率不断增加。从能源强度来看,尽管在 2002—2005 年能源强度有上升趋势,但是整体上,中国能源强度下降较为明显,由 1990 年的 0.842 吨油当量/万美元下降至 2016 年的 0.321 吨油当量/万美元,这表明中国能源利用的经济效益不断提高。

(2) 从环境状况角度来看。① 2016 年中国废气污染减排明显,其中,二氧化硫排放 1102.86 万吨,比上年下降 756.26,下降比例高达 40.68%;烟(粉)尘排放量为 1010.66 万吨,比上年下降 527.35 万吨,下降比例 34.29%;氮氧化物排放总量为 1394.31 万吨,比上年下降 456.71 万吨,下降比例 24.67%。② 中国大部分地区的废水排放有所下降,表明各地水的利用率有所上升。③ 中国的空气污染状

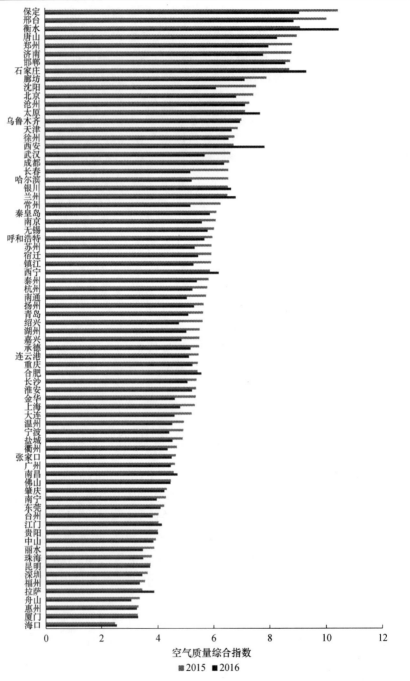

图 4-14 中国 74 座新标准第一阶段监测实施城市空气质量综合指数
数据来源：2016 中国环境状况公报。

况得到改善。首先,2016年,中国338座地级以上城市中,有84座城市空气质量达标,占比24.9%,比上年高3.3%;其次,PM2.5、PM10、SO_2以及NO_2空气污染物浓度超过国家二级标准的城市数分别比上年下降5.6%、7.1%、1.5%以及0.3%。最后,74座新标准第一阶段监测实施城市中,绝大部分城市的空气质量综合指数都有一定程度的下降,反映出空气质量的改善。

2. 能源和环境发展面临的问题

从以上的分析中可以看到,中国的能源和环境状况都得到一定的改善,但是目前仍然面临着一些问题,如能源消耗过大、能源利用效率过低、环境污染情况依旧严峻等。

(1) 从能源发展状况来看。① 能源消耗大,能源结构调整缓慢。2016年能源消费总量为43.6亿吨标准煤,增长率为1.4%。尽管能源消费增速放缓,但中国仍然消费了全球23%的能源。煤炭仍然是中国最主要的能源消费,2016年消费占比62%。长期以煤为主的能源消费结构导致中国排放了的大量的温室气体以及二氧化硫、氮氧化物等污染气体。中国能源清洁低碳化转型任重而道远。② 能源利用效率过低,节能潜力巨大。尽管中国的能源加工转换效率和能源利用效率都得到一定程度的提升,但与发达国家差距仍然明显。以能源强度为例,2016年中国的能源强度为0.321吨油当量/万美元,但是世界能源强度仅为0.172吨油当量/万美元。而这一指标与发达国家相比差距更大。中国较高的能源强度反映出中国能源效率低下以及中国巨大的节能潜力。③ 化石能源储采比低。2016年,中国石油基础储量全球占比1.5%,天然气基础储量占比2.9%,煤炭基础储量占比21.4%。但中国煤炭、石油和天然气的储采比分别是72、17.5和38.8。与世界的同一指标进行对比,三种化石能源的世界储采比分别是153、52.5以及50.6,都高于中国的相应指标。这反映出中国的化石能源消耗过快。

(2) 从环境状况来看:① 废气和废水排放虽然有所下降,但仍然居高不下。2016年,二氧化硫、烟(粉)尘以及氮氧化物排放总量分别是1102.86万吨、1010.66万吨以及1394.31万吨;废水排放总量为7 110 954万吨,中国减排任务艰巨。② 空气污染仍然是中国面临的最为严峻的环境问题。2016年,中国338座地级以上城市中,轻度污染以上城市占比21.1%。PM2.5、PM10、SO_2以及NO_2空气污染物浓度超过国家二级标准的城市数分别是71.9%、58.3%、16.9%和3%。而对于74座实施新标准第一阶段监测的城市来说,空气污染较为严峻的地区变化不大,如河北省仍然是中国空气污染最为严重的省份。

3. 相关政策建议

党的十九大报告指出,"中国社会主要矛盾已经转化为人民日益增长的美好生活需要和不平衡不充分的发展之间的矛盾",同时指出"我们要建设的现代化是人与自然和谐共生的现代化,既要创造更多物质财富和精神财富以满足人民日益增长的美好生活需要,也要提供更多优质生态产品以满足人民日益增长的优美生态环境需要"。在严峻的能源资源约束和环境污染压力下,中国需要转变发展理念,节约资源、保护环境,促进经济、社会和环境的协调发展。根据以上对中国能源发展和环境污染状况的分析,针对中国目前面临的能源和环境问题,本文提出以下发展建议。

(1) 提高能源效率是关键之举。庞大的经济总量决定了中国巨大的能源消费,可以预见的是,中国的能源消费仍然会居高不下。而中国以煤为主的能源消费又决定了中国将消耗大量的煤炭,这种状况在短期内难以发生很大的改变。与世界主要发达国家相比,中国的能源强度差距明显,反映出中国较低的能源效率,也侧面反映出中国巨大的节能潜力。因此,提高能源利用效率,是目前中国最为有效的节能减排手段,同时也可以提高中国能源安全水平。

(2) 推动能源结构清洁化转型。抓住当前能源供需较为宽松的状态,推动能源结构的清洁化发展,逐渐降低煤炭消费比重,稳步推进清洁能源如风电、太阳能的发展,减少化石能源燃烧导致的污染物排放,为实现中国 2030 年的非化石能源发展目标奠定基础。

(3) 加大环境治理力度,改善环境污染状况。2016 年环保治理力度和监管力度的加大,有效降低了污染物的排放。而为了进一步改善环境状况,落实绿色发展理念,中国要进一步加大环境治理力度,加快散煤燃烧的综合治理,以减少化石能源的污染物排放。对于工业污染企业来说,要严格控制各类污染物排放,加大污染物排放惩处力度,减少各类污染物排放,促进经济社会的可持续发展。

4.2 融资约束对于企业环境绩效的影响

4.2.1 中国近年来的环境问题

近年来,在经济取得巨大发展成果的同时,中国面临着日益紧缺的资源约束和严重的能源环境问题,经济的发展和生活水平的提高使得人们越来越关注环境质量。十九大报告指出"中国社会主要矛盾已经转化为人民日益增长的美好生活需要和不平衡不充分的发展之间的矛盾……人民美好生活需要日益广泛,不仅对物质文化生活提出了更高要求,而且在民主、法治、公平、正义、安全、环境等方面的要求日益增长"。报告特别说明了人民对于美好生活的要求,除了物质文化生活需要之外,还包括环境等方面,未来的发展将建立在保护环境的基础上,逐步解决前期发展中的一系列问题。报告也指出了中国当前发展阶段所面临的问题:"发展不平衡不充分的一些突出问题尚未解决,发展质量和效益还不高……生态环境保护任重道远""我们要在继续推动发展的基础上,着力解决好发展不平衡不充分问题,大力提升发展质量和效益,更好满足人民在经济、政治、文化、社会、生态等方面日益增长的需要……"

未来的经济发展将进一步贯彻科学发展观,深入推广绿色的发展理念,如十九大报告中所述的"发展必须是科学发展,必须坚定不移贯彻创新、协调、绿色、开放、共享的发展理念……"报告中指出了当前发展模式不足的地方"发展质量和效益还不高""生态保护任重道远",中国现阶段的资源利用和环境保护仍需要进一步加强。2017年中国能源消费总量为44.9亿吨标煤,其中化石能源消费比重超过80%,燃烧污染物排放比较严重的煤炭占比约60.3%,与此同时进口天然气在总消费中所占比例超过30%,国外石油进口占消费量比例超过60%,持续高起并有着进一步攀升趋势的能源对外依存度将能源安全问题推到了舆论的焦点。伴随着能源安全问题的还有严重的环境问题,经济发展使人们享受到成果的同时,也集中暴露了各种环境污染和资源浪费问题。2007年,世界银行花费数年时间与中国国务院发展研究中心合作完成的《中国污染代价》显示,中国每年因污染导致的经济损失在6000亿~18 000亿元人民币之间,占当期GDP的5.8%。在2010年世界环境绩效指数(EPI)的排名中,中国得到了49分,在所有163个国家和地区中排第121位,环境状况不容乐观。美国耶鲁大学发布的《2016年环境绩效指数报告》中,中国空气质量在世界排名倒数第二,仅高于孟加拉国。

早在中国社会科学院社会所和中国环境意识项目组联合公布的《2007年全国公众环境意识调查报告》中,公众对医疗、就业、收入差距、环境质量等众多因素的关注度排名中,环境质量被排在第四位。中国政府较早地意识到以往的高投入、高污染的粗放型发展模式的不可持续,提出了和谐发展、可持续发展、生态文明等发展理念,同时也在经济建设规划中明确提出建设资源节约型和环境友好型社会。但是,环境问题治理本身涉及的范围广、复杂程度大,尤其是在中国目前人均收入水平与发达国家还具有较大差距的现阶段,过于强硬的环境治理措施将会导致经济运行成本加大,不利于整个经济体的稳定健康发展;而宽松的环境治理手段则可能导致达不到全社会合意的目标,最终引起环境质量恶化,使经济发展不可持续,中国的环境保护政策经常需要权衡经济稳定发展、节约能源资源、减少污染排放等几个方面。中国以往的环境保护政策虽然初衷是好的,但是最终的成效往往有限。环保政策在制定和推出的过程中往往是自上而下实施的,实际的政策运行则需要充分考虑到微观主体的激励约束机制,从而提高政策的效力。

4.2.2 环境绩效的评价

世界银行在2009年发布的报告中指出:经济从低收入向高收入的快速增长阶段,往往采用劳动、资本、资源大量投入的方式实现,这就不可避免地造成自然资源利用效率较低,而环保法律法规的不健全、缺乏环境保护意识和治理经验以及环境问题本身的外部性,则导致环境质量持续下降,最终不清洁的生产行为导致恶化了的环境质量,给人们的健康生活带来了严重的威胁,由此也引发了较高的医疗费用支出,损害全社会的福利水平。中国经济在过往的快速发展中,作为动力和重要化工原料的能源消费在增长较快的2001—2011年的平均增速达到9.5%,但这段时间的能源利用效率并不高。中国的能源资源禀赋以"多煤、贫油、少气"为主要特征,煤炭在能源结构中所占的比重是最大的,然而在同等的燃烧条件下,煤炭是各种化石料燃烧过程中污染物排放最多的品种。面临着环境和能源资源的约束,中国经济正从粗放型的发展模式逐步转向内涵式的、依靠技术和知识创新的模式,追求在一定的劳动力、资本和能源等投入下获得更高的产出和更少的排放,由此延伸出能源效率和环境绩效的概念以及围绕该话题的诸多探讨。关于企业环境绩效的度量方式有通过污染物排放、通过第三方审计或者是通过环境表现的指标。

  传统的经济增长模型中,将资本和劳动作为投入,GDP作为产出。这也是中国部分地区经济发展的模式:高投入、高产出。在这种传统的发展模式下,对应的评价一个地区经济绩效的方式,主要是地区生产总值(GDP),它仅仅考虑了产出因素,并没有考虑投入的能源资源约束,也没有涉及伴随着经济产出的环境破坏。但是随着经济活动的扩大,能源资源约束和经济生产带来的负效应变得不可忽视,以往粗放的生产方式难以持续,为了考察可持续的增长水平,经济学界将各种投入要素纳入对经济绩效的评价中,从而通过全要素生产率衡量经济的发展成果。早期的由新古典模型计算的全要素生产率仅仅考虑劳动、资本等传统生产要素,对当时较小的生产规模而言似乎并无不妥,但是随着技术的进步、人口的增加和生产规模的扩大,生产活动对环境的负面影响越来越明显,而生产过程中也暴露出较严重的资源浪费问题,如果仅考虑传统投入要素而不将资源和环境因素一并纳入,则会产生扭曲的社会福利变化和经济绩效评价,最终误导经济发展质量和环境保护的政策效果。

  目前学者较为关注资源利用效率和环境绩效,流行的研究方法是将资源和环境因素纳入研究框架,采用非参数的数据包络分析模型及由其延伸的方向距离函数方法,通过效率的测度来评价经济发展的综合表现。环境绩效将资本、劳动要素和能源资源作为投入,考察既定的投入下如何获得更多的产出(GDP)和更少的环境副作用,或者是既定的产出(GDP)和环境副作用下,更少的资本、劳动和资源投入。实际计算的过程中,这种非参数的DEA方法和由其扩展起来的非径向方向距离函数,以资本、劳动、能源作为投入,以二氧化碳、二氧化硫、化学需氧量、固体废弃物、污水等污染物排放作为非合意产出,采用数据包络分析的方法,构建基于生产前沿面的效率评价函数,对能源效率、环境绩效进行测算。早期关于环境绩效的研究，主要侧重于全国能源环境绩效的测算、分区域的测算和区域差异的讨论等。后来一些学者更深入地探讨了能源环境绩效的影响因素，如技术进步因素、市场改革、经济结构调整等，此外也有部分学者研究了进出口贸易等因素对工业行业能源环境绩效的影响及作用机理，但是以往的研究均缺少微观角度的机制分析。过往的讨论有较多的涉及融资约束与企业整体绩效表现的，但是较少关注融资约束与环境绩效表现的单独关系。在经济发展进入"新常态"、众多改革领域逐步进入深水区的背景下，要充分认识要素市场，发挥市场机制在资源配置中的重要作用。理清微观企业面临的激励机制，通过资本市场的资源配置作用来促进节能和减排，控制污染物排放，有助于建设"美丽中国"。

4.2.3 融资约束对于环境绩效的影响分析

中国经济当前正处于从发展中经济体跨向发达经济体的关键阶段，市场化改革有待深化，还存在一定的金融抑制现象。相关资料表明，融资约束已经成为制约中国经济转型和升级的主要问题之一，同样也制约着环境问题。国际上已经有关于此方面的不少研究。Gray 和 Deily 在 1996 年的研究中采用了企业层面的数据，考察美国钢铁企业的空气污染物排放问题，他们发现盈利较高的公司更不倾向于遵守污染物减排的规定。Shadbegian 和 Gray 在 2005 年的研究中利用 150 家工厂数据，涉及造纸、石油加工和钢铁行业，发现了类似的结果。Maynard 和 Shortle 在 2001 年的研究与上述结果截然不同，他们发现公众压力和环境组织对于促进企业采取环境管理措施具有正向作用，也发现盈利率较高的企业有更高的倾向投资和采用清洁生产技术。Earnhart 和 Lizal 在 2006 年对 1993—1996 年捷克一部分公司数据的研究发现，较好的财务表现有利于企业未来的环境表现，与坏的财务表现经常伴随着流动性和融资约束从而有损于污染投资的假设是一致的。然而，目前国内从微观角度来探讨融资约束等因素对于企业环境绩效的研究并不多，本小节采用世界银行在 2013 年公布的中国企业调查数据，在控制了地区、行业、企业规模、所有制结构等因素的情形下，建模并分析融资约束对企业环境绩效的影响。

世界银行公布的调查数据中涉及工业企业的部分，有一项调查为企业是否获得 ISO14000 的国际认证，下文中对于企业环境绩效采用该指标作为环境绩效高低的度量，获得认证表示高的环境绩效，未获得认证表示较低环境绩效；由于被解释变量是非连续的二分变量，不服从正态分布，因而在分析的过程中，采用 Logistic 模型进行分析，其中企业被认证为环境绩效高的概率是被解释变量，被认证为环境绩效低的概率是 1 减去被解释变量所得的差。调查问卷中针对企业目前的融资难度问题，设置了不同的区分度：没有障碍、较小的障碍、中等程度的障碍、大的障碍、非常严重的障碍，由于在所有的问卷中"非常严重的障碍"仅占有 18

个,在统计意义上并不显著,因而将其归类于大的障碍里面。另外对于企业的问卷中有关于企业为什么没有申请贷款的问题,如果企业回答选择了"因为有充足的资本金而没有贷款的需要"选项也认为企业没有融资约束,这样处理之后企业面临的融资约束分为几乎没有约束、较小的约束、中等程度的约束、大的约束四种。在模型中将几乎没有约束作为对照组,其他的融资约束设置成虚拟变量,这样虚拟变量分别有三个亚变量,分别表示较小约束、中等程度约束和大的约束。如果融资约束对于企业的环境绩效有越来越不利的影响,我们将会发现三个虚拟变量的系数均为负值,并且以上三个变量的回归系数在绝对值上存在着依次递增的关系,也就是说随着融资约束越来越严重,对企业的环境绩效存在着越来越严重的负向影响。

经过分析后发现,中等程度的融资约束和大的融资约束都不利于企业环境绩效的提高,大的融资约束相对于中等程度的融资约束而言,负向影响更严重。说明了融资约束越大,越不利于企业提高环境绩效,具体的影响机制见图 4-15。

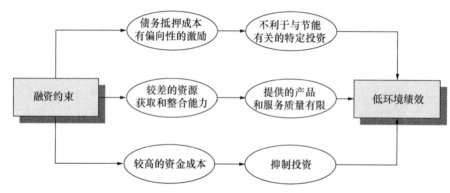

图 4-15　融资约束对环境绩效的影响机制

直观上来看,企业消除污染的投资也是投资的一种,企业面临越高的融资约束表明企业面临越高的投资成本,因而限制了消除污染的投资,从而不利于提高环境绩效。从企业投入和产出的角度来考虑,企业将劳动力、资本、管理能力等资源配置起来向市场提供产品和服务,其运用获得资源的各项能力在市场上竞争,拥有越低的劳动力成本、财务成本和越优秀的组织管理人员,其产品也将在市场上获得越高的竞争力。而在低碳和绿色的时代背景下,消费者在其他条件相同的情形下,更多选择消费绿色环保的产品和服务。企业在利润最大化的动机下,将在其他条件相同的情形下追求产品的低碳和绿色化。企业面临着较高的融资约束和较高的资金成本,因而对其产品和服务的绿色低碳化有不利影响,限制了企业环境绩效的提高。此外,面临融资约束的企业可能因为资产配置的扭曲从而导致清洁生产技术的投资不足。与清洁生产有关的员工培训、除污设备投资等往往具有企业特定属性,不像土地、一般生产设备等可以较容易地作为一般抵押物而获得债务融资,从而产生有偏向性的激励,面临融资约束的企业很可能对清洁生产和除污设备投资不足,制约了其环境绩效表现。

融资约束不同于企业的财务困境,前者更多是体制机制和市场的原因所导致的,一般情况下指的是相对于投资机会而言,企业在金融市场上获取资金的难易程度和成本多是由金融市场和资本市场的不成熟、不完备所导致的;企业的财务困境则更多的是因为经营不善等企业本身的问题所导致。现阶段,中国工业企业的融资约束主要体现在两个方面:一是直接融资和间接融资的比重有待进一步优化;二是中小企业有较高的融资壁垒。

通常情况下,全社会融资大体上分为"直接融资"和"间接融资"。直接融资一般是指股票和债券融资,间接融资主要指的是银行贷款。直接融资和间接融资在全社会融资中所占的比例关系,一方面反映了一个国家的金融结构,另一方面也反映出不同种类的融资对于经济的贡献大小。国际上对于直接融资和间接融资的比重计算有存量法和增量法,较常用的是存量法。根据中国人民银行发布的资料,对于存量融资而言,2017年社会融资规模达到174.6万亿元,同比增长12%。其中,对实体经济发放的人民币贷款余额为119.0万亿元,对实体经济发放的外币贷款折合人民币余额为2.5万亿元,委托贷款余额为14.0万亿元,信托贷款余额为8.5万亿元,未贴现的银行承兑汇票余额为4.4万亿元,企业债券余额为18.4万亿元,非金融企业境内股票余额为6.7万亿元。

表 4-3 2017 年中国社会融资规模存量

项目	金额(万亿元)	项目	金额(万亿元)
人民币贷款余额	119.03	未贴现的银行承兑汇票	4.44
外币贷款	2.48	企业债券余额	18.37
委托贷款	13.97	非金融企业境内股票余额	6.65
信托贷款	8.53		

数据来源:中国人民银行发布的《2017年社会融资规模增量统计数据报告》。

对增量融资而言,2017年社会融资规模增量累计为19.4万亿元,比上年多1.6万亿元。其中,对实体经济发放的人民币贷款增加13.8万亿元,对实体经济发放的外币贷款折合人民币增加18亿元,委托贷款增加7770亿元,信托贷款增加2.3万亿元,未贴现的银行承兑汇票增加5364亿元,企业债券净融资4495亿元,非金融企业境内股票融资8734亿元。

相关资料表明,采用存量法计算直接融资比重,G20(20国集团)在近年来总

体上是不断上升的,大部分超过60%,其中美国的比重较高,高于80%。市场经济的发展是一个有机的整体,金融市场在促进资源的优化配置方面具有重要的作用,一定的经济发展水平和产业发展阶段,需要与一定的金融形态相适应,同时配套一定的法律和体制机制建设。在发达经济体中,金融抑制越弱,自由化程度越高,往往是市场化发展的趋势。通过提供完善的投融资服务体系,促进金融自由化,让金融资源通过市场来自由配置,与发挥市场在资源配置中的决定性作用是一致的。与发达经济体相比,中国的直接融资所占比重比较低,甚至与俄罗斯、印度尼西亚和印度等国相比还存在着一定的差距,其中在债券市场上的表现差距较大。当前经济建设进入"新常态",存在着一定的发展问题,如:环境污染严重、能源资源利用效率低等。需要通过进一步地市场化改革,促进金融市场的自由化发展,发展直接融资来进一步激活经济活力,促进资源配置效率,解决发展中的环境、资源等问题。

中国工业企业面临的另一个较严重的融资约束问题是中小企业融资壁垒高,而高的融资壁垒和融资成本,对节能环保投资产生了较强的抑制作用。中小企业融资壁垒高是多方面原因造成的,除了中小企业本身自有资本金不足、财务制度不健全、管理不科学、市场竞争力较弱外,还有下面几个方面的原因。首先,作为金融中介的银行,对中小企业的贷款趋于较严重的分化现象。除了自有资金之外,银行是中小企业资金的重要来源,面临政策的不确定性,银行对中小企业的放贷行为往往波动较大。在金融较宽松的时期,与银行有联系、资质好、有发展潜力的中小企业能够获得较为充足的资金供给;但是一旦信贷政策收紧,从风险和收益的角度衡量,银行往往压缩一部分中小企业信贷,而将大部分信贷资源向大型基建项目和国有企业倾斜。银行授信往往具有一定的条件要求,中小企业本身规模小,可以用于抵押的资产有限,贷款的过程和手续也往往较为烦琐,虽然不断推出对中小企业的信贷政策,但是存在着落实困难的问题。银行抵押条件过于苛刻,贷款程序复杂,贷款成本高。其次,政府政策的针对性有待增强,相关的法律法规有待完善,资本市场的改革有待进一步深化。中小企业本身可以用于抵押的资产有限,发展信用贷款等多种融资方式是有益的补充,然而目前中国与信用有关的法律法规与发达国家相比存在着较大的差距,资本市场的进入门槛较高,一般中小企业难以达到。

4.2.4　环境绩效的其他影响因素

企业排放污染物,生产所得的利润全部归自己所有,而污染物影响了其他人的福利,如果企业没有缴纳排污费用,那么其承担较少的排污成本而得到较大的经济利益,从而具有负的外部效应。具有负外部性的企业,往往有排放更多污染物的冲动,从而造成整个社会的环境污染问题。负外部性的根源,在于企业从自身的利益出发,而非从全社会生产最优的角度来考虑。但是,政府不同,作为社会计划者的政府在决策时需要考虑到全社会的利益。因而,企业所有制结构中,政府持股有助于提高企业的环境绩效。

除所有制结构外,企业规模也对环境绩效有一定程度的影响。一般来说,企业规模越大,对应的环境绩效越高,这是由于企业污染消除投资存在着一定的规模效应。污染消除设备的投资具有一定的规模效应,在一定的范围内,消除每单位污染的边际投资随企业规模的扩大而下降,对于规模较小的企业而言,消除污染投资的边际成本和平均成本均较高,对于规模较大的企业来说,消除单位污染的平均成本变小,企业也更愿意投资,因而对应较高的环境绩效。

4.2.5 提高环境绩效的途径

中国在经济取得巨大发展成果的同时,面临着严重的环境破坏和日益紧缺的资源约束,经济快速增长的同时,也暴露出自然资源利用效率较低、环境质量恶化以及人们健康损失不断增加等问题。前面论述了融资约束对企业环境绩效的影响,主要发现:微小的融资约束对企业环境绩效没有明显的负向影响,而中等程度和大的融资约束对企业环境绩效有负向作用,且随着融资约束越大,负向影响也越大。对企业规模、所有制结构的讨论表明较大规模的企业对应着较高的环境绩效;高的国有资本占比,对应着较高的企业环境绩效。结合前面的论述,提高工业企业环境绩效可以从如下几个方面入手。

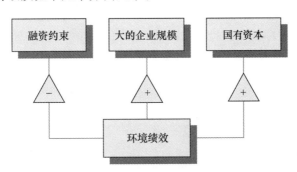

图 4-16 各种因素对于环境绩效的影响

1. 通过发展直接融资等方式,减小中小企业的融资壁垒,降低融资成本

上文中的研究发现融资约束是制约企业环境绩效提高的重要因素,目前的金融市场下,由于体制和历史的原因,企业融资仍然以银行贷款等间接融资方式为主,直接融资极为不发达,部分中小企业由于融资渠道缺乏,采用民间融资方式,而较高的民间融资利率,造成中小企业往往是借新钱还旧账,受限于企业财务困境,无力从事于企业的进一步发展,处于破产边缘的企业更没有可能在治理污染和提高环境绩效方面有所行动。中小企业高的融资壁垒往往伴随着高的融资成本,高昂的融资成本,不仅限制了中小企业的污染消除投资,更损害了经济的进一步发展。

2. 促进产业的整合,通过规模经济来提高环境绩效

上文中的探讨说明了规模较大的企业往往伴随着较高的环境绩效,这与消除环境副作用投资的规模经济直接相关。虽然说经济的发展有内在的规律,企业之间的兼并和重组一般在经济规律的推动下进行,但是政府可以采取一定的扶持和促进措施,来加快部分产业的整合和经济结构的调整过程。污染消除和较高的环境绩效的生产模式往往具有一定的规模效益,政府可以通过设立产业并购基金的方式,促进行业的规模化发展,淘汰附加值低、出口依赖度较高的落后企业,通过兼并、重组等手段向行业下游附加值高的区段迁移,同时提高劳动力素质和管理水平,通过综合手段来提高企业的环境绩效。

3. 重点提高轻工业企业的环境绩效

利用世界银行调查数据所做的实证研究发现,相对于重工业企业而言,轻工业企业的环境绩效较低,此外轻工业企业还面临着中小企业众多和企业融资壁垒高的问题。近年来,农副食品加工业,食品、饮料制造业,纺织业,造纸和纸制品业,家具制造业几个代表性轻工行业的中小企业数量占比均超过80%,销售产值占比45%左右。从数量上来说,轻工业中大部分的企业属于中小型企业,从销售产值上看,所占比重也有一半左右。轻工业中多为民营资本,国有资本比例较小,环境副作用的外部性导致轻工业企业的环境绩效普遍低于重工业企业,因而可通过采用更为严厉的环境规制措施,建立公益性的环境治理、降低污染的咨询服务体系,降低企业的信息搜集成本,来提高环境绩效。

第5章 煤炭与天然气

5.1 煤炭需求变动分析

十九大报告中明确提出,中国社会主要矛盾已经转化为人民日益增长的美好生活需要和不平衡不充分的发展之间的矛盾。社会主要矛盾的变化,说明中国经济发展正处于深刻的变革期之中。要实现小康社会,满足人民对美好生活的需要,并进一步建立和谐、美丽、平衡、充分、发展的社会,就意味着传统的高资源投入、低环境效率的发展模式需要转型。而煤炭在中国一次能源结构中居于主导性地位,同时煤炭使用也被认为是导致雾霾和碳排放的主要原因。如何解释煤炭需求的波动以及预测未来煤炭需求的变化,对合理有效地制定能源发展规划,实现能源生产和使用方式的革命有着重要的意义。

从2011年下半年开始,煤炭市场经历了一轮长达四年的大熊市。期间广州港的动力煤价格最大跌幅将近60%;而在大同、鄂尔多斯等煤炭产地,价格跌幅更是在75%以上。但是从2016年年初起,煤炭价格开始转暖:郑州商品交易所动力煤主力合约的价格从2016年年初的306元/吨上涨到2016年年末的500.4元/吨,涨幅达到64%。截至2017年12月,动力煤主力合约又进一步上涨至接近700元/吨的高位。而大连商品交易所的焦煤主力合约则从2016年年初的567.1元/吨大幅上涨,最高价格1676元/吨,涨幅接近200%。现货市场上,煤炭价格也一直维持在较高的位置。以秦皇岛5500大卡动力煤为例,2016年11月以后,其价格一直稳定在550~650元/吨。从图5-1给出的煤炭行业出厂价格指数也可以看出,煤炭价格从2016年开始,走出了一轮"V"形反转的趋势。

2016年实施的276天工作日限产制度,极大地影响了市场的煤炭供给。276天工作日限产制度相当于通过行政手段直接将煤炭产能下降了将近20%,对煤炭市场价格形成了有效支撑。到了2017年年初,由于市场需求回暖,276天工作日限产制度虽然已经放松,但煤炭企业并没有轻易地增产降价。这可能由于煤炭企业对于区域市场有一定的市场势力,他们已经从该制度中尝到了甜头,这就造成了一个表面上看起来违背直觉的现象:一方面煤炭价格维持在高位,煤炭生产的利润丰厚;另一方面煤炭"去产能",煤炭企业似乎有大量的闲置产能而不愿意扩产,导致煤炭供应持续偏紧。2017年下半年,由于煤炭供应面趋紧,神华和中煤甚

图 5-1 煤炭价格指数

资料来源:CEIC 数据库,笔者根据环比价格指数计算。

至暂停了现货动力煤的销售,以保证长协合同的执行,这又进一步推高了煤炭价格预期。煤价的上涨影响最大的就是下游的火电企业。从几大发电集团旗下上市公司 2017 年的三季报来看,发电企业的利润都出现了大幅下滑。此外,煤炭作为基础能源品种,其价格上涨最终也将通过产业链条传导到下游。煤炭价格的上涨也成为推高 PPI 的重要因素之一。因此,煤炭价格上涨的原因究竟只是季节性的供应紧张,还是市场需求环境发生的变化?这是诸多市场相关者共同关心的问题。

要讨论煤炭价格的变化,离不开对煤炭需求的分析。煤炭行业上一轮繁荣周期从 2003 年开始,一直到 2012 年。这十年也常常被称为煤炭行业的黄金十年。但是 2013 年煤炭消费量达到历史峰值后开始出现下滑。图 5-2 给出了最近几年煤炭消费量的变化。其中,煤炭消费从 2013 年的 42.4×10^8(亿)吨一直下降到 2015 年的 39.7 亿吨。如果按照国家统计局的数据,2016 年煤炭消费又下降了 4.6%。这也给人一个直观的印象:2013 年很有可能已经是煤炭需求的峰值了。

当然 2016 年国家统计局公布的煤炭消费数据可能存在争议。根据对煤炭的产业链进行分析,扣除洗选损耗后,煤炭消费有 90% 以上都是用于工业。而其中电力占了 50% 以上,此外还有 20% 直接或间接由钢铁行业消费。剩余的也主要是由几个高耗能行业消耗。表 5-1 列出了煤炭主要下游行业在 2016 年的产量变化。从表中数据可知,2016 年火电发电量增长了 3.6%,粗钢增长了 0.6%,其他主要耗能行业的产品也都有不同程度的增长。如果根据下游产品的增长来计算,保守估计 2016 年的煤炭消费应该增加到了 40 亿吨以上。

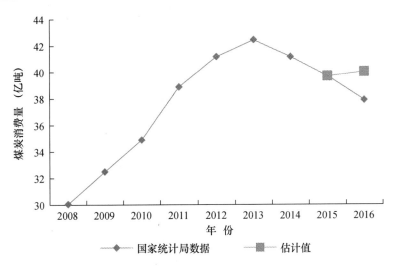

图 5-2　煤炭消费量

数据来源:国家统计局。其中估计值为笔者根据煤炭的主要下游行业在 2016 年的产量变化计算。

表 5-1　煤炭主要下游行业 2016 年产量变化

产　品	单　位	产　量	增长率(%)
火电	亿千瓦时	44 370.7	3.6
粗钢	万吨	80 837	0.6
钢材	万吨	113 801	1.3
10 种有色金属	万吨	5310.3	3.0
其中:精炼铜(电解铜)	万吨	843.6	6.0
原铝(电解铝)	万吨	3187.3	1.5
水泥	亿吨	24.1	2.3

资料来源:CEIC 数据库,笔者整理制表。

而到了 2017 年,煤炭下游行业继续保持较快增长。2017 年 1 月至 9 月,全国火电发电量同比增长 6.3%,粗钢产量增长 5.3%,其他有色、水泥、玻璃等行业都出现全面增长。如果按照 2016 年的校正值来估计,2018 年的煤炭消费量很有可能已经回到 42 亿吨以上,已经接近甚至超过 2013 年的峰值水平。煤炭需求的增长在市场价格中也已经得到了充分的体现,2016 年动力煤和焦煤的期货价格几乎上涨了 1 倍,港口现货价格的涨幅也比较接近。

如果再对 2013—2015 年煤炭消费下降部分进行分解,可以得到表 5-2 的结果。其中采掘业的煤炭消费下降是跟着煤炭总消费量变动的,而制造业的煤炭消费其实是略有上升的。主要影响煤炭消费的还是电力行业煤炭消费的下降。其实2013—2015年火电的发电量并没有减少,甚至还增长了1%。虽然由于技术进步,火电的发电煤炭在近几年有所下降,但是对电力行业煤炭需求的影响其实是十分有限的。厦门大学中国能源政策研究院的研究显示,电力需求的变动主要是受电煤热值变动的影响。

表5-2　2013—2015年煤炭下游需求变动分解

采掘业	制造业	电力	其他	煤炭消费
−89.44	63.23	−248.86	0.95	−274.12

数据来源:CEIC数据库,笔者整理制表。

但是基于2013—2015年煤炭消费下滑的情况,有不少研究都认为中国的煤炭消费可能已经达到峰值。比较有代表性的是清华大学的Qi等在 *Nature* 上发表的文章,认为2013年可能已经达到峰值。基于这些判断,社会对于煤炭行业去产能也有比较大的呼声。这也对去产能政策的制定产生了一定的影响。那么,煤炭需求的峰值是否已经到来?这可能是政府和煤炭企业都十分关心的问题。要弄明白这个问题,我们可能需要先看看煤炭消费与经济的关系。

图5-3给出了1995—2015年煤炭消费增长与GDP的增长率。在过去的20年里,中国经历了快速工业化阶段,煤炭需求和GDP有着很强的正相关关系,煤炭需求-GDP弹性在0.7左右。也就是说,平均而言,GDP每增长1%,煤炭需求就会增长0.7%。但是,煤炭需求增长与GDP增长的关系并不是长期稳定的,而是在不断地波动。在过去20年间,一共出现了三次背离。第一次是在1998年亚洲金融危机以及中国经济通缩的阶段,期间煤炭需求在好几年内几乎没有增长。第二次是在2008年次贷危机引发的金融海啸后,煤炭需求增速随着经济增速的下滑而出现下降。但是煤炭需求的增速经过短暂的下滑后,在4万亿元的投资刺激下又重新回到一个比较高的增长率。第三次则是在2013年以后经济进入新常态的阶段,煤炭需求增速不断下滑,在2014年和2015年甚至出现了负增长。在前两次的背离中,煤炭需求随着经济回暖都很快出现了反弹。那么2013年以后的这次背离的情形会如何呢?

为了更好地解释与分析当下这一背离情形,我们不妨先回顾一下历史。通过回顾主要发达国家在能源需求达到拐点前经济的平均增长速度和一次能源增长速度可以发现,各国在人均GDP与一次能源需求上存在着较为明显的库兹涅兹曲线。即人均GDP达到比较高的水平以前,经济增长和一次能源需求都有着很强的相关性,一直到经济发展达到比较高的水平后,人均GDP增长与一次能源需

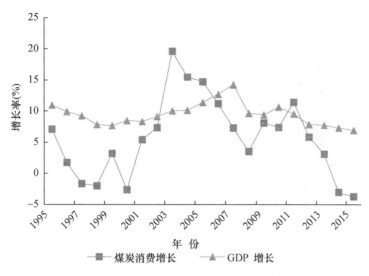

图 5-3　1995—2015 年煤炭消费与 GDP 增长率
数据来源：CEIC 数据库，笔者整理制图。

求开始脱钩，人均一次能源需求与人均 GDP 呈现出一条倒"U"形的曲线。在各国中，拐点出现得较早的是英国、美国和德国，于 20 世纪 70 年代达到拐点。而日本和法国都是在 2000 年前后能源消费才和经济增长脱钩。最晚的则是韩国，其能源消费的库兹涅兹曲线拐点直到 2012 年才得以显现，而且还可能仅是受到周期性波动的影响。

在达到能源库兹涅兹曲线拐点以前，各工业化国家的一次能源需求增长率都与 GDP 增速相当，或是略低于 GDP 增速。而能源需求与经济增长脱钩时，人均 GDP 也都达到较高的水平。其中最低的英国，达到拐点时人均 GDP 为 20 000 美元。而日本拐点时的人均 GDP 已经达到 40 000 美元。在各国中，日本和韩国的经验对我们应该会有特别的参考意义。两国与目前中国的情况一样，经济都有经历过长期且稳定的快速增长时期。在他们的高速增长阶段，一次能源需求与 GDP 几乎是同步增长的。而且往往经济增速越高，能源需求和 GDP 的相关性也越高。这点往往与固定资本形成是相对应的。

2016 年，中国的人均 GDP 约为 8000 美元。如果按照历史的经验，未来一次能源需求很可能也将保持快速的增长。那么，是否有可能通过调整能源结构，使能源在快速增长的同时，抑制煤炭消费呢？图 5-4 给出了 2015 年中国的能源消费结构。其中，煤炭占比为 64%，石油、天然气和水电占了 32%，而核能、光伏以及风电这些清洁能源占比仅为 4%。出于能源安全的需要，提高石油在中国能源消费结构比重的可能性不大，而天然气、水电受到资源禀赋的制约，未来在能源结构中的占比也很难有提升。在这种情况下,假设未来中国石油、天然气和水电消费比重不会发生明显的变化,那么能源需求上涨1%,就意味着可再生能源消费增长25%;倘若上涨2%,则要求后者增长率保持在50%的高位。这实际上是很难做到的。所以,如果未来一次能源需求还会保持一个较高的增长速度的话,煤炭需求必然是要增加的。

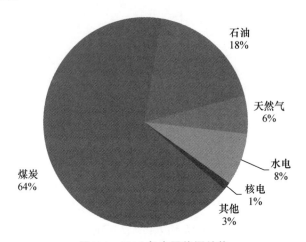

图 5-4　2015 年中国能源结构

数据来源:CEIC 数据库,笔者整理制图。

那么,既然煤炭需求与 GDP 有如此强的联系,为什么近几年会出现煤炭消费与 GDP 不同步的现象呢?接下来我们就对这一问题进行解释。根据投入产出的平衡关系,我们可以分析煤炭消费的流向。从直接流向(直接消费)上看,中国大部分煤炭消费都集中在第二产业。如果包含居民对煤炭的直接消费,这部分比例可以达到98.4%。而农业和第三产业对于煤炭的直接消费量非常小。但是,第二产业中有很大一部分是作为生产要素投向第三产业。在第二产业消费的煤炭中,有1.5%通过产品的形式转移到了第一产业,另外有14.9%转移到了第三产业,而真正由第二产业直接流向终端消费的比例只有82%。

此外,从最终的消费来看,能源的消费要么是转移到当期的消费品中,要么是转移到固定资本投资中,用于未来消费品的生产。而通过投入-产出平衡关系的分析,中国的煤炭消费中有三分之一是转移到当期的消费品中被消费掉,另外有三分之二是沉淀在固定资本中,也就是投资中。而我们知道投资具有较大的波动性和一定的周期性,经济形势一好就可能会有超前的投资,而经济形势一旦不好则大家都会变得十分谨慎。因此投资的波动幅度是远高于经济波动幅度的。

那么,现实中的投资变动情况如何呢?通过对改革开放后 GDP 中用于投资数量的变动情况进行分析,可以发现中国的固定资本形成大致存在着 8~10 年的周期。这与宏观经济学中的朱格拉周期是吻合的。一般而言,当经济形势好的时候,企业利润上升,投资增加。而投资旺盛反过来又会刺激社会的总需求,形成正向循环。但是当投资到了一定程度后,产能越来越大,企业利润开始出现下降。利润下降又会导致企业对投资更加谨慎,进一步降低社会的总需求,由此形成负向的循环。而这种周期又会与政府行为形成互动。那我们来看看前几年的情况,为了消化前期的过剩产能,最近几年投资出现下滑。到了 2015 年,全社会的固定资本形成增速仅为 4% 左右,相比最近一轮峰值 2009 年 17% 的增速有大幅的下滑。2015 年的固定资本形成增速已经下降到了和 1998 年亚洲金融危机时相当的水平,因此投资很有可能在这一年已经达到谷底。

投资周期对不同行业的影响是不同的。直观上看,重工业的产出大部分是用于投资,受到的影响会比较大一些。特别是像钢铁、水泥、有色金属、玻璃等高耗能行业,其产出基本都是作为投资品的。而轻工业的产出有很大一部分是用于消费,受到的影响较小。但是重工业的能源强度是较大的。因此,投资的波动,会通过产业波动的形式,传导到煤炭需求上来。根据厦门大学中国能源政策研究院的研究,投资的周期性波动是煤炭需求在 2013—2015 年与经济增长相背离的主要原因。

当然,2013—2015 年中国固定资本形成仍保持着增长的态势。虽然考虑了不同行业产出的变动,但是这几年的煤炭需求还是应该保持微弱的增长或是维持不变的,至少不会下降。这就说明,要完全解释这几年煤炭需求的变动,还需要考虑其他因素的影响。一般来说,影响某个能源品种需求的,主要有几个因素:第一是其下游行业由于技术进步减少了对该能源的需求。这一点在煤炭行业应该是比较普遍的。最近十几年来,中国有大量新的火电装机投产。由于这部分新投入的产能往往技术上较为先进,不少是采用超临界甚至超超临界技术,使得发电煤耗呈现逐年下降的趋势。供电标准煤耗大致以每年 1% 的速度下降,这对煤炭消费会产生一定的影响。钢铁行业在近些年也表现出同样的状态。随着新的炼钢产能的投产以及废钢添加比例的提升,近些年来吨钢可比煤耗也是不断下降的。根据分析,由于电力和钢铁行业的技术进步,在 2010—2015 年间每天可以减少煤炭消费 2000~3000 万吨。这个数值虽然占煤炭总消费的比重很小,但是也足以产生一定的影响。

第二,最近几年光伏、风电等非化石能源也有了比较大的发展,虽然比例还不是很大,但是对煤炭需求还是产生了一定的影响。表 5-3 列出了最近几年不同电源的发电量(吉千瓦时,即 10^9 千瓦时)。从具体数据来看,2013—2015 年火电的增长仅为 1%,而核电、风电和光伏累计增长了大约 50%。电源结构的变动,对于电力行业整体的煤炭消费也会产生影响。

表 5-3　2013—2016 年不同电源发电量（吉千瓦时）

年份	2013	2014	2015	2016
总发电量	5432	5650	5815	6142
水电	920	1064	1130	1193
火电	4247	4269	4284	4437
核电	112	133	171	213
风电	141	156	186	211
光伏	8	24	39	66

资料来源：CEIC 数据库。

第三，煤炭的热值变动是比较大的。因此，煤炭质量的变化对于表观消费量也会有比较大的影响。根据最近几年电力行业的标准煤耗以及表观的原煤消耗量，可以计算出最近几年电煤的平均热值的变化。图 5-5 给出了相应的计算结构。从图中可以看出，电煤热值和煤炭价格会呈现出一个相反的变动趋势。这其实也很好理解：当市场价格上升时，说明需求旺盛，供给相对偏紧。低质量的煤也很容易卖出。而当市场价格下降时，说明需求不足，供给过剩，低质量煤的市场份额占比就会下降。根据历年的电煤热值，我们就可以计算出煤炭质量变动对煤炭消费量的影响。此外，在 2013 年以后，电煤的平均热值其实是不断上升的。由于热值

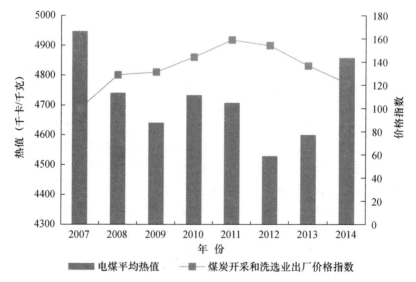

图 5-5　2015 年中国能源结构

资料来源：煤炭开采和洗选业出厂价格指数来源于 CEIC 数据库，电煤平均热值根据国家能源局发电煤炭数值和国家统计局电力行业煤炭消耗量，由笔者整理计算。

的变动,会使得实际煤炭消费没有变化的情况下,原煤的表观消费量发生变化。实际上,2014年和2015年煤炭消费的下滑,电煤热值变动是很重要的一个原因。

在确定了各项因素对煤炭消费变动的影响后,进一步分析这些变动是否可持续。首先,关于技术进步,在原有设备上通过技术改造提升效率往往是很困难的。近年来供电煤耗和吨钢可比能耗的下降,主要是因为有大量技术水平较为先进的产能投产。但由于火电和钢铁的产能已经严重过剩,未来一段时间内新增的产能可能会很有限。因此,要想保持煤耗的下降,还需要在产业内部进行优化。比如通过执行更严格的环保标准、限制落后产能的生产量,以提升高效产能的产出占比。

其次,对于煤炭质量的变动,由于2014年的电煤平均热值仅为4858千卡/千克,所以未来因煤炭质量变动导致的煤炭消费量减少还会有一定的空间。但需要注意的是,高质量煤的产能毕竟有限。未来如果出现煤炭需求增加和价格回升,煤炭的平均质量可能还会出现下降,并导致原煤消费量的反弹。

最后,中国目前的电源结构仍是以火电为主导(火电发电量占比高达73%),核电、风电和光伏合计占比不足7%,剩余部分主要为水电。而水电受资源禀赋的限制,未来的增长空间有限。即使核电、风电和光伏在未来能够大幅度增长,在短期内仍然无法对火电进行大规模替代。因此,电源结构的变动在未来几年内对煤炭需求的冲击将十分有限。

从中长期来看,煤炭需求可能也存在着较大的上升潜力。首先,从人均能源消费来看,中国还是处于很低的水平。图5-6给出了世界主要国家人均耗电量数据对比情况,从图5-6可以看出,中国的人均用电水平仅相当于美国的三分之一,不足韩国和日本的一半。未来随着经济增长和生活水平的提升,中国用电量还将维持较快的增长。目前,已有大量研究表明,在中国当前的发展阶段,电力-GDP弹性很可能是接近于1的。而在中国现有的能源资源禀赋下,未来一段时间内煤电在电源结构中的占比很难有大幅的下降。这也就意味着未来随着经济的发展和人民生活水平的提高,煤炭需求还有可能保持较快增长。

其次,中国仍处于城市化的发展过程中,中西部地区、中小城市、乡镇以及农村的基础设施特别是城市轨道交通还有很大的发展空间。其实,衡量中国整体发展水平与发达国家差距的,不应该是拿北京、上海等一线城市与发达国家的一线城市进行对比。真正能够反映出发展状态的,应该是拿中国的农村和小城镇与发达国家进行对比。按照这一思路进行比较后,就可以发现中国在基础设施投入方面还存在着巨大的发展潜力。如果有政府支持,再形成一个基础设施建设高潮并非不可能。从人均资本存量来看,2015年中国的人均资本存量仅有约2.6万美元,仅为美国的十分之一。资本是重要的生产要素。如果未来想要保持较快的增

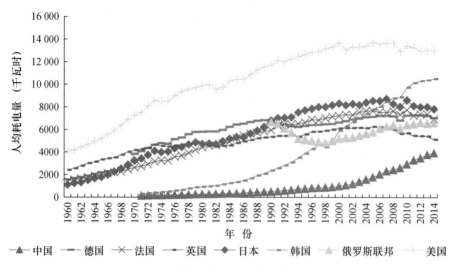

图 5-6 世界各国人均耗电量数据对比

资料来源:人均耗电量数据为根据各国的总用电量除以各国总人口数求得。其中总用电量数据来源于《世界能源统计年鉴》,各国总人口数来源于世界银行数据库。

长速度,还需要较多的资本积累。而前面我们讨论到,中国的煤炭消费中有三分之一是沉淀在资本品中的。要保持资本的快速积累,也离不开大量的煤炭消耗。因此,未来煤炭需求仍有可能保持较快增长。

最后,未来产业结构调整对于煤炭需求的影响可能相对有限。根据林伯强和吴微(2017)的研究,从产业结构上看,如果维持当前的转型速度,2020 年二产占比仍然能够维持在 40% 左右。在这样的情景下,煤炭消费在 2020 年将有可能达到 48 亿吨。而如果要进行煤炭的强势替代,第二产业结构则需要下降到 34% 左右,相当于要进行比较快的"去工业化"。这样,煤炭的消费量才有可能得到控制而保持低速增长。但是,对于发展中国家而言,过早地去工业化未必是好事。中国目前正处于跨越中等收入陷阱的关键时期。所谓中等收入陷阱是指很多国家的人均 GDP 在接近 10 000 美元时,增长就停滞了。我们可以对比一下日本和韩国的数据,这两个国家都跨越了中等收入陷阱,而且地理和文化都与中国比较接近。他们在实现跨越时,第二产业的比例都在 40% 左右。所以我们认为中国在未来要实现中高速增长,第二产业仍然需要维持在一定的比例,因此煤炭需求也将随着第二产业的增长而继续增加。

在能源需求比较弱的时候,人们往往难以做出乐观的判断。但是市场的嗅觉却要比绝大多数人都更为敏锐。而用电量、铁路货运量、企业利润等硬性指标,也往往能给出更为直接且准确的预判。综合来看,2016 年以来的煤炭价格上涨,其

实已经反映出了需求的提升以及供应的相对紧张。为此,决策者可能也需要准备好应对的措施。相关的政策建议有以下几点:

第一,需要考虑放开对煤炭生产的行政管制。在十九大报告中,习近平总书记提出要加快完善社会主义市场经济体制。其中特别指出,要打破行政性垄断,防止市场垄断,加快要素价格市场化改革。以行政手段简单地对产能进行控制虽然在短期内能够缓解煤炭行业的困境,但是在操作过程中往往容易矫枉过正。甚至有些地方在煤炭"去产能"时采取较为激进的永久性关闭产能的政策,造成了社会资源的极大浪费。合理的煤炭产能应该是动态的,需要根据市场的现实情况进行调整。考虑到煤炭企业市场势力的存在以及监管部门无法准确地掌握实际的产量情况,行政调控措施应该减少到最低限度,不能简单地划定一个产能比例。这样做的好处是让市场能够形成一个稳定的预期,以避免出现煤炭价格大起大落。当然,由于经济增长和能源需求的波动,煤炭需求和价格波动难以避免,但能源供需会有一个自我平衡的过程,行政措施往往可能加大价格波动。

第二,需要从宏观角度来看待煤炭的产能过剩。要满足人民日益增长的美好生活需要,还是需要有坚实的生产力发展的支撑,也意味着未来经济还是需要保持中高速的增长。以中国经济的增长潜力和增长速度,过剩产能的消化速度也可能是很快的。在过去的二十几年中,煤炭在短期内也曾出现过数次需求增速与经济增长不同步的现象。虽然长期而言,煤炭有逐渐被替代的趋势,但在相当长时间内依然是中国最主要的能源品种,经济增长与煤炭需求依然是正相关关系。经济在处于调整的时候,政府看到需求没有增长,而大量的产能又不断投产(这些产能大多是基于先前需求的快速增长而规划的),很自然地就会想到要用行政的手段压制产能。但是,从历史上看,这样做的后果常常会导致短缺:比如2004年的电荒。决策者如果无法掌握市场变化,则应该避免由于政策措施而加剧供需失衡。

第三,由于经济"新常态"和雾霾治理,中国的经济结构调整和节能减排会加快速度。十九大报告中提到的要促进能源生产和消费革命,其实包含了深刻的内涵。经济结构调整和能源结构调整仍将是一个渐进的过程,经济增长与能源电力需求增长会逐渐回到稳定的、比较高的比例。对于煤炭比例短期大幅度下降的预期,可能比较乐观。因此,要应对因煤炭使用带来的雾霾问题,除了在能源生产供应结构上发力外,未来主要还需要加强煤炭清洁利用技术的应用。而对于碳排放而言,即使实现目前的碳强度目标约束,中国煤炭需求以及碳排放也还将上升。未来中国想要真正实现低碳化的发展,还需要加快能源结构向清洁能源转变的速度。如果无法对煤炭进行强"替代",政府对于环境治理和低碳发展的规划与承诺就不能过于乐观。中国已经成为世界第二大经济体,任何重大的决策都有可能造

成巨大的影响。因此在进行能源结构调整时,必须尊重客观规律,循序渐进、统筹兼顾,才能保证经济、能源与环境的协调发展。

5.2 中国天然气需求分析

5.2.1 天然气需求现状

1. 天然气需求的整体现状

习近平总书记在党的十九大报告中指出,坚持人与自然和谐共生。建设生态文明是中华民族永续发展的千年大计。必须树立和践行绿水青山就是金山银山的理念,坚持节约资源和保护环境的基本国策,像对待生命一样对待生态环境,统筹山水林田湖草系统治理,实行最严格的生态环境保护制度,形成绿色发展方式和生活方式,坚定走生产发展、生活富裕、生态良好的文明发展道路,建设美丽中国,为人民创造良好生产生活环境,为全球生态安全作出贡献。要坚持绿色发展,实现可持续发展,中国在经济社会发展、能源的利用使用上应该摒弃高污染、高排放的老路,选择合理清洁发展的新路径。天然气是一种优质、高效、清洁的低碳能源,可与核能及可再生能源等其他低排放能源形成良性互补,是能源供应清洁化的最现实选择。

受制于天然气资源禀赋以及相对于发达国家较低的工业化、现代化水平,中国天然气的利用较晚且使用率较低。中国天然气消费大规模增长始于21世纪以来的西气东输工程,最近十多年来经历了一个快速发展期。2000 年,中国天然气消费量为 245.03×10^8(亿)立方米,2015 年增加到 1931 亿立方米,2016 年进一步达到了 2058 亿立方米,占全球天然气消费的 5.9%,消费规模居美国和俄罗斯之后,位列全球第三。同时,天然气在一次能源消费中的比重也有明显的上升趋势。与 2000 年的 2.20% 相比,2016 年天然气消费占一次能源消费的比重为 6.20%(如表 5-4 所示)。

表 5-4 2000—2015 年中国天然气消费情况

年 份	能源消费总量 (万吨标准煤)	天然气消费总量 (万吨标准煤)	天然气消费占比 (%)
2000	146 964	3233.21	2.20
2001	155 547	3733.13	2.40
2002	169 577	3900.27	2.30
2003	197 083	4532.91	2.30
2004	230 281	5296.46	2.30
2005	261 369	6272.86	2.40

（续表）

年　份	能源消费总量 （万吨标准煤）	天然气消费总量 （万吨标准煤）	天然气消费占比 （％）
2006	286 467	7734.61	2.70
2007	311 442	9343.26	3.00
2008	320 611	10 900.77	3.40
2009	336 126	11 764.41	3.50
2010	360 648	14 425.92	4.00
2011	387 043	17 803.98	4.60
2012	402 138	19 302.62	4.80
2013	416 913	22 096.39	5.30
2014	425 806	24 270.94	5.70
2015	429 905	25 364.40	5.90
2016	435 819	27 020.79	6.20

数据来源：国家能源局。

2000—2016 年，中国天然气消费由 2000 年的 3233.21 万吨标准煤当量，增长至 2016 年的 27 020.79 万吨标准煤当量，年均增速达 14.19％，是同期能源消费总量增速的 2.02 倍。由图 5-7 可以看出，中国天然气消费增长率与一次能源消费增

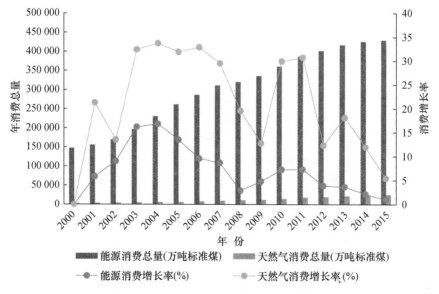

图 5-7　2000—2015 年中国天然气消费情况

数据来源：国家能源局。

长率保持着较为一致的变化,但天然气消费的变化幅度远远大于一次能源变化幅度。自 2003 年开始,中国天然气消费增幅较大,这与西气东输管道的商业运营开始的时间相吻合。2008—2010 年,中国天然气消费以及一次能源消费增幅大幅下降,原因在于 2008 年世界性的金融危机对中国经济、能源消费造成冲击。2014 年以来,天然气消费同能源消费增速一起出现放缓趋势。其中,天然气增速放缓明显,原因在于受经济放缓、气价走高、冬季偏暖、替代能源快速发展等多种因素影响,中国天然气消费增速急剧下降,2014 年大幅下降到 9% 以内,2015 年进一步降至 4.5% 左右,为 2000 年以来增速最低(见图 5-7)。

尽管中国天然气需求经历了十多年的高速发展时期,但由于中国自身资源禀赋等原因,天然气占整体能源消费比例偏低。由图 5-8 可知,2016 年中国天然气消费占一次能源消费的 6%,作为对比,煤炭消费占一次能源消费的 64%,石油消费占一次能源消费的 18%。与世界主要国家相比,中国天然气利用还处于较低水平。从规模总量看,2016 年 6% 的一次能源消费占比,远低于 23.8% 的全球平均水平,而美国超过了 30%,俄罗斯甚至高达 52.8%。

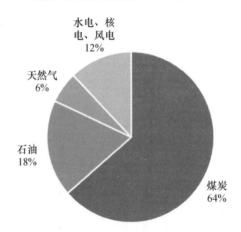

图 5-8 2016 年中国一次能源消费结构
数据来源:国家能源局。

2. 天然气需求结构现状

根据天然气的使用情况,可以将天然气需求分为工业燃料需求、城市燃气需求、发电需求、化工需求四种。目前中国的天然气消费结构中,如表 5-5 所示,工业燃料、城市燃气、发电、化工分别占 34.6%、35.4%、17.8%、12.2%,与 2010 年相比,城市燃气、工业燃料用气占比增加,化工和发电用气占比有所下降。

表 5-5 2016 年中国天然气需求结构

需求种类	天然气消费量（亿立方米）	占比（%）
工业燃料	712.07	34.6
城市燃气	728.53	35.4
发电	366.32	17.8
化工	250.07	12.2

数据来源：天然气发展报告（2017）。

仅从天然气需求结构方面来看，中国天然气中的工业燃料以及城市燃气占比与世界主要天然气消费国差别不大，相比之下，天然气需求结构的差别主要体现在发电与化工两个方面。

从世界范围看，化工不是天然气利用的主流方向，天然气化工装置主要集中在俄罗斯、中东等资源地，英美等国的化工用气占天然气消费总量的比例均在 5% 以下，而这一数字在中国却高达 12.2%。

对比世界几个主要天然气消费大国，中国发电用气占天然气消费总量的比例偏低，仅为 17.8%，远低于美国的 35%、俄罗斯的 40% 和日本的 60%。尽管天然气用于发电成本较高，但由于天然气电站运行灵活以及机组启动快等特点，可有效减缓电网调峰压力，从而大大提高电力系统运营效率。同时，天然气作为清洁能源，对于环境保护以及减少碳排放都有着重要作用。所以提高天然气发电增量将是未来中国天然气需求发展的关键。

5.2.2 天然气需求发展空间

1. 天然气需求发展目标

党的十九大对中国过去五年工作以及历史性的变革进行了深刻的总结，就生态文明建设方面，给予了高度的评价和肯定。报告指出在过去的五年里，大力度推进生态文明建设，全党全国贯彻绿色发展理念的自觉性和主动性显著增强，忽视生态环境保护的状况明显改变。全面节约资源有效推进，能源资源消耗强度大幅下降。在回顾过去生态文明建设显著成效的同时，党和国家又给绿色发展提出了新的要求。具体到天然气方面，《能源发展"十三五"规划》提出，2020 年中国能源消费总量要控制在 50 亿吨标准煤以内，其中，天然气比重力争达到 10%。据此测算，天然气消费规模在 2020 年将达到 3600 亿立方米以上，比 2016 年增加 1542 亿立方米，年均增量为 386 亿立方米，年均增速为 15%。

纵向比较来看，这一增速与 2004—2016 年间的年均增速持平，但年均增量 386 亿立方米，远高于 2004—2016 年间 138 亿立方米的年均增量，比 2004—2016 年间的最大年增量 242 亿立方米，还要多出 144 亿立方米。可以说，要实现 2020

年3600亿立方米的消费目标,具有极大的挑战性。

2. 天然气需求发展空间

中国未来天然气需求要实现"2020年天然气消费比重力争达到10%"的目标,需从扩大用气规模和优化利用结构两方面入手。由于对照世界主要天然气消费国,中国在城镇用气和工业燃料方面占比大致相同,而发电和化工的占比差别十分明显,故在城镇用气和工业燃料的天然气需求的发展空间主要是用气规模上的增加,而发电和化工的天然气需求的发展空间则在于扩大用气规模和优化利用结构两方面。

(1) 工业燃料用气需求空间

当前中国工业燃料用能以煤炭为主,2015年占比73%。2015年,中国工业燃料领域天然气消费量738亿立方米,主要用于建材、机电、轻纺、冶金、石化等行业。天然气在中国工业燃料用能中占比约10%,远低于英美40%~50%的水平。随着全国碳排放政策的落地,在国家大气污染防治行动计划等政策的驱动下,与燃煤工业锅炉/窑炉相比,"气代煤"的环保、技术优势明显。

未来天然气在工业燃料领域的发展方向主要包括两个方面:一是优化钢铁、冶金、建材、石化等耗能行业的燃料构成,二是改善城市中不同工业锅炉、窑炉的燃料结构。根据《中国天然气发展报告(2016)》白皮书的规划,到2020年天然气占工业燃料消费量比例由现在的10%提高到15%,由此预计2020年工业企业燃料用气需求将达到1100亿立方米左右,年复合增速10%以上。

(2) 城镇用气需求空间

城镇用气需求存在两个主要的增长空间:城市燃气的规模提高以及天然气汽车的发展。

进入21世纪以来,中国城市燃气保持快速增长。2004—2015年用气人口年均增加5500万人,2012年用气人口超过液化石油气(LPG)使用人口,城市燃气成为第一大生活燃料。2015年中国城市燃气用气人口约为3.31亿人,城镇居民气化率达到43%,但仍远低于发达国家水平(美国90%、英国85%);人均用气量27立方米,仅为美国和英国人均用气量的1/16和1/28(美国人均用气428立方米、英国752立方米),中国城市燃气用气需求潜力巨大。根据《天然气发展"十三五"规划》,至2020年,中国城镇居民气化率将提高至57%,用气人口将达到4.7亿人,由此测算,用气量将从207亿立方米增加到330亿立方米。

中国交通用气以汽车用气为主,船舶用气极少。2015年天然气汽车保有量约500万辆,用气量超过200亿立方米。由于中国对天然气汽车发展的政策支持,中国天然气汽车保有量和气用量均居于世界前列。但近两年受天然气价格上升、电动汽车竞争等因素的影响,中国天然气汽车发展速度趋缓。随着油价回升,天然气作为燃料其经济性凸显。同时,交通运输行业是中国节能减排和应对气候变化的重点领域之一,发展天然气汽车是加快推进绿色低碳交通运输较为现实的选择。《天然气发展"十三五"规划》中提出,至2020年中国天然气汽车将达到1000万辆左右,将带来交通用气需求的成倍增长。

(3) 发电需求空间

天然气发电的需求空间可以短期大幅度提升。2016年,中国天然气发电用量为366亿立方米,比上年增长28.8%,发电用气需求快速增长。截至2015年年底,中国气电装机66兆(M,10^6)瓦,天然气发电量占全社会用电量的3%。与世界主要发达国家相比,中国天然气发电呈现出装机容量和发电量"双低"状态。这就导致中国发电用气占天然气消费总量的比例偏低,仅为17.8%,远低于世界30%的平均水准,而美国超过30%,俄罗斯超过40%,日本甚至达到了60%左右。中国电力系统也必须要有天然气的调峰配合。目前中国电力调峰主要依靠煤电,天然气电站是理想的调峰电源。中国电网提升系统效率和可再生能源的消纳客观上也需要增加天然气电源比例。由于存在巨大的增长空间,天然气的发电需求将是中国未来天然气增长的关键和主动力。

《中国天然气发展报告(2016)》白皮书提出,到2030年,天然气发电装机规模占总装机比例超过10%。《电力发展"十三五"规划》明确了天然气发电建设目标,计划于2020年实现气电装机占比超过5%,规模达110吉瓦(1.1亿千瓦)以上。虽然这个比例相对比较低,但是如果加大政策力度还可以进一步提升。天然气发电规模的另一个决定因素是年利用小时数,2015年中国燃气机组平均利用时间仅2498小时,低于电网对调峰电站要求的年利用小时数(3500~4000小时之间)。若2020年燃气机组平均年利用时间能够提高至3500小时,用气规模将大幅度提升;以3600亿立方米的天然气总需求为预估,发电天然气需求在天然气消费总量中的占比将超过20%。

(4) 化工需求空间

2016年,中国化工用气为250.07亿立方米,比上年下降12.34%,在天然气总消费量中的占比为12.2%。受煤炭价格大幅走低的影响,近年来化工用气增长乏力,在天然气总消费量的占比持续下降,但与世界主要国家化工用气所占比例相比依然偏高。

化肥、甲醇和制氢是化工用气的主力方向,从"十一五"末开始,受产能过剩、天然气价格调整的影响,化肥和甲醇用气增长乏力,部分用户停产或减产。预计"十三五"期间化工用气将总体萎缩,天然气消费规模将降至约250亿立方米。以3600亿立方米的天然气总需求为预估,2020年化工需求在天然气消费总量中的占比将下降到6.94%,接近世界主要天然气消费国化工用气占天然气消费总量

5%的占比。

5.3 中国天然气供给分析

5.3.1 中国天然气行业概况

1. 中国天然气资源储备状况

中国沉积岩分布面积广、盆地多、具有多种天然气储藏的优质地质条件。中国陆上天然气主要分布在中部和西部地区,已探明的天然气储量主要集中在10个大型盆地,分别是:柴达木、吐鲁番-哈密、准噶尔、塔里木、四川、松辽、莺歌海-琼东南、渤海、鄂尔多斯、渤海湾。现阶段主要分为新疆气区、青海气区、川渝气区和鄂尔多斯气区四大气区。

全国油气动态资源评价(2015)结果显示,全国常规天然气(含致密气)地质资源量90.3万亿立方米,可采资源量为50.1万亿立方米。深埋4500米以浅页岩气地质资源量121.8万亿立方米,可采资源量21.8万亿立方米,全国深埋2000米以浅煤层气地质储量30.1万亿立方米,可采资源量12.5万亿立方米。截至2016年年底,全国累计探明常规天然气(含致密气)地质储量11.7万亿立方米,累计产量1.4万亿立方米,资源探明率13.0%,探明储量采出程度12.4%,剩余可采储量5.2万亿立方米。累计探明煤层气地质储量6928.3亿立方米,累计产量241.1亿立方米,资源探明率2.3%,探明储量采出程度3.5%;累计探明页岩气地质储量5441.3亿立方米,累计产量136.2亿立方米,累计探明率0.4%,探明储量采出程度2.5%。

《中国天然气发展报告(2017)》白皮书指出,2016年,国内天然气产量1369亿立方米,同比增加1.7%。其中,页岩气产量79亿立方米,同比增长72%。煤层气地面抽采量约45亿立方米,较2015年略有增长。煤制天然气21.6亿立方米,同比增长15%。四大气区产量总和为1115.9亿立方米,占全国总产量的81.5%。

2. 中国天然气产量和消费量状况

十余年来,中国天然气消费量不断增加,由2005年的482亿立方米上涨至2016年的2058亿立方米,复合增长率达14.10%。消费量的增加带动了天然气产量的上升,中国天然气产量由2005年的510亿立方米上升至2016年的1369亿立方米,复合增长率达9.16%。从2007年开始,中国天然气消费速度逐渐超越生产速度,且产销差呈现逐年扩大的趋势,为了缓解供需矛盾,中国逐渐扩大对天然气的进口。如表5-6所示。中国天然气进口量由2007年的12.8万亿立方米,增长到2016年的689.4万亿立方米。十年间,中国由天然气出口国转变为天然气进口国,截止到2016年,中国天然气对外依存度达到了33.5%。

表 5-6　中国天然气对外依存度情况

年　份	天然气产量（亿立方米）	天然气需求量（亿立方米）	天然气进口量（亿立方米）	天然气对外依存度(%)
2007 年	692.4	705.2	12.8	1.82
2008 年	803.0	812.9	9.9	1.22
2009 年	852.7	896.9	44.2	4.93
2010 年	948.5	1080.2	131.7	12.19
2011 年	1026.9	1341.1	314.2	23.43
2012 年	1071.5	1497	425.5	28.42
2013 年	1208.6	1705.4	496.8	29.13
2014 年	1301.6	1868.9	567.3	30.36
2015 年	1346.1	1931.7	585.6	30.32
2016 年	1368.7	2058.1	689.4	33.50

数据来源：笔者根据《中国能源统计年鉴2017》以及国家统计局数据整理完成。

3. 中国天然气进出口量统计

近年来，由于中国天然气需求增长较快，国产天然气产量已不能满足中国需求，同时，随着天然气长输管道和LNG接收站等基础设施的建设，进口天然气开始大量进入国内。自2007年开始，中国成为天然气净进口国，当年净进口天然气达12.8亿立方米，占天然气消费量的1.82%。截至2016年年末，中国天然气净进口量达689.4亿立方米，占天然气消费总量的比例已达33.5%左右。

4. 中国天然气管道概况

中国幅员辽阔，天然气资源主要集中于中西部地区，而市场则相对集中于东部和南部地区，天然气供需区域不平衡，同时，自2007年中国成为天然气净进口国后，天然气净进口额不断增加。为了解决天然气供需矛盾，中国提出了"海陆并举，液气俱重，多种渠道，保障供应"的发展举措；中国天然气供应格局呈现出"西气东输，海气上岸，北气南下"以及"就近外供"的局面。天然气管道主要分为跨国战略进口管道和国内管线，具体情况如下：

（1）战略进口天然气管道

现阶段战略进口天然气管道分为中亚天然气管道、中缅天然气管道和中俄天然气管道。中亚天然气管道分为A、B、C线，其中A线于2009年12月建成通气、B线于2012年全线通气。C线于2014年6月建成通气，由土库曼斯坦和乌兹别克斯坦边境，经乌兹别克斯坦中部和哈萨克斯坦南部进入中国，成为"西气东输二线"。管道全长约10 000千米，其中哈萨克斯坦境内长1300千米，乌兹别克斯坦境内长530千米，土库曼斯坦境内长188千米，位于中国境内为剩余管道8000千

米。其中A/B线设计年天然气输送量达300亿立方米。

中缅天然气管道于2013年9月30日全线贯通,由缅甸皎漂首站至中国贵港末站,全长2520千米,设计每年能向国内输送120亿立方米天然气。海上进口原油和缅甸天然气资源经此管道绕过马六甲海峡直接输送至国内。

中俄天然气管道于2015年6月29日开工建设,2018年全线建成。年设计天然气输送量可达300亿立方米,将大大缓解中国天然气供给不足的现状。

此外,除陆上天然气管道外,还包括海上天然气通道,大体分为三条路线,分别为中东航线、非洲航线和东南亚航线。

(2) 国内天然气管网建设

目前,全国天然气基干管网架构逐步形成,基本形成"西气东输、北气南下、海气登陆"的供气格局。"十二五"期间,中国新建天然气管道(含支线)4.4×10^4(万)千米,新增干线管输能力约1500亿立方米/年;新增储气库工作气量约220亿立方米,约占2015年天然气消费总量的9%;城市应急和调峰储气能力达到15亿立方米。初步形成以西气东输、川气东送、陕京线和沿海主干道为大动脉,连接四大进口战略通道、主要生产区、消费区和储气库的全国主干管网,形成多气源供应,多方式调峰,平稳安全的供气格局。

根据国家"十三五"规划前期研究,到2020年,中国长输管网总规模达15×10^4(万)千米左右(含支线),输气能力达4800亿立方米/年左右;储气设施有效调峰能力为620亿立方米左右,其中地下储气库调峰440亿立方米、LNG(液化天然气)调峰180亿立方米;LNG接收站投产18座,接收能力达7740万吨/年左右;城市配气系统应急能力的天数达到7天左右。

5. 中国CNG/LNG行业发展状况

2010—2015年中国CNG加气站数量由1800座增加至5200座,复合增长率达到23.64%。2010—2015年中国CNG汽车保有量由110万辆增加至500万辆,复合增长率达到35.37%。

目前,中国LNG供应来源分为两种类型,一是国产LNG工厂生产,二是LNG接收站接收海外资源。截至2015年,中国LNG工厂投产数目达到148座,总产能累计8012万立方米/日,产能较2014年增长23%。2015年,LNG市场供应总量为1080万吨,较2014年增长37.56%。其中,LNG工厂供应量711万吨,占比66%,较2014年占比下降10%,LNG接收站槽车出货量369万吨。中国LNG接收站进口LNG后,90%进口量通过气化输入管网,供应周边使用,10%通过槽车对外运输,进入国内LNG市场参与市场竞争。如表5-7所示,截至2017年,中国共运行LNG接收站18座,总接收能力达6390万吨/年,较2015年,年接收能力提升了1420万吨/年。根据在建情况,中国2018年又有3座新LNG接收站投入运行,接收能力提升 580 万吨/年,达到 6970 万吨/年(如表 5-8 所示)。

表 5-7 全国已建成液化天然气(LNG)接收站情况

序号	接收站名称	项目所在地	接收能力(万吨/年)	业主
1	大鹏湾 LNG 接收站	深圳下沙秤头角	680	中海油
2	珠海 LNG 接收站	广东珠海高栏港	350	中海油/粤电
3	莆田 LNG 接收站	福建莆田秀屿港	630	中海油
4	宁波 LNG 接收站	浙江宁波北仑区	300	中海油
5	上海 LNG 接收站	上海洋山港	300	中海油/申能
6	如东 LNG 接收站	江苏如东海口港	650	中石油
7	天津 LNG 浮式接收站	天津港南疆港区	220	中海油
8	唐山 LNG 接收站	唐山曹妃甸工业区	650	中石油/北京控股
9	大连 LNG 接收站	辽宁大连大孤山	600	中石油
10	海南洋浦 LNG 接收站	海南洋浦开发区	300	中海油
11	迭福 LNG 接收站	广东深圳迭福片区	400	中海油/深圳能源
12	粤东 LNG 接收站	广东揭阳惠来县	200	中海油
13	北海 LNG 接收站	广西北海铁山港区	300	中石化/北部港务
14	青岛 LNG 接收站	青岛董家口港区	300	中石化
15	天津 LNG 接收站	天津市南港工业区	300	中石化
16	广东九丰 LNG 接收站	东莞洪梅沙田镇	100	九丰
17	五号沟 LNG 接收站	上海五号沟	50	申能
18	广丰启东	江苏启东	60	广汇能源
	合计		6390	

数据来源:Wind 数据库。

表 5-8 2018 年投产液化天然气(LNG)接收站

序号	接收站名称	项目所在地	接收能力(万吨/年)	业主
1	舟山 LNG 接收站	浙江舟山	300	新奥
2	江阴 LNG 储备站	江苏江阴临港开发区	200	中天能源
3	深燃葵涌 LNG 储备站	广东葵涌	80	深圳燃气
	合计		580	

数据来源:Wind 数据库。

5.3.2 影响天然气供给的因素

中国目前是全球最大的能源生产国和消费国,受制于资源禀赋的约束,过去很长一段时间以来,能源结构以煤炭为主,由此带来了环境污染和过多碳排放等一系列问题。党的十九大报告指出要推进能源生产和消费革命,构建清洁低碳、安全高效的能源体系。对能源生产和消费的阐述中使用了"革命"这个词,既说明了能源领域改革的重要性和迫切性,也从侧面反映出现阶段能源、环境、经济之间的矛盾突出,已到了必须进行"革命"的程度,同时也彰显出政府高层推进能源改革的决心。十九大要求我们继续统筹推进"五位一体"总体布局,贯彻新的发展理念,建设现代化经济体系,实现更高质量、更有效率、更加公平、更可持续的发展。在构建生态文明建设方面,积极转变生产、生活方式,绿色发展、低碳发展的要求对能源的供给侧提出新的挑战。在积极推进能源结构改革,大力发展天然气行业的同时,我们也需要认清天然气供给侧的发展现状及影响未来发展的因素。

1. 影响行业发展的有利因素

(1) 国家产业政策的大力支持

国家发改委于 2012 年发布《天然气利用政策》,明确指出城市燃气列在优先利用领域中,并鼓励天然气汽车、分布式热电联产、热电冷联产等用气项目。2014 年 6 月颁布的《能源发展战略行动计划(2014—2020 年)》表明,按照陆地与海域并举、常规与非常规并重的原则,加快常规天然气增储上产,尽快突破非常规天然气发展的瓶颈,促进天然气储量产量的快速增长。优化能源结构,实现清洁低碳发展,到 2020 年,非化石能源消费比重提高到 15% 以上,天然气消费比重力争达到 10%,煤炭消费比重控制在 62% 以内。以上政策的颁布与实施,将极大地促进中国天然气行业的发展,从而推动天然气管道输送和城市燃气行业的发展。

(2) 天然气环保、安全、经济的特性导致市场需求旺盛

随着环保问题的日益严重及绿色 GDP 观念的提出,国家将节能减排作为政府考核指标之一,各地政府均加大了能源结构的调整。天然气作为最清洁的化石燃料,硫等有害物质成分较低,含碳量较其他化石能源也是最低,是一种洁净环保的优质能源;同时,天然气易散发,无毒无害,是一种安全可靠的气体。此外,与人工煤气相比,天然气的热值价格比相近,但其清洁干净的特性,能延长设备使用寿命,减少维修费用的支出。天然气环保、安全、经济的特性逐渐受到广大消费者的欢迎,普及率不断上升。

(3) 城市化进程推动天然气消费不断增长

随着中国经济的快速发展,中国城镇人口数量不断增加,由 2006 年的 5.83 亿人增加至 2015 年的 7.71 亿人,复合增长率达 3.16%。城市人口的快速增加、城市化率的不断提高以及人们对于绿色环保理念和生活品质的提升,使得城市燃气

普及率不断提高,由 2006 年的 79.1% 上升至 2015 年的 95.3%,天然气的消费量不断增加。

(4) 天然气管网建设有力保障天然气稳定供应

《天然气发展"十三五"规划》表明,"十二五"期间中国累计建成天然气干线管道 2.14×10^4(万)千米,截至 2015 年年底,全国干线管道总里程达到 6.4×10^4(万)千米,一次性输气能力达到 2800 亿立方米/年,天然气主干管网已覆盖除西藏外全部省份。全国城镇天然气管网里程达到 43×10^4(万)千米,用气人口覆盖 3.3 亿人。根据国家"十三五"规划前期研究,到 2020 年,中国长输管网总规模将达 15×10^4(万)千米左右(含支线),输气能力达 4800 亿立方米/年左右;天然气管网建设的快速发展将有力保障天然气供应。如表 5-9 所示,中国拟建及在建天然气管道总里程达 31 481 千米,预计新增输气能力约 3210 亿立方米/年。

表 5-9 中国拟建及在建天然气管道汇总

管道名称	起点	终点	管道总里程(千米)	输气能力(亿立方米/年)	建成时间
中亚天然气管道 D 线	土库曼斯坦—乌兹别克斯坦边境	霍尔果斯—西二线	1000	300	远期
中俄输气管道东线国内段	黑龙江黑河	上海市	3170	380	2018
萨哈林管道	黑龙江抚远	沈阳	2400	380	
西气东输四线	新疆伊宁	中卫	2431	300	2020
西气东输五线	新疆乌恰	中卫	3200	300	远期
新疆煤制气外输管道(新粤浙管道)	新疆伊宁	广东韶关末站	8972	300	2018
新鲁管道	新疆木垒	济南	4463	300	
鄂尔多斯—安平—沧州管道	内蒙古鄂尔多斯	沧州	2422	300	2018
川气东送二线	四川普光	福建泉州	550	120	
青岛—南京管道	山东青岛	南京	553	80	
蒙西煤制气外输管道	内蒙古自治区鄂尔多斯市杭锦旗	沧州黄骅市	1200	300	
安泰联络线	河北永清站	江苏 LNG 外输泰兴站	1120	150	
合计			31 481	3210	

数据来源:Wind 数据库。

2. 影响行业发展的不利因素

(1) 供需缺口加大,对外依存度不断提高

随着中国经济的发展,天然气消费量快速增长,国产天然气产量已不能满足相应需求,中国逐渐加大天然气进口量。自2007年开始,中国成为天然气净进口国,当年净进口天然气达12.8亿立方米,占天然气消费量的1.82%。截至2014年年末,中国天然气净进口量达565亿立方米,占天然气消费总量的比例已达30%左右。由于供求矛盾较为突出,对进口天然气的依赖程度不断提高,导致天然气气源的稳定性受到一定影响,气源紧张已成为制约天然气行业发展的重要因素。

(2) 城市燃气区域发展不平衡

东部经济发达地区在燃气普及率、供气量和管网建设上都处于领先地位,中部、西部和东北部燃气普及率相对较低。由于各级城镇在经济水平、功能定位、集聚效应和承载能力等方面的差异,导致大城市的城镇燃气发展要优于小城镇;同时,受经济发展水平差异的影响,部分经济发达地区燃气应用已经扩展到提供多种能源服务的领域,经济落后地区燃气还仅限于在基本生活保障领域或中心城区的有限使用,在气源和气量上缺失相应的保障。

(3) 燃气管道建设成本上涨

城市管道燃气供应须建立连接上游气源的接收门站、高压输配管道、调压站以及城市中低压输配管道等项目,固定资产投资巨大、工程量大、周期长,管道建设所需原材料主要为特种管材。近年来,随着物价上涨,各种原材料价格和人工成本也出现一定幅度的上涨,直接影响管道建设成本。此外,城市管道燃气的供应需要经过燃气运营企业前期详尽地调研以及对复杂的工程建设进行周密地计划,以上因素都对最终项目经济效益水平造成较大影响。

5.4 中国非常规油气发展现状与展望

十九大报告关于加快生态文明体制改革、建设美丽中国等一系列阐述,彰显了以习近平同志为核心的党中央对于人类文明发展规律、经济社会发展规律的最新认识。会议提出要构建绿色低碳的能源体系,内容包括树立社会主义生态文明观,推进能源生产和消费革命,构建清洁低碳、安全高效的能源体系。习总书记指出,发展清洁能源是改善能源结构、保障能源安全、推进生态文明建设的重要任务。以上论述对中国未来能源行业的发展具有重大的指导意义。目前来看,中国非常规油气资源十分丰富、开发潜力巨大,是现阶段和未来油气勘探的主要领域。与传统能源相比,非常规天然气是优质清洁能源。加快推进非常规油气的勘探开发,提倡使用低碳清洁能源,是当前和未来很长一段时间内,中国进行能源革命和发展清洁能源的努力方向。积极发展清洁能源、加快非常规油气的勘探开发是中国能源革命与坚持绿色发展的重要任务,是十九大报告中关于加快生态文明体制改革,建设美丽中国的发展理念的具体工作。本节将从中国非常规油气勘探开发现状入手,结合国内外发展现状,分析中国非常规油气发展遇到的问题,展望其未来发展前景并提出政策建议。

5.4.1 中国非常规油气资源储量及分布

全球非常规油气资源十分丰富,其中天然气资源潜力尤为显著。《中国天然气发展报告(2017)》指出,截至2015年年底,世界常规天然气可采资源量为567.5$\times 10^4$亿立方米,累计产量99.3$\times 10^4$亿立方米;非常规天然气可采资源量为583.9$\times 10^4$亿立方米(其中致密气98.9$\times 10^4$亿立方米、页岩气224.1$\times 10^4$亿立方米、煤层气52.9$\times 10^4$亿立方米、水合物气184.0$\times 10^4$亿立方米、水溶气24.0$\times 10^4$亿立方米)。

中国非常规油气资源丰富、开发潜力巨大,在油气资源开发的地位日渐增强,是目前勘探开发重要领域。实现致密油气、煤层气与页岩气等主要非常规油气资源的有效开发,对稳定国内油气产量、降低油气进口依存度、缓解油气供需矛盾、保障国家能源安全,具有十分重要的战略意义。特别要指出,页岩油气是一种资源潜力巨大的非常规天然气资源。美国能源信息署(EIA)2013年公布了《技术可采页岩油和页岩气资源报告》。表5-10和表5-11分别是全球页岩油和页岩气技术可采资源量排名前十位的国家。由表得知:中国页岩油的技术可采资源量为44.11亿吨,全球占比为9.3%,位列世界第三;中国页岩气技术可采储量达到31.57$\times 10^4$亿立方米,全球占比为15.48%,位居全球首位。其中,页岩气技术可采资源量竟然比世界油气资源大国俄罗斯、加拿大和巴西三者之和还多,是中国天然气技术可采资源量的8倍有余。另外煤层气和油砂资源量也较为可观:中国埋深2000米的煤层气资源量约为35$\times 10^4$亿立方米;油砂资源量约1000亿吨,技术可采储量可达100亿吨。此外,国务院于2017年11月3日批准同意将天然气水合物列为新矿种后,同月16日,国土资源部向社会公布:天然气水合物(俗称可燃冰)成为中国第173个矿种。天然气水合物作为新矿种,为中国非常规能源再添新军。目前来看,页岩气资源是中国非常规油气资源中储量最丰富的,也是推进中国非常规油气资源发展的工作重点,具有相当抢眼的开发前景。

表 5-10　全球页岩油技术可采资源量排名前十位的国家

序　号	国　　家	页岩油技术可采资源量(亿吨)
1	俄罗斯	102.19
2	美国	79.45
3	中国	44.11
4	阿根廷	36.99
5	利比亚	35.75
6	委内瑞拉	18.36
7	墨西哥	17.95
8	巴基斯坦	12.47
9	加拿大	12.05
10	印度尼西亚	10.82

资料来源:EIA《技术可采页岩油和页岩气资源报告》,2013 年 6 月。

表 5-11　全球页岩气技术可采资源量排名前十位的国家

序　号	国　　家	页岩气(10^4 亿立方米)	天然气(10^4 亿立方米)
1	中国	31.57	3.51
2	阿根廷	22.71	0.34
3	阿尔及利亚	20.02	4.50
4	美国	18.83	9.00
5	加拿大	16.23	1.92
6	墨西哥	15.43	0.48
7	澳大利亚	12.37	3.80
8	南非	11.04	—
9	俄罗斯	8.07	47.77
10	巴西	6.94	0.40

资料来源:EIA《技术可采页岩油和页岩气资源报告》,2013 年 6 月。

中国具有丰富的页岩气和页岩油储量,资源潜力巨大。从资源分布上看,主要集中在塔里木盆地、准噶尔盆地、松辽盆地、四川盆地、扬子台地、江汉盆地和苏北盆地(见图 5-9)。从总量上看,拥有 4746 Tcf① 的页岩气地质储量,并且页岩以湖相和海相沉积为主。其中技术可采储量 1151 Tcf,分布于四川盆地(626 Tcf)、

---

① 单位解释:Tcf,一种体积度量单位;1 万亿立方英尺(Tcf)=283.17×10⁸(亿)立方米;此处 T 为 SI 单位词头太[拉],表示 10^{12}。下同。

塔里木盆地(216 Tcf)、准噶尔盆地(36 Tcf)和松辽盆地(16 Tcf),剩余的 222 Tcf 分布在规模较小、地质构造复杂的扬子地台、江汉盆地和苏北盆地。[①]

十八大以来,中国非常规天然气资源勘探工作取得重大突破。全国油气资源动态评价(2015)结果显示,埋深 4500 米以浅页岩气地质资源量 $121.8×10^4$ 亿立方米,可采资源量 $21.8×10^4$ 亿立方米,具有现实可开发价值的有利区可采资源量 $5.5×10^4$ 亿立方米,主要分布在四川盆地及周缘。全国埋深 2000 米以浅煤层气地质资源量 $30.1×10^4$ 亿立方米,可采资源量 $12.5×10^4$ 亿立方米,具有现实可开发价值的有利区可采资源量 $4×10^4$ 亿立方米,主要分布在沁水盆地南部、鄂尔多斯盆地东缘、滇东黔西盆地北部和准噶尔盆地南部。十八大以来,中国大力推进能源消费结构的清洁化、低碳化发展。虽然中国天然气消费量在不断增加,但总体消费比例依然还很低。国家统计局数据显示,2012—2016 年中国天然气消费量依次为 1463 亿、1705.37 亿、1868.94 亿、1931.75 亿、2058 亿立方米。纵向来看,天然气年消费量确有上升趋势,但体量和涨幅仍十分有限。图 5-9 给出了 2016 年中国能源消费结构。横向来看,2016 年全国能源消费总量为 43.6 亿吨标准煤,其中煤炭占比为 62%,石油占比为 18%,水电、核电及风电占比为 13%,最少的是天然气,仅占 7%。综上所述,我们认为未来中国天然气消费具有巨大的增长空间。

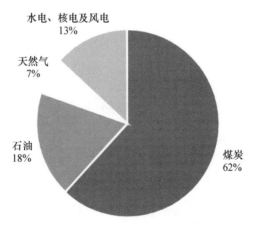

图 5-9 2016 年中国能源消费结构[②]
数据来源:国家统计局,笔者整理制图。

[①] 数据源于:U.S. EIA. Technically Recoverable Shale Oil and Shale Gas Resource: China. 2015 年 09 月。如未做特殊说明,本章节关于中国页岩油气资源数据均源于此。

[②] 国家统计局公布的年度数据,统一单位是万吨标准煤。

5.4.2 中国非常规油气的开发现状与取得成效

十九大报告指出,十八大以来的五年,是党和国家发展进程中极不平凡的五年。面对中国经济发展进入新常态等一系列深刻变化,我们坚持稳中求进工作总基调,迎难而上,开拓进取,取得了改革开放和社会主义现代化建设的历史性成就;我们统筹推进"五位一体"总体布局、协调推进"四个全面"战略布局,党和国家事业全面开创新局面。在能源领域,中国能源革命与清洁能源的发展获得快速发展,尤其是非常规油气的勘探开发取得了实质性进展与成效。

十八大以来,中国非常规油气勘探开发迎来了快速发展,特别是非常规天然气取得突破性的进展(见表5-12)。表5-12显示,2016中国天然气总产量达到1369亿立方米。其中,非常规油气产量增长趋势明显,页岩气产量达到78.82亿立方米,同比增长高达76.3%;煤层气地面抽采量约45亿立方米,较2015年略有增长。整体来看,在全国经济发展步入速度换挡期、国际原油价格急剧下跌等因素影响下,中国油气勘查开采工作仍保持良好的发展势头,油气资源勘探投入基本保持稳定,"稳定东部,发展西部,加快海域"的油气勘探开发格局正在逐步形成。

表 5-12　近五年来中国非常规天然气进展与成效

2012 年	中国天然气产量1071亿立方米,同比增长4.4%,年产量位居世界第七位。其中,非常规油气发展势头迅猛:致密气年产量达到320亿立方米,年净增长64亿立方米,同比增长25%;煤层气产量125亿立方米,同比增长8.8%;页岩气年产量为0.5亿立方米,同比增长66.6%。
2013 年	全国天然气总产量1210亿立方米;常规天然气1178亿立方米,非常规气产量32亿立方米,包括2亿立方米页岩气和30亿立方米煤层气。
2014 年	天然气总产量高达1329亿立方米,同比增长10.7%。常规天然气产量1280亿立方米,同比增长9.8%;非常规天然气中,页岩气产量13亿立方米,同比增长5.5倍;煤层气产量36亿立方米,同比增长23.3%。
2015 年	国内天然气受压产影响,天然气全年产量为1350亿立方米,同比增长1.6%,较上年下降约9个百分点,创近10年新低。页岩气产量为44.7亿立方米,同比增长2.43倍;地面抽取煤层气约44.25亿立方米,同比增长23%。
2016 年	国内天然气产量1369亿立方米,同比增加1.7%。其中,非常规油气产量较前两年增长明显。页岩气产量78.82亿立方米,同比增长76.3%;煤层气地面抽采量约45亿立方米,较2015年略有增长。另外四大气区产量总和为1115.9亿立方米,占全国总产量的81.5%。

资料来源:根据中国国土资源部历年公布数据整理制表。

2017年8月15日,国土资源部公布了全国油气资源勘查开采成果通报,[①]报告显示,中国非常规油气勘探开发取得重大进展:① 页岩气勘探开发在在四川盆地等地取得重大突破。经过多年的勘探开发实践,在四川盆地及周边地带累计探明页岩气地质储量7643亿立方米。特别值得指出的是,重庆涪陵页岩气田累计探明地质储量6008亿立方米,成为北美之外最大的页岩气田。② 煤层气资源勘探和产量均有显著进展。全球煤层气资源量可能超过$260×10^4$亿立方米,中国煤层气资源量高居第三。2012—2016年期间累计探明煤层气地质储量2692亿立方米。因成分与天然气类似,煤层气极有可能成为天然气的替代品,其商业化开发对弥补天然气需求缺口和保障国家能源安全具有十分重要的意义。③ 较于前两者,致密气情况较为特殊。目前看,中国有两大现实的致密砂岩气区,一个是在鄂尔多斯盆地上古生界,具有代表性的是苏里格气田;另一个是四川川中的须家河组致密砂岩气。致密气特殊之处在于它的身份定位:在管理层面上,政府部门和石油公司把致密气归属于非常规气;但是在具体操作上,又按照常规天然气进行管理,其产量和储量都是按照常规天然气进行评价测算的。且目前致密气并不是一个独立的矿种,这就让致密气处于一个两难尴尬的境地。下面对中国最具开发前景的三种非常规天然气(页岩气、煤层气、致密气)的发展现状进行分析。

1. 页岩气

作为新型的非常规能源,页岩气资源的开发需要大量的资金、技术和人才作为支撑。受美国页岩气革命的影响,作为页岩气资源第一大国,中国不断加大页岩气资源研究勘探开发和政策扶持力度。最近三年页岩气年产量数据可以参见表5-12。可喜的是,2016年中国页岩气产量达到了78.82亿立方米,仅次于美国与加拿大,位居世界第三。

2. 煤层气

中国煤层气资源非常丰富,资源潜力巨大、发展前景广阔。最新一轮全国油气资源评价结果显示,中国埋深2000米以浅煤层气地质资源量$36.8×10^4$亿立方米,1500米以浅煤层气可采资源量$10.9×10^4$亿立方米。经过十多年的发展,中国煤层气不断取得新进展,已初步实现煤层气规模产业化。"十一五"期间,中国煤层气开发从零起步,施工煤层气井5400余口,形成产能31亿立方米,累计产量95亿立方米,新增煤层气探明地质储量1980亿立方米,是"十五"时期的2.6倍。到了"十二五"期间,中国重点开发沁水盆地和鄂尔多斯盆地东缘,建成煤层气产

---

① http://www.mlr.gov.cn/xwdt/jrxw/201708/t20170816_1568167.html,2017-08-16.

业化基地,不断扩大产能,逐步提高基础设施配套能力,形成了勘探、开发、生产、输送、销售、利用等一体化产业格局。截至 2015 年年底,煤层气探明地质储量 6292.69 亿立方米,剩余技术可采储量 3062.46 亿立方米,地面抽取煤层气约 44.25 亿立方米,同比增长 23%;累计煤层气产量突破 160 亿立方米。① 2016 年,煤层气地面抽采量约 45 亿立方米,较 2015 年略有增长。图 5-10 给出了 2017 年前三个季度全国煤层气产量变化趋势。

可以明显看到:2017 年 10 月全国煤层气产量 5.9 亿立方米,同比增长 15.3%,2017 年 1 月至 10 月全国煤层气产量为 57 亿立方米,同比增长 6.5%。在这 8 个月观察期间内,月度产量较为平稳,维持在 5.5~6.5 左右,累计值增长波动较大,尤其在 7 月份最低点 2.7% 过后,其产量累计值迅猛增加,三个月增加近 4 个百分点,至 10 月份的 6.5%。

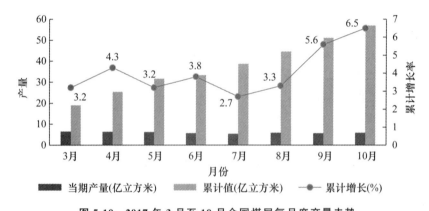

图 5-10　2017 年 3 月至 10 月全国煤层气月度产量走势
数据来源:国家统计局,统计范围为年主营业务收入 2000 万元及以上的工业企业。

此外,从探明储量分布点来看,煤层气资源呈现高度集中、地质复杂的特点。大约四分之三的煤层气储量蕴藏在沁水盆地,剩余的四分之一来自鄂尔多斯盆地,其他地区的煤层气探明储量甚微。

3. 致密气

整体来看,中国致密气资源丰富,有着较为广阔的发展前景。早在 20 世纪 60 年代,在中国四川盆地就有发现致密气的"迹象",无奈限于技术难题,勘探开发工作未有进展。进入 21 世纪后,中国致密气地质储量年增加 3 000 亿立方米,产量年增加 50 亿立方米,呈快速增长态势。目前,中国致密气较为成熟的开发岩气区

---

① 国家发展和改革委,印发煤层气(煤矿瓦斯)开发利用"十二五"规划,2011-11-26.

主要集中在鄂尔多斯盆地上古生界和苏里格气田,另外还有5个正在发现和开发利用致密砂岩气的盆地主要有吐哈、松辽、渤海湾、准噶尔、塔里木盆地。有个事实需要指出,国内普遍形成了以致密油气和页岩气、煤层气、油砂、油页岩归类为非常规油气的共识,唯独致密气比较尴尬,因为致密气并不是独立矿种。虽然政府在名义上把致密气归纳为非常规气行列,但是在具体操作管理上却又继续按照常规天然气开展工作,特别是在储量和产量这两个关键统计指标上,它与常规天然气合并计算。可以说,致密气一直处于两难境地。目前中国已经在鄂尔多斯、四川盆地实现了致密气的工业开发利用。2011年产量达到256亿立方米,约占全国天然气总产量的25%。2013年中国致密气产量达到340亿立方米,约占全国天然气总产量的29%。据中国工程院预测,未来10年中国致密气储量将保持稳定增长态势,到2030年产量预计达到800亿~1200亿立方米。但受限于单井产量低、开发成本高、经济效益差等障碍一直没得到有效解决,导致致密气储量未能发挥其最大效用。

5.4.3 中国非常规油气发展面临的问题与制约因素

习总书记在十九大报告中指出"推进能源生产和消费革命,构建清洁低碳、安全高效的能源体系",把坚持人与自然和谐共生作为新时代坚持和发展中国特色社会主义基本方略的重要内容,强调要牢固树立社会主义生态文明观,推动形成人与自然和谐发展现代化建设新格局。这是党中央立足满足人民日益增长的优美生态环境需要、建设富强民主文明和谐美丽的社会主义现代化强国、实现中华民族永续发展作出的重大战略部署,具有重要现实意义和实践意义。中国特色社会主义已进入新时代,面对能源供需格局新变化、国际能源发展新趋势,需要推进能源生产和消费革命,保障国家能源安全。十八大以来中国新一轮能源革命取得了不错的成绩,但客观地说,改革发展过程依然存在诸多阻力与难题,包括技术难题和生态环境问题。本节聚焦于非常规油气资源,对其勘探开发过程遇到的突出问题和制约因素进行了重点分析。

1. 地质条件:地质构造复杂、开发难度较大(以页岩油气盆地为例)[①]

据统计中国拥有页岩气地质储量高达 $134.4×10^4$ 亿立方米,其主要储存形式以湖相和海相沉积为主,其中技术可采储量 $32.6×10^4$ 亿立方米,分布于四川盆地($17.7×10^4$ 亿立方米)、塔里木盆地($6.1×10^4$ 亿立方米)、准噶尔盆地($1×10^4$ 亿立方米)和松辽盆地(4531亿立方米),剩余的 $6.3×10^4$ 亿立方米分布在地质构造

---

① 本小节是参照 EIA、《技术可采页岩油和页岩气资源:中国》报告,2015.09,在此基础上做进一步分析,另外,无特殊标注,本部分的数据均源自该报告。

复杂的扬子地台等地。中国页岩油的地质储量约为6430亿桶,探勘潜力巨大。其中页岩油在准噶尔盆地、塔里木盆地和松辽盆地的技术可采总储量为322亿桶。[①] 需要指出的是,页岩地质构造的非均质性决定了开采的复杂性。表5-13给出了中国主要盆地页岩地质参数。

表5-13 中国盆地页岩油地质参数表

		塔里木 (234 200平方米)		准噶尔 (62 100平方米)		松辽 (108 000平方米)
基本数据	盆地/面积					
	页岩层次	中晚奥陶	柯土尔组	平地泉/芦草沟	三叠	青山口
	地质年代	中晚奥陶	晚三叠	二叠统	三叠统	白垩统
	沉淀环境	海相	湖湘	湖湘	湖湘	湖湘
物理参数	有利勘探面积(平方米)	10 450	15 920	7400	8600	6900
	厚度 富含有机质	300	400	820	820	1000
	厚度 净厚度	160	200	410	410	500
	深度 区段	8610~12 670	9500~16 400	6600~16 400	5000~16 400	3300~8200
	深度 平均	10 790	13 000	11 500	10 000	5500
储层性质	储层压力	正常	正常	异常高压	异常高压	异常高压
	平均有机质含量TOC(%)	2.10	3.00	5.00	4.00	4.00
	热成熟度RO(%)	0.90	0.90	0.85	0.85	0.90
	黏土含量	低	低	中	中	中
资源储量	油箱态	油态	油态	油态	油态	油态
	地质储量浓度(兆桶/平方米)	11.9	32.5	40.9	43.3	66.4
	地质储量(吉桶)	31.1	129.5	108.9	134.1	229.2
	可采资源量(吉桶)	1.55	6.47	5.44	6.7	11.46

---

① 1桶 = 0.159立方米(m^3)。

（续表）

	盆地/面积	江汉（14 440平方米）			苏北（55 000平方米）	
基本数据	页岩层次	龙马溪组	栖霞组	马口组	五峰组	晚二叠
	地质年代	早志留统	二叠统		晚奥陶-早志留	晚二叠
	沉淀环境	海相	海相	海相	海相	
物理参数	有利勘探面积（平方米）	670	650	1100	5370	1350
	厚度 富含有机质	394	700	700	820	500
	厚度 净厚度	197	175	175	246	150
	深度 区段	8200~12 000	3300~7000	7000~10 000	11 500~13 500	3300~8200
	深度 平均	10 000	5500	8500	12 500	5800
储层性质	储层压力	正常	正常	正常	正常	正常
	平均有机质含量TOC(%)	2.00	2.00	2.00	1.10	2.00
	热成熟度RO(%)	1.15	0.85	1.15	1.15	1.15
	黏土含量	低	低	低	低	低
资源储量	油箱态	凝析态	油态	凝析态	凝析态	凝析态
	地质储量浓度（兆桶/平方米）	5	28.5	5.7	7	6.2
	地质储量（吉桶）	0.8	3.7	1.3	4.5	1.0
	可采资源量（吉桶）	0.04	0.18	0.06	0.23	0.05

(续表)

基本数据	盆地/面积	四川(74 500 平方米)			扬子地台(611 000 平方米)	
	页岩层次	筇竹寺组	龙马溪组	二叠统组	寒武纪组	早志留
	地质年代	寒武纪	早志留统	二叠统	寒武纪	早志留统
	沉淀环境	海相	海相	海相	海相	海相
物理参数	有利勘探面积(平方米)	6500	10 070	20 900	3250	5035
	厚度 富含有机质	500	1000	314	500	1000
	厚度 净厚度	275	400	251	275	400
	深度 区段	10 000~16 400	9000~15 500	3280~16 400	10 000~16 400	9000~15 500
	深度 平均	13 200	11 500	9700	13 200	11 500
储层性质	储层压力	异常高压	异常高压	异常高压	正常	正常
	平均有机质含量 TOC(%)	3.00	3.20	4.00	3.00	3.20
	热成熟度 RO(%)	3.20	2.90	2.50	3.20	2.90
	黏土含量	低	低	低	低	低
资源储量	油箱态	干气	干气	干气	干气	干气
	地质储量浓度(兆桶/平方米)	109.8	162.6	114.1	99.4	147.1
	地质储量(吉桶)	499.6	1146.1	715.2	181.0	414.7
	可采资源量(吉桶)	124.9	286.5	214.5	45.2	103.7

资料来源：EIA，《技术可采页岩油和页岩气资源：中国》报告，2015.09。

从表5-13我们可以看到，中国页岩油气盆地的地质条件较为复杂。作为中国典型的海相沉积环境，四川盆地、江汉盆地、苏北盆地和扬子地台富含石英、黑色页岩。作为中国最早的页岩气开采先锋，四川盆地具有绝对优势：拥有较多的天然气管道、充足的地表水、毗邻大中城市，且其主要开采区域具有断层相对较少、硫化氢含量低的地缘特性。扬子地台、江汉盆地、苏北盆地的地质构造相对简单，又环绕在重要城市周边，故也有较好的开发条件。塔里木盆地地质条件较为复杂，其主要成分为寒武-奥陶纪的海相沉积和黑色页岩，由于这些物质深埋在偏僻地段的岩石底层，十分不易开采。准噶尔盆地页岩资源含量不高，但页岩地质条件最好，譬如其二叠纪的湖相页岩厚度大，平均厚度可达300米，地质构造相对简单,方便开采。不足之处是,该盆地的页岩沉淀环境为湖相,相比海相来讲,其页岩脆性组分含量过少,不利于压裂技术的发挥。作为中国最大产页岩油区域,松辽盆地富含有机质页岩,其地层超压和自然裂缝的地缘优势为规模开发提供了便利条件。虽然从地质学理论上分析,这些含有页岩资源的盆地开发潜力巨大,但从中国地质条件的特殊性和现阶段国内相关技术水平来看,目前要进行大规模的商业开采是十分困难的。这些地质条件的特殊性制约资源开发的一个重要原因是,关键技术难于开展实施。我们知道,美国页岩气革命得益于水力压裂法,这一方法对于岩层不深、构造相对简单的地质页岩层是具备技术可采性的。但中国的页岩层大多较深,且多数处于较为偏远的山村地带,如要利用水力压裂技术取得在美国页岩开采的效果,几乎不可能,也是不切实际的。更重要的是,由于多数页岩油气藏位于像四川农业密集区,受困于地震风险和水资源缺乏,水力压裂法几乎没有"用武之地"。

综上分析,可以发现:虽然中国非常规页岩油气资源丰富,特别是页岩气储量在世界上首屈一指,但中国的页岩地质构造比美国更具挑战性。美国页岩气层埋深为800~2600米而四川盆地页岩气层埋深为2000~3500米,且通常位于褶皱断层区,页岩气层埋深的增加无疑增加了开发难度。据统计,中国企业仅钻探了几百口井,开采成功率为50%。① 受困于地质构造复杂性、数据控制的严谨性、开采成本的高昂和技术成熟度,中国非常规油气资源的开采之路十分艰苦,面临的挑战仍十分严峻。据统计,目前中国非常规油气资源的可采资源量不足地质储量的5%,这告诉我们,中国非常规油气要实现规模商业开发仍是极其严峻的挑战,还有很多难题需要克服与突破。

2. 管道基础设施建设亟待进一步完善

近几年,美国所引领的"页岩气革命"激起了全球对页岩气勘探开发的热情。作为页岩气资源储量第一大国,中国能源界曾掀起了"中国能否复制美国'页岩革命'"的学术热潮。中国能否复制美国的成功,需要考虑诸多因素。其中,管道基础设施配套能力就是一个重要因素,特别是页岩气资源的最终输出需要依靠天然气管网运输。美国的天然气管道建设较为全面,管道总长超过 48×10^4(万)千米,几乎覆盖每一个主要市场和页岩气区,这些管道建设不仅减少了开发的前期投入,更是打通产地与消费市场的桥梁,是美国得以高效率开发页岩气的重要基础。② 相比之下,欧洲和中国的管道里程和密度甚少。虽然中国已在川渝、华北、长三角等地区形成了较为完善的区域性支干管网。但需要注意的是,中国的页岩

---

① 中国页岩气网:《中国页岩气储量世界第一,但开采难度大》,2014-02-01。
② 美国"页岩气革命"能否复制?[J].西部资源,2012,(06):32.

气资源集中在偏远的西部地区,导致中国管网建设难度较大、成本过高。据《2016中国油气管道建设新进展》显示,截至2016年年底,中国境内在役油气管道总里程累计约12.6万千米。与"成功人士"美国相比,中国在管道基础设施上仍需付出更多,需制定改革政策助力油气管网基础设施,特别是加快推进中西部地区管网建设并加以有效监管。

3. 市场机制不够完善、管理体制缺位和扶持政策缺乏

首先,资源管理制度和政策存在缺位。这一问题在页岩气发展历程中较为突出,中国页岩气探矿权招投标管理和监管制度不够完善。第一,国土资源部开展的页岩气招标采用的是国际通行的风险招标方式,可是企业中标价格又往往高于风险合同,这对企业和政府而言,不利于勘探开发的有效推进。第二,矿权招标单位的市场退出机制也尚未形成。这就容易给人造成一种"探矿权招标是一种权宜之计"的直觉,这很大程度上是因为,关于探矿权的问题始终没有一个制度性的规划。此外,页岩气开发流程较为复杂,许多工作项目都需要有力有效监管。譬如,页岩气资源勘查项目存在的圈而不探的问题,虽然2012年国土资源部印发《关于加强页岩气资源勘查开采和监督管理有关工作的通知》,但从这几年的实际执行情况来看,效果甚微。更多的事实是,由于缺乏有效的监管,"滥采乱挖"现象、市场无序和资源浪费等现状频发。因此,资源管理制度和政策上的缺位,是制约页岩气勘探开发市场健康发展的重要因素,需要引起政府和相关部门的高度重视。

其次,市场机制有待进一步"放开"与完善。中国页岩气开发市场模式是:将页岩气开发纳入国家"一级管理"模式,建立开发示范区,资源从勘探、开发利用及市场销售等环节几乎由国有企业(主要以"三桶油"为代表)统揽运营。与美国相比,这种模式的优势在于:确保国家对探矿权等所有权的绝对控制,方便中央对页岩气勘探开发作统筹性规划,以保证国家能源安全。但从这几年中国页岩油气勘探开发的进展与成果来看,结果并不理想,值得我们深思、总结。究其原因,拥有大量资源勘探、开发权的国企往往缺乏技术创新和开采的积极性,而拥有开发热情且相对实力较强的企业无法参与市场,这也是当前中国能源资源开发的市场机制所致的必然结果。这种机制存在诸多问题,包括市场准入门槛、信息公开制度、油气经营权垄断等问题。需要指出的是,信息公开制度的建立与完善对中国页岩气行业形成多元投资、推动透明、公开、公正的行业竞争机制,进而降低开发成本、形成规模商业化开发起着不可或缺的推动作用。需要强调的是,目前中国页岩气上游信息公开十分困难。原因很简单,在中国能源开发管理上,掌握上游资料的部门只有国土资源部和大型国有石油公司。国土资源部收集到的资料,往往具有分散性、归档处理的特点。工作强度虽然不高,但是不够集中,也有一定的滞后性。相比之下,几家大型石油公司熟悉区块内地质条件,掌握着页岩气核心资料,

向来都是内部共享、绝不外露。所以,对中国来说,建立页岩气开发的信息公开制度,尤其是上游信息极其必要,政策制定者需要尽快做好相关规划并加以完善。

最后,政府的扶持政策力度不够。美国"页岩革命"取得巨大成功离不开政府的大力支持。页岩气开发初期需要较多的资本投入,以确保页岩气开发进展顺利。在产业发展初期,美国页岩气行业得到了财政补贴、税收减免等政策的鼎力扶持。虽然中国早在五年前就出台了页岩气开发利用补贴政策(2012—2015 年),但其效果并不显著,很大程度上是因为补贴条件过于苛刻、申请手续过于繁杂,缺乏合理的激励机制。此外,中国现行的补贴政策有个特征,补贴对象仅集中在进入管道后的页岩气,而对于风险较高的勘查阶段缺少扶持政策。然而当前的事实是,中国页岩气勘探开发尚处于开发初期阶段,具有投入大、高风险、成本高的特点,亟待政策制定者做好产业扶持的相关规划,特别是在矿权纠纷、补贴机制、政策落实、产业导向等方面都需要具体有力的政策扶持。

4. 技术瓶颈尚未突破、适应性技术有待进一步研发

技术瓶颈依然是各国复制美国"页岩气革命"的最大掣肘。经过多年的摸索、技术学习、消化吸收和自主研发,中国已初步形成了页岩气勘探开发技术体系,并利用自主研发的国产设备和材料在涪陵页岩气田进行勘查开发,形成了 3500 米以浅的页岩气勘查开发配套技术系列,有了自己的"井工厂"作业模式,目前每口井的成本控制在 5000 万元以下。但整体来看,中国勘查开发井数有限,经验积累不足,页岩气勘查开发技术掌握不全面。这些技术的成功实验仅在四川等油气田的开发中有所突破进展,在其他复杂地质盆地仍处于探索的初级阶段。正如前文提到,中国和美国地质条件迥然不同,在美国取得成功的开发技术并不都适用中国页岩资源的勘探开发,同样如此,在涪陵页岩田试验的成熟技术也未必都可以照搬到其他油气盆地。在这点上,中国页岩油气勘查开发的适应性技术体系还很不成熟,技术研发仍需不断加大力度。另外,中国页岩气实验测试技术仍非常薄弱,相关研究设备与技术有待进一步提高。故此,中国页岩油气等非常规能源的勘探开发工作任重而道远,实验测试技术和适应性技术需要在实践摸索中逐步提高、完善。

5. 环境保护需进一步规范与监管

党的十九大报告对生态文明建设和生态环境保护进行了总结和部署,为推进新时代社会主义生态文明、建设美丽中国指明了方向。报告把"坚持人与自然和谐共生"作为新时代坚持和发展中国特色社会主义基本方略的重要内容并予以集中阐述,这集中体现了习近平总书记生态文明建设重要战略思想。众所周知,能源开发领域一直是生态环境保护的"重灾区",在非常规油气发展过程中,需要特别注意把握好有效开发与环境保护的结合。譬如,页岩气等非常规油气资源的开

采具有较为严重的环境风险。这些风险包括水资源消耗大、地下水污染、地质结构破坏等问题。对于人多地少、地质条件复杂、水资源紧张、生态环境脆弱的中国大地而言,这些问题显得尤为突出。据统计,水力压裂法在页岩开采中需要消耗大量的水资源,尤其是分段压裂对水资源需求巨大,其每段压裂所需要的水一般都会超过1000立方米以上(具体取决于井深、裂压规模、水平段长度等),并有35%左右的压裂液和地层水返排至地面。中国非常规油气资源大多集中在四川盆地、华北、西北地区这些干旱缺水的地区,水资源相当紧张。页岩气开发消耗大量的水资源,无疑给"人多水少"的当地居民的生活带来更大压力。更为严重的是,页岩气开发过程中在压裂过程使用的压裂液含有杀菌剂、阻垢剂等化学物质,稍有不慎这些物质将会严重污染当地及周边水资源。总而言之,中国非常规油气产业发展,尤其是页岩油气资源的开发,面临着水资源短缺、用水安全等环境风险的严峻形势。因此,在中国非常规油气产业发展中,一方面,要着力提高开发过程中用水资源、钻井技术管理水平;另一方面,政府需要进一步加强环境保护措施的规范,制定实质有效的监管制度,以降低与控制环境风险发生的概率。

5.4.4 美国"页岩革命"的影响及对中国的启示

美国是最早开发非常规油气的国家,其"页岩革命"取得了巨大成功,打破世界传统油气的垄断格局,引发了全球能源供应格局的深刻变革。1997年美国德克萨斯州一群钻井工人犯的一个错误,让钻井产生了含量偏高的页岩气,由此引发世界能源史上的第三次革命,被业界称为"页岩气革命"(Shale gas revolution)。这场由能源私企发动的革命不仅缓解了美国能源供求紧缺局面,更是改变了长期以来世界传统的能源格局。自此,页岩油气作为非常规资源的重要品种,使得更多的国家和油气企业热衷于页岩资源的勘探开发研究。诚然,美国"页岩革命"取得的极大成功值得我们和世界学习和借鉴,但我们也要认清,中国与美国在市场机制、地质条件等方面皆存在较大差异。因此,在"跨海取经"道路上,中国应该有保留地、结合实际进行探索性地借鉴吸收。

1. 美国页岩气发展概况

美国页岩气开采最早可追溯到1821年,并于20世纪20年代步入现代化工业天然气生产之路。1821年美国从纽约州天然气矿井中首次开采出页岩气,但由于开发技术水平有限,美国页岩气开采一直没有形成商业化开发。直到1981年Mitchell能源公司在德克萨斯州Barnett页岩的成功钻探,再次点燃了能源公司的热情。此外,考虑到传统能源供应安全,80年代后美国政府开始加大对页岩气开采的政策支持。譬如,70年代末颁发的《能源意外获利法》,对页岩气开发实行税收补贴政策。到了90年代,为了扶持本地页岩气工业发展,有些州直接出台免税政策给予支持。另外,美国联邦政府特别设立非常规油气研究基金以支持页岩气工业研究。通过这些努力,在政策、税收、技术进步等因素的有力推进下,美国页岩气产量实现快速增长。尤其是2000年后开始采用以先进的水力压裂法和水平井技术结合的方法,使得页岩钻头在美国遍地开花,页岩气产量日渐增长。特别是2006年以后,美国页岩气年产量急剧增长。表5-14和图5-11给出了2007—2016年美国页岩气年产量,可以看到:美国页岩气产量由2007年的563.5亿立方米逐年暴增,两年内突破千亿至2009年的1120.8亿立方米,年均增长率高达49.5%;从2010年开始,增速有所放缓(2010—2012年平均增速为40.5%,后三年为13%),但总体增长势头仍然十分迅猛,2013年产量突破3000关口来到3379亿立方米,而后三年间则以13%的年均增长率继续增长,2016年产量增至4696亿立方米,十年内足足翻了8倍,占了全年天然气总提取量的50.8%。可以说,得益于页岩气行业的发展,近十年来美国天然气的产量和增速都实现了跳跃式发展。对比来看,2014年中国"三桶油"的天然气总产量是1329亿立方米,当年美国页岩气年产量接近中国天然气总产量的3倍。

表5-14 2007—2016年美国页岩气产量 (单位:亿立方米)

年　份	2007	2008	2009	2010	2011	2012	2013	2014	2015	2016
页岩气产量	563.5	812.6	1120.8	1647.2	2407.2	2982.5	3378.9	3957.2	4479.5	4695.6

数据来源:美国能源信息署(EIA)。

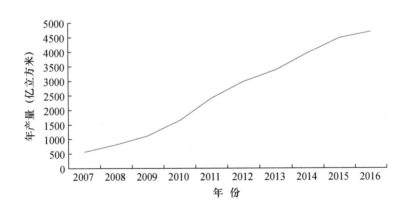

图5-11 2007—2016年美国页岩气产量
数据来源:美国能源信息署(EIA)。

2."页岩革命"对美国产生的影响——页岩气

"页岩革命"对美国天然气供需市场及进出口贸易产生重要影响。页岩气规模化开采显著增加了美国天然气产量,以满足日益剧增的能源消费,缓解了天然气的进口压力。表5-15给出了2000年后美国天然气的总体情况。由表5-15

表 5-15 美国天然气概述

类别	天然气发电厂成本	Henry Hub 现货价	国内天然气零售价（平均水平）				天然气总产量（千）	天然气总销售量	天然气进口		天然气出口量	
			工业部门	住宅部门	商业部门				LNG 进口	管道进口	LNG 出口	管道出口
单位	美元/10⁶ Btu①	美元/10⁶ Btu①	美元/立方米				美元/10⁶ Btu①	美元/10⁶ Btu①	亿立方米/日			
2000	4.33	4.31	1	0.027	0.023		14.84	15.63	0.18	2.75	0.05	0.14
2001	4.44	3.96	0.019	0.034	0.030		15.22	15.96	0.18	2.90	0.05	0.24
2002	3.55	3.37	0.014	0.028	0.023		14.69	15.43	0.18	2.94	0.05	0.35
2003	5.39	5.49	0.021	0.034	0.030		14.82	15.49	0.39	2.67	0.05	0.48
2004	5.96	5.9	0.023	0.038	0.033		14.38	15.10	0.50	2.79	0.05	0.61
2005	8.23	8.81	0.030	0.045	0.040		14.00	14.69	0.49	2.88	0.05	0.52
2006	6.92	6.74	0.028	0.048	0.042		14.35	15.06	0.45	2.79	0.05	0.52
2007	7.09	6.98	0.027	0.046	0.040		14.95	15.67	0.60	2.98	0.04	0.60
2008	9.04	8.86	0.034	0.049	0.043		15.60	16.33	0.27	2.81	0.03	0.71
2009	4.73	3.95	0.019	0.043	0.036		16.00	16.79	0.35	2.56	0.03	0.81
2010	5.09	4.39	0.019	0.040	0.033		16.54	17.36	0.33	2.57	0.05	0.83
2011	4.73	4	0.018	0.039	0.031		17.77	18.65	0.27	2.42	0.05	1.11
2012	3.42	2.75	0.014	0.038	0.029		18.59	19.56	0.14	2.29	0.02	1.23
2013	4.33	3.73	0.016	0.036	0.028		18.78	19.83	0.08	2.16	0.00	1.22
2014	4.98	4.39	0.020	0.039	0.031		20.09	21.33	0.05	2.04	0.01	1.16
2015	3.23	2.63	0.014	0.037	0.028		21.00	22.32	0.07	2.04	0.02	1.36
2016	2.88	2.51	0.012	0.035	0.026		20.63	22.03	0.07	2.26	0.14	1.66

数据来源：美国能源信息署（EIA），笔者整理制表。

① Btu：英、美等国采用的一种计算热量的单位，简记作 Btu，1 Btu=1055.06J。它等于 1 磅纯水温度升高 1F（1°F=5/9℃温度差）所需的热量。

可知,2006 年之前天然气产量基本在每天 500 亿立方英尺上下波动,随后的几年里,得益于页岩气这一非常规天然气的大面积开采和商业化开发,美国天然气产量逐年飙升(见图 5-11)。美国能源信息管理局(EIA)的统计数据显示(见表 5-15),2006 年之前美国天然气产量始终低于 500 亿立方英尺/天,2006 年达到 506.9 亿立方英尺/天,2011 年突破 600 亿立方英尺/天,2015 年其生产规模已高达 741.5 亿立方英尺/天,超越俄罗斯成为全球最大天然气生产国。页岩气的商业化开发和天然气总产量的增加让美国实现其能源安全的目标又更进一步。美国作为能源消费大国,能源消费的对外依存度一直较高,页岩气的开发利用让美国逐渐摆脱对外依赖的能源局面。2007 年美国天然气进口规模高达 103.7 亿立方英尺/天,天然气消费量中有 18.74% 来自海外进口,随后 10 年里,天然气净进口量不断减小,到 2016 年其天然气对外依存度仅为 2.35%(依存度可由表 5-15 推算而得)。结合图 5-12 美国天然气进口趋势看,美国可在 2018 年彻底摆脱天然气的对外依赖,基本实现能源独立的梦想,并将成为国际上重要的天然气出口国。就 2017 年前半年美国天然气出口贸易来看,出口量基本维持在每月 2500 亿立方英尺(0.25 Tcf)以上,6 个月累计出口 15 531.8 亿立方英尺(1.55318 Tcf),主要出口到周边的加拿大和墨西哥(见表 5-16)。

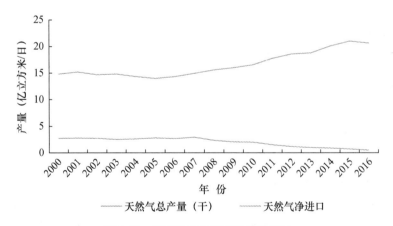

图 5-12 美国天然气总产量及净进口

数据来源:美国能源信息署(EIA)。

此外,"页岩气革命"带来的一个重要变化是:美国天然气国内市场价格和使用成本明显下降。从表 5-15 可以看到:工业部门天然气零售价从 2008 年的 9.65 美元/立方英尺,直线下降,8 年间骤降 63.5%,降至 2016 年的 3.52 美元/立方英尺;美国全年发电量近 30% 来自天然气,随着本土页岩气产量的大幅增加,发电厂的燃气成本从 2008 年的 9.04 美元/百万英热单位(Btu)降至 2016 年的 2.88

美元/百万 Btu,仅在 8 年内降幅高达 68%;与此同时,受到美国页岩气革命的冲击,国际油气价格也发生较大波动。天然气(Henry Hub)现货价格不断下降,2009 年破 5 美元/百万 Btu,2016 年更是低至 2.51 美元/百万 Btu。相应地,美国本土天然气各部门消费零售价也有大幅度下降。正是得益于这些革命性的变化,能源结构以油气为主的美国,凭借丰富的油气供应、低廉的能源成本使美国工业回归的信号愈加强烈。

综上来看,我们把页岩气革命对美国产生的影响总结为:① 弥补天然气供应缺口,使美国逐渐摆脱对外能源依赖,保障美国能源安全,并成为国际天然气重要出口国之一;② 实现天然气消费自给自足,推动美国国内天然气市场价格显著回落,从而大大降低了燃气发电等工业部门的生产成本;③ 正在改变国际天然气定价和贸易格局。

表 5-16　2017 年上半年美国天然气对外出口贸易(吉立方英尺)

月份	天然气出口国家				
	总和	加拿大	日本	墨西哥	其他国家
1 月	76.984	27.985	2.983	38.452	7.565
2 月	72.219	24.893	1.049	36.682	9.595
3 月	76.977	28.181	0.000	39.520	9.277
4 月	70.014	22.811	2.095	36.763	8.345
5 月	71.886	18.115	1.038	39.405	13.328
6 月	71.733	18.899	1.043	44.995	6.795

数据来源:美国能源信息署(EIA),并经笔者整理制表。

3. "页岩革命"对美国产生的影响——页岩油

上文从页岩气的开发利用角度分析了"页岩革命"对美国的影响。值得注意的是,页岩油也是"页岩革命"的重要产物,是美国非常规油气。由于页岩油和页岩气开发模式和技术相近,于是能源企业纷纷将该技术运用于页岩油的开发,并在短短几年时间内实现了规模商业化生产,是"页岩革命"的又一突破性进展。本部分将主要探讨"页岩油革命"对美国产生的影响。

2013 年 6 月美国能源信息署(EIA)发布《技术可采页岩油和页岩气资源报告》,报告显示:目前世界页岩油技术可采储量规模约为 3450 亿桶,相当于全球原油供应量的 10 倍。其中,规模排名前 5 的国家依次是俄罗斯、美国、中国、阿根廷及利比亚,但目前只有美国、加拿大、中国及阿根廷进入了商业化开采阶段。

与页岩气一样,美国页岩油产量也在技术进步的帮助下,实现了短时间跨越式增长。据美国能源署(EIA)统计,2000 年美国页岩油产量仅为 15 万桶/天,2012 年增至 27 万桶/天,2013 年则高达 36 万桶/天。页岩油的商业化开发极大地改变了美国原油市场供需局面。表 5-17 给出了 21 世纪以来美国原油市场概述。

表 5-17　美国原油市场概述

年度	原油产量 兆桶/天	石油依存度（%）	炼油厂平均原油采购成本	进口原油价格	西德克萨斯轻质原油价格	布伦特原油现货价格
			美元/桶			
2000	5.82	52.89	28.26	27.72	30.36	28.59
2001	5.80	55.48	22.96	21.99	25.93	24.43
2002	5.74	53.37	24.09	23.71	26.19	25.03
2003	5.65	56.09	28.53	27.73	31.08	28.86
2004	5.44	58.35	36.95	35.89	41.50	38.30
2005	5.18	60.33	50.25	48.89	56.65	54.60
2006	5.09	59.89	60.25	59.05	66.06	65.18
2007	5.07	58.20	68.14	67.19	72.34	72.49
2008	5.00	57.00	94.74	92.57	99.67	96.94
2009	5.35	51.50	59.36	59.04	61.96	61.75
2010	5.48	49.22	76.70	75.83	79.50	79.64
2011	5.64	44.74	101.86	102.58	94.90	111.33
2012	6.50	39.99	100.82	101.09	94.08	111.65
2013	7.47	32.89	100.46	98.12	97.98	108.56
2014	8.75	26.52	92.05	89.63	93.17	98.89
2015	9.41	24.12	48.40	46.34	48.67	52.32
2016	8.86	24.35	40.69	38.70	43.33	43.74

数据来源：美国能源信息署(EIA)，笔者整理制表。

从表 5-17 我们解读到：① 美国页岩油大幅增产不仅使得常规石油供应得到有效补充，还迅速大幅度降低了美国石油的对外依存度。原油产量（包括页岩油）从 2000 年的 582 万桶/天增加至 2016 年年底的 886 万桶/天，同时对美国摆脱石油对外依赖起到了显著效果，美股原油依存度从 2005 年的 60.33% 的峰值，跌至 2015 年的 24.12%，十年暴跌 36 个百分点。② 近几年来，随着美国页岩油产量的大幅增长，美国进口原油价格持续下跌。其原油进口价格从 2011 年的 102.58 美元/桶开始暴跌，2015 年跌破 50 关口，直至 2016 年的 38.7 美元/桶。③ 美国作为能源消费与进口大国，其原油产量（含商业库存）和石油价格变动必然影响国际石油价格走势。从数据上看，2011—2013 年美国原油年均产量为 653 万桶/天，WTI

(西德克萨斯轻质原油)价格和布伦特原油现货价格的年均值分别为 95.65 美元/桶、110.51 美元/桶;到了 2014—2016 年间,美国原油年均产量增加至 901 万桶/天,与此同时,WTI(西德克萨斯轻质原油)价格和 Brent(布伦特原油)现货价格的年均价格分别下降至 61.72 美元/桶、64.98 美元/桶,降幅分别达到 35.4% 和 41.2%。据美国能源信息署(EIA)统计,[①]2017 年以来,美国原油产量自 1 月份起连续九个月上涨,9 月份的平均产出水平达到 949.2 万桶/天,较上月平均增加约 14.8 万桶/天,较上年同期增长约 11%。简而言之,页岩油的商业化开发,对常规石油形成了有效补充,确保了美国石油供应,从根本上改变了长期以来美国高企的石油对外依存度,也正在改变全球石油贸易格局。这种改变也将给世界格局和地缘政治带来一定冲击。另外需要指出的是,美国页岩油气产业的规模化生产催生了大量劳力投入的需求,促进了当地就业。据统计,页岩油气已经为美国提供了近 200 万个就业岗位。有调查显示,2015 年 12 月页岩油气产业繁荣的北达科他州失业率全美最低,仅为 2.8%。

"页岩革命"是一场典型的技术革命,美国凭借这一技术东风推动非常规油气迅猛发展,取得了实质性的突破和成果,对美国乃至全球经济的发展有着深远的影响。前文在数据上就"页岩革命"对美国的影响做了事实特征分析,在此基础上,我们进一步地将页岩油气发展的影响概括性地总结为:① 极大丰富了美国非常规油气供应,使美国成为天然气出口大国;② 有效降低了美国石油对外依存度,保障了石油安全;③ 使得国内天然气市场价格大幅下降,抑制了国际油价上涨,惠及了国内消费者,还提供相当的就业岗位;④ 打破了传统的国际能源供应格局,对国际能源市场的定价及贸易模式产生了显著影响。

4. 对中国的启示

十九大报告明确提出,要树立社会主义生态文明观,坚持绿色发展理念,推进能源生产和消费革命,构建清洁低碳、安全高效的能源体系。为了改善能源结构、保障能源安全、推进生态文明建设,中国需要重点支持非常规油气发展。在此,美国的"页岩革命"给了我们很好的启示。美国页岩气的发展历程给中国非常规油气发展以启迪,主要体现在机制、技术和市场模式三个方面,其中技术是核心。由于地质条件和市场等各方面的差异,中国难以简单复制美国的模式,在选区、资源识别和经济评价方面,需要配套探索。在开采方面,由于目前非常规油气的开发还处于起步发展阶段,需要学习和消化国际开采技术,并通过规模开发来摊薄成本,提升竞争力。在目前的起步发展时期,政府可以通过补贴或减税来支持非常规油气。此外,从中国煤层气发展可以看出,仅依靠民营企业灵活的机制和体制,

---

① EIA:《每月能源回顾》。https://www.eia.gov/totalenergy/data/monthly/,2017-10-26。

还无法实现非常规油气的快速发展,政府还需鼓励成熟的大型油气企业积极参与。另外,中国油气行业税收制度目前还比较粗放,没有针对非常规油气资源开发系统的财税政策。这方面亦可借鉴美国的做法,制定相应的适合中国国情和适宜非常规油气发展阶段的税收政策,可以推动非常规油气产业跨越式发展。具体对比看,可以围绕以下三点进行思考与借鉴:

(1) 中国需要完善市场机制、敢于反思并突破油气资源开发模式,适当引进民营企业。纵观美国"页岩革命"历史,不难发现这是能源界的一场"自下而上"的变革。正如前文提到的,这场革命最初是一群钻井工人犯错误引发的,随后被当时不起眼的小能源公司(页岩油气之父——米歇尔创办的能源公司)看中商机,并进行无数次技术研发与实验尝试,最终以"水力压裂技术"这一空前的技术进步宣告页岩时代的来临。这一事实告诉我们,在页岩气开发的初期阶段是依靠中小企业在勘探开采工作的不断摸索和技术革新活动。随着开发技术的日臻完善,壳牌、雪佛龙等行业龙头企业才得以在页岩气领域进行"大刀阔斧"般的规模化开发。反观中国页岩气开发模式,走的完全不同的道路:将页岩气开发纳入国家"一级管理"模式,建立开发示范区,资源从勘探、开发利用及市场销售等环节几乎全由国有企业(主要以"三桶油"为代表)统揽运营。与美国相比,这种模式的优势在于:确保国家对探矿权等所有权的绝对控制,方便中央对页岩气勘探开发作统筹性的规划,以保证国家能源安全。但从这几年中国页岩油气勘探开发的进展与成果来看,结果并不理想,值得我们深思、总结。究其原因,无非是拥有大量资源勘探、开发权的国企往往缺乏技术创新和开采的积极性,而拥有开发热情且相对实力较强的企业无法参与市场,这也是当前中国能源资源开发的市场机制。这一机制尚存在诸多问题有待解决,包括资本投入、关键技术研发力度、油气经营权垄断等问题。这些问题得不到有效解决,中国能源开发市场的竞争就难以推进,市场配置资源的作用亦得不到充分发挥。故此,基于中国页岩气开发尚处于产业初期,能源市场体系远未成熟的现状,中国政府需要完善市场机制、坚持多元化开发,适度开放市场准入权限,让实力雄厚的中小企业参与页岩油气的开发勘探。此举一来可以促进技术研发,培育专业化分工服务体系;二来可以激发民营企业积极性与活力,加快中国页岩油气的开发进度。此外,政府的鼓励政策是十分有必要的,譬如,通过税收减免可以激发企业的投资、技术研发的热情,这一点在美国得到很好的验证。

(2) 要加强关键技术研发,尽快实现技术突破。页岩气开发是一项系统、庞杂的工程,得益于技术进步与创新,尤其是水力压裂和水平钻井等核心技术的突破,大大降低了开采成本、产量获得大幅提升,让页岩产业短时间内成为商界中的暴利行业,巨额的利润吸引更多企业参与市场,从而创造了美国的页岩气奇迹。当然,不同国家和地区页岩油气田的地质条件不全相同。总的来讲,与美国相比,中国页岩资源的地质条件具有复杂性和特殊性,所以中国页岩油气的开发技术研发需要充分考虑到地质条件的特殊性,其技术创新难题确实较大。目前来看,虽然中国公司已基本掌握水平开采技术和水力压裂技术,但与美国相比,中国技术成熟度和适用度还远远不够,页岩气尚未具备经济开采性。因此,在中国页岩资源的技术研发阶段,必须充分结合中国地质条件的特殊性,有针对性地进行技术研发与创新,加快勘探开发关键技术的攻关。

(3) 要深刻认识到开采过程中的生态环境风险、做好环境监管措施。众所周知,页岩油气开采主要采用水力压裂技术与水平钻井技术,而这项技术最主要的两个要素是大量的水和裂解液(一种有毒性的化学物质)。在开采过程中,如果处理不当,这些化学物质会通过地下蓄水层,引发用水污染。不仅如此,水力压裂技术需要向地下深层施加高压力以压裂页岩层,可能会造成岩层结构的破坏,存在引发地质灾害的隐患。因此,页岩气开采面临的环境问题主要集中在地下水污染、土质污染和地下岩层结构破坏等问题,这也是政策制定者在做开发规划中需要充分考虑的因素。在这个方面,作为页岩革命的发源地,美国极为重视,也做了诸多工作:整体上采用联邦、州和县三级的方式对页岩气开采进行环境监管。具体来看,首先由联邦政府制定《全国环境政策法案》等一系列保护环境的法规,再由州一级单位设立监管机构,负责具体执行。最后落实到各个城市或县区,基层监管机构会在开采过程中的具体操作上提出更为细化的执行要求。对中国来说,页岩气开发已进入实质性勘探阶段,虽尚未实现大规模商用开发,但已经暴露出一些环境问题:①一是中国页岩气开发造成占地、地表扰动等生态问题,容易与农业和生活用地产生矛盾;二是水力压裂法开采大量消耗水资源;三是中国页岩气构造含有硫化氢等有害物质,如收集处置不当,将影响局部空气质量。基于此,为确保页岩油气产业健康、良性持续发展,中国政府需要研制环境监管措施,从监管体系、融资保障机制等方面构建环境监管框架。另外,需要结合中国页岩资源开发现状和遇到的具体问题,组织相关部门、机构开展环境影响与管理研究,尽早探索出适合中国国情的环境保护机制。

5.4.5 中国非常规油气发展的前景展望与政策建议

十九大报告提到,过去的五年里,我们统筹推进"五位一体"总体布局、协调推进"四个全面"战略布局,"十二五"规划胜利完成,"十三五"规划顺利实施,党和国家事业全面开创新局面。全面深化改革取得重大突破,重要领域和关键环节改革取得突破性进展,主要领域改革主体框架基本确立。在油气勘探开发领域,经过

---

① 中国页岩气网,民革中央:做好页岩气开发环境保护》。

政府和油气企业多年的共同努力,中国非常规油气发展取得重大突破与成果。整体上讲,中国非常规油气各方面取得的发展是稳步向前的,其资源潜力大,未来发展前景十分广阔。随着中国油气资源供需矛盾加剧和科学技术的进步,非常规油气,特别是有望成为中国新能源的页岩气,必将在建立多轮驱动能源供应体系中发挥着举足轻重的作用,有利于推进清洁能源的发展,推进生态文明建设。但与此同时,必须清醒看到中国非常规油气发展与国际间的差距之大,发展之路依然面临着诸多问题与挑战。譬如说,与美国相比,中国页岩气资源的开发利用才刚起步不久,仍处于产业探索的初级阶段,且地质条件差异甚大、经验不足、技术尚未成熟等因素制约着中国页岩油气的进一步发展,实现规模商业化发展还有很长的路要走,需要克服和跨越的难题还很多。结合前文的梳理分析,我们提出一些政策建议:

1. 全面开展资源调查评价,提高勘探质量与水平

目前,页岩气资源是中国非常规油气的"新生宠儿",中国在这方面的研究正处于初级阶段,对该产业发展的认识程度、技术掌握程度等都还较浅。特别要指出的是,中国页岩气的勘探区域和相关数据依然不够清晰,这与中国的页岩产业起步晚、地质条件特殊性有关系。准确的资源调查评估是资源开发利用的第一步,只有查清楚中国页岩气资源蕴藏情况、区域地质结构等,才能利于后续工作的展开。因此,资源调查工作务必重视。首先,中国需要尽快开展非常规油气的战略调查与专业评价,为油气企业开展勘探开发工作提供资源、理论支撑。其次,在摸清资源分布情况后,建立严格的选区技术标准体系,并在此基础上评价与优选勘探开发的富集区,提供勘探质量水平,加快推进规模商业化开发进程。最后,需要研制勘探开发新机制,进一步放开勘查开发市场,将上游市场资料信息纳入规范化管理,形成高效、有序的竞争市场,推进投资主体多元化。与此同时,建立完善的涵盖企业进入、开发、退出多环节、全方位的监管制度。具体地说,要制定准入门槛和资质标准体系,完善矿权招投标制度、区块退出机制,杜绝"跑马圈地"不良现象。

2. 开展与国际多方位合作、加大技术研发力度,力争突破关键技术

技术瓶颈是各国复制美国"页岩革命"的关键难题。美国在页岩气开发上的"大跃进",主要得益于突破了核心技术,研发和掌握了水力压裂技术和水平钻井技术。在中国,技术瓶颈更加突出,亟须研制解决方案。建议:通过设立国家科技专项基金,加大技术研发力度,在四川等主要页岩气盆地设立"示范工程";建立更加规范和专业化的页岩气研发实验室,引进高层次的专业人才,打造技术交流和学术探讨平台,例如鼓励产学研一体化,推行石油企业与高校、研究院开展关键技术联合研究基地。除此之外,中国需要加强与国际行业技术交流,特别是深入研

究美国先进经验和技术,努力提升本国的技术水平和研究层次,为突破具有中国特色的核心技术打好基础。

3. 健全市场机制、管理制度,进一步加大政策扶持力度

首先,在市场机制上,需要进一步放开开发市场、降低准入门槛。目前中国民营资本正在不断壮大,参与开发页岩气的积极性很高,如适当放开其页岩气开发准入,必能激发众多中小企业的投资热情和积极性,形成投资多元化的勘探开发局面,进一步扩大企业市场化、提升竞争能力,进而提高效率、降低成本,这对加快推进中国页岩气资源的高效、合理有序的开发进程具有十分重要的意义。具体方案上可借鉴国外经验,通过参股、合作、提供专业服务等方式将民营资本与国有资本有效结合起来,发挥出最大的开发效益。其次,建立合理的矿权管理制度。与常规天然气不同,中国页岩气地质条件和开发技术等因素需要中国将页岩气设立为独立矿种,并建立专门的区块登记制度。这么做,一来有利于放开页岩气矿业权市场,推进页岩气勘查开发投资主体多元化。目前,中国已经将页岩气设立为独立矿种,但在具体的管理制度上还存在不少问题。建议在新矿种区块登记制度上,可以采取投标竞争方式,充分发挥市场效益,促进页岩气产业的经济性勘探开发;对矿产重叠的地方区块采取"整体规划,统一协调"方式进行管理,实现资源的合理开发利用。另外,近年来页岩气资源勘查项目存在圈而不探的问题。针对该问题,相关部门必须加快研制合理有效的矿权退出机制,对在规定期间达不到勘探要求的企业进行强制性清退,控制资源浪费和市场无序的局面。最后要制定和完善财税支持政策,进一步加大政府扶持力度。结合中国页岩气开发起步晚、技术较为落后、地质条件特殊等国情,制定一套适合中国页岩气发展的税收扶持政策,具体可以从生产补贴、税收减免、扶持技术研究项目等方面入手。譬如,通过财税优惠政策、研发鼓励政策,可以提高成本收益、规范产业发展的组织和制度,助力关键技术的突破。具体来看,中国政府可以设立非常规油气资源专项研究基金,加快推进技术研发;通过人大立法确定开发税收和补贴政策,以稳定企业在产业开发的税收补贴,着实降低开发成本,促进产业健康、高效、有序发展;从资源税、所得税方面进行减免政策的推行,对依法取得资源勘探权、采矿权的企业按照申报条件进行一定程度的减免矿权使用费等收费项目。另外,由于国内技术所限,部分开发设备和相关技术需要进口,可按照有关规定给予免征关税,降低企业开发成本。

4. 管道基础设施需要进一步扩大与完善

在非常规油气开发进程中,管道基础设施的配套能力是一个关键因素,尤其是页岩气,页岩气资源的最终输出需要依靠天然气管网运输。据《2016中国油气管道建设新进展》,截至2016年年底,中国境内在役油气管道总里程累计约为

12.6×10^4(万)千米。与美国相比,这一数字显得相形见绌。在管道基础设施建设上,美国经验丰富,有其可鉴之处。最主要的经验是开放竞争、加强市场监管。具体来说,可以从三个方面入手:为接天然气管网设施,可以建立气田集输管道,将页岩气接入天然气管网通道;如果是远离天然气管网设施的页岩区块,不妨建立小型 LNG 设置,以避免放空浪费;对于开发进展程度的项目,根据进展情况也可以建立适量的页岩气外输管道。另外,在建设资金上应该引进民营资本,通过竞标方式让更多符合资质的中小企业参与进来,由企业负责建设工程,并以收取租金的合理方式回收投资成本。总之,中国油气管网建设和管理需要不断走向操作规范化、规则标准化、监管正常化,助力油气管网基础设施和非常规油气产业实现稳健发展。

5. 强化环境风险意识、尽快完善环境监管措施

如前文所述,页岩气等非常规油气资源的开采具有较为严重的环境风险,主要包括水资源消耗大、地下水污染、地质结构破坏等问题。这些问题对于人多地少、地质条件复杂、水资源紧张的四川、西北部等油气盆地而言,显得尤为突出。一言以蔽之,中国非常规油气产业发展,尤其是页岩油气资源的开发,面临着水资源短缺、用水安全等环境风险的严峻形势。我们必须秉承十九大精神,坚持人与自然和谐共生,树立和践行绿水青山就是金山银山的理念,坚定走生产发展、生活富裕、生态良好的文明发展道路,建设美丽中国。

因此,在中国非常规油气产业发展中,需要改进开发区的环境影响评价机制、进一步加强环境保护意识,完善环保管理体系和监管制度。例如,在蓄水池周围建立隔离带,做好防范工作,以避免污染进一步扩散。当然环境保护更需要法律法规强制性的护驾。譬如,立法机构部门可以根据实际情况制定相关政策法规来规范、制约企业开采行为。与此同时,可以借鉴美国的管理经验,根据中国地质条件和开采情况,制定覆盖开采前、开采中及开采后多环节、全方位的监管制度,以法律形式强制监管和保护环境。

第6章 电　　力

6.1 中国电力交易市场进展

2017年10月18日，习近平同志代表第十八届中央委员会，在中国共产党第十九次全国代表大会上做报告。报告中回首了过去五年的工作和历史性变革，明确了新时代中国共产党的历史使命，从政治、经济、法律、文化、国防、生态等方面全新认识了新时代中国特色社会主义思想和基本方略，提出了一系列展望和计划。

近三年来，国家发展和改革委、国家能源局不断出台的有关电力体制改革的新政，与十九大报告中强调的经济体制改革和生态文明建设发展息息相关。"电改"提出的打破市场垄断等一系列政策，都是在积极响应十九大报告中提出的"必须以完善产权制度和要素市场化配置为重点，实现产权有效激励、要素自由流动、价格反应灵活、竞争公平有序、企业优胜劣汰"。

2016年12月29日，国家发展和改革委、国家能源局发布《电力中长期交易基本规则(暂行)》(发改能源[2016]2784号)，为加快推进电力市场建设，规范各地电力中长期交易行为，以贯彻落实《中共中央国务院关于进一步深化电力体制改革的若干意见》(中发[2015]9号)及相关配套文件工作要求。

《规则》中对于中国境内现阶段各地开展的电力直接交易、跨省跨区交易(指跨越发电调度控制区)、合同电量转让交易等交易品种进行了相关规定。并提出，如果竞争性环节电价放开或者发用电计划电量放开达到一定比例，或者合同执行偏差电量无法按照本规则规定的方法解决时，各地应当启动电力现货市场建设，建立以电力中长期交易和现货交易相结合的市场化电力电量平衡机制。

2017年4月13日，国家能源局印发《2017年市场监管工作要点》(国能监管[2017]81号)，其中第三项重要工作内容，就是继续推进电力市场建设。

这项工作内容也响应了十九大精神，积极推进中国能源互联网建设，有利于解决好电网发展不平衡不充分问题，以清洁和绿色方式满足电力需求，提高资源配置能力。具体包括：

(1) 继续推进电力市场建设。继续推进京津冀电力市场试点工作。协调指导国家电网公司等单位开展跨区域省间可再生能源增量现货试点，指导广州电力交易中心开展"西电东送"电力市场化交易。研究探索电力中长期交易和电力现货交易相结合的市场机制,在具备条件的地区开展电力现货市场运行建模分析。

(2) 推动规范开展电力直接交易等中长期交易。组织各地贯彻实施《电力中长期交易基本规则(暂行)》,指导派出各能源监管机构结合本地实际制度修订电力中长期交易实施细则,规范开展电力直接交易等中长期交易。

(3) 促进电力辅助服务市场化。进一步创新电力辅助服务补偿机制,指导各地修订完善"两个细则",加大考核补偿力度。鼓励各地积极稳妥建立电力辅助服务市场机制,选择部分地区深入开展电力辅助服务市场试点,进一步调动电力企业提供辅助服务的积极性,探索电力用户辅助服务费用分担机制。

2017年9月5日,国家发展和改革委办公厅、国家能源局综合司发布《关于开展电力现货市场建设试点工作的通知》(发改办能源[2017]1453号),选择南方(以广东起步)、蒙西、浙江、山西、山东、福建、四川、甘肃等8个地区作为第一批试点,要在2018年年底前启动电力现货市场试运行,同时,积极推动与电力现货市场相适应的电力中长期交易。

6.1.1 中长期交易市场

电力中长期交易,主要是指符合准入条件的发电企业、售电企业、电力用户和独立辅助服务提供者等市场主体,通过自主协商、集中竞价等市场化方式,开展的多年、年、季、月、周等日以上的电力交易。

2016年12月29日,国家发改委、国家能源局印发了《电力中长期交易基本规则(暂行)》(以下简称《基本规则》)。在中国现货市场条件还未成熟的情况下,采用"计划性交易+市场化交易"相结合的形式来探索中国的电力市场建设过程中存在的问题。

1. 交易品种

优先发电对应计划性市场,市场化交易对应多种交易品种,包括电力直接交易、跨省跨区交易(指跨越发电调度控制区)、合同电量转让交易以及辅助服务补偿(交易)机制等。

(1) 电力直接交易

电力直接交易是指符合准入条件的电力用户与发电企业按照自愿参与、自主协商原则,直接进行购售电交易。其中,直接交易价格是由电力用户与发电企业通过自主协商、集中交易等方式确定,不受第三方干预,以此降低企业生产成本。

(2) 跨省跨区交易

跨省跨区交易是指省间和省内电能电量交易。跨省跨区送电由送电、受电市场主体双方在自愿平等的基础上,按照"风险共担、利益共享"原则协商或通过市场化交易方式确定送受电量、价格,并建立相应的价格调整机制。

(3) 合同电量转让交易

《基本规则》中将"发电权交易"定义为"合同电量转让"。这次的定义让售电公司和电力用户也具备了合同电量转让的权利,而之前只有发电方可以。在《基本规则》明确"拥有优先发电合同、基数电量合同、直接交易合同、跨省跨区交易合同等的发电企业;享有优先发电政策的热电联产机组'以热定电'电量、余热余压余气优先发电电量等不得转让,可再生能源调峰机组优先发电电量可以进行转让"。

双方通过协商来共同确定合同电量转让的价格,不影响原有合同的价格和结算。输电费对于省内转让是不用收取的,而在跨省跨区合同转让时收取。

2. 交易周期和方式

电力中长期交易周期主要按照年度和月度开展。有特殊需求的,也可以按照年度以上、季度或者月度以下周期开展交易。

中长期交易方式可以采取双边协商、集中竞价、挂牌等方式进行。

(1) 双边协商交易是指市场主体之间自主协商交易电量(电力)、电价,形成双边协商交易初步意向后,经安全校核和相关方确认后形成交易结果。双边协商交易应当作为主要的交易方式。

(2) 集中竞价交易是指市场主体通过电力交易平台申报电量、电价,电力交易机构考虑安全约束进行市场出清,经电力调度机构安全校核后,确定最终的成交对象、成交电量(辅助服务)与成交价格等;鼓励按峰、平、谷段电量(或按标准负荷曲线)进行集中竞价。

(3) 挂牌交易是指市场主体通过电力交易平台,将需求电量或可供电量的数量和价格等信息对外发布要约,由符合资格要求的另一方提出接受该要约的申请,经安全校核和相关方确认后形成交易结果。

年度双边交易和年度集中竞价交易均开展省内直接交易、跨省跨区交易、合同转让交易(挂牌交易视同集中竞价交易,下同)。

3. "2+32"电力交易中心

电力交易是电力市场建设的重要一环。中国跨区跨省电力交易市场尚未形成统一平台,缺乏统一的输配电电价机制;不充分的竞争、不合理的交易以及高成本、行政干预或者串谋等有失规范和诚信的行为在电力交易中仍然存在;各省电力交易机构各自为战,交易成本过高。这些都阻碍了电力资源在更大范围内优化配置。

过去的两年多时间里,最让业界头疼的顽疾恐怕就是"省间交易壁垒"了。中国能源供需的禀赋条件表现为逆向分布,需要集中性开发和大规模消纳利用新能源,因此,实现优化配置资源及绿色发展的必由之路就是电力大规模跨区域输送和消纳。可中国电力市场的建设步伐和资源的配置效率,却因为省间壁垒问题而困顿不前。

对东部经济发达省份而言,电力需求增速放缓,地方政府基于省内火电等资源的保护主义,外购电力意愿不强;而西部地区清洁能源装机增长过快,供大于求。一方清洁电多却无法送出,另一方不愿要外来电,双方之间的矛盾在一定程度上加剧了弃水、弃风、弃光。

在以市场为主导的电力交易过程中,要真正实现降低成本、提升效率,市场规则和技术标准显得至关重要。而这个时候,统筹省间和省内交易、促进新能源消纳的全国统一电力市场建设就显得尤为必要,全国电力交易机构联盟应运而生。

2016年3月1号,国家发展和改革委、国家能源局审议通过了北京、广州电力交易中心组建方案(发改经体[2016]414号),北京电力交易中心和广州电力交易中心相继成立。

(1) 全国电力交易机构联盟的构成

至今,中国已有2个国家级交易机构,分别为北京电力交易中心和广州电力交易中心(国家级);32个省级电力交易中心,分别为首都电力交易中心及广东、四川、江苏、吉林、贵州、山东、重庆、广西、宁夏、云南、青海、内蒙古(东部)、黑龙江、新疆、甘肃、山西、陕西、安徽、上海、福建、浙江、西藏、辽宁、江西、湖南、冀北、湖北和河南电力交易中心等。

除海南外,各省交易中心均以挂牌成立。其中,北京及内蒙古等26家交易中心采用电网企业全资子公司模式组建;广州、广东、广西、云南、贵州、山西和重庆共7个电力交易中心采用股份制组建。

2017年7月12日,在国家发改委和国家能源局共同召开的电力体制改革专题会上,北京和广州两家电力交易中心作为筹建单位,一同制定的《全国电力交易机构联盟组建方案》获得原则通过。

2017年9月6日,北京电力交易中心收到《国家发改委电力体制改革专题会议纪要》后,立即会同广州电力交易中心向全国已经组建的34家电力交易中心发出成立全国电力交易机构联盟的倡议书。

随后的9月13日,34家电力交易中心全部提交了加入联盟的申请和登记表。自那时起,电力市场建设工作通过交易的形式逐渐施行。各省电力交易中心陆续成立,全面完成了组建相对独立的电力交易机构的改革任务。

2017年11月8日上午,全国电力交易机构联盟成立大会在北京召开,会议通报了全国电力交易机构联盟筹建情况,签订了全国电力交易机构联盟公约,审议通过了《全国电力交易机构联盟章程》《全国电力交易机构联盟大会议事规则》。

全国电力交易机构联盟的成立,是深化电力体制改革的一件大事。当前,电力交易市场依然脆弱,电力市场化竞争并不充分,全国电力交易机构联盟(以下简称"联盟")的成立对于中国电力市场建设和交易机构规范运营具有积极意义。

(2) 各交易中心最新进展

北京电力交易中心主要负责跨区跨省电力市场的建设和运营,负责落实国家计划、地方政府间协议,开展市场化跨区跨省交易,促进清洁能源大范围消纳,逐步推进全国范围内的市场融合,未来开展电力金融交易。

广州电力交易中心主要负责落实国家西电东送战略,落实国家计划、地方政府间协议,为跨区跨省市场化交易提供服务,促进省间余缺调剂和清洁能源消纳,逐步推进全国范围内的市场融合,在更大范围内优化配置资源。

以北京电力交易中心为例,自成立以来,组织各类省间交易 1.32×10^4 亿千瓦时,开展的特高压送电、藏电入京、电力援疆等交易取得了较好的资源配置成效和社会效益。2018 年以来,北京电力交易中心利用多条特高压直流通道,消纳西南水电 1197 亿千瓦时,完成新能源省间交易 412 亿千瓦时,同比增长 39%,祁韶直流新能源送出比例达到 58%,有效减少西南地区弃水。交易电量见图 6-1。

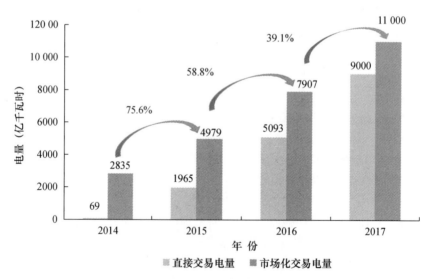

图 6-1 国家电网公司经营区域内电力市场交易发展情况
数据来源:中电传媒电力传媒数据研发中心、中电联电力交易信息共享平台。

其他交易中心的进展情况见表 6-1。

表 6-1 2017 年全国各电力交易中心的最新业务进展

序号	地区	揭牌	注册	2017 年最新业务进展
1	北京电力交易中心（国家级）	2016.03.01	2016.02.24	在交易平台组织开展了 2017 年 11、12 月市场化交易,交易规模 81 亿千瓦时,其中,新能源交易电量 14.7 亿千瓦时,占比 18%
2	广州电力交易中心（国家级）	2016.03.01	2016.05.11	① 电力直接交易(双边协商):截至 2017 年 11 月 9 日 20 时 21 分,广东全市场已确认长协交易 220 项,月成交电量达 1001.79 亿千瓦时; ② 年度合同电量集中三轮交易:共成交 9636 手,总成交电量 96.36 亿千瓦时,基本接近 100 亿总成交规模; ③ 集中竞价(12 月):总成交电量为 382 952.0989 万千瓦时。供应方边际成交申报价差－43.9 厘/千瓦时,需求方边际成交申报价差－35.0 厘/千瓦时,统一出清价差为－39.45 厘/千瓦时; ④ 组织了 1 次云南送广东月度增量挂牌交易、2 次月内临时挂牌交易,广东侧总成交电量为 18.1662 亿千瓦时,成交电价为 3906.40 元/10^4 千瓦时;折算到送端电厂上网侧总成交电量为 19.4445 亿千瓦时,成交电价为 1968.85 元/10^4 千瓦时
3	四川电力交易中心	2016.05.12	2016.05.26	① 月度直购电交易:共 127 家用电企业,按水火 7∶3 参与直购电月度交易。根据用电企业申报情况,经交易中心审核确定 11 月份月度交易总需求为 1.20 亿千瓦时; ② 月度富余电量交易:共有 168 家用电企业,申报电量总需求为 3.69 亿千瓦时
4	江苏电力交易中心	2016.04.18	2016.04.15	① 电力直接交易(双边协商):2017 年总规模达到 1350 亿千瓦时,是 2013 年直接交易量的 100 倍,将为用户节约购电成本超 30 亿元; ② 集中竞价:首次省内集中竞价月度交易成交规模 50 亿千瓦时;建立直接交易月度市场定期开市机制,组织 5 次月度集中竞价交易,成交电量 228 亿千瓦时,降低用户购电成本 4.813 亿元
5	吉林电力交易中心	2016.04.13	2016.04.13	发布了四批 43 家售电公司信息,暂未公布交易数据
6	贵州电力交易中心	2015.11.16	2016.03.28	省内集中竞价:2 家发电企业与 3 家电力用户及 5 家售电公司成交,无约束成交电量 0.4741 亿千瓦时,平均成交市场交易价格 0.339 24 元/千瓦时

（续表）

序号	地区	揭牌	注册	2017年最新业务进展
7	山东电力交易中心	2016.04.22	2017.04.25	①电力直接交易（双边协商）：与38家统调发电企业（56台发电机组）与52家电力用户以及61家售电公司达成交易电量26.9889亿千瓦时（2017年12月）； ②集中竞价：11月23日组织开展的12月份电力直接交易（集中竞价），经校核后，确认20家统调发电企业（32台发电机组）与3家电力用户及20家售电公司达成交易电量233.66×10^4千瓦时，统一出清价为3880元/10^4千瓦时
8	重庆电力交易中心	2016.08.01	2017.08.17	电力直接交易试点：2018年电力直接交易继续沿用水火配比方式进行。尚未公布具体数据
9	广西电力交易中心	2016.07.05	2016.07.05	集中竞价交易：2017年12月月度采用边际价格统一出清方式，交易规模4.4645亿千瓦时，成交电量4.26亿千瓦时。发电侧边际成交申报价格41.2分/千瓦时，用户侧边际成交申报价格41.2分/千瓦时，统一出清价格41.2分/千瓦时
10	宁夏电力交易中心	2016.04.08	2016.04.01	2017年11—12月补充直接交易结果的公告：本次挂牌交易电价为2515元/10^4千瓦时。（交易结果暂未公布）
11	云南电力交易中心			电力直接交易（双边协商）：中心发布了《关于开展2017年9月合约协商转让交易的公告》，公告称月度交易执行完毕后有超发和少发电量的市场化电厂可参加合约协商转让交易，火电厂系统调用上调服务超发电量部分除外。（交易结果暂未公布）
12	青海电力交易中心	2016.04.6	2016.03.31	12月份新能源补充直接交易：省内5家电力用户与49家新能源企业成交，成交245笔，购、售共达成交易电量6791.4×10^4千瓦时，边际出清价差成交价格－1200元/10^4千瓦时。（交易结果暂未公布）
13	内蒙古（东部）电力交易中心	2016.04.20	2016.04.12	电力直接交易（第三轮）（双边协商）：交易用电需求预计为9.9亿千瓦时，本次交易采取撮合交易模式。交易周期为2017年10月1日至2017年12月31日。各电力用户申报的电量为扣除前两轮次交易结果后的剩余4季度交易用电需求。（结果暂未发布）

(续表)

序号	地 区	揭 牌	注 册	2017年最新业务进展
14	黑龙江电力交易中心	2016.04.21	2016.04.19	① 电力直接交易(双边协商):年度总量86.8亿千瓦时; ② 跨省跨区交易:累计成交709笔,成交电量62.64亿千瓦时同比增长28.52%; ③ 发电权合同电量转让:共组织6批40笔交易,组织签订2017年各类交易合同760份,累计合同电量转让交易电量40.82亿千瓦时,同比增长53%
15	新疆电力交易中心	2016.3.25	2016.03.21	2017年新疆两批电力直接交易规模合计已达120亿千瓦时,降低电力用户用电成本超过18亿元,其中,双边方式约85亿千瓦时,集中撮合方式约115亿千瓦时
16	甘肃电力交易中心	2016.05.06	2016.04.21	2017年全省签订交易电量约284.4亿千瓦时,总降价金额达28.40亿元,兰州市最终确定53户符合政策条件的工业企业与省内的常规火电企业、热电企业和水电企业达成直接交易协议,目前共签约直接交易电量120.91亿千瓦时,较2016年增加28.82%
17	山西电力交易中心	2016.05.11	2016.05.11	山西省经信委近日公布《2018年山西省电力直接交易工作方案》,允许煤改电采暖参与电力直接交易,2018年全省电力直接交易规模暂定为650亿千瓦时
18	陕西电力交易中心	2016.05.12	2016.04.21	集中竞价:四季度,按照关中陕南、榆林(含神木县、府谷县)两个区域分别组织,交易电量30亿千瓦时,其中:关中陕南交易电量为23.4亿千瓦时,榆林地区交易电量6.6亿千瓦时
19	安徽电力交易中心	2016.05.12	2016.05.04	2017年度全省直接交易电量规模扩大到550亿千瓦时,其中年度双边直接交易规模400亿千瓦时,年度集中直接交易规模100亿千瓦时。在年度交易的基础上,缩短交易周期,开展了月集中直接交易,规模为50亿千瓦时。总规模与2016年相比增长了40%,约占2017年全社会用电量的30%,降低企业用电成本约36亿元

（续表）

序号	地 区	揭 牌	注 册	2017年最新业务进展
20	上海电力交易中心	2016.05.18	2016.05.16	① 电力直接交易（双边协商）：截至2017年10月，10家市内外发电企业与36家市内电力用户达成双边协商交易10亿千瓦时，预计可完成直接交易电量约35亿千瓦时； ② 集中竞价：截至2017年10月，14家发电企业和72家电力用户参与集中竞价申报，无约束出清电量为25.57亿千瓦时
21	福建电力交易中心	2016.05.18	2016.05.17	2017年电力直接交易合同电量达到380.09亿千瓦时，年降低参与交易的343家企业用能成本约39亿元
22	浙江电力交易中心	2016.05.19	2016.05.19	2017年电力直接交易约930.24亿千瓦时，相比2016年的747亿千瓦时增加了24%，降低电价约0.03元/千瓦时。年参与直接交易的用户达5.8万余户，是2016年的2.1倍
23	西藏电力交易中心	2016.05.27	2016.05.31	2017年4月，湖北电力交易中心与西藏电力交易中心在国家电力交易平台达成的协议，4月份湖北电网首次有1000万千瓦时的送入是来自西藏水电"电力天路"（川藏-川渝-渝鄂通道）。这是川藏联网工程竣工以来，西藏水电头次进驻华中区域，至此湖北电网开创先河接纳雪域高原绿色清洁能源
24	辽宁电力交易中心	2016.05.31	2016.04.13	2017年共进行了四次年度双边交易，用户侧提报合同电量合计135.33亿千瓦时，市场成交均价3570.9元/10^4千瓦时
25	江西电力交易中心	2016.05.31	2016.05.23	2017年今年直接交易规模总量为150亿千瓦时（含售电公司参与的工业园区"打包"电量）
26	湖南电力交易中心	2016.06.15	2016.06.13	自2017年10月12日以来组织了三次交易，实际交易成交电量约84亿千瓦时。 ① 月共成交电量28.2亿千瓦时。其中省外入湘电量（祁韶直流）交易7.0亿千瓦时； ② 月度双边协商交易电量：14.5亿千瓦时（年度双边协商交易合同月度分解电量7.5亿千瓦时，月度双边协商交易电量7.0亿千瓦时），交易价格发电侧最高降5.7厘/千瓦时，平均降价幅度为4.03厘/千瓦时； ③ 月度集中竞价交易电量：6.7亿千瓦时。交易价格降幅为2.23厘/千瓦时

(续表)

序号	地区	揭牌	注册	2017年最新业务进展
27	冀北电力交易中心	2016.07.15	2016.07.14	① 前三季度,华北地区省间交易电量完成1278亿千瓦时,同比增长14.1%。其中,市场化交易电量大幅度增长,完成电量269亿千瓦时,同比增长114.2%; ② 11月份协同北京、天津电力交易中心共同组织完成京津唐地区11月份短期电力直接交易,月度交易电量32.38亿千瓦时,用户平均降价47.3分/千瓦时。来自天津、河北北部(冀北)地区的270户用电大户在11月份节约用电成本1.53亿元; ③ 开展张家口可再生能源示范区11月份清洁供暖挂牌交易,成交电量1930万千瓦时。按月发布年度交易结果一次。11月份"阿里巴巴云计算"项目挂牌交易成交电量1022万千瓦时
28	湖北电力交易中心	2016.01.22	2016.04.26	电力交易采用挂牌方式。交易对象发电企业为:已获市场准入资格,本年内有超年度发电计划的水电企业。用电企业为:已获得准入资格的,预计年度用电量大于已成交量110%及以上,且本次增购电量1000万千瓦时及以上的企业。(结果暂未发布)
29	河南电力交易中心	2016.05.04	2016.04.29	截至2017年7月,中心第三次双边协商方式电力直接交易,成交电量140亿千瓦时,发电侧平均交易价格为3472元/10^4千瓦时。此次交易中,有37家售电公司、45家电力用户与37家发电企业最终成交
30	海南电力交易中心	2017.12.25	2017.12.25	交易数据暂无

注:首都交易中心、广东交易中心(非国家级)暂未公布数据。
数据来源:各省电力交易中心有限公司、北极星电力网。

6.1.2 现货交易市场

现货市场通常指的是商品即时物理交割的市场。由于电力的特殊物理属性,电力现货市场不仅包括了实时电能交易,还有日前、日内交易以及备用、调频等辅助服务交易。

现实中,电力的需求和供给在不同的时间都存在较大差异,不同电源之间也有成本差异。但是,现行的电力中长期交易是一种计划调度的制度,对于需求和供给都是计划的,交易价格也缺乏弹性。正因如此,电力现货交易也被赋予价格发现和资源优化配置的作用。

2017年9月5日,国家发展和改革委办公厅、国家能源局综合司发布《关于开展电力现货市场建设试点工作的通知》(发改办能源[2017]1453号),选择南方(以广东起步)、蒙西、浙江、山西、山东、福建、四川、甘肃等8个地区作为第一批试点,要在2018年底前启动电力现货市场试运行,同时,积极推动与电力现货市场相适应的电力中长期交易。

1. 各个现货市场试点进展

广东。2017年12月14日,南方(以广东起步)电力现货市场建设座谈会在广州召开。会议介绍了南方(以广东起步)电力现货市场建设工作推进情况,并演示了南方(以广东起步)电力现货市场技术支持系统、调频辅助服务市场技术支持系统和广东中调发电智能驾驶系统。与会单位就稳步推进南方(以广东起步)电力现货市场建设工作充分交换了意见,并就市场规则制定、技术支持系统建设进行了充分讨论。

蒙西。近日,华北能源监管局组织召开蒙西电网现货市场试点方案研讨会,会上各方共同研究了蒙西电网现货市场试点方案(讨论稿),就试点方案总体框架取得了高度共识,有关单位和专家就试点方案总体原则、推进步骤、交易模式、价格机制、市场仿真和组织实施等环节提出了意见和建议。

浙江。2017年10月印发的《浙江电力体制改革综合试点方案》中指出,浙江电力市场的目标是"建立以现货市场为主体,电力金融市场为补充的省级电力市场体系"。并分为初期市场、中期市场和目标市场三个建设阶段。在完成输配电价核定、相对独立的交易机构设立、市场规则的制定、技术支持系统建成的基础上,在2019年上半年实现初期电力市场试运行。到2020年,基本形成较为完备的电力市场体系,再过渡到中期电力市场。到2022年以后建成浙江目标电力市场。

2017年9月份实施了《浙江电力现货交易市场规则》咨询项目国际竞争性谈判,通过两轮竞争,多次谈判,最终花落由美国PNJM电力市场(Pennsylvania-New Jersey-Maryland)与中国电力科学研究院组成的联合体,目前正在按计划进行中标后的相关工作。

山西。山西电力现货市场建设初步分三个阶段组织实施:

• 2017年1月至2018年12月为第一阶段。主要任务包括建设日前现货市场,以外送增供电力为交易品种,建立基于电力曲线的分时电价机制,中长期外送计划之外的交易均通过现货市场来实现;建设日内现货市场,针对实时运行中机组跳闸、缺阳、故障等引起的短时发电缺额,临时外送增供需求等,依据各机组事先报价形成的调度序位,实时安排在线机组增发。

- 2019年1月至2020年12月为第二阶段。主要任务包括进一步放开省内发用电计划,明确省内现货交易与中长期交易、年度电量计划之间的协调关系,确定现货市场的交易空间。
- 第三阶段将全面放开省内发用电计划,建立完整的集中式电力市场。

电力现货市场交易机制建立运营后,鼓励境内现货交易和中长期电力合约交易中加入地热能发电、太阳能发电、生物质能发电、风力发电等非水可再生能源发电,按现货交易及相关市场规则,用市场化的方式逐步实现优先发电合同。

山东。2017年2月10日,山东能源监管办召开山东电力现货市场可行性研究座谈会,与会人员围绕山东电力市场建设现状及存在的问题、山东电力现货市场的实现路径、分阶段模式、辅助服务等方面展开讨论,分析建设现货市场的可行性。

11月28日,山东能源监管办召开山东电力现货市场可行性研究报告结题验收会议,提出了山东电力现货市场的实现路径和分阶段模式设计,并以此为基础,从政策支持、技术可行性以及可能遇到的困难出发,论证了山东电力现货市场建设的可行性和必要性。

甘肃。电力市场模式采用"中长期差价合同+全电量现货集中竞价"的交易模式,初期仅开展日前申报交易,暂不开展"日内、实时竞价",由调度机构根据日前发电机组报价(包括调增、调减报价),按照最低成本原则实时滚动调整发电计划。待日前市场运行一段时间后再开展日内、实时报价交易。

发电侧报量报价即分时递增多段报价,用户侧仅报量即负荷曲线。

2017年6月甘肃能源监管办出台《甘肃富余新能源电力电量跨省跨区增量现货交易规则(试行)》,开展弃风弃光电量跨区现货交易,计划2017年外送220亿千瓦时,其中外送新能源71亿千瓦时。

福建和四川电力现货市场暂无更新动态。

2. 可再生能源现货市场

2017年8月14日,国家电力调度控制中心、北京电力交易中心联合发布《跨区域省间富余可再生能源电力现货交易试点规则(试行)》。文中指出:跨区域现货交易定位为送端电网弃水、弃风、弃光电能的日前和日内现货交易。当送端电网调节资源已经全部用尽,各类可再生能源外送交易全部落实的情况下,如果水电、风电、光伏仍有富余发电能力,预计产生的弃水、弃风、弃光电量可以参与跨区域现货交易。

6.1.3 分布式发电市场化交易

2017年10月31日,国家发改委和国家能源局发布《关于开展分布式发电市场化交易试点的通知》(发改能源[2017]1901号),分布式发电是指接入配电网运行、发电量就近消纳的中小型发电设施(20兆瓦以下并网电压不超过35千伏,50

兆瓦以下不超过110千伏)。

1. 有三种交易模式,按政府核定的标准收取"过网费"

(1) 分布式发电项目直接售电给电力用户,向电网支付"过网费";

(2) 分布式发电项目委托电网代售电,电网按综合售电价格减去"过网费"后转付给分布式发电项目单位;

(3) 电网按国家核定的各类发电标杆上网电价收购电量,度电补贴要扣除配电网区域最高电压等级用户对应的输配电价。

2. "过网费"主要征收标准

(1) "过网费"由所在省(区、市)价格主管部门依据国家输配电价改革有关规定制定,在核定前暂按电力用户接入电压等级对应的省级电网公共网络输配电价(含政策性交叉补贴)扣减分布式发电市场化交易所涉最高电压等级的输配电价;

(2) 当分布式发电项目总装机容量小于供电范围上年度平均用电负荷时,过网费执行本级电压等级内的过网费标准。超过时执行上一级电压等级的"过网费"标准。

风电、光伏分布式发电项目的度电补贴降低10%~20%。除收取"过网费"外,其他服务包括电量计量、代收电费等,电网均不对分布式发电项目单位收取任何服务费用。

6.2 居民阶梯电价政策对居民用电影响的评估与分析

6.2.1 背景介绍

十九大报告指出:在新时代,中国社会的主要矛盾是人民日益增长的美好生活需要和不平衡不充分发展之间的矛盾,必须坚持以人民为中心的发展思想。电力供应是人民生活的基本保障,电力价格能够调节电力需求。随着经济的快速发展,地域间、城乡间收入差距明显差异化,国家应该更关注低收入人群的生活状况,包括居民基本生活保障,居民用电就是其维持居民基本生活的重要部分。增进民生福祉是发展的根本目的,居民阶梯电价政策可以通过电价机制来保证居民"基本"用电并调整"非基本"用电,促使居民节约用电,符合节约资源和保护环境的基本国策,同时,政策的实施促进了公平,符合在发展中保障和改善民生的政策要义。

电价是电力市场的核心内容,调节电价的标准和实施模式对于电力市场尤为重要。因此,阶梯电价政策实施对于电力资源的优化配置以及部分地区缓解环境压力都有着重要的作用。中国的居民销售电价存在总体水平偏低以及交叉补贴的问题。完善资源性产品的价格改革,通过发挥价格机制来调节电力需求,可以引导居民合理的利用电能。居民阶梯电价政策指的是阶梯递增电价,具体是单位用电价格随着用电量上升而呈阶梯状逐级递增的电价机制。实施居民阶梯电价制度,目的在于引导居民形成"节约用电、节能减排"的意识,同时促进不同电力价格在资源配置中发挥基础性作用,从而形成能源的合理生产与消费。

电价形成机制主要体现的是资源环境价格形成机制,反映的是资源的稀缺性。电力系统的发、输、配、售结合发电成本、输配成本、供电成本以及上网电价、输配电价、销售电价形成了整个链条。电力价格政策引导,有利于优化电力能源资源配置,有利于营造公平公正公开的市场竞争环境,有利于降低实体经济成本。电力价格需要合理的电价结构以及电价水平。电力价格过高会造成国民经济成本的增加从而影响居民生活,电力价格过低则会由于节电意识较低而造成电力资源浪费。电力价格应该保证反映出成本与资源的稀缺程度,在保证电力企业合理利润基础上,维持电价的合理水平。

相对于较为统一的线性定价模式,阶梯式的电力价格模式则引入了较为灵活的电力调控工具以达到政策目标。对于一般的居民阶梯电价定价模式,最低的基本电量一般低于边际成本或者平均价格来保证居民的基本生活,尤其是低收入水平的居民。更高阶梯的电力价格则高于电力平均价格,目的是促进居民用电的节约,弥补厂商低档电量的损失以实现资源配置的效率。

6.2.2 居民阶梯电价设计介绍

$$P = \begin{cases} P_1 & 0 < Q < Q_1 \\ P_2 & Q_1 < Q < Q_2 \\ \vdots \\ P_k & Q_{k-1} < Q < Q_k \end{cases}$$

阶梯定价模式分为递增式定价与递减式定价。区别于统一定价,阶梯定价则是根据产品不同的消费量规定了不同的边际价格。一般将产品的消费量分为若干档,并按照产品的不同消费量规定了不同的价格。对消费量为 $0 \sim Q_1$ 的施以 P_1 的价格,对 $Q_1 \sim Q_2$ 的消费量施以 P_2 的价格。以此类推。那么居民的阶梯电价则同样是根据不同的电力消费量来设定不同的电力价格。

对于递增式定价,产品消费量上升,价格随之上升,收取相对于较低消费量更高的价格,此时,$P_k > P_{k-1} > \cdots > P_2 > P_1$。对于递减式定价,产品消费量上升,价格相应下降,此时,$P_1 > P_2 > \cdots > P_{k-1} > P_k$。对于递增式定价,多是实施于稀缺资源定价中,递增的价格会提升稀缺资源的利用率,节约资源。而对于递减式定价则多是为了防止设备的闲置、鼓励消费等目的来充分利用资源。电力作为稀缺资源,在居民用电领域实施递增式定价以节约能源、提高能源利用效率。电力价格的设置则是基于电力成本。为了保证低收入居民的基本用电以及平衡电厂的收益,往往低于成本价格设定,更高档次的电价则基于平均成本或者长期边际成本定价。

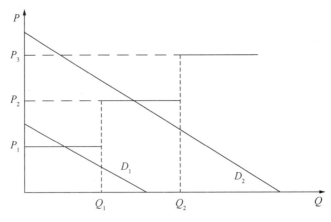

图 6-2　三档递增式阶梯电价结构

图 6-2 表示的是三档递增式电价结构图。根据不同的电力消费量设定了不同的电力价格。当电力消费量小于 Q_1 时，居民的电力需求为 D_1，那么居民的电力价格为 P_1。随着居民的电力消费量上升，电力需求曲线向右移动，对于电力消费量高于 Q_1 的电量则实施 P_2 的电力价格。当电力消费量超过 Q_2 时，则实施 P_3 的电力价格。相对于统一的电力价格定价模式，阶梯电价随着消费量增加而增加，同时价格的变化也影响着消费者的需求，这种相互作用机制综合决定了居民的电力消费量。

6.2.3　面临问题与可实现目标

电力价格的统一定价无效率。电力价格一般由政府进行管制，当投资增加或者容量增加时，统一的定价并不能反映增量成本，这就使得电厂并不能得到正常利润。同时统一定价使得不同收入人群的电力价格相同，扭曲了正常的价格机制，不能正常反映价格信息。

能源节约以缓解环境压力。2016 年，中国的电力能源结构中火电占比为 74.4%，清洁能源占比相对较低。在环境压力下，燃煤为主的火电厂面临额外支付环境治理成本的巨大压力，电价中并未包含环境治理成本，如果将其纳入电价中，低收入居民则相对于高收入居民负担重。同时，居民也应该在电力消费中形成能源节约的意识。十九大提出，我们要建设的现代化是人与自然和谐共生的现代化，必须坚持节约优先为主的方针，形成节约资源和保护环境的空间格局、生产方式、生活方式，还自然以宁静、和谐、美丽。

内部交叉补贴存在。自实施电价改革以来，居民电价的调整幅度低于其他行业。同时低电价使得高电量消费相对于低电量消费的用户享受更多的补贴，造成对高收入者的间接补贴。另外，中国居民用电价格低于工商业用电。工商业用电的电压等级高、线损率低,输电成本低,然而工商业用电价格却高于居民用电,这就一定程度上存在工商业用电对居民用电的补贴。价格机制的不合理使其没有体现市场化的原则,同时没有体现出电力资源的合理价值。

收入分配差距与保证居民基本生活。在经济快速发展的状况下,地域间、城乡之间的收入呈明显的差异化。收入分配的不平衡在高、低收入人群间越来越明显,这容易造成富者越富、贫者越贫的现象,对于社会稳定有重要影响。十九大提出要促进收入分配更合理、更有序。考虑到公平,国家和社会需要更关注低收入人群的社会生活状况,其中包括居民基本生活需求的保障,居民用电就是维持基本生活的重要部分。

居民阶梯电价的实行可以促使经济性目标和社会性目标的同时实现。经济性目标主要体现在厂商能够合理回收发电成本并能够向市场提供较为合理、清晰的价格信号。统一的电力价格在一定程度上不利于电厂的收益,电厂在统一的管制价格下也不能较好地提高运营效率。阶梯电价既能保证厂商合理利润、又能够提高电厂的生产效率,政策的实施在一定程度上能够兼顾电力企业的发展而不至于因成本上升而出现发展困境。价格信号能够直接传递到市场,消费者能够根据价格信号做出最优化选择,对于稀缺资源或者社会价值较高的产品,应当以较高的价格向消费者传递产品价值信号,价格信号的传递能够调节消费者的需求和行为。电力价格的阶梯式设定能够区分电力的基本与非基本需求,能较好地传递电力价格信号。统一定价并不能区分消费人群,而阶梯价格则可以对不同消费弹性的人收取不同的价格。

社会性目标主要体现在电力资源节约与收入再分配。对于不同收入水平的居民,一般情况下,较高收入水平的居民倾向于较高的电力消费,容易造成电力资源的浪费。对电力消费设定基本电量和非基本电量,对超出基本电量的电力消费收取较高的电价能够促进居民形成节电意识以及减少电力资源的浪费。十九大提出要增加低收入者收入,调节过高收入。政府要履行好再分配调节职能,加快推进基本公共服务均等化,缩小收入分配差距。通过阶梯电价对高电力消费群体收取高于平均成本的价格,对低电力消费群体收取低于平均成本的价格。高消费群体收取的电价能够弥补对低电力消费群体收取的低价而造成的成本损失,改善"用电越多补贴越多,用电越少补贴越少"的实际情况,使其尽量趋近于"公平",实现收入再分配的社会目标。

6.2.4 电力体制改革与电价改革

中国的电力体制改革从 20 世纪 80 年代开始,经历了几轮的"电改"。2002年,国务院制定《电力体制改革方案》(国发[2002]5 号文件),核心是打破"两个垄断",即电力行业垄断和区域垄断,要求实行"厂网分开、竞价上网、输配分开、竞争供电",以建立更有效率、更为公正的以竞争、开放的区域电力市场为主导的全国统一、开放、多主体、多区域、多层次、规范化的有序竞争的社会主义电力市场体系。1978—1997年可以作为电力体制改革的第一阶段,在这一阶段,以省为实体,为解决电力短缺问题、促进电力发展集资办电,国家出台多渠道、多层次、多形式集资办电政策。1997—2000年则是电力体制改革的第二阶段,在这个阶段,实施政企分开,公司化改组与竞争上岗试点。在2001—2013年则继续落实电力体制改革方案并继续推进电力市场化改革,在这个阶段则主要针对厂网分开的遗留问题,电网主辅分离问题,区域电力市场建设问题,电力市场体系问题,电力供求失衡问题,农村水电体制改革问题,市场煤与计划电等方面。为了进一步深化电力体制改革,解决制约电力行业科学发展的突出矛盾和深层次问题,促进电力行业又好又快发展,推动结构转型和产业升级,中共中央在2015年发布了《关于进一步深化电力体制改革的若干意见(中发[2015]9号)文》,提出以"放开两头、管住中间"为原则,实施"四放开一独立"的改革,即:输配以外的经营性电价放开、手电业务放开、增量配电业务放开、公益性和调节性意外的发供电计划放开,交易平台相对独立。这意味着电力市场化改革再次迈出实质性的步伐。

2003年,国务院出台《电价改革方案》,并在此后对电力价格进行了多次调整。电力价格改革对于电力行业以及社会生产生活都有着很大的影响。居民生活用电作为电力价格改革的一部分,在这一系列出台的电力价格改革中,并未对居民电力价格有很大的调整,主要是在2006年对上网、输配以及销售电价的价格调整中,针对居民生活用电价格在全国范围内普遍调整。在以往的电力价格改革中并未触及居民电力价格变动的主要目的则是出于经济发展、社会稳定以及保障民生等方面的考虑来对居民生活用电实施优惠,尽量保障居民生活。但是在这种情况下,长期内也造成了电力价格机制不顺畅、能源浪费以及"交叉补贴"等现象的存在。

居民阶梯电价政策的实施是通过价格杠杆促进居民节电意识,实现节能减排。阶梯电价能够充分反映出市场需求状况以及电力资源的稀缺程度,在保障居民基本用电需求的情况下,对非基本用电需求实施较高的电力价格,根据不同地区的经济发展水平以及城镇、农村的区别针对不同的用电量水平分别设定多个档次的电力价格。政策的实施能够达到保障电力基本需求、引导合理电力消费的目的。

6.2.5 中国居民电价现状

1. 中国试点省份电价

早在1974年6月,日本就开始实行居民阶梯电价政策。美国也早在20世纪

70 年代就开始按照阶梯电价方式来征收电费。不只用电领域,许多国家和地区在用水和用气领域也实施了阶梯电价政策。中国居民阶梯电价政策的实施较晚。福建省和浙江省在 2004 年作为试点省份开始实施居民阶梯电价政策,四川省则在 2006 年 7 月份试点实施居民生活用电阶梯电价政策。2012 年 7 月份中国正式开始在大多数省份,对居民用电实施递增式的阶梯电价政策。

表 6-2 至表 6-4 是中国在这三个地区试点居民阶梯电价的基本情况,包括电量设置档数,每档电价、峰谷电价以及电价的调整情况。综合来看这三个省份电力档数的电量设置,在最初阶段,电量的设置均比较低,在后期的电量调整中,都向上调整了各档的电量,对于每档的电价也都做了向上调整。

表 6-2 浙江省试点阶梯电价及调整

地区	年份	指标	第一档	第二档	第三档	第四档
浙江	2004.08	千瓦时/月	[0,50]	(50,200]	[200,+∞)	—
		元/千瓦时	0.53	0.56	0.63	—
		高峰/低谷	0.56/0.28	0.59/0.31	0.66/0.38	—
	2006.06	每档电价增加 0.008 元/千瓦时				
	2012.07	千瓦时/月	[0,230]	(230,400]	[400,+∞)	—
		元/千瓦时	0.538	0.588	0.838	—
		高峰/低谷	0.568/0.288	6.18/0.338	0.868/0.588	—

浙江省是中国实施居民阶梯电价最早的省份。在初期,电量分三档设置,分别为 0~50,50~200,200~+∞,每档的电价分别为 0.53 元、0.56 元和 0.63 元,每档电价相对于上档递增。同时,浙江省在 2004 年也同时实行了峰谷电价。在 2006 年,全国范围内的居民电价都普遍上调,浙江省的电价也上调了 0.008 元/千瓦时。2012 年 7 月,中国的大多数省份实行了阶梯电价政策。此时,浙江省的电价和电量也做了相应上调。其中一档电量上调到了 230 千瓦时,甚至要高于之前第三档电量的设置,这在很大程度上满足了居民电量的基本需求,第二档电量和第三档电量的上调幅度也很大。对于每档电价而言,第一档电价没有上调,第二档电价上调了 0.02 元,第三档电价上调幅度最大,为 0.2 元。第三档电量电价的大幅度上调是针对电量消费较多的用户,能够提高居民的节电意识。

表 6-3　福建省试点阶梯电价及调整

地区	年份	指标	第一档	第二档	第三档	第四档
福建	2004.11	千瓦时/月	[0,150]	(150,400]	[400,+∞)	—
		元/千瓦时	0.43	0.44	0.5	—
	2005.11	高峰/低谷	高峰段:0.5元/千瓦时,低峰段:0.3元/千瓦时			
	2006.06	元/千瓦时	0.4663	0.4663	0.5663	—
	2012.07	千瓦时/月	[0,200]	(200,400]	[400,+∞)	—
		元/千瓦时	0.4983	0.5483	0.7983	—
		高峰/低谷	0.5283/0.2983	0.5783/0.3483	0.8283/0.5983	—

与浙江省一样,福建省在2004年实施了阶梯电价政策。福建省的电量设置同样为三档,分别为0~150,150~400,400~+∞,每档电价为0.43,0.44,0.5元,在每档的电量设置上要明显高于浙江省的电量。同样也设置了峰谷电价。在2012年的电量和电价调整中,仅在第一档的电量上做了部分上调,从0~150上调到了0~200千瓦时。在电价调整上,第三档相对于第一档和第二档的电价进行了明显上调。这与浙江省一样,同样是高电量消费的惩罚性电价。

表 6-4　四川省试点阶梯电价及调整

地区	年份	指标	第一档	第二档	第三档	第四档
四川	2006.06	千瓦时/月	[0,60]	(60,100]	(100,150]	[151,+∞)
		元/千瓦时	0.4724	0.5524	0.5824	0.6324
		高峰/低谷	低谷段(23:00~7:00);丰水期(6~10月)0.151元/千瓦时;平、枯水期(11~5月)0.2295元/千瓦时			
	2012.07	千瓦时/月	[0,180]	(180,280]	[280,+∞)	—
		元/千瓦时	0.5224	0.6224	0.8224	—
		高峰/低谷	低谷段(23:00~7:00);丰水期(6~10月)0.175元/千瓦时;平、枯水期(11~5月)0.2535元/千瓦时			

四川省在2006年实施了居民阶梯电价政策。由于四川省的水电资源较多,针对丰水期和枯水期,四川省还设置了不同的电价。与浙江省和福建省不同的是,四川省实施了四档的阶梯电价。每档的电量差额并不大。2012年进行了阶梯电价调整,将四档电价调整为三档电价,并且第一档电量由60千瓦时上升到180千瓦时,第二档电量由10千瓦时上升到280千瓦时。不同档电量的调整使得第一

档和第二档电量覆盖了大部分居民用电。对于电价调整方面,与福建省和浙江省一样,第三档电量的电价上升最多。

2. 中国当前部分省份电价情况

经过浙江、福建和四川的居民阶梯电价方案的试行,2012年7月,国家发改委下发《关于居民生活用电试行阶梯电价的指导意见》,以省份为单位对居民全面实行阶梯电价政策。表6-5则是截至2017年的全国29个省份关于实行居民阶梯电价政策的汇总情况表。

表6-5 中国各省(直辖市、自治区)2017年电价和电量基本情况

省份	第一档		第二档			第三档			计算周期
	电量	电价	电量		电价	电量		电价	
北京	[0,240]	0.4883	(240,400]	+0.05	0.5383	(400,+∞)	+0.3	0.7883	年
天津	[0,220]	0.49	(220,400]	+0.05	0.54	(400,+∞)	+0.3	0.79	年
河北	[0,180]	0.52	(180,280]	+0.05	0.57	(280,+∞)	+0.3	0.82	年
上海	[0,260]	0.617	(260,400]	+0.05	0.667	(400,+∞)	+0.3	0.917	年
江苏	[0,230]	0.5283	(230,400]	+0.05	0.5783	(400,+∞)	+0.3	0.8283	年
浙江	[0,230]	0.538	(230,400]	+0.05	0.588	(400,+∞)	+0.3	0.838	年
福建	[0,230]	0.4983	(230,420]	+0.05	0.5483	(420,+∞)	+0.3	0.7983	月
山东	[0,210]	0.5469	(210,400]	+0.05	0.5969	(400,+∞)	+0.3	0.8469	年
广东	5月至10月 [0,260]	0.5921	(260,600]	+0.05	0.6421	(600,+∞)	+0.3	0.8921	月
广东	11月至4月 [0,200]		(200,400]			(400,+∞)			
海南	4月至10月 [0,220]	0.6083	(220,360]	+0.05	0.6583	(400,+∞)	+0.3	0.9083	月
海南	11月至3月 [0,160]		(160,290]			(290,+∞)			
山西	[0,170]	0.447	(170,260]	+0.05	0.527	(260,+∞)	+0.3	0.777	月
安徽	[0,180]	0.5953	(180,350]	+0.05	0.6453	(350,+∞)	+0.3	0.8953	年
江西	[0,180]	0.60	(180,350]	+0.05	0.65	(350,+∞)	+0.3	0.90	年
河南	[0,180]	0.52	(180,280]	+0.05	0.61	(260,+∞)	+0.3	0.86	年
湖北	[0,180]	0.57	(180,400]	+0.05	0.62	(400,+∞)	+0.3	0.87	月

（续表）

省份	第一档		第二档			第三档			计算周期
	电量	电价	电量		电价	电量		电价	
湖南	[0,180]	0.588	(180,350] 3,4,5,9,10,11月	+0.05	0.638	(350,+∞) 3,4,5,9,10,11月	+0.3	0.888	月
			(180,450] 1,2,6,7,8,12月			(450,+∞) 1,2,6,7,8,12月			
内蒙古	[0,170]	0.43	(170,260]	+0.05	0.48	(260,+∞)	+0.3	0.73	月
广西	[0,230]	0.5283	(230,370]	+0.05	0.5783	(370,+∞)	+0.3	0.8283	年
重庆	[0,200]	0.52	(200,400]	+0.05	0.57	(400,+∞)	+0.3	0.82	月
四川	[0,180]	0.5224	(180,280]	+0.1	0.6224	(280,+∞)	+0.3	0.8224	月
			(180,280] 丰水期	-0.05	0.4724	(280,+∞) 丰水期	+0.1	0.6224	月
贵州	[0,250]	0.4556	(250,391.7]	+0.05	0.5056	(391.7,+∞)	+0.3	0.7556	年
云南	丰水期 5月至11月		不实行阶梯电价，电价0.54						
	枯水期 12月至4月 [0,170]	0.45	(170,260]	+0.05	0.5	(260,+∞)	+0.35	0.8	月
陕西	[0,180]	0.4983	(180,350]	+0.05	0.5483	(350,+∞)	+0.3	0.7983	年
甘肃	[0,160]	0.51	(160,240]	+0.05	0.56	(240,+∞)	+0.3	0.81	月
青海	[0,150]	0.3771	(150,230]	+0.05	0.4271	(230,+∞)	+0.3	0.6771	月
宁夏	[0,170]	0.4486	(170,260]	+0.05	0.4986	(260,+∞)	+0.3	0.7486	年
辽宁	[0,180]	0.5	(180,280]	+0.05	0.55	(280,+∞)	+0.3	0.8	年
吉林	[0,170]	0.525	(170,260]	+0.05	0.575	(260,+∞)	+0.3	0.825	年
黑龙江	[0,170]	0.51	(170,260]	+0.05	0.56	(260,+∞)	+0.3	0.81	年

数据来源：国家发改委电价改革文件，参照"居民阶梯电价结构设计、效应评估与政策启示"。

各个省份根据其自身情况设定了居民阶梯电价的具体价格和电量区间。29个省份的电量设置均为3个档次。除了四川省第二档电价相对于第一档电价上涨0.1元/千瓦时，在丰水期存在电能替代的情况下，电价下降0.05元/千瓦时，其余各省份的第二档电价相对于第一档电价涨幅均为0.05元/千瓦时。除了云南的枯水期第三档电价相对第一档电价高0.35元/千瓦时,四川省在丰水期实行电能替代,电价上升0.1元/千瓦时,各省份的第三档电价相对于第一档电价涨幅均为0.3元/千瓦时。

各个省份的电价设置结构相似,省份内部电价设置无差异。通过观察2017年各个省份的阶梯电价的电量和电价的设置情况,这些省份的电价设置均为三档,但是并没有根据各个省份内不同地区的经济发展水平进行更为细致的电量与电价的设置,不同省份以及不同地区城乡居民之间的经济发展水平具有很大的差异,居民生活的用电需求也具有很大差异。在同一个省份,由于区域发展程度不同,单一化的电价结构也不符合居民的实际用电。居民阶梯电价不应该只是以省为单位设计,更应该考虑到地区间以及城乡之间的差异来设计更为细致化的居民阶梯电价。

在电量设置方面,东部地区的电量设置要比中西部地区高。对于第一档电量的设置,东部地区省份除了河北省,都超过了200千瓦时,在180~260千瓦时之间。中部地区第一档电量在170~180千瓦时之间,西部地区在150~250千瓦时之间。对于第二档电量的设置,除了河北省,其余省份都超过了400千瓦时。中部地区第二档电量则设置得较为分散,在260~450千瓦时之间。西部地区的第二档电量则设置得较低,在230~400千瓦时之间。不同地区阶梯电价的设置基本表现为东部地区电量大于中部地区,中部地区大于西部地区。

各省份电价设置不平等。电价的设计应该考虑居民收入水平以及生活消费水平。通过对比各个省份间的各档电价,发现经济相对较为发达的地区电价水平要低于经济发展较为落后的地区。由于各个地区在第二和第三档电价加价基本相同,所以只需要对比第一档电价。经济发达的北京、天津和福建的电价低于0.5元。除了山西、内蒙古、贵州、云南、青海和宁夏这些处于中西部地区的省份电价要低于北京这种发达地区,其他省份的电价均比北京、天津高。

6.2.6 计量方法对阶梯电价政策实施效果的评估

1. 合成控制法

Abadie and Gardeazabal 在2003年提出"合成控制法"(Synthetic Control Method),此方法可以用来评估政策实施或者自然实验的效应结果。本文通过合成控制法来评估四川省在2004年实施居民阶梯电价政策对城镇和农村居民用电量的影响。尽管控制组中的省份与四川省并不相似,但是可通过对控制组内的省份进行最优加权合成处理组的反事实替身来得到四川省的合成控制组。通过合成控制方法得到的合成控制组与四川省在阶梯电价政策干预之前的用电特征相似,合成控制组的事后结果可以作为四川省的反事实结果,四川省与合成控制组目标变量的差值便是居民阶梯电价政策实施的效应。

(1)假设1。政策干预组与控制组之间没有交互影响。如果政策干预组的影响溢出到控制组,则会污染控制组,那么合成控制组的结果就不能充分体现政策的影响。

居民阶梯电价政策仅影响四川地区的居民用电,而未波及中国的其他地区,事实上在我们的研究样本中也主要是四川地区实施了阶梯电价政策。四川省作为自然实验的研究对象满足第一个假设。

(2)假设2。构造合成控制组时,两组个体特征变量必须是干预前的变量或者是不受政策影响的变量,如果存在事后变量,则会造成样本的选择性偏差。本文所选择的控制变量(人均可支配收入、人均建筑面积、主要家用电器数量以及采暖与制冷日度数)满足第二个假设。

2. 数据

浙江省和福建省于2004年实施了居民阶梯电价政策,由于两省的居民人均用电量在中国均居前列,并不能通过其他省份来进行较好地加权平均与拟合。同时,由于我们可得的较为完整的数据最早到1995年,如果使用福建省和浙江省来评估阶梯电价政策,则不能较好地拟合评价此政策。

四川省在2006年实施了居民阶梯电价政策。本节通过使用合成控制法来研究四川省实施居民阶梯电价政策对城镇和农村人均居民用电的影响。

对四川省阶梯电价评估使用的数据是1995—2012年的中国25个省份的平衡面板数据。各省城镇和农村地区居民的年度人均用电量(单位:千瓦时)来源于Wind数据库和中国各省统计年鉴,样本内各省人均用电量通过各省在农村和城镇地区的居民用电总量与农村和城镇居民总人数的比值得到。

我们选择的城镇预测控制变量包括人均居民可支配收入、人均建筑面积、每百户家用电器数量、制冷与制暖日度数以及1997、2000和2003年的城镇人均电力消费。农村的预测控制变量包括人均居民纯收入、人均居住面积、每百户家用电器数量、制冷与制暖日度数以及1997、2000和2003年的农村人均电力消费。以上预测控制变量均是影响居民用电的重要因素,人均可支配收入、人均居住面积、家用电器数量的增加以及气候的变化都会影响居民用电。

城镇居民人均可支配收入和农村居民人均纯收入数据来源于Wind数据库。城镇居民的人均建筑面积来源于各省统计年鉴,部分年份的数据为人均使用面积和人均居住面积,最终均调整为人均建筑面积。农村居民的人均居住面积来源于Wind数据库。城镇居民的每百户常用家用电器数量来源于各省统计年鉴与国家统计局和Wind数据库,主要有彩电、空调、淋浴热水器、冰箱、洗衣机、家用电脑。

农村居民的每百户常用家用电器数量来源于 Wind 数据库。

居民用电量除了会受到家庭条件的影响,同时还会受到外在环境因素(如温度)的影响,故本文将气候因素作为影响居民用电的预测控制变量。参照 Silk and Joutz(1997)的研究,取采暖日度数(HDD)和制冷日度数(CDD)两个指标对温度变量进行刻画。一般而言,HDD 的基础温度是 18℃,CDD 的基础温度是 26℃,当温度低于 18℃或者高于 26℃时,才可能会启用制冷或制暖等电器设备,进而影响电力消费量。关于温度数据,考虑到秦岭淮河一线以北地区冬季会有集中供暖,故剔除了集中供暖时期的采暖日度数。本文关于 1995—2012 年所有日平均温度的数据来源于美国国家海洋和大气管理局(NOAA)CDO 数据库。各省温度由省会城市的数据代表。

3. 结果与分析

(1) 城镇

图 6-3 中的实线表示的是实际的四川城镇年人均电力消费量,虚线代表的是由合成控制法合成的四川城镇年人均电力消费量。在实施阶梯电价政策之前,合成四川城镇与实际四川城镇能够良好拟合,说明合成控制法很好地复制了阶梯电价政策实施前四川城镇居民用电量的增长路径。2006 年及以后年份虚线与实线的差距便代表了阶梯电价政策实施的效果。2006 年四川省实施了阶梯电价政策后,城镇居民人均用电量便出现了下降。

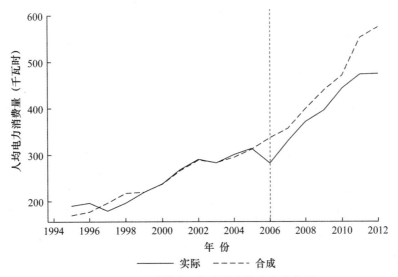

图 6-3 四川城镇实际与合成人均电力消费量

图 6-4 和表 6-6 表示的是四川城镇人均电力消费量下降幅度及比例。可以发

现,在实施阶梯电价政策的2006—2012年间,四川城镇人均电力消费量下降幅度在26.87~100.76千瓦时之间,平均每年电力消费下降了51.40千瓦时。人均电力消费量下降比例在5.93%~17.50%之间,平均人均电力消费量下降比例为11.17%。

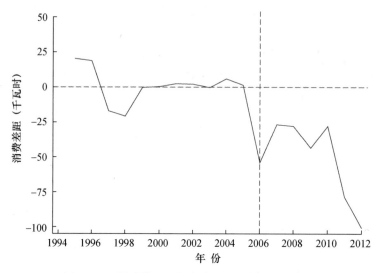

图6-4 四川城镇实际与合成的人均电力消费差距

表6-6 四川城镇人均电力消费量下降幅度及比例

年份	2006	2007	2008	2009	2010	2011	2012	平均值
人均电力消费量下降(千瓦时/年)	54.22	26.87	27.86	43.60	27.96	78.52	100.76	51.40
人均电力消费量下降比例(%)	16.11	7.53	6.98	9.91	5.93	14.22	17.50	11.17

(2) 农村

图6-5中的实线表示的是实际的四川农村年人均电力消费量,虚线代表的是由合成控制法合成的四川农村年人均电力消费量。在实施阶梯电价政策之前,合成四川农村与实际四川农村能够良好拟合,说明合成控制法很好地复制了阶梯电价政策实施前四川农村居民用电量的增长路径。2006年及以后年份虚线与实线的差距便代表了阶梯电价政策实施的效果。

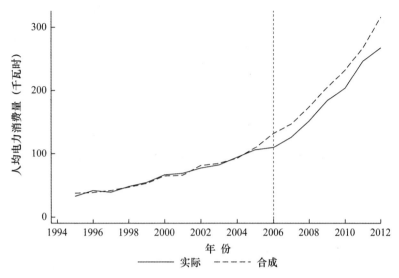

图 6-5　四川农村实际与合成人均电力消费量

图 6-6 和表 6-7 表示的是四川农村人均电力消费量下降幅度及比例。可以发现，在实施阶梯电价政策的 2006—2012 年间，四川农村人均电力消费量下降幅度在 20.86～48.28 千瓦时之间，平均每年电力消费下降了 26.28 千瓦时。人均电力消费量下降比例在 7.8%～16.79% 之间，平均人均电力消费量下降比例为 12.75%。

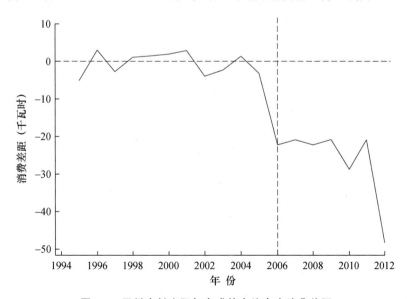

图 6-6　四川农村实际与合成的人均电力消费差距

表 6-7　四川农村人均电力消费量下降幅度及比例

年　份	2006	2007	2008	2009	2010	2011	2012	平均值
人均电力消费量下降(千瓦时/年)	22.20	20.86	22.24	20.82	28.70	20.88	48.28	26.28
人均电力消费量下降比例(%)	16.79	14.18	12.76	10.13	12.34	7.8	15.27	12.75

综合城镇和农村的结果来看,四川城镇地区人均电力消费量以及下降比例均大于农村地区的人均电力消费量及比例。城镇地区的人均收入要明显高于农村地区,人均电力消费量也高于农村地区,城镇地区对阶梯电价的敏感程度与农村地区相当。阶梯电价政策未能成为保证城镇和农村居民用电"公平"的价格调节机制。政策的设计应该使得城镇地区居民相对于农村居民对阶梯电价更为敏感。

6.2.7　政策建议

十九大报告指出,新时代中国特色社会主义思想,明确坚持和发展中国特色社会主义。在全面建成小康社会的基础上,在本世纪中叶建成富强民主文明和谐美丽的社会主义现代化强国。坚持以人民为中心的发展思想,不断促进人的全面发展、全体人民共同富裕。深刻领会新时代中国特色社会主义思想的精神实质和丰富内涵,坚持党对一切工作的领导,坚持以人民为中心,坚持全面深化改革,坚持新发展理念,坚持人民当家作主,坚持在发展中保障和改善民生,坚持人与自然和谐共生。根据十九大的要求与当前中国实施阶梯电价政策的现状,提出以下政策建议。

1. 进一步完善居民阶梯电价政策的机制设计

居民阶梯电价的机制设计要充分考虑到经济发展和人民生活水平,据此规划更为细致的电价方案,在合理核算不同地区电力成本的基础上,结合经济发展水平设计合理的价格机制,这包括电量拐点以及各阶梯之间的电价跨度设计,在维护居民基本用电的同时提高居民的节电积极性。

2. 设计较为合理的动态阶梯电价调整机制

经济发展水平在不断变化,电力企业发电成本以及居民可承受情况也在变化。应该兼顾城乡不同地区的价格可承受能力,针对不断波动的经济因素,制定合理的电价波动调整办法,在满足经济发展和电厂收益的情况下以实现可行性目标。

3. 细化阶梯电价方案

不同省份和地区的经济发展水平、城镇和农村居民的收入水平和用电习惯也有差异。这包括不同省份电量档次的设定差异化,各个省份不同档次电价的设定差异化,城乡之间电价电量设计的差异化,不同居民类型和生活水平电价电量设计的差异化。

4. 通过需求侧的管理与响应来实现电力调节

阶梯电价能够降低不合理电力消费,分时电价能够激励错峰用电,充分利用并结合好分时电价的"移峰填谷"与阶梯电价抑制过度消费的政策效应更为有效地进行电力需求侧管理,以提高居民的终端用电能效。

6.3 阶梯电价与电力补贴

6.3.1 电价交叉补贴改革及前景

自2000年起,中国的人口结构和人民生活水平发生了很大的变化。城镇化率从36.2%提高到58.5%,超过三亿农村居民成为城镇居民。与此同时,人民生活水平持续改善,脱贫攻坚工作取得决定性进展,贫困人口大大减少。特别是近五年来,居民收入年均增长率均超过7%,形成了世界上人口最多的中等收入群体。随着居民生活水平的提高,电力作为经济发展和生活所需的重要能源,应在安全可靠的制度保障前提下,遵循其作为商品的技术经济规律,促进其可持续健康发展。过去,为了保障大多数居民的生活福利,中国长期对居民用电实行均一的"福利型"低电价政策,而单一的低电价水平虽然保证了一定的社会福利,却违反了市场规律,致使销售电价结构不合理。在全球经济一体化的大背景下,必须尽快解决电价交叉补贴问题,推进中国工商企业的用电成本合理化,从而整体提高中国的经济发展和人民生活水平。而解决电价交叉补贴问题的目标之一是要将居民电价水平提高到能够与单位电量供电成本基本持平,但同时还必须以保证低收入人群的基本用电需求为前提。

"十八大"以来的五年,中国经济保持中高速增长,国内生产总值从54万亿元增长到82万亿元,居世界第二,对世界经济增长贡献率超过30%。在同一时期,中国6000多万贫困人口实现脱贫,贫困发生率从10.2%下降到4%以下,人民生活水平有了明显提升,人民的获得感显著增强,其中城镇居民收入增速超过平均经济增速,中等收入群体持续扩大。在过去的五年中,随着国民收入的提高和人民生活水平的提升,资源的全面节约和能源资源消耗程度的控制逐渐成为中国经济发展过程中的重点问题,也是十九大后全社会发展所面临的重大挑战。

1. 居民用电情况分析

1975年Faulhaber在《交叉补贴:公共企业的定价》中最早提出交叉补贴的概念,认为当商品定价高于独立成本或低于边际成本时,会出现交叉补贴,对商品的补贴会造成商品的过度消费,进而造成社会福利净损失。

电价的交叉补贴造成的社会福利损失,主要体现为两种形式:一是工商业用电对居民用电的补贴,二是穷人对富人的补贴,这与补贴的基本宗旨是相违背的。有研究提出,国家强制性的补贴政策导致了用户之间的不公平,属于价格歧视。从电力成本的角度看,大工业用户属于大用户,用电负荷较大,也较为稳定,电压等级高,因此在输电过程中线损较低;相反,居民用电负荷不稳定,输电过程中线损率较大。可见,从成本核算的角度说,大工业用户和一般工商业用户的用电成本低,居民用户、农业用户的用电成本较高,但由于补贴的缘故,后者反而享受了较低电价,随着用电量的逐年增大,这种价格歧视现象变得越来越严重,补贴的规模也越来越大。工商业电力用户对居民用户提供的巨额供电成本补贴,不仅有悖于公平负担的定价原则,而且在一定程度上也损害了工商业电力用户的利益,影响了其自身的发展。另外,电价交叉补贴的最初宗旨在于补贴贫困人口,降低低收入人群的电费负担。但在居民用电阶梯电价实施之前,中国"一刀切"式的交叉补贴政策却并没有体现出对不同人群的区分补贴,而即使是阶梯电价在全国范围内的全面实施推进,仍然存在补贴覆盖面积过大的问题,这种缺乏针对性的补贴现状导致了补贴效率的低下。与此同时,高用电成本用户由于享受了低电价,对电力的消费量上升,容易产生过度消费,会导致资源的浪费。反之,低用电成本的工商业用户又由于接受较高电价,容易导致生产规模受到影响,对全社会的生产力造成不良影响。

国家能源局于2018年1月22日发布的全国电力工业统计数据显示,2017年全国用电量为63 077亿千瓦时,同比增长6.6%,第一产业用电量1155亿千瓦时,同比增长7.3%;第二产业用电量44 413亿千瓦时,增长5.5%;第三产业用电量8814亿千瓦时,增长10.7%;城乡居民生活用电量8695亿千瓦时,增长7.8%。

1997年以来中国居民的生活用电量和全社会用电量如图6-7所示。2006年以来中国城乡居民生活用电量与全社会用电的关系如图6-8所示。近十年来,中国居民收入显著增加,居民的电能消费迅速增长,与2007年相比,2016年居民用电在全社会用电总量中的占比提高了1.4个百分点,居民用电量接近2007年的2倍,增加了436吉千瓦时(即4360亿千瓦时)。由此可见,居民用电成为中国全社会用电的重要部分,改善居民用电的补贴状况并合理提升居民用电效率对中国经济的影响重大。居民电价交叉补贴的规模巨大,根据Lin and Jiang的估计,2007年补贴数额达到2097.6亿元人民币,占当年GDP的0.84%(Lin and Jiang,2009),假设供电成本不变,那么到2016年补贴量很有可能超过14 000亿元。同样的,随着使用量的加大,居民用电在全社会节能减排中的影响也将越来越大。

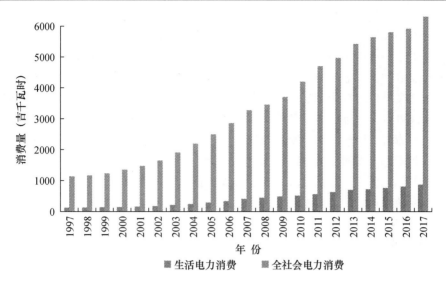

图 6-7 1997—2016 年中国全社会电力消费与生活用电消费

数据来源：中国经济数据库，中国能源局网站。

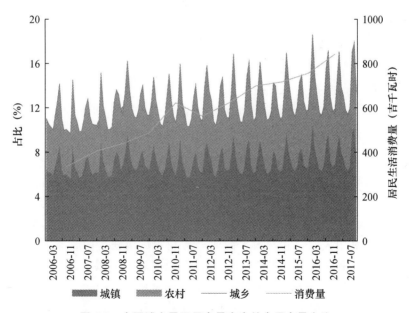

图 6-8 中国城乡居民用电量在全社会用电量占比

数据来源：用电量占比数据来自 Wind 数据库，城乡居民生活用电量数据根据发改委、能源局公布累计数据计算。

2. 居民用电补贴现状

从价格理论的角度讨论,中国工业用电的需求弹性高于居民用电,因此弹性较高的工业用电价格应该低于弹性较低的居民用电价格。然而在中国的电力市场中却恰恰相反,居民用电价格长期低于工业用电价格(见图6-9),销售电价存在严重的交叉补贴。在全球经济一体化的大背景下,必须尽快通过市场化改革来进一步解决电价交叉补贴造成的问题,才不至于造成中国工商企业发展过程中的政策和经济障碍。而解决电价交叉补贴问题的关键之一,是要将居民用电的价格水平提高到能够尽量涵盖其单位电量供电成本,与此同时,考虑到政府对人民生活政策性照顾的需要,还必须保证低收入人群的基本用电需求得到满足,并将此作为价格变动和补贴政策实施的前提。

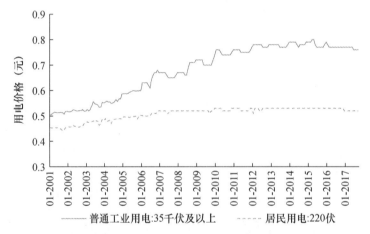

图6-9　2001—2017年居民与普通工业用电价格比较

数据来源:中国经济数据库。

在电信、邮政、电力等社会公共领域,也同样存在着交叉补贴的情况,但与一般的垄断企业抢占市场,聚焦于市场竞争力的目的性不同,电力作为一种特殊的公共产品,具有实现公共政策的目标。由于销售侧用电成本的不同,国家交叉补贴的政策在于利用大工业和一般工商业等盈利领域所获得的收益来平衡居民和农业用户等非盈利领域电力消费方面的亏损,以实现电力服务的公共任务。这一方面体现了中国经济发展的现实需要,更重要的是保护了绝大多数居民消费者的利益。十九大报告中提到,中国社会的主要矛盾已转化为人民日益增长的美好生活需要和不平衡不充分的发展之间的矛盾。在这样一个时期里,国家在未来五年的发展计划中将目标定格在全体人民的共同富裕上,致力于将改革发展成果更多、更公平地惠及全体人民,对于国民生活的保障和福利的实现就显得前所未有的重要。

当前中国正在开展能源价格改革工作,煤炭等能源已经大体上完成了市场化改革。电力也是与居民生活联系最为紧密的能源之一,但其改革难度巨大,而电力消费的政策性交叉补贴是一项十分重要却又一直难以启动的改革。电力作为特殊商品,在电力市场化改革之前,中国的电力销售端价格并不是由成本高低决定的,而是政府定价部门根据历史用电和电价水平以及需要的新增费用依靠行政手段决定的。

即使在居民用电阶梯电价实施之后,中国的电力市场居民电价仍然是行政手段定价方式,意味着交叉补贴依然存在。虽然该定价机制让电价作为一种商品的价格背离了其本身的价值和成本,然而在当今许多发展中国家,电价的政策性交叉补贴又是一个普遍存在的现象,甚至被认为在一定时期内具有一定的合理性。在中国,有研究认为,通过提高工商业电力的使用价格,在一定程度上相当于是针对高耗能、高污染行业的额外收费,相当于一种变相的征税,以用来抵消其对环境和环境中人群带来的负外部性。反过来,政府又将征收的补贴返还居民,用来补偿居民受到的环境污染负外部性的影响,这与发达国家电力补贴的发展历程和相关经验存在一致性。由此可以看出,销售端的电力价格交叉补贴不仅具有保障民生的意义,同时更进一步具有维护社会稳定的意义,它不仅让居民受到了来自政策体制的照顾,也让企业、环境和居民之间建立起一个相互作用的平衡点,这样,就从补贴的存在意义上证明了其合理性,即存在目的的合理性以及价值的合理性。其中,目的合理性在于,它有效体现了电力商品的可获得性、相对于居民来说的可承受性等电力普遍服务的目的;其次,在目的实现过程中,同时满足了环境保护和社会责任的价值理念,体现出交叉补贴在价值上的合理性。

但是,即使居民用电补贴具有目的和价值的双重合理性,其庞大的开支以及补贴效率的低下,仍然一直受到诟病。在能源市场化改革的进程中,电力市场化进程一直难以推动;《中共中央国务院关于进一步深化电力体制改革的若干意见》(中发[2015]9号)提出将"妥善处理电价交叉补贴"专门列为有序推进电价改革的重点任务,要求结合电价改革进程,配套开展交叉补贴的相关改革。2017年11月公布的《国家发展和改革委关于全面深化价格机制改革的意见》,也对下一步的工作提出了相关要求,表示将研究逐步缩小电力交叉补贴,完善居民电价政策。

6.3.2　电价交叉补贴的估算

从工商业吸收的补贴主要流入农业电力消费和居民电力消费两个部分,其中农业电力消费所得到的电力补贴量仅占补贴总量的7%左右。而在中国当前的经济发展时期内,农业产值和灌溉种植又是国家重点关注和扶持的项目,对于农业的补贴不容置疑。鉴于这两方面的原因,通过消除农业用电的电价交叉补贴进行改革是不现实的,这也是为什么大多数研究都集中于居民电价补贴的原因。

现有的测度化石能源补贴的方法有许多,如价差法、生产者(消费者)补贴等值法(PSE/CSE)、具体项目法等。其中,价差法是目前能源补贴估算研究领域中最被广泛接受和运用的方法。Coden 于 1957 年建立了价差法的理论结构,这种方法只能用来计算对最终价格的补贴,不能够体现其过程。其次,该方法只能在其他变量不变的情况下使用,并且只能用于评估交叉补贴行为对于某种商品的静态效应。价差法的这些局限性表明,大多数文献中对于补贴的研究其实都低估了其数量,但仍然可以作为交叉补贴数量估计中的下限值对交叉补贴进行估量。对于许多发展中国家而言,电力成本和消费数据的获取受到限制,在数据有限的条件下,价差法可能是唯一可行的方法。对中国而言,电力价格的消费侧补贴也同样只能使用价差法来评估,正如大多数研究电价补贴的文献所体现的一样。在确定基准价格和终端消费价格后,价差和补贴规模可表示为

$$PG = RP - CP$$
$$S = PG \times Q$$

其中,PG 为价格差,RP 为基准价格,CP 为终端消费价格也即消费者实际支付价格,Q 为能源消费量,S 为能源补贴规模。

准确的确定基准价格是价差法计算补贴规模的基础。但电力与其他能源不同,它无法像其他能源产品一样储存并进行交易,因此在这种情况下,几乎所有的文献在计算基准价格时都采用长期边际成本作为基准价格。利用 Lin 和 Liu(2016)估算的长期边际成本和各年份中国的燃煤价格与消费者价格指数,与同期美国、日本、韩国、加拿大、欧盟等国家和地区居民用电价格进行对比核算后,估计各年份的居民用电长期边际成本,并通过价差法来计算全国规模下的交叉补贴,如图 6-10 所示。

由于中国煤炭价格在 2011 年之前一直走高,而中国的火力发电占总发电量的比例在 2014 年之前均高于 78%,用电价格受煤炭价格的影响较大,所以电价成本从 2005 年到 2011 年一直呈上升趋势。2012 年起,煤炭价格的回落使得用电成本下降,因此使得用电价格与成本之间的价差减小。但由于消费量的增加,2012 年的补贴总量达到近年来的峰值,并在 2013 年出现回落。

从不同人群受补贴情况来看,城镇居民接收到的补贴规模大于农村居民。收入越高的居民受到的补贴总量就越大,这主要是由于城镇居民(高收入人群)相对于农村居民(低收入人群)的人均用电量较高导致的,与过去的文献研究结果呈现出一致性。

图 6-11 中,CS0 和 CS1 分别表示当前电价水平下和完全去除补贴的情况下居民作为消费者的消费者剩余估算值。由图可以看出,提高居民用电价格,居民的

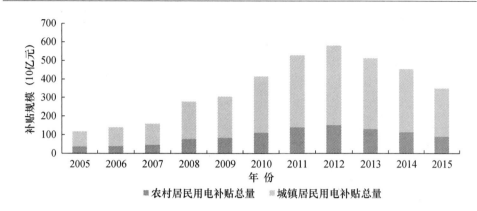

图 6-10　2005—2015 年城乡居民用电补贴规模

数据来源:用电量数据来自《中国能源统计年鉴 2017》,居民消费者价格指数来自《中国统计年鉴 2017》,煤炭价格通过中国经济数据库数据计算,各国居民用电价格来自国际能源署。

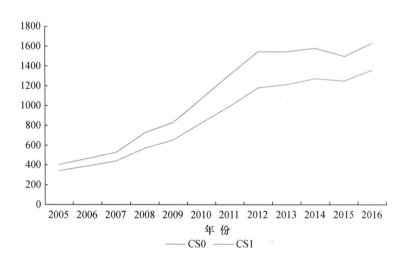

图 6-11　有效能源补贴示意图

数据来源:用电量数据来自《中国能源统计年鉴 2017》,电价数据来自中国经济数据库。

消费者福利降低,社会的无谓损失也降低。如果完全取消居民生活用电交叉补贴,则消费者剩余由于用电量的逐年增大而出现喇叭形的差值,到 2016 年其差值达 16.5%。

由于各人群价格需求弹性不同,导致了在微观经济模型中计算的需求曲线不同,但他们的消费者剩余及其导致的无谓损失的计算方式是相似的。根据研究可知中间收入水平的人群具有较高的需求弹性,较高收入人群的价格需求弹性低于

较低收入人群。根据用电量比对折算，得到结果如表6-8所示。

表6-8 全国补贴居民生活用电补贴规模

	补贴规模（10亿元）			居民按人均可支配收入分档
	2005年	2010年	2016年	
居民用电量（吉千瓦时）	2884.81	5124.63	8420.6	全国
居民电价（元/千瓦时）	0.50	0.53	0.53	
其他国家电价（元/千瓦时）	1.16	1.68	1.22	
长期边际成本（元/千瓦时）	1.06	1.18	1.21	
价差（元/千瓦时）	0.57	1.18	0.68	
补贴规模（10亿元）	163.678	603.71	568.99	
	3.59	10.24	7.96	R1
	4.51	14.84	12.49	R2
	6.52	18.88	16.40	R3
	9.38	24.46	21.80	R4
	13.10	42.59	37.64	R5
	9.57	25.17	22.76	U1
	13.06	38.70	35.03	U2
	15.49	51.12	45.86	U3
	17.33	68.23	60.60	U4
	24.27	120.26	105.18	U5

数据来源：用电量数据来自《中国能源统计年鉴2017》，居民消费者价格指数来自《中国统计年鉴2017》，煤炭价格通过中国经济数据库数据计算，各国居民用电价格来自国际能源署。

6.3.3 有效的电力交叉补贴

党的十九大提出了中国社会主要矛盾的变化，要求我们在继续推动发展的基础上，着力解决好发展不平衡、不充分的问题，要求各行各业大力提升发展质量和效率，更好地推动社会的全面进步。中国在未来五年的发展计划中强调了降低能耗的目标，倡导简约适度、绿色低碳的生活方式。

国家的能源发展通常需要支持三个看起来互相矛盾的基本目标：支持经济增长、提供能源普遍服务和保障环境可持续。不同国家，由于其社会制度、资源禀赋、所处环境和人民生活水平等不同，在目标的选择上存在不同侧重；就算在同一国家，由于其政府在不同发展阶段的发展计划和方案不同，也会在某些能源目标上有所倾向，从而采用不同的能源补贴方式，存在不同的补贴规模。例如，普遍来讲,在经济发展的初级阶段,政府可能更注重能源对经济增长的支持,同时保障能源提供普遍服务,而难免对环境可持续性的重视不足,因此,通过压低能源价格以及相关环境成本的方式的普遍的能源补贴就是一种具体的表现。而当一个国家或者地区的经济发展进入后一阶段,对保障环境可持续的关注通常会有所增加,大多数政府会在此阶段进行能源价格改革,逐步减少并结束能源补贴,提高能源和环境成本。

现实中各国政府主要是通过价财税体系来实现能源三大目标的平衡。如果政府明确知道并且有意愿全面考虑经济社会的各种目标和约束,包括经济发展、能源普遍服务以及环境可持续性三大目标,可以求解出一个平衡三大目标的最优价财税体系,这其中就包含了一个平衡三大目标的"最优价格",由于补贴在短时间内不可能完全被取缔,这个"最优价格"里往往还包含"有效补贴",如图6-12所示的$B+C+D+E$。"有效补贴"以外的补贴部分即"无效补贴",如图6-12所示的$F+G+H+I$,是实现资源有效配置的过程中要努力消除的部分。

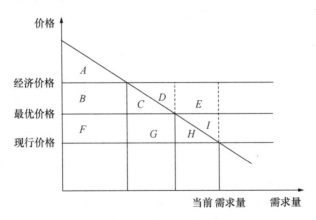

图6-12 有效能源补贴示意图

一般而言,发达国家市场化水平比较高,在市场控制的调配下,实际"最优价格"比较接近理论上的最优。但是,在发展中国家,例如中国,目前的电力市场化水平还比较低,不能看作完全竞争,换言之存在着市场扭曲,必然会使价格产生远离"最优价格"的可能性。"有效补贴"具有较强的实践意义:首先,"有效补贴"确立了能源补贴存在的合理性,即上文论证过的目的和存在意义上的合理性,通常来讲,政府通过改革可以退出的能源补贴,实际上基本上属于无效补贴,因此,既可以继续维持适度的能源补贴,又可以同时开展价格改革,减少补贴与"有效补贴"存在的矛盾;其次,通过改革使得补贴更加有效,是确立"有效补贴"的重要手段,提高补贴的有效性主要是针对当前政策下补贴设计的不合理以及"有效补贴"

实现过程中的演变,比如说,补贴的边际效益是递减的,随着人们收入提高或者技术进步,所需要的补贴可以逐步减少。因此,即使是"有效补贴",也存在着一个逐步退出的趋势和过程。

在补贴退出的合适时机到来之前,针对补贴设计的不合理,提高补贴的有效性,正是每一个政府最需要考虑的问题。以往中国采用的政府定价,在一定程度上导致有效能源补贴无效化。一般而言,能源成本加成定价的基本公式是:价格＝供应成本＋合理回报,但由于目前居民电价组成比较复杂,其中的成本包括四类:一是上网电价,也就是发电企业卖给电网公司的电价;二是电网公司输电配电居民的成本,即输配电价格;三是移民安置等各项费用;最后还包括工商业电价的补贴。

从电力消费角度来看,目前主要存在着三方面问题:一是电力价格不是由市场供需来决定,这就导致了电力市场化过程中的价格扭曲,无法达到资源配置的最优化;其二,电力作为一种稀缺资源,其价格却无法反映出其稀缺性及环境成本;其三,由于存在价格歧视,造成了能源使用上的不公平和利用效率的低下。现实中,成本加成定价的最大问题在于公平和效率问题。由于社会富裕群体的人均电力消费量远远大于贫困群体,阶梯电价之前,通过普遍降低居民用电销售价格的补贴,容易导致相对富裕人群得到大部分的能源补贴,而根据研究,富裕人群的价格弹性较低,富裕人群对电力价格的不敏感性容易导致能源利用过程中的低效化。

如果理论上确实存在有一个最优价财税体系和"有效补贴",目前电力消费侧的交叉补贴的系统性研究需要至少包括三个方面:① 以能源的三大目标作为约束条件,估计最优补贴规模;② 将"有效补贴"的蛋糕合理有效"分发"到各个收入群体,也就是说做好补贴机制的相关设计,通过有目标和透明化的电力补贴,最大化电力补贴的收益,同时兼顾补贴的公平和效率;③ 如何将"有效补贴"纳入微观层面,让居民受到政策保护的同时不影响企业的正常发展。

6.3.4 效率与公平双重目标

在能源补贴中,与居民生活联系最紧密的居民电力补贴(价格)改革,无疑是诸多能源补贴改革中最为敏感的话题。发展中国家政府在制定电价政策时,通常需要考虑经济发展与社会稳定的协同平衡,对于社会稳定层面来说,物价整体水平稳定对居民生活具有极为重要的意义,这就造成了居民电价大幅度调整的困难。因此,合理设计居民电价,合理设计其补贴机制,一方面保障各收入层次的居民享有起码的能源使用权利,并为了这个公平性目标对居民进行电力消费的补贴;另一方面让补贴有目标、有效率的流向最需要的群体,以提高补贴效率。体现公平与效率已成为中国居民电力补贴机制改革的两个重要目标。

因此,政府需要通过改革,尽可能不直接进行能源定价,而是更多地使用财税手段参与能源市场。与此同时,电力消费侧交叉补贴的设计需要进一步透明、有针对性并且公平有效。透明合理的电力消费侧交叉补贴设计必将有利于今后政府干预的逐步退出,促进电力市场的进一步形成和完善。

2009年11月,国家发改委起草了《关于加快推进电价改革的若干意见(征求意见稿)》,首次提出在全国推行居民生活用电阶梯式递增电价(简称阶梯电价)的改革政策。按国家发改委要求,居民用电将被分为基本需求用电、正常合理用电和较高生活质量用电三档,并针对每一档制定不同的电价水平,用电越多、电价越高。从理论上说,阶梯电价比水平定价更符合边际成本定价与反弹性定价的原则,能更好地促进效率并保障公平。2012年7月居民阶梯电价在除西藏和新疆以外的29个省(市、自治区)正式实施。按国家发改委的建议,每个地区当地的电价实施方案可以由各地政府自主确定,但各地公布的方案都不约而同地严格遵照了国家发改委的指导意见,即"第一阶电价不变,第二阶上涨0.05元,第三阶上涨0.3元",且"保证80%的居民用电不涨价"。《国家发展和改革委关于全面深化价格机制改革的意见》(发改价格[2017]1941号)提出对电力价格实施改革的发展要求,而逐步减少电力交叉补贴,意味着工商电价的成本要降低,居民电价整体有上升的趋势,这个价格调整的过程较长也较为复杂,阶梯电价落实的力度也会随之进一步加大,让超出的第一阶段之外的部分价格按更市场化的方式运行。

尽管居民电力价格改革从酝酿到执行,政府一直保持一种谨慎的态度,经历了近三年的科学论证与充分筹备。但改革的正式执行,仍引起社会各界对阶梯电价设计方案、改革目的以及执行效果的激烈讨论。阶梯电价改革方案在全国推行以来,公众对改革方案的承受能力和认同程度有待分析,家庭生活用电方式对新机制的反应尚待论证,完善阶梯电价机制的调整方案还需要进一步研究。

参考2001年至2017年《中国统计年鉴》,利用人均可支配收入,分别将中国农村居民和城市居民按照20%的人数比例分为五档,本文按照人均可支配收入从低到高将农村居民标识为R1~R5五档,将城镇居民标识为U1~U5五档。使用面板固定效应模型对中国30个省份(因统计原因,不涉及台湾、香港、澳门、西藏的数据)2000—2016年年均居民电价、人均可支配收入、气温变化情况进行分析。利用固定效应模型回归得到收入需求弹性为0.5046,参考文献中三档收入的农村与城市的收入需求弹性以及根据农村收入需求弹性从整体上说大于城镇人群的原则,用中国数据进行修正,假设各年度需求价格弹性不变,得出农村和城市的五档弹性。以此为依据,根据当年的全国电力消费总量以及当年的人均可支配收入情况,可近似估计不同可支配收入人群的生活用电量。

根据各年度的全国城乡居民人均电力消费总量、各档收入人群的需求收入弹性,可以得到各年度各档收入人群的居民生活用电消费量,可以看出 2000—2016 年城镇居民的人均用电量均大于农村居民,中等收入(quintile-U3)以上的城镇居民的人均生活用电量均大于全国均值,如图 6-13 所示。

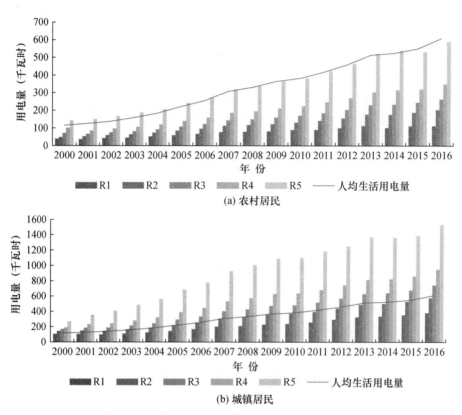

图 6-13 分五档居民用电量估算

数据来源:全国用电量数据来自 Wind 数据库,作者根据估算结果制图。

中国农村和城镇居民在过去 17 年间消费量均逐年上升。可以看出城镇和农村的最高收入人群生活用电消费量均大于其他收入人群。

按照可支配收入五等分的分组方法,根据各收入人群的电器使用情况来计算各年五类人群的用电量大小。图 6-14 显示了 10 个人群的生活用电开支在可支配收入中的比例。自 2007 年达到该时期的峰值以后,农村和城市的消费比例均出现下降趋势,主要是由生活用电量的增长速度自 2008 年有了一定程度的减缓而人均可支配收入又相对稳定造成的。同时,对于大多数年份而言,农村人口中除了收入最高的 R5 人群之外,都高于全国城乡平均水平。而城镇居民除了可支配收入最低的 U1 人群之外,都低于全国平均水平。由此可知虽然农村居民的人均用电量低于城镇居民,其负担的电费往往在可支配收入中占据较高比例。

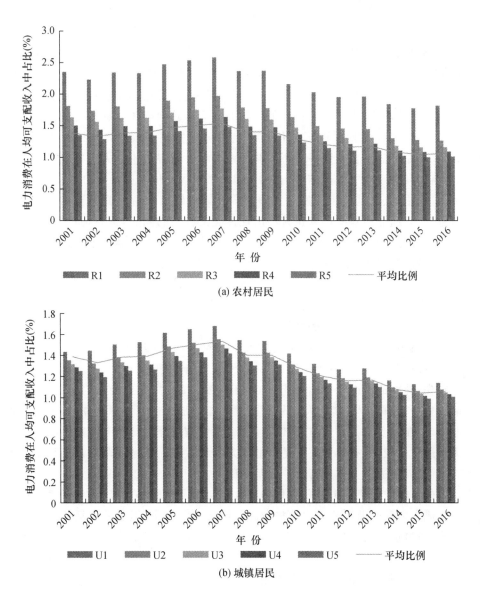

图 6-14　分五档居民电力消费负担

数据来源:分五档人均可支配收入来自《中国统计年鉴》,作者根据估算结果制图。

6.3.5　国外解决交叉补贴的经验

销售电价交叉补贴在公平性、效率性方面存在一定的缺失,同时还导致社会

福利净损失。目前很多国家的电价理论和政策导向在很大程度上对交叉补贴提出了质疑,尤其是发达国家逐渐通过电力市场化改革来减缓销售电价交叉补贴的现象。

但是,尽管交叉补贴机制存在着严重的缺陷,但补贴的取消并不是解决问题最优的办法。因此,需要制定一个合适的分配机制,在确保低收入人群电力需求的同时,尽量避免或减小对于整个国家的不利影响。发达国家利用政策完善了政府和电网企业职能,为了保证该国低收入群体能与其他群体一样享受到同等的电力能源服务,很多国家采取了替代销售电价补贴的相关政策。同样值得注意的是,交叉补贴不等于普遍服务。不同的国家在解决销售电价和人民福利之间的矛盾时,有的偏向于政府管制定价,有的则偏向于市场定价再进行折扣等形式。

目前,中国、巴基斯坦等发展中国家主要通过销售电价的交叉补贴来实现普遍服务。印度、菲律宾等国家也曾经出现过交叉补贴的问题,但目前已基本解决。美国加利福尼亚州、马萨诸塞州等,为了帮助没有能力承担高额电费的低收入居民用户,专门制定了针对低收入人群的折扣电价和电费分期延期付款等政策方案,甚至为低于贫困线50%的低收入人群支付生活用电费。在澳大利亚,针对农村用户,政府规定实施折扣电价的政策,对该人群进行直接补贴。

6.3.6 中国能源补贴改革的障碍

对于中国这样的经济转型中的发展中国家来说,能源补贴改革有很大难度,主要来自现有既得利益者以及改革对社会稳定影响的担忧。

首先,补贴成本由全社会承担,而由于消费量越大,受到补贴的量越大,收益可能仅归于小部分人,其中大部分获益者可能不是真正的目标群体,如果进行彻底改革,现在的受益人群可能会抵触和反对。一般而言,发展中国家能源补贴受益人群通常比较广,有时候甚至是大部分人,因此,必须考虑改革对社会稳定的影响,这就是以渐进的方式进行改革的基本论据。

中国目前的居民用电补贴量仍然巨大。随着发电成本的降低,居民销售电价和销售成本之间的差距较煤炭价格较高的年份有所缩小,但随着生活用电量的逐年上升,通过价差法计算得出的全国补贴规模并没有明显下降。虽然高收入人群相对低收入人群收入需求弹性较小,但仍然消耗较多的生活用电,对资源的占用量较大。与此同时,在阶梯电价实施之前,对同一地区、同一时期的居民用户而言,中国对家庭的电力补贴规模与其消费的电力数量呈正相关关系,这就导致了电力消耗量越大的人群反而得到越多的补贴,不仅占用了社会经济资源,降低了补贴效率,还造成了社会公共资源的浪费。

由于低收入人群的用电弹性较小,电费支出在其可支配收入中的占比最高,实行一刀切的电价改革将会对这部分人群造成较大的负面影响,与国家的民生政策不一致。而如果完全去除补贴,通过损失全国居民的消费者剩余来减少无谓损失,在短期内也是无效率的。

因此,补贴机制的设计原则是公平和效率,新的电力市场改革方案应该是更有针对性的。由于电网公司根据家庭收入征收电价不现实,所以用电量是界定补贴范围相对有效的方法。阶梯电价的实施,就是国家未来为了促进市场化改革、提高补贴效率、减少无谓损失所提出的一项政策措施。

目前来说,按照国家发改委的指导意见,阶梯电价的梯度设计仍更多地停留在保障用电福利的层面。更加合理的阶梯设计会更有利于补贴的有效性和公平性。

第7章 新 能 源

7.1 光伏行业发展现状综述

中国是世界上最大的煤炭生产和消费国,2016年中国一次能源总消费量为43.6亿吨标准煤,其中煤炭占比为65%。大量的煤炭开采、运输和燃烧,对中国环境造成了极大的破坏。在2017年10月18日召开的中国共产党第十九次全国代表大会上,习近平总书记指出:"建设生态文明是中华民族永续发展的千年大计。必须树立和践行绿水青山就是金山银山的理念,坚持节约资源和保护环境的基本国策,像对待生命一样对待生态环境……"这些阐述充分展示我们党坚持绿色发展理念、加强生态环境保护的坚定决心。为有效解决新时代面临的人民日益增长的美好生活需要和不平衡不充分的发展之间的矛盾,必须树立社会主义生态文明观,坚持绿色发展理念,构建安全高效、清洁低碳的能源体系,推进能源生产和消费革命。因而,中国应大力开发太阳能、风能、生物质能等可再生能源利用技术,保证国家能源供应安全和环境的可持续发展,为人民创造良好的生活环境,建设美丽中国。

光伏发电技术是一种能够利用可再生能源实现发电的技术。相比传统的燃料能源技术来说,更能够减少环境污染,促进人与生态环境和谐相处。尤其是在市场经济体制条件下,利用可再生的太阳能还能实现中国电力行业的长久发展。中国具有丰富的太阳能资源,年辐射量超过60亿焦[耳]/平方米,平均每年照到中国的太阳能能量相当于17 000亿吨标准煤,此外中国还拥有130.8万平方千米沙漠(包括戈壁及沙漠化土地)土地资源。继水电、风电之后,太阳能发电将成为中国最具产业化和规模化发展潜力的可再生能源。同时,发展太阳能光伏发电也是中国及国际能源格局逐步优化、能源供给侧结构性改革背景下的必要性选择。

7.1.1 光伏行业的发展现状

1. 中国光伏装机容量

习近平总书记在十九大报告中就绿色发展提出了新时代下的新内涵。推进绿色发展,就要建立安全高效、清洁低碳的能源体系,建立健全绿色低碳循环发展的经济体系。构建市场导向的绿色技术创新体系,就要发展绿色金融,壮大节能环保产业、清洁生产产业、清洁能源产业。而太阳能光伏行业作为新兴的清洁能源产业,近年来受到世界各国的高度重视。全球累计光伏装机容量已由2004年的3700兆瓦增加到305 000兆瓦,年均增长率44.4%。全球新增光伏装机容量也从2004年的900兆瓦增长到77 000兆瓦,年均增长率44.9%。全球光伏行业的迅猛发展离不开中国光伏行业强劲的增长势头,由图7-1可以看到中国近年来光伏行业的装机容量情况。中国累计光伏装机容量由2004年的65兆瓦增加到2016年的77 420兆瓦,其占全球的比例也由2004年的1.8%上升到2016年的25.3%。另外,中国新增光伏装机容量占全球的比例也由2004年的1.1%上升到2016年的44.9%。中国光伏行业发展成果显著,自2013年起,中国光伏发电新增装机容量连续四年超过10 000兆瓦,稳居全球第一。截至2016年年底,中国累计光伏装机容量77 420兆瓦,新增光伏装机容量34 540兆瓦,均位居全球首位。

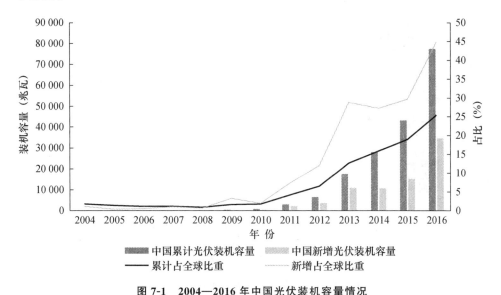

图 7-1　2004—2016 年中国光伏装机容量情况
数据来源:国家能源局、国际能源机构(IEA)、21世纪可再生能源政策网络(REN21)。

尽管中国光伏行业发展迅速,但各省之间由于土地资源及光照强度等资源分布的不同,在光伏行业的发展上存在着明显差异。图7-2展示了2016年31个省份的新增及累计光伏装机容量。累计光伏装机容量最多的新疆,达到8620兆瓦,重庆最小为5兆瓦。从区域上看,光伏累计装机分布主要集中在西北地区,新疆、甘肃、青海的累计装机容量位列前三。而新增装机分布则显现出由西北地区向中东部地区转移的趋势。华东地区新增装机为8250兆瓦,同比增加1.5倍,占全国的34%,其中浙江、江苏和安徽三省新增装机均超过2000兆瓦。华中地区新增装机4230兆千瓦,同比增加37%,占全国的17.3%。西北地区新增装机为4160兆瓦,同比下降50%。

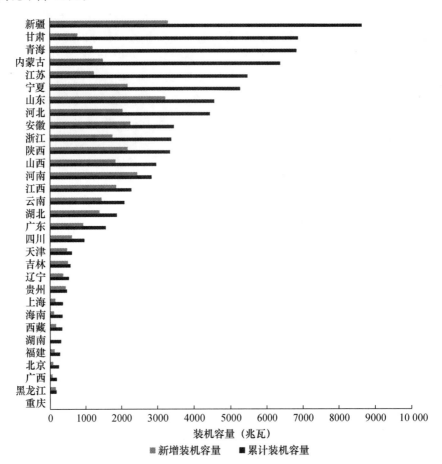

图7-2 2016年31个省份光伏装机容量情况

数据来源:国家能源局。

2. 中国光伏发电量

习近平总书记指出,发展清洁能源是改善能源结构、保障能源安全、推进生态文明建设的重要任务。近年来,在国家及地方政策的大力扶持下,中国光伏发电量增长显著。如图7-3所示,光伏发电量由2005年的1×10^8(亿)千瓦时增加到2016年的662亿千瓦时。同时,光伏发电量占社会总发电量的比重也有明显的上升趋势。与2005年的0.004%相比,2016年光伏发电量占总发电量的比重为1.078%。

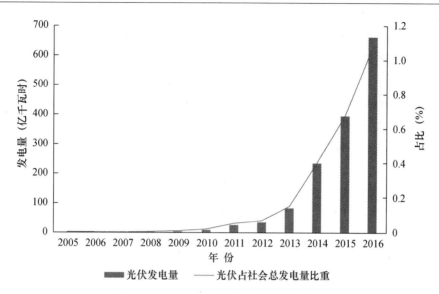

图 7-3　2005—2016 年中国光伏发电情况

数据来源：《中国统计年鉴》《可再生能源数据手册 2015》。

如图 7-4 所示，2016 年光伏发电量占总发电量的比重在可再生能源中排名第二，仅次于风电。但目前光伏发电量距离《太阳能发展"十三五"规划》中 1500 亿千瓦时的目标还有较大差距，光伏发电量比重相对于世界上其他光伏大国也较低。随着光伏发电成本的持续降低以及电源结构的调整，光伏在中国电源结构中的比重将越来越大。在未来，中国光伏有望由替代能源变为主力能源。

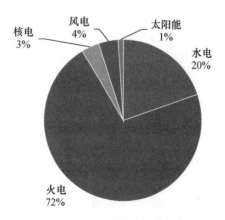

图 7-4　2016 年中国发电结构

数据来源：中国统计局。

3. 光伏发电的成本变化

光伏发电的成本取决于配件成本(光伏逆变器、太阳能电池板成本等)、装机容量以及光伏补贴政策等因素。中国光伏发电的快速发展促进了光伏行业的技术进步,进而使得原材料价格下降,最终使得光伏装机和发电成本下降。

(1) 光伏电池组件成本不断下降

光伏发电系统的核心是太阳能电池。近年来,产业化太阳能电池和组件效率随着光伏产业的规模化发展而大幅提升。以太阳能电池为例,其每年绝对效率平均提升0.3%左右。2015年年底,中国多晶硅及单晶太阳能电池产业化平均效率分别达到18.3%和19.5%,组件转换效率达到15.5%,利用各种先进技术和工艺小规模生产的先进电池产品转换效率已超过20%。

太阳能电池效率持续提升的同时,太阳能电池组件成本也在大幅下降。如图7-5所示,太阳能电池组件成本由2010年的13.5元/瓦下降到2016年的2.7元/瓦,6年间成本下降到原来的1/6。此外,由于政府大力支持光伏行业发展的补贴政策的实施,太阳能电池组件成本在2010—2012年间大幅下降,年均下降率42%,而后2012—2016年间成本处于缓慢下降趋势。

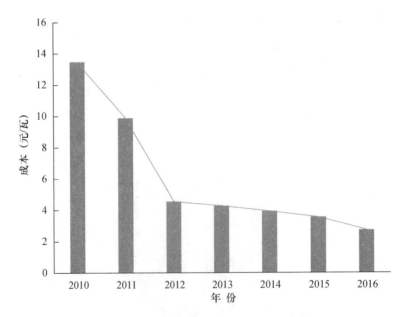

图7-5 中国太阳能电池组件成本下降路线图

数据来源:全球电力行业转型市场分析机构(GTM Research)。

(2) 光伏电站建设成本不断下降

光伏电站总成本大部分为已建地面光伏电站的初始投资。光伏电站初始投资主要包括光伏组件及配套设施、电站建设安装等成本,其中光伏组件成本占初始投资的 50%~60%。伴随着太阳能组件成本的大幅下降以及太阳能电池效率的持续提升,光伏发电产业链逐渐完善,快速增加的光伏发电装机也逐渐产生规模化效应,光伏组件价格持续下降。因此,近年中国地面光伏电站建设成本也在不断下降,如表 7-1 所示。

表 7-1 中国地面光伏电站建成成本变化表

年 份	2009	2012	2013	2015	2020
初始投资价格(元/瓦)	20	10	8~10	7.5~9	7~7.5

数据来源:北极星太阳能光伏网。

国际地面光伏电站建成成本的变化及预测如表 7-2 所示。由此可见,中国光伏电站的建设成本与国际光伏市场相比仍然具有较大的下降潜力。

表 7-2 国际光伏行业价格分析预测

年 份	2013	2015	2020
晶硅原料平均价格(元/千克)	245	135	70
光伏组件平均价格(元/瓦)	10~12	4~5	2~3.5
典型商业组件平均效率(%)	16	18	22
使用寿命(年)	15	20	25
初始投资价格	9~11	7~9	4.5~6

数据来源:国际能源机构(IEA)光伏产业发展报告 2015。

分布式光伏的建设成本与地面电站的建设成本构成相近,其建设成本变化近年来呈下降趋势,这也与地面光伏电站成本的变化趋势相同。但由于分布式光伏电站土地费用较高,且对于发电电站建设选址有特殊要求。因此,分布式光伏发电的建设成本会高于地面光伏电站建设成本。

(3) 光伏发电度电成本持续下降

光伏发电度电成本主要受其全生命周期内光伏总发电量和发电总成本的影响。由于光伏行业数据匮乏,在未考虑光伏电力输送成本及其他电网服务成本的前提下,根据已建典型项目,得到光伏行业发电度电成本变化情况如图 7-6 所示。中国光伏发电度电成本由 2010 年的 1.47 元/千瓦时下降到 2016 年的 0.57 元/千瓦时,下降幅度达 61.2%,年均下降率为 14.6%。

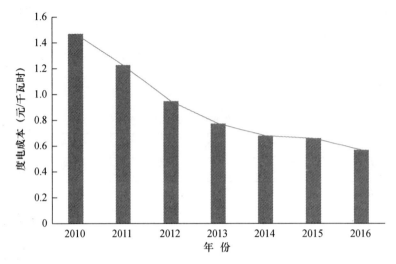

图 7-6　中国光伏发电度电成本下降路线图

数据来源：彭博新能源财经（BNEF）。

7.1.2　光伏发展政策及面临的问题

1. 光伏发展政策

党的十九大报告提出，"发展是解决中国一切问题的基础和关键，发展必须是科学发展，必须坚定不移贯彻创新、协调、绿色、开放、共享的发展理念"。绿色发展、协调发展已经成为党在新时代坚持和发展中国特色社会主义的重要战略。随着国家绿色发展战略的推行，中国的光伏市场发展迅速，自 2009 年开始规模化启动以来，至今已经是世界第一大光伏市场。中国光伏市场的飞速发展得益于国内光伏激励及补贴政策的实施。2009—2017 年，从国家层面出台的与光伏发电及光伏行业规划相关的政策已过百项，加上各地方政府及其能源管理部门的光伏相关政策要达到数百项。2009—2017 年中国光伏行业主要政策如表 7-3 所示。

表 7-3　2009—2017 年中国光伏行业主要政策

政策文件	发布时间	发布机构	政策要点
《太阳能光电建筑应用财政补助资金管理暂行办法》	2009.03.23	财政部、建设部	对于光伏建筑集成项目补助 20 元/瓦，对于光伏建筑附加项目补助 15 元/瓦
《关于实施金太阳示范工程的通知》	2009.07.16	财政部、科技部、国家能源局	批准了 275 个项目，总核准功率达 642 兆瓦，计划在 3 年内完成，对于并网光伏发电给予 50% 的初投资补贴，离网系统给予 70% 的初投资补贴

(续表)

政策文件	发布时间	发布机构	政策要点
《关于可再生能源电价附加补助资金管理有关意见的通知》	2012.03.14	财政部、国家发展和改革委、能源局	为可再生能源发电项目接入电网系统而发生的工程投资和运行维护费用,按上网电量给予适当补助
《太阳能发电发展"十二五"规划》	2012.07.07	国家能源局	明确了国家近、中期光伏发展目标,即:2015年中国光伏累计装机35兆瓦,2020年100兆瓦
《分布式光伏发电并网方面相关意见和规定》	2012.10.26	国家电网	为分布式光伏发电并网扫除了障碍,开启了快速通道
《关于组织申报金太阳和光电建筑应用示范项目的通知》	2012.11.12	财政部、国家能源局	补助标准与批复及竣工时间挂钩,与建筑一般结合5.5元/瓦,与建筑紧密结合7元/瓦,偏远地区独立光伏电站25元/瓦,户用系统18元/瓦
《关于做好分布式电源并网服务工作的意见》	2013.02.28	国家电网	为接入系统工程建设开辟绿色通道,公共改造部分由电网负责,用户内部发电量可以全部上网、全部自用或自发自用余电上网;分布式光伏发电不收取系统备用容量费
《关于完善光伏发电价格政策通知》征求意见稿	2013.03.11	国家发展和改革委	分布式发电电价补贴为0.35元/千瓦时,针对大型光伏发电标杆上网电价,Ⅰ类资源区0.75元/千瓦时,Ⅱ类资源区0.85元/千瓦时,Ⅲ类资源区0.95元/千瓦时,Ⅳ类资源区1元/千瓦时
《关于促进光伏产业健康发展的若干意见》	2013.07.15	国务院	2013—2015年,年均新增光伏发电装机容量10000兆瓦左右,到2015年总装机容量达到35 000兆瓦以上。建设100个分布式光伏发电规模化应用示范区、1000个光伏发电应用示范小镇及示范村。抑制光伏产能盲目扩张,加快推进企业兼并重组,大力支持用户侧光伏应用,完善电价和补贴政策和金融政策,加大财税政策支持力度
《分布式发电管理暂行办法》	2013.07.18	国家发展和改革委	对符合条件的分布式发电给予建设资金补贴或单位发电量补贴。建设资金补贴方式仅限于电力普遍服务范围。享受建设资金补贴的,不再给予单位发电量补贴

（续表）

政策文件	发布时间	发布机构	政策要点
《关于分布式光伏发电实行按照电量补贴政策等有关问题的通知》	2013.07.24	财政部	明确了光伏电价补贴的发放原则，解决了国家电价补贴拖欠的问题
《关于开展分布式光伏发电应用示范区建设的通知》	2013.08.09	国家能源局	批准了18个分布式光伏发电应用示范区，示范区分布式光伏发电项目采用"自发自用、余量上网、电网调节"的运营模式，实行按发电量补贴政策。标志中国分布式光伏发电规模化推广正式启动
《关于支持分布式光伏发电金融服务的意见》	2013.08.22	国家能源局、国家开发银行	国开行发挥开发性金融机构的引导作用，积极支持分布式光伏发电应用，专项为分布式光伏发电项目提供金融服务，向光伏企业提供融资支持，提供信贷支持。提出了支持光伏项目融资和建立融资平台的方案
《关于发挥价格杠杆作用促进光伏产业健康发展的通知》	2013.08.26	国家发展和改革委	出台了期盼已久的光伏分区上网电价政策和分布式光伏度电补贴标准。Ⅰ类资源区标杆上网电价0.90元，Ⅱ类资源区标杆上网电价0.95元，Ⅲ类资源区标杆上网电价1.0元。对分布式光伏发电实行按照全电量补贴，补贴标准0.42元/千瓦时
《关于调整可再生能源电价附加标准与环保电价有关事项的通知》	2013.08.27	国家发展和改革委	向除居民生活和农业生产以外的其他用电征收的可再生能源电价附加标准由每千瓦时0.8分钱提高至1.5分钱，收取资金用于支持可再生能源电价补贴
《财政部关于调整可再生能源电价附加征收标准的通知》	2013.09.10	财政部	自2013年9月25日起，将向除居民生活和农业生产以外的其他用电量征收的可再生能源电价附加征收标准提高至1.5分钱/千瓦时
《光伏制造行业规范条件》	2013.09.16	国家发展和改革委	提出了光伏制造企业产品的要求
《光伏电站项目管理暂行办法》	2013.09.24	国家能源局	明确了光伏电站项目备案程序和管理办法
《关于光伏发电增值税政策的通知》	2013.09.23	财政部	对纳税人销售自产的利用太阳能生产的电力产品，实行增值税即征即退50%的优惠

(续表)

政策文件	发布时间	发布机构	政策要点
《光伏制造行业规范公告管理暂行办法》	2013.10.11	工业和信息化部	监督检查光伏企业规范条件保持情况。
《关于印发分布式光伏发电项目管理暂行办法的通知》	2013.11.18	国家能源局	明确了分布式光伏发电项目的备案程序和管理办法
《关于对分布式光伏发电自发自用电量免征政府性基金有关问题的通知》	2013.11.19	财政部	对分布式光伏发电自发自用电量免收可再生能源电价附加、国家重大水利工程建设基金、大中型水库移民后期扶持基金、农网还贷资金等4项针对电量征收的政府性基金
《关于下达2014年光伏发电年度新增建设规模的通知》	2014.01.17	国家能源局	自2014年起,光伏发电实行年度指导规模管理。全年新增备案总规模14 000兆瓦,其中分布式8000兆瓦,光伏电站6000兆瓦,各省区市2014年新增享受国家补贴资金的光伏发电项目备案总规模不得超过下达的规模指标
《关于加强光伏产品检测认证工作的实施意见》	2014.02.08	国家认监委、国家能源局	加强光伏产品检测认证工作,提高光伏产品质量
《关于进一步落实分布式光伏发电有关政策的通知》	2014.09.02	国家能源局	开发商可自由选取"全部卖给电网,享受分区标杆电价"模式,或者"自发自用,余电上网"。对于"自发自用"和示范区内光伏项目配额指标不受限制
《关于加快培育分布式光伏发电应用示范区有关要求的通知》	2014.09.10	国家能源局	根据发展条件选择示范区,各示范区在优先发展屋顶光伏同时可就近开发就地消纳的小型光伏电站;示范区应加强统筹协调;创新分布式光伏发电示范区建设
《关于进一步加强光伏电站建设与运行管理工作的通知》	2014.10.09	国家能源局	统筹推进大型光伏电站基地建设,创新光伏电站建设和利用方式,加强电网接入和并网运行管理,创新光伏电站金融产品和服务
《关于实施光伏扶贫工程工作方案》	2014.10.11	国家能源局、国务院扶贫办	2014—2020年开展分布式光伏扶贫和光伏农业扶贫两种模式光伏扶贫工程,决定在宁夏、安徽、山西、河北、甘肃、青海6省30县开展首批光伏扶贫试点

(续表)

政策文件	发布时间	发布机构	政策要点
《关于发挥市场作用促进光伏技术进步和产业升级的意见（征求意见稿）》	2015.01.19	国家能源局	提出了"领跑者计划"的概念
《关于下达2015年光伏发电建设实施方案的通知》	2015.03.16	国家能源局	明确了"屋顶分布式光伏和自发自用项目不受配额限制，不限制建设规模，随时备案、并网"
《关于促进先进光伏技术产品应用和产业升级的意见》	2015.06.01	国家能源局、工信部、认监委	提出了光伏市场准入基本要求和"领跑者计划"技术指标
《关于开展可再生能源就近消纳试点的通知》	2015.10.08	国家发展和改革委	除了加强输电通道和配电网建设，还提出积极承接东部产业转移，鼓励可再生能源发电企业参与直接交易，鼓励可再生能源供热以及实施电能替代等就地消纳模式。
《关于完善太阳能发电规模管理和实行竞争方式配置项目的指导意见（征求意见稿）》	2015.12.20	国家能源局	除分布式光伏外，光伏电站项目原则上全部采用竞争方式获得项目资源。没有制定竞争性配置办法的省区，国家能源局将不予下达年度光伏发电新增建设规模。上网电价作为竞争条件之一，权重不得低于20%。
《关于完善陆上风电光伏发电上网标杆电价政策的通知》	2015.12.22	国家发展和改革委	分布式发电电价补贴为0.42元/千瓦时，针对大型光伏发电标杆上网电价，Ⅰ类资源区0.80元/千瓦时，Ⅱ类资源区0.88元/千瓦时，Ⅲ类资源区0.98元/千瓦时，Ⅳ类资源区1元/千瓦时。自发自用、余电上网的分布式发电定额补贴的标准暂未下调。
《关于降低燃煤发电上网电价和一般工商业用电价格的通知》	2015.12.27	国家发展和改革委	将居民生活和农业生产以外其他用电征收的可再生能源电价附加征收标准提高到1.9分/千瓦时
《关于实施光伏发电扶贫工作的意见》	2016.03.23	国家发展和改革委、国务院扶贫办	2020年之前在16个省71个县的约3.5万个建档立卡贫困村，以整村推进的方式保障200万建档立卡无劳动能力贫困户（包括残疾人）每年每户增加收入3000元以上

(续表)

政策文件	发布时间	发布机构	政策要点
《关于做好风电、光伏发电全额保障性收购管理工作的通知》	2016.05.27	国家发展和改革委、国家能源局	核定了重点地区新能源发电最低保障收购年利用小时数,其中Ⅰ类资源区不低于1500小时,Ⅱ类资源区不低于1300小时。未达到最低保障收购年利用小时数要求的省(区、市),不得再新开工建设光伏电站项目
《2016年光伏发电实施方案》	2016.06.03	国家能源局	普通光伏电站新增建设规模12 600兆瓦,明确指出2016年"光伏领跑者"技术基地建设规模分配
《分布式光伏发电示范区工作方案》	2016.06.16	国家能源局	按分布式光伏发电项目的发电量给予补贴。自发自用电量和多余上网电量均按照统一标准补贴,中央财政不再给予项目投资补贴
《关于继续执行光伏发电增值税政策的通知》	2016.07.25	财政部、国家税务总局	自2016年1月1日至2018年12月31日,对纳税人销售自产的太阳能电力产品,实行增值税即征即退50%的政策
《太阳能发展"十三五"规划》	2016.12.08	国家能源局	2020年年底,光伏发电装机达到1.05亿千瓦以上。光伏发电成本持续降低,在用电侧实现平价上网目标,先进晶体硅光伏电池产业化转换效率达到23%以上
《关于调整光伏发电陆上风电标杆上网电价的通知》	2016.12.26	国家发展和改革委	分布式发电电价补贴为0.42元/千瓦时,针对大型光伏发电标杆上网电价,Ⅰ类资源区0.65元/千瓦时,Ⅱ类资源区0.75元/千瓦时,Ⅲ类资源区0.85元/千瓦时,Ⅳ类资源区1元/千瓦时
《2017年能源工作指导意见》	2017.02.10	国家能源局	明确了2017年的光伏发电规模指标,并强调了光伏扶贫以及"光伏领跑者"的发展。对于弃光率超过5%的省份暂停安排新建光伏发电规模
《关于推进光伏发电"领跑者"计划实施和2017年领跑基地建设有关要求的通知》	2017.09.22	国家能源局	本期拟建设不超过10个应用领跑基地和3个技术领跑基地,应分别于2018年年底和2019年上半年之前全部建成并网发电。"光伏领跑者"基地分为应用领跑基地和技术领跑基地,两种基地有不同的建设模式。

（续表）

政策文件	发布时间	发布机构	政策要点
《关于支持光伏扶贫和规范光伏发电产业用地的意见》	2017.09.25	国土资源部、国务院扶贫办、国家能源局	强化光伏扶贫用地保障，进一步细化规范光伏发电产业用地管理，切实加强光伏发电项目用地的监管
《国家发展和改革委关于2018年光伏发电项目价格政策的通知》	2017.12.19	国家发展和改革委	分布式发电电价补贴为0.37元/千瓦时Ⅰ类、Ⅱ类、Ⅲ类资源区标杆上网电价分别调整为每千瓦时0.55元、0.65元、0.75元

综观2009—2017年的光伏政策，我们会发现：

2009—2012年是中国光伏产业的发展阶段，政府主要通过出台一系列的财政补贴和能源规划性政策，以规模化的建设带动了战略性产业的发展。光伏补贴政策分为初始投资补贴政策和上网电价补贴政策，上网电价补贴政策主要适用于地面安装的大型光伏电站，而初始投资补贴政策则适用于"金太阳示范工程"和"光电建筑"等分布式光伏发电项目。根据冯羽生和江应国的研究，自2012年下半年开始，国家连续出台多项光伏发电激励政策，主要特点是制定光伏发展规划，提出分布式光伏发电和大型地面电站发电并重，明确了分布式并网光伏发电上网管理办法，补贴政策由初始投资补贴转为电价补贴。

2013—2014年，中国主要出台了光伏发电规划及光伏产业发展等政策，通过财税、信贷、金融等经济激励性政策工具，推进实施光伏发电示范项目，扩大了光伏发电市场。中国积极开展分布式光伏发电应用示范区建设，并出台了期盼已久的光伏分区上网电价政策和分布式光伏度电补贴标准。其后，为了避免光伏企业的恶意竞争和非理性扩张，中国也出台了"光伏制造行业规范条件"等相关政策。最后，创新地出台了"光伏扶贫"政策，开展分布式光伏扶贫和光伏农业扶贫两种模式光伏扶贫工程。

2015—2017年，中国制定了光伏产业的相关标准，促进光伏技术产品的应用和产业的升级。对分布式发电电价补贴及三类资源区的大型光伏发电标杆上网电价进行了三次降低调整；积极推进光伏扶贫工程，并决定在6省30县开展首批光伏扶贫试点；光伏发电仍保持实行增值税即征即退50%的政策至2018年年底；创新地提出了光伏发电"领跑者"计划，并分应用领跑基地和技术领跑基地两种不同建设模式。

2. 光伏发展面临的问题

近年来光伏行业飞速发展的同时也产生了一些问题，其中，弃光限电、政府补贴拖欠、融资难度大等三大问题已成为制约光伏行业进一步发展的主要障碍。

(1) 弃光限电问题

目前,中国光伏发电装机容量已稳居全球首位,但装机规模剧增的同时造成了阶段性装机量过剩,使得许多地区出现了严重的"弃光限电"问题,"弃光限电"问题已成为制约整个光伏行业发展的核心影响因素。弃光是指由于发电与负荷的空间不匹配而不容许光伏系统并网,从而放弃光伏所发电力的现象,光伏系统所发电力功率受环境的影响而处在不断变化之中,当电网中光伏发电占比过高时,电网会难以消纳从而拒绝光伏系统的电网接入;限电是指出于安全管理电网的考虑,而限制光伏所发电力,限制电力的输出。

由于西北地区土地资源较多,并且日照资源丰富,特别适合光伏电站的建设,所以从地理条件上看,西北地区是大型地面电站建设的最优选址。但工业基础较差的西部地区电力消纳能力有限,再加上不够完善的远距离输配电设施建设,造成了西部地区和东南沿海地区之间电力供需的不平衡,最终导致了严重的弃光限电问题。2016年西北地区弃光电量70.42亿千瓦时,弃光率19.81%。其中,新疆和甘肃弃光率分别为32.23%和30.45%。缓解弃光限电问题已列入2018年《政府工作报告》的重点工作中,其未来将成为促进光伏行业发展的重要任务之一。

(2) 政府补贴拖欠问题

光伏行业可以分为三个发展阶段:① 由政府补贴驱动行业发展的幼稚期,光伏发电的度电成本高;② 企业盈利来源仍依赖政府补贴的成长期,光伏发电的度电成本下降,但仍高于火电发电成本,此时行业对政府补贴依赖度下降;③ 平价上网、行业收益不再依赖补贴的高速成长期,光伏发电度电成本与火电相当,光伏行业发展不再依赖政府补贴,而是由产业资本主导。

目前中国光伏发电的发展主要依赖于政府补贴。近年来,光伏装机规模飞速增长,而可再生能源补贴却由于发放程序过于复杂而无法及时发放到位,导致了严重的光伏发电补贴拖欠问题。截至2016年年底,中国可再生能源电力发展基金补贴累计缺口已达约600亿元。较为严重的政府补贴拖欠问题对光伏行业的发展造成了一定制约。

(3) 融资难度大问题

大型光伏电站的建设需要大量的资金,而且具有漫长的投资收益回报周期,因而面临着融资难的问题。而政策性银行或商业银行由于光伏企业平均不良贷款率过高以及对光伏行业发展把握不足等原因,对光伏企业的贷款意愿偏低。光伏企业通过银行融资比较困难,从而只能与融资租赁相结合,使得融资成本偏高。

一方面,目前光伏研发与产品制造方面的全球竞争日益激烈,中国光伏企业应当继续加大研发投入,实现差异化竞争战略,以提升自身在国际上的竞争力,而这则需要一个良好的融资环境。另一方面，在"一带一路"倡仪指导下，中国光伏企业也想要通过实施"走出去"战略来开拓新兴光伏市场。但海外建厂项目受制于融资问题而无法顺利推进。

7.1.3 光伏发展政策建议

目前中国仍然面临着艰巨的能源改革和环境问题，亟待以绿色发展引领能源行业变革，以"四个革命""一个合作"战略思想有效推动绿色低碳能源体系变革发展。目前中国光伏行业正处于高补贴政策依赖模式向低补贴竞争力提高模式的转变、规模扩张型发展向质量效益型发展的转变阶段。未来政府会逐步减少补贴规模，促使企业通过技术水平的提升来降低生产成本，最终实现光伏发电的平价上网。光伏行业的转变阶段离不开行之有效的国家政策的保驾护航。未来政府应该实施可再生能源配额制、竞争性拍卖制等政策，以促进中国光伏行业的良性可持续发展。

（1）实施可再生能源配额制度，建立全国统一的可再生能源绿色证书交易机制，将各级政府、电网企业和发电企业的发展责任作为约束性指标进行考核。强制要求发电公司多用光伏等新能源发电以及电网公司收购一定的可再生能源发电，从而确保光伏行业转型期补贴资金需求，为光伏企业提供较为稳定的外部政策环境。

（2）采取竞争性拍卖方式来降低大规模光伏发电项目的并网价格。除分布式光伏外，光伏电站项目全部采用竞争方式获得项目资源。通过发挥市场在资源配置中的决定性作用，引导、支持清洁能源发展。透明公正的光伏电价拍卖制，有利于早日达到光伏平价上网。

（3）实现清洁的电源结构，大规模发展特高压。特高压电网较现有电网具备更大的输电容量以及更优异的输送能力，同时具备更低的网络损耗和工程造价，其具有技术可行性、运行安全性、工程经济性和环境友好性等特性。目前中国特高压技术处于世界领先地位，可以利用特高压电网将"三北"地区过剩的电量输送到中东部及沿海地区，实现外送消纳，解决光伏发电的消纳问题。

（4）大力发展抽水蓄能、调峰气电、热电灵活性改造等消纳手段。加快空间布局的优化，促进就近并网、当地消纳。国家进行统筹安排，促进可再生能源发电跨区消纳。由于中东部以及南方地区几乎没有弃光现象，若增加这些地区装机容量占全国总装机容量的比重，将有利于降低中国整体弃光率。

（5）从关注发电侧转为对储能的关注，以此来持续解决光伏发电消纳问题。推行分布式光伏"光伏＋储能"模式，可以提高电力系统稳定度与电力消纳完整性，提高用户自发自用率，可以实现"削峰填谷"，提高电网运行的稳定性并增加经济性。

（6）鼓励光伏企业参与"一带一路"能源合作，支持光伏企业投入"一带一路"建设，积极鼓励和引导光伏企业联合走出去。

7.2 风电行业发展及其展望

7.2.1 风电行业的发展现状

长期以煤为主的能源消费结构使得中国面临着严重的环境问题和能源安全的巨大挑战。在英国石油公司（BP）公布的2016年各国一次能源消费中，中国的一次能源消费结构表现出以煤炭为主的特点，其中煤炭消费占61.8%，石油消费占19.0%，天然气消费占6.2%，非化石能源消费占13.0%（见图7-7）。虽然中国政府在《能源生产和消费革命战略（2016—2030）》的规划中明确提出，将于2030年实现天然气消费和非化石能源消费的比例分别提高到15%和20%左右的目标，但煤炭消费的比例仍超过一半以上。由于国际社会上对于能源、气候与环境的重视，中国政府已承诺到2030年单位GDP的二氧化碳排放量比2005年下降60%~65%。然而在中国，一半的减排压力来自发电部门，煤电发电的二氧化碳排放占整个发电行业的90%（Liu等，2016），这也迫使政府发展新能源以减少对煤炭的依赖。党的十九大报告中提出要牢固树立社会主义生态文明观，推动形成人与自然和谐发展现代化建设新格局，必须树立和践行绿水青山就是金山银山的理念，形成绿色发展方式，坚持走生产发展、生活富裕、生态良好的文明发展道路，建设美丽中国。为了保护生态环境，必须加快非化石能源在能源结构中的比重，实现绿水青山和金山银山的相互联系、相互依存和相互转化。

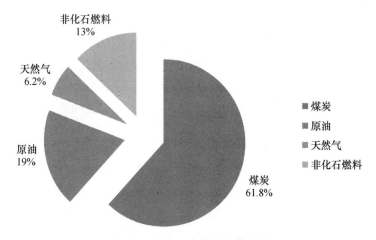

图7-7 中国一次能源消费结构

数据来源：BP世界能源统计年鉴。

另外,在非化石能源中,水电受资源限制发展缓慢,核电因其安全问题发展受限,除风电、光伏以外的其他非化石能源由于开发难度较大未能实现大规模开发。因此,中国政府要确保实现2030年非化石能源消费比例提高到20%的战略目标,风电、光伏和燃气将基本覆盖全部增量。为了实现温室气体减排、能源消费结构优化和减少对煤炭等化石燃料依赖的目标,推动风电等新能源发展及应用成为重要的举措。此外,党在十九大报告中提出了新发展理论,要求坚定不移贯彻创新、协调、绿色、开放、共享的发展理念,也在对美丽中国的阐述中强调要推动绿色发展,发展清洁能源是改善能源结构、保障能源安全、推进生态文明建设的重要任务,反映出中国在转变能源发展方式和优化能源消费结构的急迫和重视,因此风电等新能源迎来历史性的发展机遇。

近十年来,中国风电行业发展非常迅速,是世界上风电发展规模最大、增长速度最快的国家,中国已经成为世界风电大国。中国风电累计装机量于2010年超越美国跃居世界第一,随后便一直位居首位。中国风电行业在2017年是充满机遇的一年。

1. 风能资源年景

中国10米高度层的风能资源总储量为$32.26×10^8$(亿)千瓦,其中实际可开发利用的风能资源储量为2.53亿千瓦。风能资源主要集中在东南沿海及附近岛屿,还有三北地区(东北、华北、西北),有些内陆特殊地形风能资源也相对丰富。中国风能资源主要得益于寒潮、冷空气和季风,季节性很强,一般春、秋和冬季比较丰富,夏季比较贫乏。

中国气象局发布的《2017年中国风能太阳能资源年景公报》中指出,2017年,全国地面10米高度年平均风速较近十年平均风速偏大0.63%,属于正常稍大年景,可能是因为寒潮和强冷空气发生频次略多所造成的。但风速分布不均匀,地区差异性较大,黑龙江、吉林、重庆、北京、湖北、四川、上海等省市偏大,而江苏、河北、甘肃、青海、江西、山东、海南等省市偏小。因此,除江浙沪之外,全国大部地区风能资源和发电量均有不同程度增加。另外,2017年全国陆地70米高度层平均风速均值约为5.5米/秒。其中,平均风速大于6米/秒的地区主要分布在东北大部、华北大部、内蒙古大部、宁夏、陕西北部、甘肃大部等地区及云贵高原等山区。2017年,全国陆地70米高度层年平均风功率密度为233.9瓦/平方米,多数省份接近于常年均值,偏小的地区仅有江苏省,年平均风速和年平均风功率密度明显增加的有北京、吉林、上海。因此,全国大部分地区的陆地70米高度的年发电量较常年普遍偏大。

2. 风电行业并网运行概况

自2006年开始,中国风电行业的增长势头强劲,对世界风电的增长保持两位数的贡献,并于2010年累计装机量超越美国跃居世界第一。中国已经成为世界风电大国。据国家能源局的统计数据(表7-4)显示,2017年的风电累计并网容量为1.64亿千瓦,新增并网容量15 030兆瓦,即增长率从15.5%下降到10.1%。红色预警政策和开发南移是造成增长率大幅下降的主要原因。国家能源局于2017年2月22日发布《关于2017年度风电投资监测预警结果的通知》(国能新能[2017]52号),其中6个被列入红色预警名单的省份,都是风能资源丰富且风电建设规模大的地区,它们被禁止新建和核准风电项目势必对全国装机容量的增长影响很大。另外,风电开发南移,许多配套设施建设周期长使得并网速度放缓。因此,2017年风电行业的装机容量增长面临巨大压力。但是,由于风电行业于2018年1月1日开始执行新下调的电价政策,因此风电行业也将迎来新一轮抢装潮,有希望进一步推动装机容量的增长,未来发展持续景气。2017年全国6000千瓦及以上并网风电累计发电量大约3057亿千瓦时。相较于2016年风电发电量占总发电量的比重(4.02%),2017年的风电发电量占总发电量的比重为4.8%,说明电源结构进一步优化,但与《风电发展"十三五"规划》中6%的比重目标还有差距。另外,2017年全国6000千瓦及以上并网风电平均利用小时为1948小时,相比上年增加203小时,说明风电的利用水平有所提高,这主要得益于风电跨区域输配建设以及开发南移,消纳能力也逐渐提升。2017年的弃风电量为419亿千瓦时,同比减少78亿千瓦时,说明红色预警政策的管控能够有效降低弃风率。

表7-4也显示了中国各省(未统计香港、澳门和台湾的数据)的风电并网运行情况。从累计并网容量看,累计风电并网容量仍是集中在三北地区。新增并网容量较多的省份有山东(2220兆瓦)、河南(1290兆瓦)、陕西(1140兆瓦)和内蒙古(1130兆瓦),而新增并网容量较少的省份有北京、天津、上海、吉林、宁夏、西藏和海南,这些省份新增并网容量基本接近于零。可以发现,2017年的新增并网容量主要来自风能资源较为丰富的省份。风电平均利用小时数较高的省份有福建(2750小时)、云南(2484小时)、四川(2353小时)、上海(2337小时)和广西(2280小时);平均利用小时较低的省份有甘肃(1469小时)、宁夏(1650小时)和青海(1664小时)。由于红色预警政策对地区供需格局的改善、跨区域输配电建设改善风电消纳问题、风电和火电之间调峰机制的逐步开展和风电供暖政策的推行,风电弃风限电率逐年稳步回落,全国风电平均利用小时将恢复,风电的利用水平上升,尤其是三北地区的平均利用小时会有显著回升。

表 7-4　2017 年三季度风电并网运行情况

省份	累计并网容量（兆瓦）	发电量（亿千瓦时）	弃风电量（亿千瓦时）	弃风率（%）	利用小时数（小时）	省份	累计并网容量（兆瓦）	发电量（亿千瓦时）	弃风电量（亿千瓦时）	弃风率（%）	利用小时数（小时）
合计	163670	3057	419	12	1948	河南	2330	30			1721
北京	190	3			1854	湖北	2530	48			2098
天津	290	6			2095	湖南	2630	50			2097
河北	11810	263	20.3	7	2250	重庆	330	7			2267
山西	8720	165	11	6	1992	四川	2100	35			2353
山东	10610	166			1784	陕西	3630	54	2	4	1893
内蒙古	26700	551	95	15	2063	甘肃	12820	188	91.8	33	1469
辽宁	7110	150	13.2	8	2142	青海	1620	18			1664
吉林	5050	87	22.6	21	1721	宁夏	9420	155	7.7	5	1650
黑龙江	5700	108	17.5	14	1907	新疆	18060	247	102.2	29.3	1377
上海	710	17			2337	西藏	10	0.1			1672
江苏	6560	120			1987	广东	3350	62			1841
浙江	1330	25			2007	广西	1500	25			2280
安徽	2170	41			2006	海南	310	6			1848
福建	2520	65			2756	贵州	3690	63			1818
江西	1690	31			1995	云南	8190	199	5.7	3	2484

数据来源：国家能源局。

中国的弃风问题主要集中在"三北"地区。2017年，弃风率较高的省份是甘肃(33%)、新疆(29%)和吉林(21%)，弃风率远远超过20%，而其余省份的弃风率则低于20%。由图7-8所示，存在弃风问题的11个省份的弃风率相较于2016年均

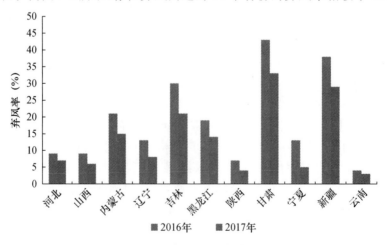

图 7-8　2016 年和 2017 年的弃风率

数据来源：笔者整理。

有显著下降。甘肃的弃风率由2016年的43%下降到2017年三季度的33%,新疆的弃风率由2016年的38%下降到29%,吉林的弃风率由2016年的30%下降到21%。因此,得益于红色预警政策的管控,2017年的全国弃风率有所下降。随着各项指标的好转,部分限电省份有望从红色预警名单中剔除,可以预期2018年风电发展仍旧向好。

3. 陆上风电有望实现平价上网

2016年12月,国家发改委发布《关于调整光伏发电陆上风电标杆上网电价的通知》(发改价格[2016]2729号),自2018年1月1日起新建陆上风电项目的标杆上网电价分别调整为0.4~0.57元/千瓦时。这是自2009年以来,国家发改委第四次对陆上风电的标杆上网电价进行下调。另外,2017年8月,国家能源局也发布了《关于风电平价上网示范项目的通知》(国能发新能[2017]49号),为了推动实现风电在发电侧平价上网,拟对河北、黑龙江、甘肃、宁夏、新疆相关省份开展风电平价上网示范工作,即按照当地煤电标杆上网电价执行,并在本地电网范围内消纳,倘若示范工作卓有成效,那么将有利于将平价上网政策推向全国。此外,目前风电度电成本逐渐下降,已经很接近火电上网电价,说明风电的投资回报率越来越趋于合理,于2020年实现全国风电平价上网可能性极大。这也将吸引火电企业转身投资于风电市场,这将为风电行业发展注入新动力。上网电价的下调也推动风电投资商的"抢装",增强了投资企业之间的竞争,未来不仅有希望迎来新一轮风电装机容量的增长,也提升了风电技术进步和成本下降的可能性。

4. 分散式风电或将成为未来陆上风电的发展新风口

分散式风电是指在位于负荷中心附近,生产的电力直接接入当地电网进行消纳而不进行大规模远距离输送的风电项目。由此可见,分散式风电具有高安全性、易消纳、高风能利用率等优点。目前,分散式风电主要以示范项目为主,其中,比较有代表性的分散式风电项目有华能陕西狼尔沟项目、龙源内蒙古高腰海、中广核新疆哈密项目等。以中广核新疆哈密项目为例,目前已有装机容量为69兆瓦、4座风电场、46台1500千瓦的风电机组,平均利用小时数超过2000小时,紧邻哈密重要矿业开发区及其供电变电站。虽然分散式风电项目由于发展相对滞后,发展规模小,在风电的占比低,投产装机容量不足,并网风机容量占1%,但是未来的发展潜力不可估量。

分散式风电可能成为未来陆上风电的发展新风口,主要原因有四:

(1) 由于三北地区弃风限电问题严重,开发南移已成定局,但是中东部、南部等这些消纳能力较强的地区的风能资源特点并不适合进行大规模开发,分散式风电技术成为发展中东部、南部地区风电的新机遇。

(2) 国家政策不断鼓励发展分散式风电,2016年11月,国家能源局印发《风电发展"十三五"规划》(国能新能〔2016〕314号)的通知要求遵循"就近接入,本地消纳"的原则,加快中东部、南部地区陆上风能资源开发,2017年5月,国家能源局又在《关于加快推进分散式接入风电项目建设有关要求的通知》(国能发新能〔2017〕3号)中提出分散式接入风电项目开发建设应按照"统筹规划、分步实施、本地平衡、就近消纳"的总体原则推进,对于红色预警地区应先着力解决存量风电项目的消纳问题,暂缓建设新增分散式风电项目,并且不断推进技术进步和成本下降,鼓励探索分散式风电发展新模式,特别是鼓励建设部分和全部电量自发自用以及在微电网内就地平衡的分散式风电项目。

(3) 分散式风电通过农网和低压电压等微电网输送,高效灵活、安全系数较高,也减少了输送过程中的能源损耗和输送成本。

(4) 分散式风电的发展具备相对成熟的市场、技术和资源的支持,分散式风电集中开发于中东部、南部等负荷中心,有较高且稳定的电力需求,另外中东部、南部地区的低风速资源丰富,而且中国目前的低风速风电技术不断进步。

7.2.2　风电行业发展面临的问题

在习近平总书记的带领下,生态文明建设成效显著,全党全国自觉主动地贯彻绿色发展理念,积极参与气候变化的国际合作,中国正逐渐成为全球生态文明的重要参与者、贡献者和引领者。中国风电行业正是在党的伟大引领下不断发展壮大,中国也成为世界风电大国。但是,中国风电行业的发展还面临着严峻的弃风限电、并网消纳困难、补贴退坡等诸多问题,因此2017年对中国风电行业的发展而言也是充满挑战的一年。

1. 弃风限电和消纳问题

弃风限电是指在风机处于正常运作中,由于电网消纳能力不足、风力发电不稳定、建设工期不匹配等而使得风电机组停止运作的现象。从2014年开始,中国风电行业的弃风率越来越高,2016年有4个省份的弃风率超过20%,虽然2017年三季度弃风率有所下降,但仍有2个省份的弃风率超过20%,弃风问题十分严重。

造成如此之高的弃风率主要是受到发电禀赋与用电需求逆向分布、技术不完备、政策激励不足的影响。在禀赋与需求方面,虽然三北地区风能资源丰富,但是当地电力需求有限,又远离中东部、南部等负荷中心,就地消纳困难,风电在三北地区产能过剩,弃风率高。技术上的问题主要体现在两方面:① 风能的随机性和间歇性的特点会影响电压和电网的稳定性,目前检测技术和调节技术等不完备,使得风电并网电量受到限制;② 配套的电源建设与风电规划不匹配、电网调度不合理,特高压网架的输送能力始终有限,建设周期长等问题都会影响风电的消纳能力。政策激励方面体现在电网侧收购风电的补贴不足,收购政策不合理,未能使电网和用户对消纳风电形成激励。

尽管在政策上存在不足,但不可否认降低弃风率仍需要国家政策的助力。中国不遗余力地在多层面上不断探索促进风电消纳的方式,2017年国家在风电消纳方面的重点政策可见于表7-5。

表7-5 2017年中国重点风电消纳政策汇总

时间	文件名	主要内容
2017.01.18	《关于试行可再生能源绿色电力证书核发及自愿认购交易制度的通知》	试行为陆上风电、光伏发电企业(不含分布式光伏发电)所生产的可再生能源发电量发放绿色电力证书。
2017.01.25	《关于公布首批多能互补集成优化示范工程的通知》	多能互补集成优化示范工程中涉及的风电、光伏发电项目,"三北"地区应严格消化存量,其他地区应在优先消化存量的基础上,再发展增量;示范工程实施"能进能出"机制,各地应推出具有地方特色、规模合理、就地平衡消纳的示范工程,并出台相关扶持政策。
2017.02.10	《2017年能源工作指导意见》	着力解决弃风、弃光、弃水等突出问题,促进电源建设与消纳送出相协调,提高清洁低碳能源发展质量和效益;优化风电建设开发布局,新增规模重心主要向中东部和南方地区倾斜;严格控制弃风限电严重地区新增并网项目,对弃风率超过20%的省份暂停安排新建风电规模。
2017.04.01	《关于印发2017年促进新能源消纳工作安排的通知》	对红色预警区,不得办理风电、光伏项目新增并网申请;设立黄色预警区,弃风弃光比例超过10%的省份暂停出具风电、光伏项目接入系统意见;在弃风弃光严重地区,减少火电机组年度发电计划的约束,为新能源发电留足电量空间。
2017.05.10	《关于报送可再生能源"十三五"发展规划年度建设规模方案的通知》	落实电力送出和消纳作为安排本地区各年度可再生能源电力新增建设规模及其布局的基本前提条件;风电要平衡好建设规模与电力送出和消纳的匹配关系。
2017.05.27	《关于加快推进分散式接入风电项目建设有关要求的通知》	按照"统筹规划,分步实施,本地平衡,就近消纳"的总体原则推进;加快推动接入低电压配电网、就地消纳的分散式风电项目建设;红色预警地区应着力解决存量风电项目的消纳问题,暂缓建设新增分散式风电项目。
2017.07.19	《关于可再生能源发展"十三五"规划实施的指导意见》	落实可再生能源电力送出消纳作为安排本区域可再生能源电力建设规模及布局的基本前提条件;各省级电网公司应对年度新增建设规模的接网条件和消纳方案进行研究,并出具电力消纳意见。

（续表）

时间	文件名	主要内容
2017.08.31	《关于公布风电平价上网示范项目的通知》	示范项目的上网电价按当地煤电标杆上网电价执行，所发电量不核发绿色电力证书，在本地电网范围内消纳；示范项目建成后，要及时与风电开发企业签订购售电合同，同时创新调度运行机制，充分挖掘系统调峰能力和消纳潜力，优先满足项目消纳需求，确保全额消纳风电平价上网示范项目所发电量。
2017.11.08	《关于印发解决弃水弃风弃光问题实施方案的通知》	按年度确定各省级区域全社会用电量中可再生能源电力消费量最低比重指标，完成本供电区域内可再生能源电力配额；落实好可再生能源发电项目最低保障收购年利用小时数内的电量按国家核定的上网电价或经招标确定的电价全额收购的政策。

数据来源：国家发改委、国家能源局、国家电网，笔者整理。

2. 补贴问题

随着风电装机容量的飞速增加，风电累计补贴额不断扩大。比较2012年与2016年，按平均上网电价计算风电补贴总量，2012年补贴总量约为600亿元，2016年扩大到1800亿元。虽然这一期间国家略微调低了风电补贴水平，但补贴总额仍然跟随规模持续急剧扩大。理论上说，给予新能源的补贴应该由销售电价中征收的可再生能源附加费进行补偿。2012年中国可再生附加费为0.015元/千瓦时，2016年提高至0.019元/千瓦时。依此计算，2012年中国"新能源补贴"账户还有150亿元盈余，到2016年就转为约700亿元亏空。经以上计算可知，风电的补贴缺口越来越大，拖欠风电企业的补贴会使风电发展的激励作用受到一定程度的影响。风电将于2020年实现全面平价上网，补贴逐步退坡已成定局。但是补贴退坡也面临许多问题：第一，弃风限电问题仍旧需要保障性风电电量全额上网，需要继续落实可再生能源保障性收购；第二，开发南移，中东部、南部地区的风电开发成本远高于三北地区，风电行业仍需要政府补贴扶持，否则无利可图。

尽管如此，为了支持和促进风电行业的发展，国家颁布了多项风电补贴的相关政策，表7-6梳理了2017年中国主要风电补贴政策。

表7-6 2017年中国主要风电补贴政策汇总

时间	文件名	主要内容
2017.01.18	《关于试行可再生能源绿色电力证书核发及自愿认购交易制度的通知》	风电、光伏发电企业出售可再生能源绿色电力证书后,相应的电量不再享受国家可再生能源电价附加资金的补贴。
2017.05.17	《关于开展可再生能源电价附加补助资金清算工作的通知》	将可再生能源电价附加补助资金的第一批至第六批进行清算。
2017.08.31	《关于公布风电平价上网示范项目的通知》	示范项目的上网电价按当地煤电标杆上网电价执行,所发电量不核发绿色电力证书,在本地电网范围内消纳。
2017.11.08	《关于全面深化价格机制改革的意见》	根据技术进步和市场供求,实施风电、光伏等新能源标杆上网电价退坡机制,2020年实现风电与燃煤发电上网电价相当、光伏上网电价与电网销售电价相当;开展分布式新能源就近消纳试点,探索通过市场化招标方式确定新能源发电价格,研究有利于储能发展的价格机制,促进新能源全产业链健康发展,减少新增补贴资金需求。

数据来源:国家发改委、国家能源局,笔者整理。

可以见得,2017年国家在风电补贴方面已经做出退坡的计划,这有利于倒逼风电企业降低成本。但为了缓解风电企业的不适应,国家通过试行可再生能源绿色电力证书核发来完善风电的补贴制度,有效增加补贴来源,一定程度上激励了风电的发展,这项政策也标志着风电行业补贴方案由政策强制向绿证等更市场化的方向过渡。

3. 风电发展的环境影响

根据厦门大学中国能源政策研究院的测算,到2025年风电可以替代165兆~195兆吨标煤,并实现4.1亿~5.6亿吨的CO_2减排量,167.7万~224.7万吨的SO_2减排量和112.1万~150.3万吨的NO_x减排量。可以见得,风电对于环境的正向影响凸显,随着风电发展的进一步扩大,风电还将继续在改善气候变化、减少社会碳成本和减缓碳排放等方面发挥巨大作用。

但是,不论是陆上风电还是海上风电都存在环境负外部性,风机的负外部效益集中体现在以下四方面:

(1)低频噪声污染。风机运行的声响会一定程度影响附近居民的生活质量和睡眠质量。

(2)影响景观和生态环境。陆上风电的用地面积较大,占用土地使得人地关系矛盾更加严峻,已经对整体景观规划造成破坏。

(3)影响生物生存,尤其是鱼类和鸟类生物。风机施工和运营带来的噪音及对生物栖息地生态环境的改变导致生物死亡,例如海上风机的建设影响附近海域生态环境导致鱼类死亡,陆上风机的运行会干扰迁徙的鸟类飞行,造成鸟类的死亡,甚至可能导致风电场附近人口密度减少。

(4)电磁辐射的影响。风电场发电会产生电磁辐射,对附近生物造成影响。以上风电的环境负影响都是中国在未来中国风电发展过程中需要注意和避免的。

7.2.3 风电行业发展的政策措施

由于弃风限电和并网消纳困难的问题,国家政府不得不出台红色预警政策来限电以及出台可再生能源保障性收购政策和支持北方地区冬季清洁取暖政策等来促进消纳。但从总体上看,国家对新能源产业进行持续培育,推动风电过快发展是"弃风"出现的原因之一。中国的风电行业走在世界前列,与十余年来政府大力投入和培育息息相关。风电发电量多少关乎发电收益,而整个产业链的发展不能因此停滞。我们要看到,风电产生了巨大的环境、经济效益,现阶段的消纳难题只是发展过程中出现的部分问题,应以更长远的眼光来评判。

1. 持续解决中国弃风问题

首先,解决风电并网问题,中国不能照搬国外模式,必须深入贯彻党的十九大对提高清洁能源消纳能力的要求,适时出台可再生能源配额制,建立全国统一的可再生能源绿色证书交易机制,即通过补贴制、配额制以及发电绿色证书等多种策略的有效结合,走出中国自己的路,在发展中解决问题。

其次,风电的技术发展也应该根据党的十九大所强调的创新发展理念,瞄准世界风电科技的前沿,强化基础研究,实现前瞻性基础研究,突出关键共性技术、前沿引领技术、现代工程技术、颠覆性技术创新,继续探索风电储能技术、测风技术和并网技术,其中,储能技术可以有效解决风电接入电网时面临的间歇性问题,测风技术有助于风电的合理规划和开发以减少弃风,并网技术的提高有利于提高电网的安全稳定运行,这都将是风电未来长期发展的希望。除此之外,中国政府还需要继续加强对风电企业的创新和技术研发进行支持,促成科技成果的转化。

另外,发展风力发电的时候,应该深化党的十九大强调的供给侧结构性改革,注重推动绿色低碳形成新动能的同时,也要实现供需动态平衡,必须优化风电发展布局和规划,三北地区应着重解决就地消纳和弃风问题,可以通过冬季采用清洁能源取暖的方式,增加就地需求,促进就地消纳以及促进特高压电网的建设,实现三北地区风电外输的跨区域消纳,甚至是利用发展风电制氢技术实现消纳;逐步将风电发展重点转向中东部、南部地区,重点开发分散式风电,并注重电网布局、农村电网升级、配电网智能化建设等来与分散式风电匹配。

2. 不断完善价格支持政策

为推动能源生产方式革命、实现能源转型和减少对化石燃料的依赖，中国政府在党的十九大的指引下不断完善价格支持政策，通过可再生能源附加征收标准和上网电价政策，促进风电迅猛发展。但是，风电的扩张必然带来补贴迅速增加，维持高补贴难以抑制低效装机，弃风现象难以避免，补贴缺口很大。所以，现阶段政府应该考虑降低风电补贴，转变补贴方式和产业链节点，并争取早日取消补贴。

首先，补贴终究是临时和不可持续的，由于可再生能源补贴额快速增长，补贴的负担必然导致补贴降低和取消。任何行业都难以依靠补贴长远发展，由于风电成本大幅度下降，补贴对其发展的边际刺激效应已经大幅度降低。按照十九大报告的精神，推进绿色发展，建立清洁低碳、安全高效的能源体系，需要构建市场导向的绿色技术创新体系，发展绿色金融，壮大节能环保产业、清洁生产产业、清洁能源产业。因此在减排的大背景下，通过对传统能源发电施行环境税、碳交易、碳税等政策对促进风电等新能源发展会更有效。这样既可以通过市场化手段限制火电的发展，也可以结合电力市场化，实现多种发电品种的竞争，更有利于资源优化配置，提高整个电力行业的效率。中国政府可以向德国学习，提前发布明确的补贴降低与退出时间表，给予市场确定的预期，从而抑制抢装等行为。

其次，在短期电力过剩的大背景下，根据装机成本降低补贴可以抑制低效装机。降低和取消补贴，既可以倒逼风电制造企业与发电投资者更加主动地加强技术研发和降低成本，也可以促使他们择优选择更经济性的项目，特别是促使企业在立项前更深入地研究项目的消纳问题，更好地实现发电与用电的结合以保证项目收益。改善弃风现状必须通过经济手段，进行风电的"供给侧结构性改革"，瞄准国际标准提高技术水平，坚持去产能，提高其发电投资效率，扩大优质增量供给，实现供需动态平衡。

再次，降低的新能源补贴可以部分用于解决电网消纳和商业模式创新。对于风电等新能源发展，电网成本是一个绕不过去的问题，随着风电比例增大，电网成本会大幅度增长，电网智能化是减少电网成本的主要途径，政府可以帮助解决一部分电网智能化技术创新的成本。

另外，新出现的储能、微网、需求侧响应等商业模式也需要早日获得政策支持。同时，也需要以"一带一路"建设为重点，推广应用特高压技术，加快电网基础设施，推进全球能源互联网建设，坚持先进的风电技术和投资引进来与风电装机设备走出去并重，实现与周边国家合作共赢、和平发展的目标。因此，紧密结合"一带一路"，有序推动与国际先进风电大国的技术合作，不断开拓北非、南美、中亚等新兴市场需求，实现风电产业的国际化成为未来风电发展工作的重点之一。最后，补贴需要用来支持风电本身的技术进步与创新。只有技术进步带来的成本下降才是永久的。21世纪必然是新能源的发展世纪,这是共识。然而几十年后看,解决人类能源需求的清洁技术路线可能不一定是现在占主导地位的几种模式,新能源的研发与新型技术进步仍然需要充分的资金支持。近年来,一些新能源技术路线受成本因素而被压制发展,需要政府补贴支持其发展的初始时段。

目前,为了减少风电发展中风电机和风电场建设给环境带来的负面影响,需要科学、合理地施工,减少施工阶段对周边环境的影响,加强技术消除噪声污染。选址最好避开耕地、自然保护区等地,减少对生物的影响。选址还应该避开旅游风景区,减少风电发展对生态景观的破坏。政府发展风电时,不仅应该看到风电的环境正效应,也应该注意风电的环境负外部效应。中国在发展绿色低碳的风电时应该贯彻落实党的十九大所提倡的坚持人与自然和谐共生的理论,要尊重自然、顺应自然和保护自然,只有遵循自然规律才能在开发利用风电的时候少走弯路,才能提供更多优质生态的能源发展模式,为人类营造宁静、和谐、美丽的未来生活。

7.3 中国海上风电发展现状及展望

7.3.1 中国海上风电发展概况

十九大提出"加快建设海洋强国"以及"加快生态文明体制改革""推进能源生产和消费革命"等目标。海上风电作为海洋部门重要的朝阳产业,在中国受到越来越多的关注。海上风电的发展具有诸多优势。首先,在应对气候变化的大背景下,发展海上风电等清洁能源是减少温室气体排放、促进可持续发展的重要举措。其次,中国有着绵长的海岸线和广阔的海域,风能资源较为丰富,为海上风电的发展提供了良好的自然地理条件。第三,在土地资源供需日趋紧张的情况下,海上风电不占用土地资源,且对环境的整体影响较小。第四,中国东部沿海城市是中国能源消费的主要区域,海上风电靠近电力负荷中心,且海上风电设备利用效率更高,有利于配电优化。根据中国气象局风能资源调查数据,中国5~25米水深线以内近海区域、海平面以上50米高度风电开发潜力约为2亿千瓦,70米以上开发潜力约为5亿千瓦;另外,部分潮间带及潮下带滩涂风能资源及深海风能资源储量也较大。中国海上风电发展起步较晚,但发展速度较快,海上风电装机规模逐步增大。

1. 中国海上风电发展历程

中国海上风电起步于2007年,主要的海上风电公司包括华能、三峡、龙源等,风电机组制造企业主要有上海电气、华锐、湘电、远景和西门子等。自渤海湾安装了第一台金风试验样机以来2009—2010年,龙源江苏如东潮间带32.5兆瓦试验风电场建成,共安装了包括金风、华锐、联合动力、明阳和远景等8家整机商的实验样机。2010年,中国首个真正意义上的海上风电场——采用华锐SL3000/90

机组的东海大桥102兆瓦海上风电场建成。2011—2013年,龙源如东150兆瓦海上潮间带示范风电场建成,主要来自金风、西门子和华锐3家企业的批量装机。2014—2015年,中国海上风电开始提速,风电机组主要来自上海电气、湘电和远景。

截至2016年,中国海上风电的装机量达到162兆瓦,占风电总装机容量的0.96%(图7-9)。2017年仍在建的19个海上风电项目包括辽宁省三峡新能源大连庄河Ⅲ(300兆瓦)海上风电项目河北省乐亭菩提岛300兆瓦海上风电示范项目,天津市的中水电天津南港项目(90兆瓦)、江苏省的鲁能江苏东台海上风电场项目(200兆瓦)、龙源江苏大丰(H12)200兆瓦项目、华能如东八角仙项目(300兆瓦)、大唐江苏滨海海上风电场(300兆瓦)、国华投资江苏分公司东台四期(H2)300兆瓦海上风电场项目、三峡新能源江苏大丰项目(300兆瓦)、江苏龙源蒋沙湾海上风电场(300兆瓦)、国家电投滨海北区H2#400兆瓦海上风电工程,浙江省的国电舟山普陀6号海上风电场二区工程(252兆瓦),福建省的福清兴化湾海上风电场一期(300兆瓦,样机试验风场)、中广核福建平潭大练项目(300兆瓦)、福建大唐国际平潭长江澳项目(185兆瓦)、福建莆田平海湾海上风电场二期(264兆瓦)、福建莆田南日岛海上风电一期(400兆瓦)、福建莆田平海湾海上风电场F区(200兆瓦)和广东省的珠海桂山120兆瓦海上风电场示范项目。

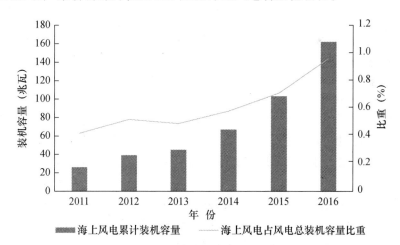

图7-9 中国海上风电累计装机容量及占风电总装机容量的比重
数据来源:中国可再生能源学会风能专业委员会(CWEA)。

2. 中国海上风电相关政策

对中国海上风电发展政策进行梳理发现,中国海上风电发展经历了试点(上海东海大桥项目)——特许权招标(江苏滨海、射阳、东台和大丰项目)——规模化探索三个阶段。

2009年国家出台《海上风电场工程规划工作大纲》,要求沿海各省开展海上风资源情况调查及海上风电场工程规划工作;2010年国家能源局、国家海洋局联合下发的《海上风电开发建设管理暂行办法》规定了海上风电项目的开发流程以及各项工作的审批管理部门;2011年国家能源局、国家海洋局再次联合下发《海上风电开发建设管理实施细则》以细化管理责权,减少项目开发阻力;2012年国家能源局印发《风电发展"十二五"规划》,为中国海上风电开发制定了短期目标,规划提出到2015年实现海上风电装机5000兆瓦;2014年,国家发改委发布了海上风电上网电价的政策,即对于2017年以前投运的海上风电,其售电价格分别是近海风电项目上网电价为每千瓦时0.85元(含税,下同),潮间带风电项目上网电价为每千瓦时0.75元,高于陆上风电(2016年全国陆上风电上网电价定为0.47~0.60元/千瓦时,2018年为0.44~0.58元/千瓦时之间)。2016年,《可再生能源发展"十三五"规划》提出到2020年,海上风电开工建设10 000兆瓦,确保建成5000兆瓦。同年公布的《风电发展"十三五"规划》明确提出2020年底海上风电并网装机容量达到500万千瓦以上的总量目标。

目前中国各省的规划中也出现了对海上风电发展的关注。2017年2月发布的《北部湾城市群发展规划》提出加快陆上和海上风电资源开发;3月发布的《海南省能源发展"十三五"规划》提出东方近海风电装机共350兆瓦的明确目标;4月发布的《广东省海洋经济发展"十三五"规划》提出对海上风能重点支持,到2020年争取建设投产1000兆瓦以上的目标;5月,山东省印发了《山东省新能源和可再生能源中长期发展规划(2016—2030)》的通知,提出适时启动海上风电开发建设;6月发布的《浙江省培育发展战略性新兴产业行动计划(2017—2020年)(征求意见稿)》指出提高风力发电项目开发质量,在建设示范性海上风电的同时实现储能装备和大功率风机制造等产业化。党的十九大报告提出,创新是引领发展的第一动力,是建设现代化经济体系的战略支撑。海上风电的发展同样需要实施创新驱动发展战略。

中国海上风电政策基本符合其发展过程中的政策需要,为海上风电发展制定了较为合理的目标。但同时需要注意的是,政策落地并发挥作用需要在制定过程中对产业发展现状有较为清晰全面的认识,避免出现政策过于超前或政策有效性不强的问题。国家发改委在7月废止了《国家发展和改革委办公厅关于江苏如东潮间带风电场项目临时结算上网电价的批复》《国家发展和改革委关于海上风电上网电价政策的通知》。

3. 中国海上风电产业配套

2007年中国海上风电开始发展以来,国内海上风电配套产业持续发展,出现了一批风机、海底电缆、专用船舶等生产制造的企业。而这些企业的发展也正是中国海上风电产业链发展的一个缩影。

中国海上风电风机装备国产化水平不断提高。2017年在建的19个海上风电项目中,使用(拟使用)上海电气机组、金风科技机组、明阳智慧能源机组、远景能源机组和中国海装机组的项目总容量分别为2232兆瓦、964.15兆瓦、567兆瓦、400.8兆瓦和110兆瓦,而使用西门子歌美飒机组的总容量仅为90兆瓦。中国海上风电机组技术路线出现多样化,重点企业面向未来开发的海上风电机组多采用全功率变流器,但组合上包括了高速齿轮箱＋双馈发电机＋变流器的技术组合,直驱永磁式风电机组＋全功率变流器的技术组合以及高速齿轮箱＋高速永磁式发电机＋全功率变流器的技术组合三类。

中国企业已具备生产世界主流的5兆瓦风机的能力,且持续尝试进步创新。以重要海上风机生产企业湘电为例,2017年签约落户舟山的湘电海上风电投资项目,总投资额超过20亿元。湘电在舟山市的海上风电产业基地将首先批量生产其成熟的4~5兆瓦级永磁直驱型海上风机,该机型已批量用于福建莆田平海湾一期海上风电项目。依托其位于荷兰的海外研发设计中心,湘电计划设计7~10兆瓦级更大功率的海上风机并引入该基地生产。

国内也已经开始制造为海底电缆施工进行专门服务的大型船舶。2017年福建省马尾造船股份有限公司为浙江启明电力集团有限公司建造的国内首制5000吨级新型海底电缆施工船分段上台。同年,南通海洋水建工程有限公司为适应6兆瓦海上风机施工而定制的船舶"海洋风电69号"也入级中国船级社(CCS),可在10~40米水深海域施工作业,是海洋水建"海洋风电36号""海洋风电38号"系列安装船中具备自升式能力的第三艘安装平台。此外加上两艘潮间带安装船,海洋水建已经形成了海上风电施工5条完整产业链能力的生产线。

科技支撑方面,2017年11月,中国电力科学研究院首次在江苏省如东县中广核如海风电场顺利完成了海上风电机组的全方位多参数测试系统现场安装与调试工作。作为"海上风电机组试验检测关键技术研究及设备研制"重要环节,其对海上风电机组的运行特性进行了全面准确地测量与分析。

7.3.2 全球海上风电发展概况

十九大报告提出,要瞄准世界科技前沿,而目前海上风电发展的前沿在欧洲。全球大部分海域尤其南北半球中纬度(30~60°)的西风带蕴藏着丰富的风能,北半球西风带的风能密度在500~1000瓦/平方米之间,处于这一带的英国、德国、丹麦、比利时等国很好地将这些丰富的资源利用了起来。2017年6月在英国伦敦召开的海上风能大会汇聚了50个国家420个参展商,海上风电作为一种方兴未艾的清洁能源产业吸引着全球的目光。2005—2015年间,全球海上风电装机容量增长了近15倍,达到12 110兆瓦。目前世界海上风电的发展以环绕在北海的英国、德国、荷兰、比利时和丹麦等发达国家为领跑者,这些区域风能丰富稳定,拥有低碳环保、发展清洁能源的政策和社会经济环境,也具备较高的科技、工程和管理水平。

2017年欧洲北海海上风电总计发电量已达到159.7亿千瓦时。据欧洲风能协会预测,2030年欧洲北海及周边海域海上风电将具备满足欧盟国家7%以上电力需求的能力。截止到2016年年初,全球海上风电装机容量的前三甲分别为英国(5060兆瓦)、德国(3300兆瓦)和丹麦(1270兆瓦),这些国家的海域分布着世界上最大的25个正在运营的海上风电场(8662.5兆瓦)。根据国际可再生能源署发布的报告预测,2025年的海上风电成本可能比2015年下降35%,海上风电的竞争力将逐步提升。

在过去的4年时间内,由于海上风电工程建设经验的积累、更大的涡轮机投用以及规模效益,英国的海上风电成本缩减幅度接近1/3,在15年的补贴政策和风电场使用年限为20~25年的条件下,成本为97英镑/兆瓦时(约0.82元/千瓦时),英国具有持续增长的为海上风电设计、制造、金融、建造和运营提供服务的产业链,政府具有低碳能源项目稳定的长期补贴政策。2017年英国商业、能源与产业战略部发布报告称,因实施多项得力政策,英国最近一次海上风电拍卖价格已低至每兆瓦时57.5英镑,比2015年下降一半。

目前海上风电已占到德国风电的16.5%,德国政府计划在2020年拥有超过6500兆瓦的装机容量,2030年达到15 000兆瓦。德国政府运用经济杠杆和法律手段,对海上风电给予扶持,如加大政府建设投资、提供比陆上风电更高的补贴等,为海上风电产业的发展营造有利的外部条件。德国政府早在1991年就颁布了促进可再生能源利用的法规《输电法》。2000年,德国《可再生能源法》开始生效。2021—2024年间,德国计划执行转型招投标机制,已规划或获准的风电项目将就有限容量进行两轮招投标竞争。2025—2030年,新的海上风电项目将在新增容量招投标中参与竞争。2017年在海上风电市场迅猛发展的同时,德国海上中标项目补贴也在不断下降,这表明了海上风电成本巨大的下降空间。

7.3.3　海上风电主要突破

2017年9月,中国的华能江苏如东八仙角海上风电项目顺利完成240小时试运行,全面进入商业运营阶段。这是国内首次批量应用5兆瓦海上风机的海上风电项目,也是迄今为止亚洲已建成的装机容量最大的海上风电项目。总装机容量300兆瓦,共有70台风机,包括4兆瓦、4.2兆瓦和5兆瓦三种风机选型,配套建设两座110千伏海上升压站,保证风电机组特殊工况下的各种功能。该项目投产后,预计年平均上网电量约8.2亿千瓦时,按火力发电标准煤耗305克/千瓦时测算,可节约标煤25.02万吨,减少二氧化碳排放55.05万吨/年,减少灰渣10万吨/年,节约用水240万立方米/年,具有显著的环境效益。

中国企业已具备制造出三芯110千伏海底光电复合缆的产能,也成功实现110千伏三芯海底光电复合缆的敷设,并突破220千伏海缆敷设技术。龙源福建莆田南日岛400兆瓦海上风电项目是2014年开始建设的长江以南第一个海上风电项目。2015年6月,福建莆田南日岛海上风电场一期项目220千伏海底电缆工程顺利获得核准,同年9月,该工程正式开工建设。2016年4月26日,第一条海缆开始敷设。2017年,龙源福建南日海上400兆瓦风电一期项目顺利完成220千伏海底电缆倒送电,标志着由龙源中能公司负责打造的国产首条220千伏海上风电"大动脉"成功投入运行,实现了国产220千伏海底电缆敷设工程的历史性突破。

中国已实现110千伏和220千伏海上升压站顺利安装,目前已有8个海上升压站吊装完毕,积累了大量设计、施工经验。6月,世界首座分体式220千伏海上升压站在龙源盐城大丰200兆瓦(H12)海上风电项目成功吊装。11月,龙源电力大丰风电场海上升压站成功克服了220千伏海缆长距离送电,多模块结构升压站体送电,岸上集控中心及海上升压站协调操作,对海缆、模块间的接线可靠性及多人员间的协调工作等困难,一次受电成功。龙源电力大丰风电场位于江苏省盐城市大丰区外侧东沙沙洲北部海域,其西侧边线距海岸线直线距离约24千米。

施工平台"龙源振华3号"2000吨海上风电施工平台在南通码头正式下水,它是全球最大海上风电自升式施工平台,拥有10项全球领先技术并且完全国产化,能够适应6兆瓦大容量海上风电机组吊装,作业水深40米。国内专业勘测船"华东院2号"于11月下水,标志着勘测设计能力进一步提升。首个"双十"三峡响水海上风电项目投入商业运行,采用可拆卸式稳桩平台浮吊吊打沉桩等施工工艺,解决了单桩垂直度需控制在3‰以内的世界难题。

上海深远海课题成功通过验收,将进一步推动深远海示范项目建设。江苏省南通市如东县黄海海域的如东项目,是目前中国离岸距离最远、装机容量最大的海上风电项目。其距离海岸约25千米,海底高程在−8米到−14.6米,共安装38台风电机组,总装机容量为152兆瓦,预计未来年上网电量可达4亿千瓦时。

7.3.4 中国海上风电发展面临的问题

根据中国《风电发展"十二五"规划》,到2015年,投入运行的风电装机容量要达到1亿千瓦,年发电量达到1900亿千瓦时,其中海上风电装机容量达到5000兆瓦。然而,实际数据显示,截至2015年年底,海上风电累计装机1000兆瓦,远远没有完成规划目标。目前中国海上风电场规模相对较小,且发展起步晚,与欧洲海上风电发展水平存在较大差距,在发展过程中也面临不少问题。

首先,中国地域广,水文条件相对复杂:华东、华南地区夏季面临着台风灾害,而在华北建设海上风场平均风速仅在7米/秒左右,且面临浮冰灾害等。此外盐雾、海流等对风电设备也有着较强的影响。中国是世界第一的水产养殖大国,海缆的下海段和登陆段暗礁丛生、地形复杂、养殖区密布,不利于大型施工船舶和设备作业。自然地理和社会经济条件的复杂性决定了中国海上风电发展中遇到的问题可能多于欧洲各国。海上风电在防腐技术、基础设计、建设施工、可靠性等方面的要求均远高于陆上风电。

其次,海上风电具有比较高的投资成本、运维成本以及风险,且由于海上风电的固定电价较低,海上风电的目前收益缺乏激励性。尽管国家和地方政府支持海上风电发展,主要包括价格政策和发展规划,但是,海上风电配套产业服务体系尚不健全,产业链不成熟,技术标准、规程规范等工作仍需加强,行业的整体成本较高。

再次,出于国防安全、生态环境保护等方面的考虑,如何合理地安排海上风电场的位置也是一个问题。目前中国对海洋开发具有重要指导意义的各级海洋功能区划极少考虑海上风电场的部署。海上风电前期工作周期较长,海上规划基本对敏感、制约性因素进行了排查,但沿海地区经济发展快,海域使用权属变化也快,需要在海上风电规划的基础上,在前期工作过程中进行动态核实,避免新的制约因素对项目产生颠覆影响。要解决的问题包括:用海(海域使用论证、用海预审);海洋环评(主要是对海洋生物多样性的影响);通航(安全影响论证、安全评估);军事、文物、城乡建设等主管部门对风电场规划选址及建设的意见;海缆路由(海缆穿越海堤)。

最后,中国海上风电技术水平仍有待提高。从风电机组制造上说,欧洲6兆瓦海上风电机组已形成产业化能力并批量安装,8.5兆瓦及9.5兆瓦海上风电机组进入样机试运行阶段,12兆瓦的海上风电机组也已经开始设计;而中国海上风电机组容量以3～4兆瓦为主,5～6兆瓦风电机组多处于小批试验阶段,与国外技术水平还有很大差距。

目前江苏省加速发展海上风电,福建省也核准并开建了多个海上风电项目,其他沿海省市也开始展开海上风电发展规划等前期准备工作。在缺乏对全国海上风能资源勘测和评价的背景下,各省市的行动是否盲目冒进,是否会造成资源浪费、效率低下等问题,也令人担忧。政府应尽快开展海上风能资源的勘测和评价工作,出台海上风能发展规划,从全局出发对沿海省市因地部署相应发展任务,避免盲目投资,积极发展配套,打造产业链,对包括海上风电在内的清洁能源产业发展提供长期激励机制,给予企业实质性的经济支持。

7.3.5 中国海上风电发展展望

十九大报告呼吁构建人类命运共同体,坚持环境友好,合作应对气候变化。中国坚持对外开放的基本国策,积极促进"一带一路",积极发展全球伙伴关系。海上风电是一种环境友好、创新性强、国际合作性强的可再生能源产业。因此海上风电是中国"一带一路"倡议及"十三五"新能源规划的重点产业,是推动沿海经济发达地区能源转型的重要手段。国家发改委联合国家能源局在2017年5月印发了《全国海洋经济发展"十三五"规划》,提出应因地制宜、合理布局海上风电产业,并鼓励在深远海建设离岸式海上风电场,健全海上风电产业技术标准体系和用海标准。随着政策体系的不断完善和技术水平的不断提高,中国海上风电将持续推进,在"十三五"时期有良好的增长势头。贯彻十九大精神,实施"十三五"规划,需要优化能源结构,实现清洁低碳发展,推动中国能源革命。根据规划,到2020年中国非化石能源消费比重需要提高到15%以上,煤炭消费比重降低到58%以下,海上风电很有可能扮演非常重要的角色。在人口密集的沿海地区建立起吉瓦级的海上风电场将使得海上风电成为通过经济、有效的方式减少能源生产环节碳排放的重要技术。

由于面临着更为复杂的自然环境,海上风电的运行和维护成本也高于陆上风电。然而随着技术的成熟、规模的扩大,加之更大的风能储量和更高的风能质量,海上风电相较于陆上风电,可能拥有更大的成本下降空间以及发展空间。据彭博预测,海上风电的度电成本将于2020年接近陆上风电。据《可再生能源发展"十三五"规划》,到2020年年底,中国海上风电开工建设10 000兆瓦,确保建成5000兆瓦,全国风电并网装机确保达到2.1亿千瓦以上。国家能源局发布的《风电发展"十三五"规划》也显示了2020年全国海上风电的开发布局(表7-7)。

表7-7 2020年全国海上风电开发布局

序号	地区	累计并网容量(兆瓦)	开工规模(兆瓦)
1	天津市	100	200
2	辽宁省	—	100
3	河北省	—	500
4	江苏省	3000	4500
5	浙江省	300	1000
6	上海市	300	400
7	福建省	900	2000
8	广东省	300	1000
9	海南省	100	150
合计		5000	10 050

数据来源:国家能源局。

从德国和英国的海上风电政策和对产业的激励作用效果看,政策导向应该一方面给予产业足够的引导,体现"激励"目的,这一点在电价定价幅度方面可以得到充足的体现;另一方面需要使产业有足够的信心通过改进技术、优化管理实现更高的收益,从而降低整个行业的成本,为市场化竞争奠定基础。

尽管欧洲海上风电的自然环境和电网系统与中国海上风电发展有很大的差异,中国仍然可以学习其设备制造、工程施工、运营管理和投资融资等方面的先进经验,与中国海洋装备制造、海洋工程建设经验相结合,更好地指导之后的海上风电场建设及运营。增加合理研发投入,稳步做好技术研发,积极开展国际合作,了解、借鉴欧洲等国海上风电的经验和技术标准,结合中国海上实际情况,制定适合中国海上风电的技术标准,并推动标准的落地执行,在工程实践中进一步完善相关的技术和标准体系,解决技术难题。

十九大多次提到生态保护、环境监管。海上风电的建设也应该重视对海洋生态环境的影响,要爱护自然资源和生态环境,积极承担生态保护修复职责,提高生产效率,做到"海尽其用"。鼓励海上风电深水远岸布局,海上风电的规划、开发和建设,应坚持集约节约的原则,提高海域资源利用效率。充分考虑地区差异,并进行科学论证。规划建设海上风电项目较多的地区,应统一规划海上送出工程输电电缆通道和登陆点,集约节约利用海域和海岸线资源,同时降低成本。

除欧洲外,中国的海上风电产业发展也较为领先。风电厂址水深在 8～11 米的珠海桂山项目经历了强台风"天鸽"之后,实现了设备零损失,证明了中国海上风电场建设在应对台风等自然灾害方面的潜力。目前中国也出现了一批风机制造、配套水平较高的企业,具有良好的发展前景。凭借已有的海上风电发展经验,加之强大的科研及制造实力,中国有希望引领亚洲乃至全球热带、亚热带沿海国家及地区海上风电产业的发展,成为海上风电技术服务及装备输出国。中国作为世界上最大的发展中国家和能源消费大国之一,既要承担人类历史所赋予的使命,也具备将压力转变为跨越式创新的科学技术和社会经济基础的能力。总之,海上风电对中国而言既是鲜有经验可循的挑战,也是一次可能引领世界海上风电革命的机遇。十九大给了中国海上风电发展的新启示,"勇于变革、勇于创新,永不僵化、永不停滞",开创中国海洋能源利用新局面。

第8章 储能技术发展与展望

8.1 储能背景概述

十九大报告关于美丽中国的阐述，彰显了以习近平同志为核心的中共中央对人类文明发展规律、自然规律、经济社会发展规律的最新认识，确立了环境在生产力构成中的基础地位。在风能、太阳能等可再生能源和智能电网产业迅速崛起的背景下，储能技术在可再生能源发展和电力系统运行中的应用价值日益凸显。储能技术类型多样，其应用范围涉及发、输、变、配、用各个环节。[①] 毫无疑问，储能技术在中国能源转型发展中占有重要地位。

储能是全球关注的热点问题。未来打开传统能源向新能源转换的通道，迎接新能源时代的加速到来，储能技术的发展是至关重要的一环。得益于储能技术水平的不断提升，储能成本也在持续下降，成本的降低带来更大应用空间。中国坚持和平发展道路，坚持环境友好，用习近平新时代中国特色社会主义思想推动构建人类命运共同体，认识到当今世界是一个高度互相依赖的世界，全球化的深入发展，把世界各国的利益和命运紧密联系在一起。

国际可再生能源署（International Renewable Energy Agency, IRENA）在2017年1月发布的《重新思考能源2017》（REthinking Energy 2017）报告中指出，电池使用量将在未来几年大幅度增长，预测北美洲、欧洲和亚太地区将成为最大的市场。预计全球电池储能容量将从现在的不到1吉瓦跃增至2030年的250吉瓦，电池储能市值将从2015年的22亿美元增长到2020年的140亿美元。数据统计得到，在新增储能方案中，2016年锂离子电池占比高达50%，锂离子电池当前成本约为350美元/千瓦时，与2010年相比降低65%，未来10年有望降低到100美元/千瓦时，到2025年仍占据主导地位，届时其在全球电力电池储能部署中的占比将高达80%。储能有望成为可再生能源发电时代，电力系统管理和能源利用的突破口，带给能源界一次巨大变革，引领世界走向能源利用新格局。

事实上，近几年来储能技术和产业在中国呈现高速发展趋势。以电化学储能为例，截至2016年年底，中国投运的电化学储能项目的累计装机规模达243兆瓦，

[①] 叶季蕾,薛金花,王伟,吴福保,杨波. 储能技术在电力系统中的应用现状与前景[J]. 中国电力, 2014,47(03):1—5.

同比增长72%;2016年新增投运装机规模达到101.4兆瓦,同比增长299%,可再生能源网是主要应用场景,锂电和铅蓄电池是主要的技术类型。据2017年5月,中关村储能产业技术联盟(China Energy Storage Alliance,CNESA)发布的《储能产业研究白皮书2017》,[①]预测到2020年,中国电化学储能累计装机规模将达2吉瓦,约为2015年年底累计装机量的15倍。

为有效解决新时代面临的人民日益增长的美好生活需要和不平衡不充分的发展之间的矛盾,必须树立社会主义生态文明观,坚持绿色发展理念,推进能源生产和消费革命,构建清洁低碳、安全高效的能源体系。2017年也是中国储能产业具有特殊意义的一年,迎来了第一部指导性政策的出台。国家发改委、财政部、科技部、工信部、能源局于2017年10月11日联合下发了《关于促进中国储能技术与产业发展的指导意见》。[②] 作为中国储能产业第一个指导性政策,该意见瞄准现阶段中国储能技术与产业发展过程中存在的政策支持不足、研发示范不足、技术标准不足、统筹规划不足等问题,明确储能在智能电网、可再生能源高占比能源系统和能源互联网中的重要应用价值,提出未来十年内分两个阶段推进相关工作:第一阶段实现储能由研发示范向商业化初期过渡;第二阶段实现商业化初期向规模化发展转变。

8.2 储能技术现状与发展

储能技术是指通过物理或化学等方法实现对电能的存储,并在需要时进行释放的一系列相关技术。[③] 电能可以转换为化学能、势能、动能、电磁能等形态存储,目前,储能技术按照其具体方式可分为物理储能(如抽水蓄能、压缩空气储能、飞轮储能等)、电化学储能(如各类蓄电池、可再生燃料电池、液流电池等)、电磁储能(如超导磁储能和超级电容器等)和热能储能四大传统类型。近些年随着技术的发展,诞生了电制氢、电制天然气等新的储能形式。[④]

不同的储能技术在概念和原理上差异很大,也各有其优缺点,根据四大类型列出主要储能技术,简述优缺点,如表8-1所示。

---

① http://www.cnesa.org/Serve/download?attachment=/Uploads/20170526/5927c95bdad54.pdf,2017-05-26.
② http://www.gov.cn/xinwen/2017-10/12/content_5231304.htm,2017-10-12.
③ 罗星,王吉红,马钊.储能技术综述及其在智能电网中的应用展望[J].智能电网,2014,2(01):7—12.
④ 胡泽春,丁华杰,宋永华,张放.能源互联网背景下储能应用的研究现状与展望[J].电力建设,2016,37(08):8—17.

表 8-1　主要储能技术及优缺点

类　　型	储能技术	优　　点	缺　　点
物理储能	抽水储能	技术成熟,容量大 寿命长,运行费用低	选址受限 建设周期长
	压缩空气储能	容量功率范围灵活	
	寿命长	选址受限 化石燃料	
	飞轮储能	高效,快速响应 寿命较长	自放电率高 用于短期储能
电化学储能	铅酸电池	成本低廉,安全 稳定性较好	回收处理 循环次数较少
	锂离子电池	能量密度高 高效率,无污染	成本比较高
	钠硫电池	结构紧凑 容量大,效率高	运行维护费用高
	全钒液流电池	充放电次数多 容量大,寿命长	能量密度较低
电磁储能	超级电容器	寿命长,效率高 充放电速度快	能量密度较低 成本高
	超导磁储能	高效,响应速度快 功率密度大	成本高 自放电率较高
热能储能	高温储能(储热)	低成本、长寿命 容量大、环保	前期投入大

数据来源:相关文献整理得到。

结合表 8-1 对于优缺点的分析,必须指出不同储能技术在当前的技术成熟度是不同的。例如在物理储能领域,抽水蓄能和压缩空气储能是发展最快的两种储能技术。抽水蓄能是全球装机规模最大的储能技术,也是目前发展最为成熟的一种储能技术。压缩空气储能已在德国和美国等国家得到了规模化商业应用。在化学储能领域,铅酸电池因其技术成型早、材料成本低等优势,是目前为止发展最为成熟的一种化学电池。中国是铅酸电池第一大生产国和使用国。[①] 结合不同储能技术的主要指标、关键制约因素等,可以给出其具体应用领域,如表 8-2 所示。

---

① 刘英军,刘畅,王伟,胡珊,郝木凯,徐玉杰,刘嘉,吴艳. 储能发展现状与趋势分析[J]. 中外能源,2017,22(04):80—88.

表 8-2　主要储能技术的应用

储能技术	应用领域
抽水储能	削峰填谷,调频调相,事故备用,黑启动
压缩空气储能	削峰填谷,消纳新能源,UPS,分布式电网微网
飞轮储能	调峰调频,桥接电力,UPS
铅酸电池	备用电源,UPS,调频等
锂离子电池	备用电源,UPS等中小容量应用场合
钠硫电池	平滑负荷,稳定功率等中小容量应用
全钒液流电池	调峰调频,可靠性,能量调节等
超级电容器	大功率负载平衡,电能质量,脉冲功率
超导磁储能	动态稳定、功率补偿、电压支撑、调频
高温储能(储热)	可再生能源消纳、清洁能源取暖

数据来源:相关引述文献整理。

除了上述储能技术,当前还有一些新的储能形式,如制气储能。制气储能的发展主要源自新能源发电消纳的需要,将电能以化石能源的形式存储和输送,能够有效减少电网的扩建需求。作为新兴的储能形式,电力制天然气及电力制氢气的用途与传统的电力储能有所不同,其制得的氢气或天然气可用于发电,以供应电网的高峰负荷;另外,还可直接进入输气管道或封装出售,参与氢气市场和天然气市场的流动。① 这些新的储能形式有待进一步研究与商业化。

8.3　储能市场发展状况

8.3.1　国际主要储能市场盘点

2017 年,美国的储能装机容量约为 500 兆瓦,部署在电力零售和批发市场。美国储能协会(Energy Storage Association,ESA)于 2017 年 11 月发布白皮书《A Vision for Energy Storage》,预测到 2025 年美国储能装机容量有望达到 35 000 兆瓦。

美国储能协会与法维翰研究咨询公司(Navigant Research)共同创建的白皮书概述了推动存储行业快速发展的市场驱动因素,并解释了防中断电网系统的价

---

① 胡泽春,丁华杰,宋永华,张放. 能源互联网背景下储能应用的研究现状与展望[J]. 电力建设,2016,37(08):8—17.

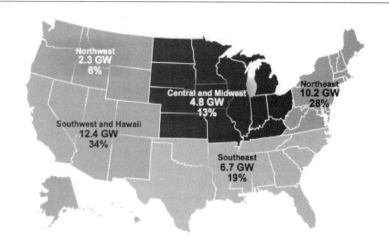

图 8-1　美国 2017—2025 年储能装机容量增长预测图
数据来源：Navigant Research 报告。

值。法维翰研究咨询公司认为,在未来不到十年的时间里通过美国储能协会部署的增长愿景,美国储能装机容量有望达到 35 000 兆瓦,这一市场的发展将为美国带来更强大的就业引擎,同时实现了更高的电气可靠性和弹性。

报告认为,储能系统的部署将使得电网能够在数秒内实现更快、更准确的回应,从而在 2025 年之前累计节省电网运营成本 40 亿美元。同时,它还有助于增强电网的可靠性和弹性,减少外界对电网的干扰,改善环境、清洁空气,在制造业和研发、建设、项目开发、运营和维护、销售、市场营销、行政管理等领域创造超过 16.7 万个职位。

综合来看,英国、澳大利亚、美国、中国是 2017 年全球储能市场最活跃的国家。在欧美国家,储能大量参与调频、调峰等电力市场辅助服务,美国、韩国、印度等多国制定和实施储能采购目标；德国、澳大利亚大力实施风光储能补贴计划,用以支持新能源消纳水平的提高以及智慧分布式电网能力的提升；日本通过开展大容量蓄电系统助力集中式可再生能源并网以及智慧城市分布式能源系统等项目。

据美国能源部全球储能数据库（DOE Global Energy Storage Database，GESDB）最新数据（2016 年 8 月 16 日）可以看到全球的储能项目装机分布,整理数据后,得到 2016 年全球累计运行储能装机前十名的国家,对于这十名国家的装机量进行排名,同时统计每个国家的项目数量,得到 2016 年全球累计运行储能装机前十位国家（见表 8-3）,可以看到中国是累计装机量最多的国家,上述前十名国家的累计装机量约占全球的 80%。在物理储能(抽水蓄能)发展方面,亚洲较占优势,而在电化学储能、电磁储能和热能储能等技术方面,欧洲则更加成熟。

表 8-3 2016 年全球累计运行储能装机前十位国家

排　名	分布地区	国　家	装机量(吉瓦)	项目数量
1	亚洲	中国	32.1	94
2	亚洲	日本	28.5	90
3	北美洲	美国	24.1	493
4	欧洲	西班牙	8.1	65
5	欧洲	德国	7.6	76
6	欧洲	意大利	7.1	51
7	亚洲	印度	6.0	18
8	欧洲	法国	5.8	21
9	亚洲	韩国	5.0	62
10	欧洲	奥地利	4.7	22

数据来源:美国能源部全球储能数据库(GESDB)。

截止到 2017 年第三季度,[①]英国、中国和日本是全球新增投运项目中装机规模排在前三位的国家,其项目全部应用在集中式可再生能源并网和辅助服务领域;澳大利亚、美国和英国是新增在建或规划项目中装机规模排在前三位的国家,其占比超过 90% 的项目分布在集中式可再生能源并网和辅助服务领域。从应用分布上看,2017 年第三季度,全球新增投运储能项目中,辅助服务领域的装机规模最大,为 31.5 兆瓦,比重为 33%,该领域项目多在欧洲的英国、德国和比利时等国家。另外,集中式可再生能源占比 31%,用户占比 26%,电网侧占比 10%,全球 2017 年第三季度新增投运电化学储能项目的应用装机分布见图 8-2。

8.3.2　中国储能市场盘点

中国储能电站发展相对缓慢,但是对大规模储能技术的研发投入比较大,研发进展也相对比较快。习近平总书记在十九大报告中提到,要加快建立绿色生产和消费的法律制度和政策导向,建立健全绿色低碳循环发展的经济体系。构建市场导向的绿色技术创新体系,发展绿色金融,壮大节能环保产业、清洁生产产业、

---

① 数据来自中关村储能产业技术联盟(CNESA)项目库 2017 年第三季度统计结果。

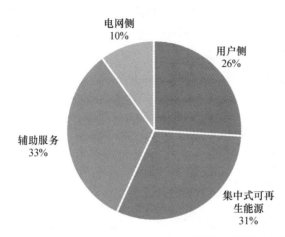

图 8-2 全球 2017 年第三季度新增投运电化学储能项目的应用装机分布

清洁能源产业。推进能源生产和消费革命,构建清洁低碳、安全高效的能源体系。储能技术与行业发展如火如荼。结合当前情况,已有比亚迪、科陆电子等多家上市公司进入储能电站市场。中国以前的储能电站大多是抽水蓄能电站,主要用于调峰或与核电站进行配合。随着近几年电池成本的下降,电化学储能的装机规模呈现快速增长的态势。但是,由于市场机制、制度限制和经验等方面因素的制约,中国的储能电站发展还有一定的滞后性。[①] 随着已公布和投运的新项目数量不断增加,最新发布的项目表明地域多样化正在发生。法维翰研究咨询公司估算,2017 年 5 个国家应占全球新增储能容量的 51%,分别是美国、中国、印度、英国和澳大利亚。通过多年的技术进步,大规模储能电站已经开始越过盈亏平衡点,在部分地区已经可以取得赢利。未来随着技术的持续进步、产能的扩大以及市场机制的完善,大规模储能可能会进入发展的黄金时期。

据《储能产业研究白皮书 2018》统计,截至 2017 年年底,中国投运储能项目累计装机规模为 28 900 兆瓦,同比增长 19%。其中,电化学储能项目的累计装机规模达 390 兆瓦,同比增长 45%。

事实上,与电化学储能相比,热储能大规模应用的历史更长,范围也更为广泛。中关村储能产业技术联盟(China Energy Storage Alliance,CNESA)最新发布的《全球储能市场跟踪报道(2017 年第三季度)》显示,截至 2017 年第三季度,全球已投运储能项目累计装机规模占比前三的依然分别是抽水蓄能、熔融盐储热和电化学储能。在全球范围内,熔融盐储热始终牢固占据着储能装机规模的第二

---

① 中国能源转型陷入两难储能技术成破局关键[J]. 功能材料信息,2016,13(06):44—45.

位,已经在西班牙、意大利等欧洲地区和部分北美地区等发达国家得到了实际商业化应用。这与中国的实际情况有明显差异。中国的熔融盐储热应用还相对较少,仅有 2016 年 8 月 20 日于青海投运的中控德令哈 10 兆瓦塔式熔融盐太阳能热发电站项目。目前国内对熔融盐储热关注度较低,主要是最近几年新能源汽车市场发展迅猛,投入这一产业的资本数量十分庞大,相应地带动了动力电池产业的快速发展,同时带动电化学储能发展,从而热能储能技术市场遇冷。

8.4 储能产业展望

8.4.1 全球储能市场预测

根据 Navigant Research 2017 年发布的新数据,到 2026 年全球公用事业规模及分布式储能容量年增量预计超 50 000 兆瓦。未来 10 年全球储能领域将见证强劲增长,到 2026 年增长的规模令人惊讶。根据报告,2026 年全球公用事业规模储能容量将达到 2017 年的 26 倍,如图 8-3 所示,即由 1159 兆瓦增至 30 473 兆瓦。

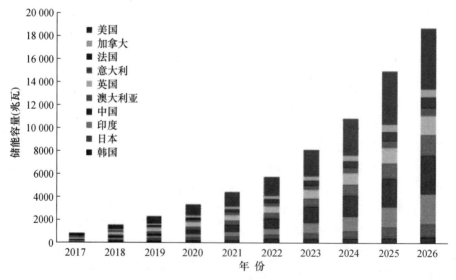

图 8-3　全球 2017—2026 年十大公用事业规模储能容量年增量国家
数据来源:Navigant Research 报告。

全球范围内,储能行业继续深入发展,同期分布式储能系统年增量从 684 兆瓦增至 19 700 兆瓦,如图 8-4 所示。

2017 年,基于美国、中国、印度、英国和澳大利亚在政策和需求方面的双重有利条件,这五大国家将占新增分布式储能容量的 70%,占新增公用事业规模储能

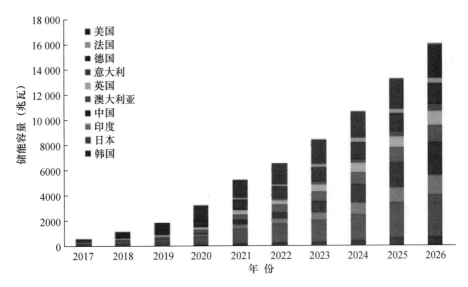

图 8-4　全球 2017—2026 年十大分布式储能容量年增量国家

数据来源：Navigant Research 报告。

容量的 57%。此外，报告还发现，更成熟的早期采用者市场和新兴的储能市场已有大幅增长。这也与 2017 年国际金融公司(International Finance Corporation, IFC)发布的《新兴市场的储能发展趋势和机遇》报告结果一致，其对于未来五年储能在新兴市场的发展同样乐观，认为储能在新兴市场将以 40% 的增长率迅速发展，从当下的 2000 兆瓦增长至 80 000 兆瓦。

8.4.2　中国储能产业展望

2017 年 10 月 31 日，中国国家能源局发布了 2017 年前三季度风电并网运行情况。2017 年 1 月至 9 月，全国风电发电量为 2128 亿千瓦时，同比增长 26%；平均利用小时数 1386 小时，同比增加 135 小时；弃风电量 295.5 亿千瓦时。为响应党的十九大报告"贯彻新发展理念，建设现代化经济体系"的号召，应当把握时代大势，迎接经济社会发展的新趋势、新机遇。当应对较为严重的消纳问题以及弃风弃光问题时，储能增加了电能输送储存的功能，在未来电力系统发展中极具意义。

当前得益于储能行业的技术进步，在目前无补贴的情况下，由于储能成本的降低，储能在峰谷价差套利、辅助服务市场及可再生能源限电解决方案上已经实现了有条件的商业化运行,①同时可再生能源行业的快速发展亦将带动储能市场的快速增长。据中关村储能产业技术联盟（China Energy Storage Alliance, CNESA）项目库的统计,截至2017年第三季度,中国新增投运储能项目的装机规模为22.8兆瓦。快速的增长态势配合密集出台的储能政策,表明储能逐步成为规划布局的重点领域。以下从政策、企业、投资及技术应用四个层面进一步分析。

1. 政策层面

2017年对于储能技术和产业政策发展而言是具有重大意义的一年。国家发改委、财政部、科技部、工信部、能源局于2017年10月11日联合下发了《关于促进中国储能技术与产业发展的指导意见》。作为中国储能产业第一个指导性政策,首先明确了储能是智能电网、可再生能源高占比能源系统、"互联网＋"智慧能源的重要组成部分和关键支撑技术。储能能够为电网运行提供调峰、调频、备用、黑启动、需求响应支撑等多种服务,是提升传统电力系统灵活性、经济性和安全性的重要手段;储能能够显著提高风、光等可再生能源的消纳水平,支撑分布式电力及微网,是推动主体能源由化石能源向可再生能源更替的关键技术;储能能够促进能源生产消费开放共享和灵活交易、实现多能协同,是构建能源互联网,推动电力体制改革和促进能源新业态发展的核心基础。

政策的大力支持与规范化指导,给众多储能技术企业以及整个产业的发展提供了研发技术、开拓市场的空间,特别是有利于储能的商业化进程。按照《指导意见》指出的发展历程,中国储能产业现状依然处于政策引导期,储能产业以政府试点为主。自2011年起,工信部、国家能源局相继出台多个关于储能产业发展的政策,并推进多个储能试点项目工程的建设。迄今为止,中国已经建成了北京市房山区光伏充电站项目、北京市延庆区光谷小区项目、北京市高安屯充换电站、上海市临港一体化充换电站等多个试点工程项目,并有多个在建项目。但是,此类项目均属于政府政策引导的试点项目,尚未进行商业化运作。

现阶段,储能产业尚处于萌芽阶段,其增长依赖于政府试点工程的引导。在此期间相关企业则可以不断累计技术和运营经验,从而比其他企业更快形成门槛。而且,根据新能源汽车产业的发展趋势,一旦试点项目获得成功并形成较为成熟的商业模式,那么政府的政策就会进入产业推广期。

2. 企业层面

当前,储能企业第一痛点是商业模式,合理的商业模式关系到企业未来的发

---

① 刘英军,刘畅,王伟,胡珊,郝木凯,徐玉杰,刘嘉,吴艳. 储能发展现状与趋势分析[J]. 中外能源,2017,22(04):80—88.

展。目前已有一些探索实例:例如南都电源在铅电池领域已经形成了"产品+资源"的循环经济商业模式,短期内传统的"铅酸电池+再生铅"是业绩主要增长点;中期拓展至"铅碳产品+储能应用+再生铅",具备较大增长潜力,长期有望打造"锂电产品+应用+梯次+资源回收"的循环经济商业模式。这类短期、中期、长期商业模式的形成是与诸多储能技术领域企业竞争的一大利器,有助于形成储能产业的资金和技术壁垒。

第二,利润最大化是企业的目标之一,企业需要明确自身定位,产品符合用户需求,实现技术与市场的融合。

第三,企业应当保证技术的先进性,价格竞争是市场上最常见的竞争模式,但在储能产业方面,企业的竞争力来自自身的技术创新。当然,由于储能技术依然需要高安全性和高稳定性的电池技术支持,这就要求企业需要投入大量的人力、技术和资金进行技术研发以及试点工程建设。

第四,坚持政策导向,企业发展离不开国家政策的规范性指导,十九大的召开与储能相关政策的出台,将进一步形成良好的行业发展氛围。

3. 投资层面

随着规范性政策的出台和如火如荼的技术创新,预计将有更多的社会资本投资储能产业。目前来看市场对储能投资具有很高的积极性。例如特斯拉作为唯一一家在美国上市的纯电动汽车独立制造商,2012年5月至2018年1月,其股价由31美元涨至336美元,上涨十倍有余。此外,随着储能技术的进步,储能成本逐年下降,预示着投资回收期的缩短,亮眼的行业研究数据也吸引了资本市场布局储能产业。

储能产业的政府补贴也是吸引社会资本的一大因素。储能产业自身技术不断进步,与之伴随而来的是成本下降以及更健康的市场化发展。国家对产业技术的补贴是要经过深思熟虑的,而企业更多的诉求是寻求开放健全的市场机制,还原储能的商品价值。在市场机制还没完全建立起来之前,补贴可以在短期内作为扶持企业的一种手段,促进其有序发展。但若将补贴作为一项普遍性的政策,在经济意义上是不可取的。遵循十九大报告中提出的"着力构建市场机制有效、微观主体有活力、宏观调控有度的经济体制",应当把握储能市场、储能企业和政府调控之间的科学联系,构建现代经济体系,使市场在资源配置中起决定性作用。

4. 储能技术应用层面

从应用场景来看,大规模可再生能源并网、分布式发电与微电网、辅助服务、电力输配和用户侧是储能技术主要的五类应用场景;根据不同场景的应用需求,技术配套也有所区别。

目前中国储能技术还处在由研发示范向商业化初期过渡的第一阶段，还没有进入规模化发展阶段。因此，储能技术下一步工作重点是根据市场需求调整技术研发路线，贴合用户需求。储能行业要围绕《指导意见》提出的推动试点示范的五方面重点任务，在技术创新、运营模式、发展业态、体制机制等方面深入探索，先行先试，总结累积可推广的成功经验，驱动产业快速迭代，为规模化发展打下基础。

第9章 中国原油期货市场与碳交易市场

9.1 中国原油期货市场的建立与现状分析

党的十九大报告指出,中国要构建清洁低碳、安全高效的能源体系。石油在中国的能源体系中扮演着非常重要的角色,在一次能源消费中占比20%左右。特别是近些年随着中国经济的快速发展,石油需求也越来越多,2017年对外依存度接近70%,并且还有进一步上升的趋势。中国需要构建"安全"的能源体系,"石油安全"是最重要的组成部分之一。虽然中国原油进口量越来越大,是国际原油交易的重要参与者,但并没有掌握国际原油的定价权,是国际原油价格的被动接受者。在国际原油期货的定价权方面,世界三大价格基准为:美国纽约商业交易所(NYMEX)上市的西德克萨斯轻质(WTI)原油价格、英国伦敦洲际交易所(ICE)上市的布伦特(Brent)原油价格以及新加坡和东京市场交易的迪拜(Dubai)原油价格。中国作为全球第二大经济体,很有必要建立一个能够影响国际原油价格的原油期货市场,争夺国际原油价格的定价权。本章将从中国建立原油期货市场的背景、意义、设想和发展现状等方面进行详细分析。

9.1.1 中国建立原油期货市场的背景

中国是个"多煤、贫油、少气"的国家。"贫油"意味着中国的原油产量有限,近三十年来,中国经济高速增长,汽车保有量越来越大,对原油的需求也越来越大。图9-1描述了1990—2016年中国原油的年产量和年消费量。图中显示过去27年中国原油的产量变化非常小,1990年产量为138.31兆吨,2016年产量为199.69兆吨,仅增长了44.37%。然而,其消费量每年都有一定幅度的增加,其中1990年消费量为112.86兆吨,2016年消费量为578.66兆吨,增长幅度高达412.72%。图9-2给出了1990—2016年中国原油年净进口量以及对外依存度。从图中观察中国原油的净进口量,可以看出1990—1992年中国原油年净进口量为负,即这三年表现为净出口。1993年中国原油转为净进口,其进口量越来越大。再观察中国原油的对外依存度曲线,可以发现中国原油的对外依存度越来越高,2014年突破了50%,2016年更是高达65.49%。中国较高的原油对外依存度,威胁到了中国能源安全,也使得中国经济更容易受到国际经济波动的冲击。

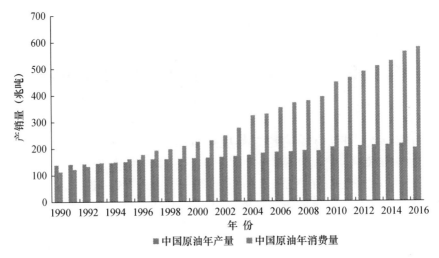

图 9-1　中国原油年产销量

数据来源:万德数据库。

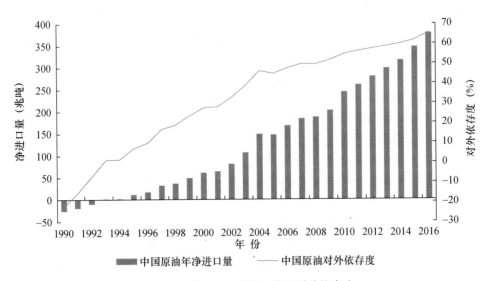

图 9-2　中国原油年净进口量和对外依存度

数据来源:万德数据库。

原油生产分布上,中东地区、北美地区以及欧亚地区是全球三大主要原油生产地区,2015 年三大地区原油产量分别占到全球产量的 32.4%、20.9% 和 19.4%。其中分属三大地区的沙特阿拉伯、美国和俄罗斯是全球三大主要原油生产国,2015 年原油年产量分别占到全球总产量的 13.0%、13.0% 和 12.4%。原油消费分布上,亚太地区、北美地区以及欧亚地区是全球三大主要原油消费地区,2015年三大地区的原油消费量分别占到全球原油消费总量的34.7%、23.9%和19.9%。其中隶属北美地区的美国以及来自亚太地区的中国和印度是全球三大主要原油消费国,2015年原油年消费量分别占到全球原油消费总量的19.7%、12.9%和4.5%。

在原油价格方面,自19世纪70年代发生两次石油危机以来,原油的价格波动幅度非常大。图9-3给出了国际原油期货1990—2016年的价格变化图。从图中可以看出,国际原油期货价格变化较大,且一些大的价格波动通常对应着一些经济、政治和军事事件,如1990—1991年的科威特战争和海湾战争、1997—1998年发生的东南亚金融危机、2001年9月美国发生的"9·11"恐怖袭击事件、2008年9月爆发的全球性金融危机、2014年底美国的页岩气革命以及俄罗斯与西方国家的政治对峙等。另外,图9-3中显示,近十年(2007—2016年)原油价格的波动幅度明显高于之前(1990—2006年)的原油价格波动幅度。在对外依存度很高的背景下,原油价格大幅波动会对中国经济产生较大的影响。

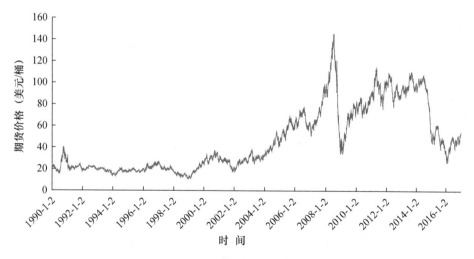

图9-3 国际原油期货价格变化

数据来源:美国能源信息署。

"他山之石,可以攻玉",美国作为全球最大的石油消费国,其施行的一些应对措施可以为中国的石油安全提供一些可借鉴的经验。石油安全是美国能源安全的关键内容,美国石油消费也高度依赖进口。受益于20世纪70年代开始的"能源独立计划",近年来美国的石油安全出现了显著好转。美国国内石油供需对国际油价影响很大,就是所谓的石油"话语权"。比如,美国的石油库存约占全球石油

库存的40%,被视为全球石油供给的一部分,库存的增加和减少经由全球交易量最大的商品期货合约、也是全球最重要的石油定价基准之一——西德克萨斯轻质低硫原油(WTI原油)期货合约向全球传导。

中国能源安全的关键所在也是石油安全。中国石油需求还将持续增长,国内石油产量已经开始下降,增量都需要进口满足,石油对外依存将逐年增长。除了利用新能源对石油消费进行替代、促进石油进口多元化、发展城市轨道交通减少石油消费等手段外,还需要建设和发展具有世界影响力的石油期货市场。石油期货市场的建设和发展不仅有利于政府和企业把握石油供需的现状和变化趋势、对应调节生产和消费,也为行业企业提供了对冲风险、套期保值的工具。更重要的是,中国作为全球第二大石油消费国,目前国内的成品油价格机制被动地接受国际油价的影响,国内供需无法直接影响国际油价。因此,期货市场的建立有利于中国增加对国际石油定价的影响,期望能够形成一个亚洲指数,从而摆脱目前在国际石油市场上的被动形势,使中国的石油供需和库存成为国际油价的重要参照指标。

中国早在1992年底就曾推出过石油期货合约,是亚洲最早推出石油期货合约的国家。但由于相关法律法规的不健全,违规和风险事件频发,国务院于1995年全面叫停了石油期货合约交易。经过反思调整后,上海期货交易所分别于2004年8月和2013年10月再次推出燃料油期货和石油沥青期货。其中燃料油期货存在着严重的流动性问题。万得数据库的相关数据表明,2017年燃料油期货的日均成交量不足200手(每手1万吨)。显然,相比中国巨量的实际石油消费,石油期货的发展存在着严重不足,尤其是原油期货的缺失。2014年证监会批准了原油期货交易,2017年6月13日起受理客户申请交易编码,上市交易已进入最后冲刺阶段。2018年1月15日中国证监会表示,原油期货欢迎境内外投资者参与后,连国外的期货投资者都对中国的原油期货期待有加。2018年3月26日,中国的原油期货在上海国际能源中心正式挂牌交易。

9.1.2 中国建立原油期货市场的意义

自20世纪90年代以来,中国先后推出了石油期货和燃料油期货。随着中国石油消费量不断攀升,原油进口量也不断增加,人们对原油期货推出的呼声越来越高。众所周知,原油是工业的血液,原油对一个国家经济的意义不言而喻。而原油期货则是一种重要的国际大宗商品和金融资产。中国原油期货的推出将至少有以下几个方面的意义。

1. 中国原油期货的推出可以提高中国在国际石油市场定价的影响力

中国是世界石油消费大国,近年来中国原油进口依存度节节升高,对保障中国的能源安全提出了很大挑战。当前中国还处于城市化和工业化时期,大量的基础设施建设、工业部门的进一步扩张以及居民生活水平的不断提高,将使得中国对石油的需求持续增长。虽然中国是世界石油消费大国,原油进口量占世界增量比重很大。然而,由于长期以来国内原油品种的期货市场缺失,中国在国际石油定价中的影响力非常低,不利于中国石油的"价格安全"。与此同时,国际油价大幅度波动会对国内经济、相关行业以及社会稳定产生很大影响。原油期货的成功推出,将有益于中国的石油安全,也是有助于实现党的十九大报告指出的"构建清洁低碳、安全高效的能源体系"。

目前世界上最重要的原油期货合约有纽约商品交易所的西德克萨斯中质原油期货合约(WTI)和伦敦国际石油交易所的布伦特原油期货合约(Brent)。这两个原油期货合约的交易价格是国际原油现货价格的重要参考。其中,美国纽约商品交易所的期货合约是全球商品期货品种中成交量的龙头,该原油期货合约具有良好的流动性及很高的价格透明度,是世界原油市场上最重要的基准价格。因此,美国在世界原油市场定价上有比较大的影响力。中国有庞大的原油消费市场,而且在未来几年将超过美国,有着庞大的市场交易需求。因此,中国可以借鉴美国的经验,建立起中国(亚洲)的原油期货交易市场,通过提高原油市场的交易量,发挥中国原油期货市场在国际油价中的影响力。

2. 中国原油期货市场有益于推动国内成品油市场的价格改革

长期以来,中国的成品油价格由政府制定,常常偏离市场价格。现行的方案是布伦特、迪拜和米纳斯三地原油价格为基准,当国际市场原油连续10个工作日移动平均价格变化超过4%时,可相应调整国内汽、柴油价格,这种机械式的被动调整,不能反映国内成品油的供需变化,使得价格的市场配置资源功能不能有效体现。

期货市场具有发现价格的功能,市场上存在众多的生产者、经营者和投机者,他们以各自成本加预期利润作为定价基础,通过交易互相影响,各方交易者对原油未来价格的行情进行分析和预测,通过有组织地公开竞价,形成预期的原油基准价格。这种微观主体相互作用形成的基准价格还会因市场供求状况变化而迅速变化,具有动态价格特征。原油期货交易市场可以反映出市场微观主体的预期、需求和生产成本等,具有价格导向功能。因此,建立国内原油期货市场可以形成国内石油供需的晴雨表,作为国内成品油定价的根据,推动国内成品油定价机制的改革。

3. 原油期货市场可为国内原油消费企业提供套期保值、规避风险的渠道

在原油期货市场,一个重要的基本运作方式即套期保值,基本做法是企业买进或卖出与现货市场交易数量相当,但交易方向相反的石油商品期货合约,以期在未来某一时点通过对冲或平仓补偿的方式,抵消现货市场价格变动所带来的实际价格风险。原油需求企业通过套期保值实现风险采购,能够使生产经营成本保

持相对稳定,从而增强企业抵御市场价格风险的能力;原油供给企业则可以通过保值实现风险出售,使其预期利润保持相对稳定,提高其投资和生产的稳定性。中国原油期货交易市场建立后,国内石油相关企业可以通过中国原油期货市场规避石油价格波动的风险,这对国内石油相关企业实现稳定生产和经营具有积极作用。

4. 原油期货市场可以提升中国期货市场的国际地位

中国目前主要有中国金融期货所、上海期货交易所、大连商品交易所和郑州商品交易所等四家期货交易所。其中,中国金融期货所主要交易股指期货和国债期货等金融产品期货,上海期货交易所主要交易黄金、白银、铜、铝、锌、铅、螺纹钢、线材和燃料油等11个期货合约,玉米、玉米淀粉、黄大豆1号、黄大豆2号、豆粕、焦炭、焦煤和铁矿石等16个期货品种和豆粕期权,郑州主要交易小麦、绿豆、芝麻、棉纱和花生仁等期货交易品种。以上期货交易所的交易产品都是以人民币进行计价,且交易者绝大多数都为中国公民,国外的交易者较少,所以它们的国际地位较低。2013年,经中国证监会批准,上海期货交易所出资设立上海国际能源交易中心股份有限公司(简称"能源中心"),"能源中心"是一所面向全球投资者的国际性交易场所。中国推出的原油期货,将在"能源中心"上市,也就打上了国际化的烙印。当原油期货成为国际上一种重要的期货交易产品时,中国的其他期货产品也会被国际投资者更多地关注,中国的期货市场也将越来越国际化。因此,原油期货市场可以提升中国期货市场的国际地位。

5. 原油期货市场可以推动人民币国际化

随着经济的快速发展,中国对世界的影响力不断加深,人民币国际化的要求不断增加。中国原油期货的推出有利于实现人民币国际化战略。具体来说,在中国原油期货交易的设计上以人民币为计价单位和交易货币,有助于探索建立人民币计价的国际大宗商品交换机制,同时也将为中国进一步融入国际金融秩序提供新动力。另外,原油期货市场带动中国其他期货市场的国际影响力,其他以人民币计价的期货产品也会受到国际投资者的关注。通过配套政策,逐步推进人民币自由兑换,为人民币国际化走出实质性的突破。

2017年上半年,中国原油进口量首次超越美国,正式成为最大石油进口国。同时,中国正在积极推动用人民币支付进口的所有石油和天然气,全球主要的石油和能源出口国,包括沙特为首的海湾阿拉伯国家合作委员会、俄罗斯、伊朗、委内瑞拉等,已经同意接受人民币结算。在此背景下,以人民币为计价单位的原油期货推出,不仅可以实现在原油期货市场中使用人民币进行交易,还可以进一步促进石油等能源产品贸易中的人民币交易,从而推动人民币的国际化。

6. 原油期货市场还可以提升中国的综合国力和国际影响力

当今世界,美国的综合国力和国际影响力最强,其中美国原油期货市场扮演着非常重要的角色。石油被誉为工业的血液,工业的发展离不开石油较低价格的稳定供应。20世纪70年代的两次石油危机对美国经济带来巨大的负面冲击,80年代美国建立了原油期货市场,争夺了一定的定价权,使得美国能得到稳定的石油供应,发展自身的经济,提升综合国力。另外,原油连同美元以及粮食被认为是美国影响和控制全球经济以及金融市场的三大主要手段。虽然原油主要产地在中东地区和俄罗斯,但美国通过建立原油期货市场,推出美国西得克萨斯中质(WTI)原油期货,其即期合约价格被很多投资者视为国际能源市场的基准价,影响着国际原油价格走势。"石油美元"的建立也是美元能成为全球影响力最大的货币的重要原因之一。

党的十九大报告指出,综合分析国际国内形势和我国发展条件,从2020年到本世纪中叶可以分两个阶段来安排。其中,第二个阶段,从2035年到本世纪中叶,在基本实现现代化的基础上,再奋斗十五年,把我国建成富强民主文明和谐美丽的社会主义现代化强国。到那时,我国物质文明、政治文明、精神文明、社会文明、生态文明将全面提升,实现国家治理体系和治理能力现代化,成为综合国力和国际影响力领先的国家。党的十九大报告还指出,当前的新时代是我国日益走近世界舞台中央、不断为人类作出更大贡献的时代。中国提出了"一带一路"倡议,展现出大国的担当,中国从规则的接受者逐渐向规则的制定者转变,为全球的经济治理贡献"中国理念和中国智慧"。目前的原油期货市场主要受欧美等西方发达国家的控制,中国作为全球最大的发展中国家,应该在原油期货市场上也有所作为,为"一带一路"国家谋福利。原油期货市场的建立,可以为中国争夺一定的石油定价权,确保能源安全,为中国经济的发展提供保障,提升中国的经济实力。另外,通过建立原油期货市场,加强与俄罗斯、沙特阿拉伯、伊朗和伊拉克等中国主要进油国的合作,促进原油使用人民币交易,推动人民币的国际化,提升中国的国际影响力,使中华民族以更加昂扬的姿态屹立于世界民族之林。

9.1.3 中国原油期货市场的建立

原油期货的推出需要审慎地设计,也需要对应的配套行动。

首先,合约的设计是关键。一个合理的合约对于期货的顺利运行有着重要作用。以燃料油期货为例。实际上,燃料油期货推出后到2011年市场交易还是比较活跃,日成交量平均在13.91万手左右。但从2011年开始市场交易量开始大幅下降,2013年3月后更是大量出现零交易的现象。究其原因,很重要的一点就是合约交易单位的变动。2011年1月,燃料油期货合约的交易单位由原来的10吨/手上升到50吨/手。交易单位的提高直接提高了燃料油期货的市场准入门槛,挤出了大量的中小投资者,也挤掉了流动性。除了交易单位需要谨慎选择外,原油期货合约设计在合约标的、涨跌幅、最小价格变动单位、交割方式、结算货币等方面都需要慎重思考。不仅要加强监管,更要保证足够的流动性以及国际影响力的建立。

其次,完善原油现货市场。期货市场的成功,需要良好、稳定的现货市场作为支撑。相比美国、欧洲、日本和新加坡等发达国家或地区,中国原油现货市场目前仍然存在很多不足。目前政府在推行行业所有制改革,鼓励、吸引民营资本进入,完善市场构成。政府还应该充分利用低油价的机会,抓紧扩大石油战略储备和商业储备建设,健全石油储备体系,以应对国际冲击、稳定现货市场。

再次,正确对待外资的参与。中国本土原油期货要有国际影响力,必须有足够多的人参与。要有足够多的外国人参与进来,不只是中国自己人,这需要外汇能自由进出。不应害怕国际资金对中国原油期货的投机,投机能加强市场人气,使得市场更加有效。中国原油期货在发展初期可能会遇到很多障碍,因为存在资本管制,预计交易量也不会很大。但一定要做起来,哪怕有再多缺陷,还是要坚定不移地做下去,要有耐心和决心。

最后,完善相关法律法规,建立有效的监管体系。原油期货应该吸取20世纪90年代的经验教训,建立和健全相关的政策法规,建立并完善针对交易所、交易员以及市场参与主体的行为监管,杜绝违规违法事件,降低风险事件对市场的危害。

另外,我们从现有公开的资料中可以发现,上海国际能源交易中心推出的原油期货标准合约的交易品种、交易单位、报价单位、最小变动价位、每日价格最大波动限制、合约交割月份、交易时间和最后交易日等变量的选择可以表示如表9-1。与美国纽约商品交易所推出的原油期货标准合约(如表9-2所示)存在较大的差异。其中几个主要的差异有:在交易品种上,中国的原油期货合约为中质含硫原油,而美国为轻质低硫原油;在报价单位上,美国的原油期货合约是以美元计价,中国的是以人民币计价,这也是中国原油期货市场最大的亮点,它可以促进人民币国际化;在最小变动价位上,中国原油期货市场为0.1元(人民币)/桶,美国为0.01美元/桶;在每日价格最大波动限制上,中国原油期货合约不超过上一交易日结算价±4%,美国的设计更为复杂;在合约交割月份上,中国原油的期货合约为最近1~12个月为连续月份合约以及随后8个季月合约,而美国为30个连续月份加上远期期货36、48、60、72、84个月的合约;除了上述差异外,在交易时间、最后交易日和交割日期等方面,中国原油期货标准合约与美国原油期货标准合约也存在较大差异。

表 9-1 上海国际能源交易中心原油期货标准合约

目 录	具体内容
交易品种	中质含硫原油
交易单位	1000 桶/手
报价单位	元(人民币)/桶(交易报价为不含税价格)
最小变动价位	0.1元(人民币)/桶
每日价格最大波动限制	不超过上一交易日结算价±4%
合约交割月份	最近1～12个月为连续月份合约以及随后8个季月合约
交易时间	上午9:00～11:30,下午1:30～3:00或上海国际能源交易中心规定的交易时间
最后交易日	交割月份前一月份的最后一个交易日;上海国际能源交易中心有权根据国家法定节假日调整最后交易日
交割日期	最后交易日后连续五个交易日
交割油种	中质含硫原油,基准品质为 API 度32.0,硫含量1.5%,具体可交割油种及升贴水由上海国际能源交易中心另行规定。
交割地点	上海国际能源交易中心指定交割仓库
最低交易保证金	合约价值的5%
交割方式	实物交割
交易代码	SC
上市机构	上海国际能源交易中心

数据来源:上海国际能源交易中心。

表 9-2 美国纽约商品交易所原油期货标准合约

目 录	具体内容
交易品种	轻质低硫原油
交易单位	1000桶(42 000加仑)/手
报价单位	美元/桶(交易报价为不含税价格)
最小变动价位	0.01美元/桶
每日价格最大波动限制	上一交易日结算价±10美元,如果有任何一个合约在涨跌停板上的交易或出价达到5分钟,则停盘5分钟之后,涨跌停板扩大10.00美元/桶。如果再次出现同样情况,则停盘5分钟之后,涨跌停板再扩大10.00美元/桶
合约交割月份	30个连续月份加上远期期货36、48、60、72、84个月的合约
交易时间	上午10:00到下午2:30为场内公开喊价时间。场外交易通过 NYMEX ACCESSSM 电子系统开始进行。周一到周四下午4点开始交易,次日上午7点结束。周日电子交易下午7点开始,上述时间为纽约时间

(续表)

目录	具体内容
最后交易日	交易终止于交割月正常交易25日之前的第三天,如果当月25日是非工工作日,以工作日顺延
交割日期	交易终止于交割月前一个月的第25个公历日之前的第3天交易收盘时。如果第25个公历日是非工作日,交易应止于第25个公历日前最后一个工作日之前的第3个交易日收盘时。
交割油种	轻质低硫原油,特定的国内原油硫含量低于0.42%,不超过37API或低于42API的重量,特定的外国原油不超过37API或低于42API的重量
交割地点	美国俄克拉荷马州的库欣
最低交易保证金	1000美元(100倍杠杆)
交割方式	实物交割
交易代码	CL
上市机构	纽约商品交易所

数据来源:纽约商品交易所。

9.1.4 中国原油期货市场的现状分析

根据《上海国际能源交易中心交易规则》等有关规定,原油期货合约上市挂盘基准价如下:SC1809、SC1810、SC1811、SC1812、SC1901、SC1902、SC1903合约的挂盘基准价为416元/桶;SC1906、SC1909、SC1912、SC2003合约的挂盘基准价为388元/桶;SC2006、SC2009、SC2012、SC2103合约的挂盘基准价为375元/桶。

根据《上海国际能源交易中心交割细则》的有关规定,原油期货交割业务可交割油种原产地(装运港)包括:① 阿拉伯联合酋长国迪拜原油:法特港,Fateh Terminal;② 阿拉伯联合酋长国上扎库姆原油:兹尔库岛,Zirku Island;③ 阿曼苏丹国阿曼原油:费赫勒港,Mina Al Fahal;④ 卡塔尔国卡塔尔海洋油:哈卢尔岛,Halul Island;⑤ 也门共和国马西拉原油:席赫尔,Ash Shihr;⑥ 伊拉克共和国巴士拉轻油:巴士拉油码头或者单点系泊浮筒,Basrah Oil Terminal or SPM;⑦ 中华人民共和国胜利原油:中国石化胜利油田分公司东营原油库。

由于中国期货市场运行时间比较短,为了更清醒地描述中国能源期货市场的运行现状,本章将中国原油期货市场与成熟的美国原油期货市场进行对比。主要比较中国原油期货和美国原油期货的价格走势、收益率、振幅、成交量和持仓量等体现市场运行的核心变量。

图 9-4 为中国原油期货和美国原油期货 2018 年 3 月 26 日—2018 年 5 月 25 日(即中国原油期货运行的前两个月)的价格走势图,INE 原油表示中国原油期货、NYMEX 表示美国原油期货,美国原油期货的价格已经转化为人民币计价。图 9-5 给出了中国原油期货和美国原油期货的收益率序列。图 9-4 和图 9-5 显示中国原油期货的价格变化与美国原油期货的价格变化基本一致,大部分时间里中国原油期货的变化滞后于美国原油期货一天。图 9-6 描述了中国原油期货和美国

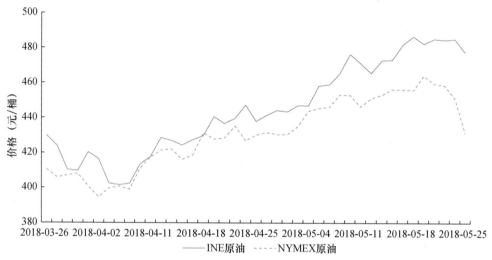

图 9-4　中国原油期货和美国原油期货的价格走势图
数据来源:万德金融数据库。

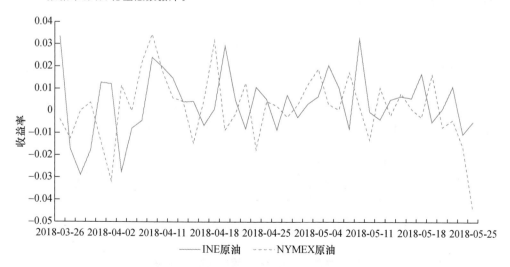

图 9-5　中国原油期货和美国原油期货的收益率
数据来源:万德金融数据库。

原油期货的振幅,图中显示中国原油期货的振幅并没有大幅高于美国原油期货的振幅。由图 9-4、图 9-5 和图 9-6 可知,中国原油期货前两个月的价格没有出现大起大落,说明中国原油期货市场的运行比较健康。

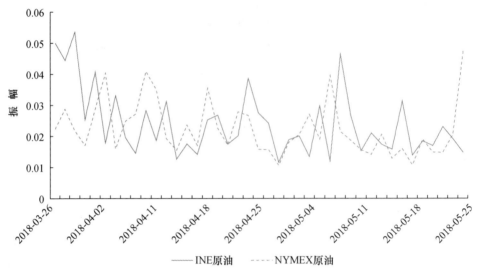

图 9-6 中国原油期货和美国原油期货的振幅

数据来源:万德金融数据库。

图 9-7 给出了 2018 年 3 月 26 日—2018 年 5 月 25 日中国原油期货和美国原油期货的成交量,单位为手(1 手＝1000 桶)。由图 9-7 可知,中国原油期货的成交

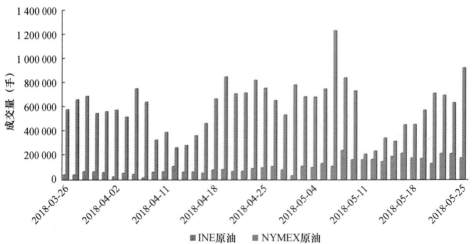

图 9-7 中国原油期货和美国原油期货的成交量

数据来源:万德金融数据库。

量明显小于美国原油期货的持仓量,其均值是美国的1/6左右。图9-8给出了2018年3月26日至2018年5月25日中国原油期货和美国原油期货的持仓量,图中显示中国原油期货的持仓量远远小于美国原油期货的成交量,其均值是美国的1/30左右。图9-7和图9-8的结果说明,中国原油期货还是一个体量较小的市场,如果要成为全球的主要原油期货交易市场,还需要大力发展。

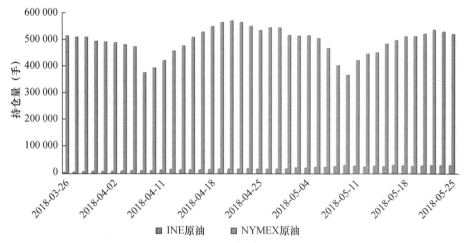

图9-8 中国原油期货和美国原油期货的持仓量
数据来源:万德金融数据库。

9.2 中国碳交易市场的现状和发展趋势

中国作为世界上最大的温室气体排放国家,承担着巨大的减排压力,为实现低碳发展,中国曾先后颁布了一系列低碳减排的政策与法规。在"十三五"规划中提出新一轮的节能减排目标,到2020年,中国争取实现单位GDP碳排放量比2005年下降40%~45%的节能减排目标。在中美气候变化联合声明中,中国计划在2030年左右要达到碳排放峰值并努力早日达峰。

为实现以上发展目标,中国提出要"逐步建立碳排放权交易市场"。2013年,中国已设置一些城市作为试点,通过碳交易所、环境交易所、能源交易所等形式开展碳排放项目的交易活动,但是相关的政策尚未形成体系。目前中国已启动全国碳排放权交易市场,碳排放权交易是中国在2017年提出的重要国家战略之一。全国统一碳排放交易市场会促进整个碳交易的相关产业平台的发展,其主要目的是促进企业减少排放,因此在碳排放权交易市场中受益的是低排放、相对清洁的企业以及通过技术进步进行节能减排的高能源载体企业。根据国家发改委计划,全国统一碳排放权市场将会覆盖20亿~30亿吨二氧化碳排放量。目前中国的碳排放权交易市场仍处于初步发展时期,法律法规尚未健全,市场搭建工作还未完成。

9.2.1 中国碳交易市场现状分析

十九大报告指出中国经济建设取得重大成就,应当坚定不移贯彻新发展理念,坚决端正发展观念、转变发展方式,发展质量和效益不断提升。在控制温室气体和节能减排方面,中国积极转变发展方式,2017年已全面启动碳排放权交易市场,利用市场手段进行二氧化碳减排控制。自2012年以来,中国先后启动了8个碳交易试点,已取得阶段性进展,也为全国统一碳排放权交易市场的建设和发展奠定了基础。截至目前,上海、北京、深圳、广东、天津、重庆、湖北以及福建8个省市已经开展碳排放交易,交易的产品包括碳交易产品配额和国家核证自愿减排量(CCER),表9-3是各试点省市的主要业务类型。碳交易在全国8个省市展开之后,在机制设计、制度规范、跨区域的交流协同等方面逐步完善,并为全国统一的碳排放权交易市场做好充分的准备工作。

表9-3　各试点省市交易的主要业务类型

交易所	主要业务
北京环境交易所	碳交易、节能量交易、排污权交易、低碳转型服务
上海环境能源交易所	节能量交易
天津碳排放权交易所	温室气体排放权交易、排污权交易、交易产品研发设计、节能减排综合服务、合同能源管理
深圳碳排放权交易所	温室气体排放权交易、排污权交易、交易产品研发设计
广州碳排放权交易所	碳交易、排污权交易、节能量交易
湖北碳排放权交易所	碳交易、碳资产管理
重庆碳排放权交易所	碳交易、合同能源管理
福建碳排放权交易所	碳交易、林业碳汇交易

表9-4和表9-5为2013—2017年深圳、上海、北京、广东、天津、湖北、重庆和福建碳交易试点地区碳排放权成交量和成交金额的统计结果。2016年12月22日福建启动碳排放交易市场,因此只对2017年福建省碳排放交易市场的成交量和成交金额进行统计。

表9-4　8个碳交易试点地区碳排放权的成交量(单位:吨)

年份	深圳	上海	北京	广东	天津	湖北	重庆	福建
2013	197 328	14 570	2 600	120 129	17 200			
2014	1 816 381	1 665 724	1 068 905	1 055 517	1 011 340	5 006 873	145 000	
2015	4 326 048	1 476 108	1 243 046	6 756 520	975 713	13 904 100	132 099	
2016	10 643 885	3 419 599	2 426 412	22 232 995	367 796	11 722 793	459 846	
2017	5 037 929	2 368 328	2 323 443	16 573 388	1 162 370	12 488 892	7 436 603	2 069 555
总计	22 021 571	8 944 329	7 064 406	46 738 549	3 534 419	43 122 658	8 173 548	2 069 555

数据来源:Wind资讯经济数据库。

表 9-5　8 个碳交易试点地区碳排放权的成交金额（单位：元）

年份	深圳	上海	北京	广东	天津	湖北	重庆	福建
2013	13 138 332	413 060	133 200	7 227 740	491 048			
2014	112 486 291	63 289 595	63 607 218	56 230 633	20 461 300	119 160 382	4 457 500	
2015	164 768 660	37 505 275	57 968 843	110 576 884	13 950 751	347 411 778	2 342 842	
2016	281 567 671	23 776 908	118 329 344	276 847 821	3 658 916	207 193 162	3 660 380	
2017	139 989 979.5	82 579 706.43	116 316 706.5	224 914 549.6	10 344 385	182 679 764.4	16 753 691.08	58 444 220.23
总计	711 950 933.51	207 564 544.4	356 355 311.5	675 797 627.6	48 906 400	856 445 086.4	27 214 413.08	58 444 220.23

数据来源：Wind 资讯经济数据库。

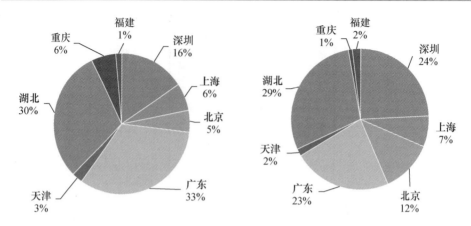

图9-9　8个碳交易试点地区碳排放权成交量(左)和成交金额(右)的占比
数据来源：Wind资讯经济数据库。

从表9-4、表9-5及图9-9可以看出,从2013—2017年碳排放权成交量总量来看,广东碳排放交易市场交易量占比为33%、湖北碳排放交易市场交易量占比为30%、深圳碳排放交易市场交易量占比为16%、上海和重庆碳排放交易市场交易量占比均为6%、北京碳排放交易市场交易量占比为5%、天津碳排放交易市场交易量占比为3%以及福建碳排放权交易市场为1%。对于碳排放成交金额总额,湖北碳排放交易市场成交金额占比为29%、深圳碳排放交易市场成交金额占比为24%、广东碳排放交易市场成交金额占比为23%、北京碳排放交易市场成交金额占比为12%、上海碳排放交易市场成交金额占比均为7%、天津碳排放交易市场和福建碳排放交易市场成交金额占比均为2%以及重庆碳排放交易市场成交金额占比为1%。

同时由表中数据以及图9-10可以看出,2017年各碳交易试点地区碳排放权的成交量和成交金额占比与2016年有较大的变化。2017年福建省全面开启碳排放交易市场,除此之外8个试点省市的碳排放权成交量和成交金额占比中也发生了一些变化。其中,重庆碳排放权交易所的碳排放权成交量和成交金额占比有大幅提升,分别由2016年的1%和0.4%上升为15%和2%。而深圳碳排放权交易中心2017年碳排放权成交量占比为10%,成交金额占比为17%,相较于2016年的成交量16%和交易金额占比24%有明显下降。

1. 中国碳交易试点地区运行概况

(1) 深圳碳排放交易市场

深圳排放权交易所于2010年9月30日经深圳市人民政府批准成立,深圳市在2013年6月18日正式启动碳排放权交易,以深圳排放权交易所为交易平台。

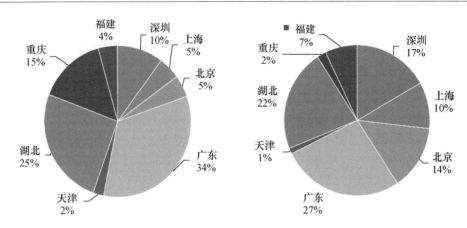

图 9-10　2017 年碳交易试点地区碳排放权成交量（左）和成交金额（右）的占比
数据来源：Wind 资讯经济数据库。

深圳是中国试点省市中最早启动碳排放权交易的地区，其交易品种包括碳排放配额、核证自愿减排量和相关主管部门批准的其他碳排放权交易品种。

图 9-11 为 2017 年深圳碳排放权（SZA）交易的日均价格。从图中可以看出，在 2017 年大多数交易日中，深圳碳排放权日均价格都在 20～40 元/吨之间。另外，图中的曲线存在一些间隔，说明一些交易日没有产生碳排放权交易。深圳排放权交易所自 2013 年 6 月 18 日进行交易以来，其日均价格变化较大。交易初期，

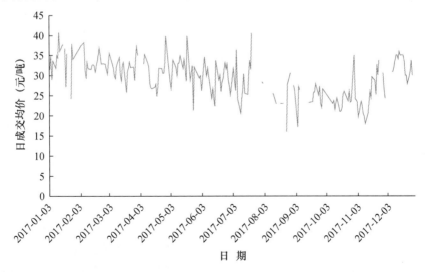

图 9-11　2017 年深圳碳排放权（SZA）的日成交均价
数据来源：Wind 资讯经济数据库。

碳排放权每吨的价格 30 元左右,经历不到半年时间,涨到 120 元以上,随后,交易价格逐渐下降。

图 9-12 给出了 2017 年深圳碳排放权(SZA)的当月成交量和当月成交金额。由图可知,2017 年不同月份碳排放权的成交量和交易金额差异较大,其中 1 月、2 月、3 月、4 月、5 月、7 月和 8 月份的成交量和交易金额都处于低位,6 月、9 月、10 月和 11 月份的成交量和交易金额较大,12 月份的成交量和成交金额最大,成交量超过 200 万吨,成交总金额超过 6000 万元。截止到 2017 年 12 月,深圳排放权交易所交易的碳排放权交易量超过了 2200 万吨,交易金额超过 7 亿元。

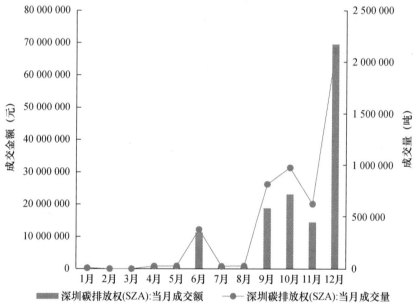

图 9-12　2017 年深圳碳排放权(SZA)的当月成交量和成交金额
数据来源:Wind 资讯经济数据库。

(2)上海碳排放交易市场

上海市于 2013 年 11 月 26 日正式启动碳排放权交易,其交易品种包括碳配额和 CCER 两类,交易平台为上海环境能源交易所。

图 9-13 是 2017 年上海环境能源交易所的碳排放权日成交均价。图中显示,2017 年上海碳排放交易的成交均价介于 25 元/吨和 40 元/吨之间。从上海环境能源交易所开始碳排放权交易到 2016 年年末,整体上上海碳排放权(SHEA)的日成交均价处于下降趋势,2014 年年初上海碳排放权(SHEA)的日成交均价达到 45 元/吨,2016 年绝大多数日成交均价在 10 元/吨以下。2017 年上海碳排放权(SHEA)上半年的碳排放权成交均价高于下半年,年初上海碳排放权(SHEA)的日

成交均价在30～35元/吨之间,2017年2—5月上海碳排放权(SHEA)的日成交均价在35～40元/吨之间,6月、7月的日成交均价在35元/吨上下,7月至12月上海碳排放权(SHEA)的日成交均价在25～35元/吨之间。另外,从图中还可以发现,2017年下半年很多交易日上海环境能源交易所中没有发生碳排放权交易。

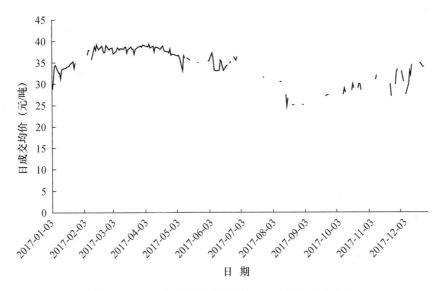

图9-13　2017年上海碳排放权(SHEA)的日成交均价
数据来源:Wind资讯经济数据库。

图9-14为2017年上海环境能源交易所中上海碳排放权(SHEA)的当月成交量和成交金额。从图中可以看出,上海碳排放权(SHEA)在2017年7月至10月之间几乎没有进行交易。其中,明显可以看出,在2017年上半年上海环境能源交易所的交易较为活跃。6月份的碳排放权成交量和成交金额为全年最高,成交量超过130万吨,成交总额超过4500万元。从上海碳排放权(SHEA)上市交易至2017年12月,其成交量接近900万吨,成交金额超过2亿元。

(3) 北京碳排放交易市场

2013年11月28日,北京市正式启动碳排放权交易,交易品种包括碳排放配额、经审定的碳减排量,可使用的经审定的碳减排量包括CCER、节能项目碳减排量、林业碳汇项目碳减排量,交易平台为北京环境交易所。

图9-15是2017年北京环境交易所中碳排放权配额交易的日均价格。从图中可以看出,北京碳排放权(BEA)2017年的日成交均价在50元/吨上下,成交价格较为稳定。从整体上来看,北京碳排放交易市场在2013年11月至2017年12月的日均价格走势比较平稳,变化较小,其最低价大于30元/吨,且最高价没有超过

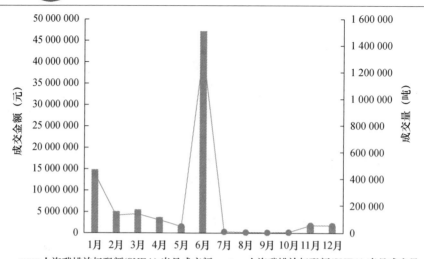

图 9-14　2017 年上海碳排放权(SHEA)的当月成交量和成交金额
数据来源:Wind 资讯经济数据库。

80元/吨。另外,日均价格走势图的断点比较多,说明存在较多的交易日没有进行碳排放权交易,尤其在 2017 年下半年交易日比较不活跃,只存在少数交易日。

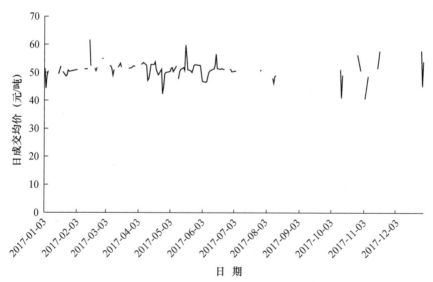

图 9-15　2017 年北京碳排放权(BEA)的日成交均价
数据来源:Wind 资讯经济数据库。

图 9-16 为 2017 年北京环境交易所中碳排放权的当月成交量和成交金额。图中显示,在 2 月、8—11 月几乎没有任何成交量和成交金额,12 月份存在少量的成

交量和成交金额,其他月份交易较为活跃,3—6月份的成交量和成交金额呈上升趋势,6月份的成交量和成交金额为全年最高,成交量高达90多万吨,成交金额为4500万元。另外,从北京环境交易所启动碳排放交易以来至2017年12月的累计成交量超过700万吨,累计成交金额超过3.5亿元。

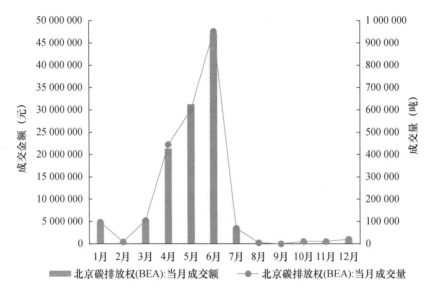

图9-16　2017年北京碳排放权(BEA)的当月成交量和成交金额

数据来源:Wind资讯经济数据库。

(4)广东碳排放交易市场

广东省在2013年12月19日正式启动碳排放权交易,交易品种包括广东省碳排放权配额(GDEA)、经交易主管部门批准的其他交易品种,交易平台为广州碳排放权交易所。

图9-17为2017年广东碳排放权(GDEA)交易的日成交均价。从图中可以看出,广东碳排放权(GDEA)的日成交均价较低,其中最高的日成交均价不超过20元/吨,最低的日成交均价在7元/吨,相较于其他碳排放交易市场来说,成交价格较低。广东省碳排放交易市场在2014年年初到2015年上半年的日成交均价最高时大约在70元/吨,在2015年下半年至2017年年末其日成交均价基本都在20元/吨以下。从图中还可以发现,2017年广东碳排放权(GDEA)日成交均价走势图几乎不存在断点,说明广州碳排放权交易所中多数交易日交易都较为活跃。

图9-18为2017年广州碳排放权交易所中碳排放权的当月成交量和成交金额。从图中可以看出,2017年广东碳排放权(GDEA)每月都存在成交量和成交金额,其中上半年各月份的成交量和成交金额高于下半年,1月、4月、5月和6月成

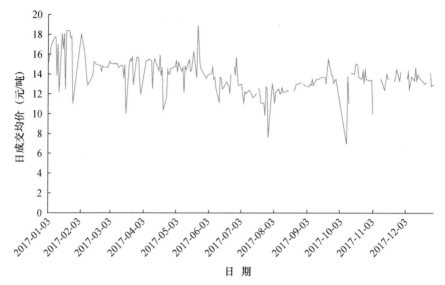

图 9-17　2017 年广东碳排放权（GDEA）的日成交均价

数据来源：Wind 资讯经济数据库。

交量和成交金额较大，6 月份的成交量超过 350 万吨，成交金额接近 5000 万元，为全年最高的成交量和成交金额。另外截至 2017 年 12 月广东碳排放权（GDEA）的累计成交量超过了 4600 万吨，累计成交金额超过了 6.7 亿元。

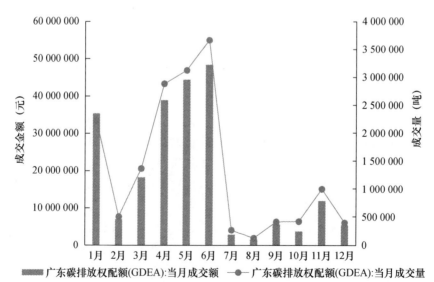

图 9-18　2017 年广东碳排放权（GDEA）的当月成交量和成交金额

数据来源：Wind 资讯经济数据库。

（5）天津碳排放交易市场

2013年12月26日，天津市正式启动碳排放权交易，交易品种包括碳减排配额和国家核证自愿减排量，以天津排放权交易所为交易平台。

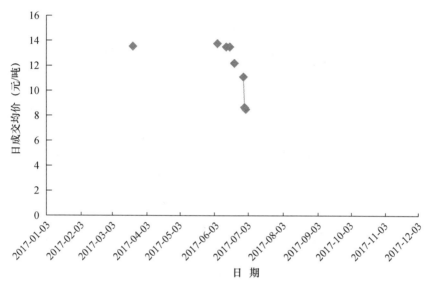

图 9-19　2017 年天津碳排放权（TJEA）的日成交均价
数据来源：Wind 资讯经济数据库。

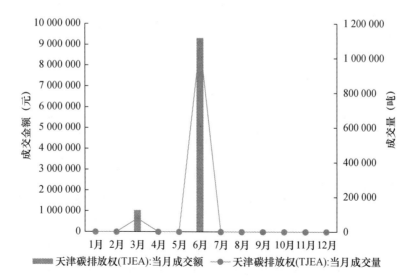

图 9-20　2017 年天津碳排放权（TJEA）的当月成交量和成交金额
数据来源：Wind 资讯经济数据库。

图 9-19 为 2017 年天津排放权交易所中碳排放权(TJEA)的日成交均价。从图中可以看出,天津碳排放权(TJEA)的日成交均价在 8～14 元/吨之间,同时图中显示天津排放权交易所全年只存在 8 个交易日,可以发现天津排放权交易所 2017 年的交易并不活跃。

图 9-20 为 2017 年天津排放权交易所中碳排放权的当月成交量和成交金额。从图中可以看出,天津碳排放权(TJEA)只在 2017 年 3 月和 6 月存在成交量和成交金额,其中 6 月的成交量和成交金额最大,成交量超过了 110 万吨,成交金额超过 900 万元,3 月份的成交量接近 10 万吨,成交金额 100 万元。截止到 2017 年 12 月,天津碳排放权(TJEA)的累计成交量超过 350 万吨,累计成交金额将近 5000 万元。

(6) 湖北碳排放交易市场

2014 年 4 月 2 日,湖北省正式启动碳排放权交易,交易品种主要包括:碳排放权配额;省行政区域内产生的 CCER(含森林碳汇),交易平台为湖北省碳排放权交易中心。

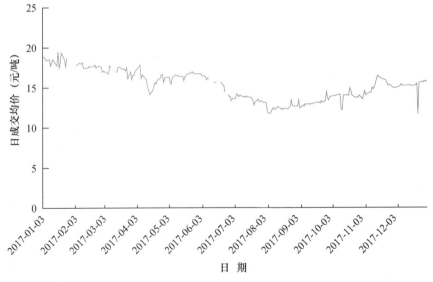

图 9-21　2017 年湖北碳排放权(HBEA)的日成交均价
数据来源:Wind 资讯经济数据库。

图 9-21 为 2017 年湖北碳排放权交易中心中碳排放权交易的日成交均价趋势图。从图中可以看出,湖北碳排放权(HBEA)的日成交均价整体上变化幅度较小,保持在 10～20 元/吨之间,从上半年到下半年稍微呈下降的趋势。2014 年至 2016 年 3 月湖北碳排放权交易中心中碳排放权的日成交均价都保持在 20～30

元/吨之间,2017 年的日成交均价较低。在 2016 年 4 月至 2016 年 12 月间湖北碳排放权(HBEA)日成交均价下跌到 10 元/吨以下,后来又回到了 20 元/吨左右,2017 年年初成交均价接近 20 元/吨,全年最高成交不超过 20 元/吨,最低不低于 10 元/吨。另外,图中的断点很少,说明湖北碳排放权交易中没有进行碳排放权交易的交易日较少。

图 9-22 为 2017 年湖北碳排放权(HBEA)的当月成交量和成交金额。图中显示,除 2 月份之外其他月份均存在成交量和成交金额。2017 年 7 月成交量和成交金额最高,其成交量接近 450 万吨,成交金额接近 6000 万元。另外截至 2017 年 12 月,湖北碳排放权(HBEA)的累计成交量高达 4300 万吨,累计成交金额接近 8.5 亿元。

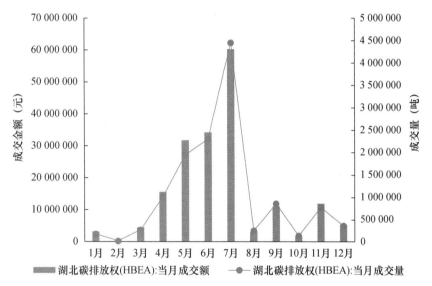

图 9-22　2017 年湖北碳排放权(HBEA)的当月成交量和成交金额
数据来源:Wind 资讯经济数据库。

(7) 重庆碳排放交易市场

2014 年 6 月 19 日,重庆市正式启动碳排放权交易,交易品种主要包括:配额、CCER 及其他依法批准的交易产品,交易平台为重庆碳排放交易中心。

图 9-23 为 2017 年重庆碳排放交易中心碳排放权的日成交均价趋势图。图中显示,在 2017 年间,重庆碳排放权(CQEA)的日成交均价差异较大。2017 年 1—3 月重庆碳排放交易中心每吨碳排放权的价格在 15～20 元之间,从 4 月份开始碳交易价格骤降,5—12 月每吨碳排放权的价格在 0～5 元之间,2017 年 12 月末日成交价格开始有所上升,接近 10 元/吨。另外从图中可以看出,图中存在较多的断点,

较多的交易日不存在碳排放权交易。

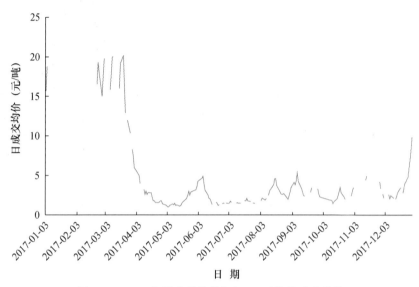

图 9-23　2017 年重庆碳排放权(CQEA)的日成交均价

数据来源:Wind 资讯经济数据库。

图 9-24 给出了 2017 年重庆碳排放权(CQEA)的当月成交量和成交金额。从图中可以看出,1月、2月和9月进行了少量的交易。其中,2017 年重庆碳排放权

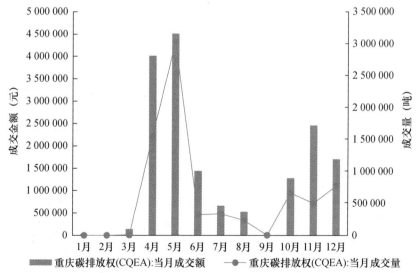

图 9-24　2017 年重庆碳排放权(CQEA)的当月成交量和成交金额

数据来源:Wind 资讯经济数据库。

(CQEA)的最大当月成交量和当月成交金额出现在 5 月份,成交量超过 300 万吨,最大当月成交金额为 450 万元,4 月份的成交金额也较高,为 400 万元,但其成交量仅为 150 万吨。另外,截止到 2017 年 12 月,重庆碳排放交易中心交易的碳排放权为 800 多万吨,交易金额超过 2700 万元,其中大部分交易是在 2017 年间进行的。

(8) 福建碳排放交易市场

福建碳排放权交易市场在 2016 年 12 月 22 日正式运行,共纳入石化、化工、建材、钢铁、有色、造纸、电力、航空、陶瓷等九大行业。交易品种主要包括:碳排放权配额以及森林碳汇,交易平台为海峡股权交易中心。

图 9-25 为 2017 年福建碳排放交易市场碳排放权的日成交均价趋势图。图中显示,在 2017 年间,福建碳排放权(FJEA)的日成交均价差异较大,其中最高日成交均价超过 40 元/吨,最低的日成交均价低于 20 元/吨。且福建碳排放权(FJEA)的日成交均价 2017 年全年呈现下降趋势,2017 年 1—4 月每吨碳排放权在 35~40 元之间,从 5 月份开始福建碳排放交易市场的碳交易价格开始有所下降。另外从图中可以看出,图中不存在断点,说明福建省碳排放交易市场全年都在进行碳排放权的交易。

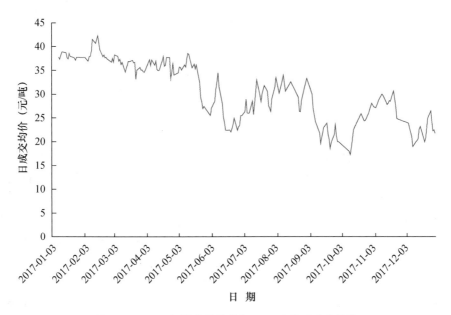

图 9-25　2017 年福建碳排放权(FJEA)的日成交均价

数据来源:Wind 资讯经济数据库。

图 9-26 为 2017 年福建碳排放权(FJEA)的当月成交量和成交金额。从图中可以看出,8—12 月的碳排放权的成交量和成交金额较小。其中,2017 年福建碳排放权(FJEA)的最大当月成交量和当月成交金额出现在 6 月份,成交量超过 100 万吨,最大当月成交金额为 2500 万元。2017 年福建碳排放交易市场的碳排放权的成交总量超过 200 万吨,交易金额接近 6000 万元,成交金额已超过重庆碳排放交易市场的累计成交金额。

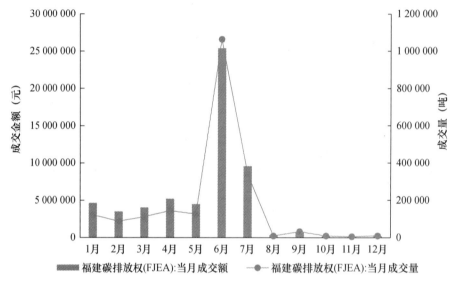

图 9-26 2017 年福建碳排放权(FJEA)的当月成交量和成交金额
数据来源:Wind 资讯经济数据库。

2. 中国碳交易市场存在的问题

(1) 低碳减排措施对比分析

十九大报告中指出实现中华民族的伟大复兴,需要勇于改革开放,进行制度创新等。目前中国碳减排措施主要包括碳税和碳交易两种。碳税的优势在于设计简单,易于执行。但目前中国的税赋水平已经很高,如果再征收碳税,会进一步加重纳税人的税收负担。另外,中国现行的征税制度不够完善,征收碳税会有一定困难。由于各地的经济发展状况不同,碳减排的边际成本相差很大,因此各地征收碳税的时机和规模应该也不相同,需要综合考虑经济效率、环境效果、社会效益等问题。因此征收碳税需要针对中国社会经济的发展情况、能源结构和能源需求的具体状况,慎重选择征税范围和税率。

相比之下,碳交易是利用市场机制使得全社会共同分担节能减排成本的制度,因而可以通过市场的力量倒逼企业减排,政府可以通过发放和购买碳排放权控制碳排放总量,用温和的手段实现可持续发展,碳交易是控制温室气体排放重要的市场化手段。碳税和碳交易是两种常用的碳减排措施,其中碳税实施起来比较简单,但会加重企业负担且灵活性不足,不适用于中国现阶段的国情,碳交易是利用市场机制使得全社会共同分担节能减排成本的制度。

十九大报告指出,必须统筹国内国际两个大局,始终不渝走和平发展道路、奉行互利共赢的开放战略,始终做世界和平的建设者、全球发展的贡献者、国际秩序的维护者。从国际的角度来看,欧盟的交易体系是由欧盟委员会制定的排放权交易方案,只在内部成员国之间进行交易,碳交易相关政策和排放权的分配都比较容易协商和控制,碳交易比较顺利,其总交易额占全球以配额为主的碳交易市场总额的三分之二左右。其他自愿排放权交易所,比如芝加哥排放权交易所,所取得的交易成绩都不是很理想,说明如果没有强制性的碳排放权,碳交易就难以达到减排目的。另外,清洁发展机制(CDM)也是碳交易的一种形式,对于有效的全球碳减排来说,CDM有较为严重的缺陷:首先是流程太长,一般需要3年以上的时间;其次,CDM项目的核心要求是,是否达到额外性,但额外性又很难测量和证明,而且当国际上进行新的协商的时候,额外性的定义可能还会被改变;最后是规模太小,相对于整体碳排放无足轻重。此外,除了不确定性,CDM机制的发展还存在着政治风险。

(2)中国碳排放交易存在的问题

习近平总书记在十九大报告中指出现在工作还存在许多不足,也面临不少困难和挑战。主要是:发展不平衡不充分的一些突出问题尚未解决,发展质量和效益还不高,创新能力不够强,实体经济水平有待提高,生态环境保护任重道远等各方面。碳排放权交易市场是当前中国控制二氧化碳排放的有效措施,有利于改善中国生态环境,当前中国的碳交易市场还处于发展初期,目前碳交易量较小。碳减排使碳指标具有稀缺性而成为一种商品,因此碳排放权指标有供需、市场和交易,碳排放权交易的作用是发挥市场机制来达到减排的目的,经济学认为通过碳市场鼓励减排是成本最小的方法。如果碳排放有一个透明的价格,就可以实现有效的资源配置,碳排放的价格非常关键,若碳排放价格太高,会提高生产成本,影响经济发展,若价格太低,则难以达到减排和筹集减排投资的目的。

根据碳交易试点和国际上的经验来看,目前碳交易市场主要有以下几方面的阻碍:① 碳价波动较大,碳交易频繁导致碳价格对节能减排的影响具有不确定性,因此碳交易的透明与公开度还有待进一步加强;② 目前中国碳配额发放比较宽松,经常会配额超发,从而导致碳价下跌,这对于节能减排的推动作用会有所减弱;③ 中国对于碳市场交易的法律体系还不健全,企业通过碳交易完成减排目标,更多的是一种自觉行为,由于监管的不健全,无法确保碳交易的有效性以激发市场活力。所以在碳交易市场的发展过程中,相关的制度保障应加快解决。

从短期来看,参与碳交易的企业将面临减排和成本上升的压力,因此对中国经济会有一定的负面影响,但随着碳交易市场的启动,可以有效抑制碳排放,这有利于未来人类的可持续发展和美丽中国战略的进一步实施。从长期来看,参与碳交易有利于企业提高效率,推进中国经济"去产能"。

目前上海、北京、天津、深圳、湖北、重庆、广东和福建都已经建立碳排放权交易所,2017年也已启动全国碳交易市场,当前碳排放交易面临的问题更多带有政治性和不确定性。比如碳交易体系监管的困难、碳价格的脆弱和碳市场面临的其他政治风险因素。同时碳排放权交易会逐渐融入金融市场,碳交易容易受到外部因素影响,价格波动很大。

9.2.2 全国碳交易市场展望

1. 全国碳交易市场的必要性

十九大报告中强调,中国生态文明建设取得显著成效。中国大力推进生态文明建设,全党全国贯彻绿色发展理念的自觉性和主动性显著增强,忽视生态环境保护的状况明显改变。生态文明制度体系加快形成,引导应对气候变化国际合作,成为全球生态文明建设的重要参与者、贡献者、引领者。目前中国已经在北京、重庆、上海、天津、广东、湖北、深圳以及福建八省市陆续启动了碳排放权交易试点,在地方进行碳交易试点探索和积累经验有利于全国建立统一的碳交易市场。根据试点经验可以得出,碳交易市场的建立是解决二氧化碳排放市场化手段的重要环节,也是最有效的办法。并且业内人士广泛呼吁要设立碳价,因此启动全国碳交易市场是十分有必要的。

2017年12月19日,全国碳排放权交易市场正式启动,碳交易是中国在2017年提出的重要国家战略之一。随着全国统一碳市场的启动,必然会对碳交易的相关产业平台有直接的促进作用。由于碳交易的主要目的是促进企业减少排放,因此在碳交易市场中最大的受益方将是低排放、相对清洁的企业以及通过技术进步进行节能减排的高能源载体企业。

2. 全国碳交易市场的发展趋势

习总书记在党的十九大报告中指出,发展是解决中国一切问题的基础和关键,发展必须是科学发展,必须坚定不移贯彻创新、协调、绿色、开放、共享的发展理念。中国现已全面启动全国碳排放权交易市场,中国碳排放权交易市场呈现以下三点发展趋势,其中全球化趋势是碳排放权交易市场的一般趋势,交易产品和碳排放权交易制度的变化趋势是在一般趋势的基础上结合中国国情总结得出的。

(1) 全球化趋势

十九大报告对中国今后的发展提出要求,即坚持推动构建人类命运共同体。在碳排放权交易市场的发展中也有相同的发展趋势。首先,各国政府都在积极尝试推动碳交易市场的发展。其次,全球作为一个生态系统,全球各区域间的碳交易市场之间的信息应充分流通,提高效率。政府或机构之间应积极推动碳交易市场的全球化,增加市场流动性能够扩大区域碳交易市场影响力,不同国家或地区的碳交易市场间可以通过制定相应的协议进行市场间的衔接,形成统一的市场。最后,由于区域间减排成本存在差异,利益驱使碳交易市场全球化。承担着减排义务的国家减排的同时仍要尽可能地降低减排成本,全球碳交易市场的形成能够在不同国家间转移减排成本。减排成本高的国家可以通过碳排放交易将减排成本转嫁给其他国家,而减排成本较低的国家则可以通过出售减排指标而获得一定的收益。各区域间的碳交易市场开始互相关联,一个统一的碳交易市场可能出现。

(2) 扩大交易体量与衍生产品类型

根据《联合国气候变化框架公约》和《京都议定书》两个重要的国际气候公约,各国开始建立碳交易市场,目前碳交易市场由单个国家向多个国家的全球化方向演进。中国在2017年已启动建立全国统一碳交易市场,并将完成对碳排放权配额的发放,基本具备交易条件的地区可以率先开始交易。2020年后,中国纳入碳交易的行业、企业范围将进一步扩大。根据国家发改委计划,全国统一碳排放权市场将会覆盖20亿~30亿吨二氧化碳排放量,并且未来交易的体量还将继续增加。

除此之外,碳交易将不断与金融产品进行融合。目前,欧盟围绕碳减排交易已经形成了碳交易货币以及为碳交易建立直接投资融资、银行贷款、碳指标交易、碳期权期货等一系列金融工具为支撑的碳金融体系。对于中国而言,碳作为大宗商品,需要期货市场发挥作用。如果未来碳商品的现货交易平稳、履约及时,碳期货会成为未来碳交易市场的重要产品之一。

(3) 碳交易制度将进一步完善

中国在2017年启动全国碳排放交易市场,但目前相关配套法律法规并不完善,中国碳交易市场的制度设计应充分考虑中国的基本国情和行政管理的特点等。根据对碳交易市场的全球化趋势分析,在进行中国碳交易市场的制度设计中应考虑与其他国家碳交易市场进行衔接的问题。由于中国地域跨度较大,各地情况存在较大差异,不同省级区域也应根据当地的实际情况对全国碳交易市场制度进行调整和完善,但整体上交易制度应保持一致。

另外,对于中国碳交易市场制度的具体设计,在总量设定和分配方面,碳交易市场内的总量控制目标应与各区域总量目标紧密相连,配额的分配过程需兼顾公平和效率。在履约和考核制度方面,制定严格的惩罚规则十分必要。在"可测量、可报告、可核查"(MRV)和登记簿支撑机制方面,结合国际经验和国内试点经验,监测报告核证的统一化和标准化有利于碳排放量的准确计量以及增加碳交易透明度。完善符合中国国情的碳交易制度,建立既适合中国,又能与其他国家交易制度相连接的碳交易市场制度。

9.3 中国碳税税制研究——碳税税率和征税行业

十九大报告指出,中国社会主要矛盾已经转变:中国特色社会主义进入新时代,中国社会主要矛盾已经转化为人民日益增长的美好生活需要和不平衡不充分的发展之间的矛盾。因此,平衡经济与环境的发展,是目前中国社会的主要矛盾之一。

本节构建了考虑低、中、高三种碳税税率以及不同征税行业选择下的9个情景,分析了碳税机制的这两大关键因素对能源、经济、环境的影响。研究认为,碳税机制对GDP的负面影响很小,最大的情景也没超过0.5%。仅对能源密集型企业征收碳税,即使碳税税率非常高,对碳排放的影响也微乎其微。电力企业将是高碳税税率机制下的纳税大户。在一定程度内,碳税税率越大,减排能力和边际减排能力越强,碳税税率存在"边际减排递增规律"。不应该仅对能源密集型企业征税,征税的重点应该是能源企业,这样才能够在调节要素市场的情况下,充分发挥市场的主观能动性进行节能减排。最后,本文建议中国可以采用同时对能源企业和能源密集型企业征收高税率碳税的减排方案。这样能够使减排成果最大化,并且对中国GDP影响较小。

9.3.1 引言

全球气候变暖是目前学界、政界和商界共同关注、探讨的热点话题之一。目前普遍认为,导致全球变暖的主要原因是由于人类活动对化石能源的大量需求所产生的过量二氧化碳排放。减少碳排放、推广低碳经济理念、践行低碳经济行动成为各国的共识,也成为人类发展的必然选择。于是,如何短平快地向低碳经济转型,成为目前学界和政界热议的话题。其中,如何从政策与制度层面实现二氧化碳减排,成为减排研究的重要方面之一(林伯强和黄光晓,2011)。

习近平总书记在十九大报告中指出,中国特色社会主义进入新时代,过去的五年,中国为解决人类问题贡献了中国智慧和中国方案。其中,践行绿色发展理念,改善生态环境,建设美丽中国,是中国带给世界一大贡献。五年来,各级政府、企业主动采取节能减排、发展可再生能源、增加森林碳汇、建立全国碳排放权交易市场和推进气候变化立法等一系列措施。

二氧化碳减排的政策工具大体上可分两种,第一种是以行政命令为主的政策手段(Command and Control Regulation),这种手段相对死板,无法发挥市场经济的活力,也很难激发参与者的积极性;第二种是以经济激励为主的政策手段,分为总量控制的手段(碳排放权交易,Cap and Trade)(Hopkin,2014;Czerny and Letmathe,2017)和价格控制的手段(Tax or Price based Regimes)(Dong et al.,2017)。经济激励的手段更有利于发挥市场机制的主体作用。以碳税等环境税为主的税收机制,是价格控制手段的一种,并且相比于总量控制,更加容易理解、方便实施。

碳税是根据化石燃料中的碳含量或排放二氧化碳量征收的一种产品消费税,属于环境税的一种。20世纪80年代末,国际上对于碳税相关问题就已经有相关研究了。Pearce(1991)认为碳税拥有双重红利:它既可以改善环境质量,又可以将碳税带来的收入抵扣企业其他税收,从而让经济体更具有效率。Wang et al.(2017)分析了供应链上的企业运作与政府碳税政策之间的相互关系。Yamazaki(2017)探讨了不列颠-哥伦比亚在2008年实施的收入中性碳税对就业的影响。与常规观点不同,Wesseh(2017)认为碳税对高收入国家的影响高于对低收入国家的影响。Frey(2017)利用可计算一般均衡模型,针对不同碳税水平对乌克兰经济和环境的影响进行了分析。Rosas-Flores et al.(2017)分析了去补贴和碳税的实施对墨西哥家庭的分配效应。

国内对碳税的研究起步时间相对较晚。许士春和张文文(2016)利用可计算一般均衡模型(CGE模型),探讨了6种税收返还情景(返还清洁能源部门部分碳税、返还服务业部分碳税、返还农村和城镇居民全部碳税、减免企业所得税、减免居民所得税、减免生产税),得出了相对于其他返还政策减免生产税更可行的结论。姚昕和刘希颖(2010)通过求解在增长约束下基于福利最大化的动态最优碳税模型,得到最优碳税征收路径,并测算其宏观影响。结论发现开征碳税有利于减少碳排放,提高能源效率,并可以调整产业结构。曹静(2009)探讨了基于污染量控制的排污权交易与基于价格变化的碳税机制的优缺点,得出碳税政策更适合当前中国国情的结论,并对碳税设计中的税基、税率设定与动态调整、中性税收条件下税收返还、减排激励与补贴以及碳税对居民影响及分配公平等问题展开了讨论。

习近平总书记在十九大报告中指出:推进绿色发展,要加快建立绿色生产和消费的法律制度和政策导向,建立健全绿色低碳循环发展的经济体系。尽管国内外学者对碳税政策已经做出了不少研究,但是不同的碳税税率以及不同的征税行业变化对中国经济发展、能源消费、二氧化碳排放的影响的研究甚少。本节将从税率和行业的角度来研究适合中国的碳税税率和征税行业的选择。

本节结构如下：第二部分主要介绍研究方法，包括如何构建 CGE 模型，如何构建社会核算矩阵，数据来源等；第三部分是碳税和行业情景的设计；第四部分分析不同情景下研究结果的分析与讨论；第五部分给出结论与政策建议。

9.3.2 模型与方法

CGE 模型在政策分析模拟的研究中，得到了广泛应用（汪昊何，何娄峰，2017；张友国，2013）。李善同和何建武（2007）构建了 CGE 模型，分析后配额时期纺织品出口税和纺织品配额的经济影响。林伯强等（2012）通过动态 CGE 模型分析从价煤炭资源税对宏观经济的影响。本书的 CGE 模型基本框架来自 Hosoe et al.（2010）的标准 CGE 模型。在此基础之上，增加了部门划分、生产函数、能源要素、能源政策模块、动态递归、两类居民等多个方面，最终构成了本书的 CGE 模型。与其他所有的 CGE 模型一样，本书的 CGE 模型结构基于传统的瓦尔拉斯范式，这意味着该模型将所有主体（居民、政府、企业等）追寻自身最大化的过程描述为一个联立方程组，最终求出均衡解。CGE 模型主要由五个模块构成：生产模块、收入-支出模块、贸易模块、能源政策（碳税）模块以及宏观闭合和市场出清模块。

1. 生产模块

生产模块主要描述企业的生产过程，如图 9-27 所示。CGE 模型假定每一个部门只生产一种产品，并且这个部门生产出来的产品具有同质性。企业是通过投入要素以及中间投入用于生产商品。本节假设商品产出是由能源-附加值合成束（VAE）和中间投入通过里昂惕夫生产函数合成的，这一层是生产模块的顶层合成束。其中，VAE 是由附加值和能源合成束通过常替代弹性（CES）生产函数合成的。VA 是由资本和劳动两个基本要素通过 CES 生产函数合成的。能源合成束是电力投入与化石能源投入通过 CES 生产函数构成的。而化石能源，是由煤炭和油气（石油和天然气）通过 CES 生产函数组成的。在生产模块中，需要注意两点：① 本文的中间投入是去掉能源行业后的中间投入，每个部门对能源行业的需求体现在能源合成束中；② 因为中国的 139 个部门的投入产出表没有将石油和天然气行业区分开来，所以 CGE 模型无法继续对石油和天然气的能源投入进行进一步细分。但是由于中国的煤炭消费占一次能源消费量的 60% 以上，所以细分石油和天然气与否对本文的分析也不会产生影响。

2. 收入-支出模块

如图 9-28 所示，收入-支出模块主要描述社会中经济主体间的经济关系。经济主体是由政府、国内企业、城镇居民和农村居民以及国外企业组成。除了政府以外，其他主体都追求着各自的最大化：两种类型的企业追求利润最大化，两种居民追求效用最大化。因此本文刻画经济主体的行为偏好都是由其自身追求的最

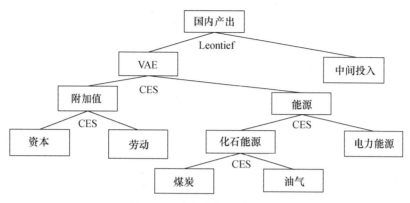

图 9-27 生产模块的基本框架

大化决定的。居民通过出卖劳动力和资本,从企业那里获得报酬,加上政府转移支付的部分,所获得的收入全部用于消费、储蓄以及直接税。企业通过出卖商品获得收入,全部用于企业生产所需的消费、支付居民报酬、上交间接税和储蓄。政府通过直接税、间接税和关税获得收入,所得收入全部用于政府消费、政府储蓄和转移支付。国外企业向国内居民、企业和政府出售国外生产的商品,用于购买国内商品、关税和贸易赤字。

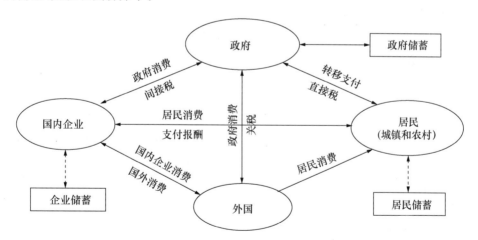

图 9-28 收入-支出模块基本框架

3. 贸易模块

CGE 模型假定同一部门生产的产品完全相同,即同一产业生产的产品是同质的。这样的假设直接放入模型中,会出现在进出口贸易中只存在进口或者只存在出口的情况。然而,对于一个国家来说,同一种商品是同时存在进口和出口的。

因此，和大多数 CGE 研究一样，本文引入阿明顿假设（Armington Assumption）（Hosoe，2014）。阿明顿假设意味着模型中的居民和企业并不是直接消费和使用进口商品，而是由进口商品和相应的国内生产用于国内消费的商品通过 CES 生产函数组成所谓的阿明顿复合商品。同时，本文假定生产企业需要确定在国内市场和国际市场供给的比例，并根据目标市场的特点对商品进行定制，最后通过运输将商品输送到两个市场上，本文用常转换弹性（CET）函数来描述这个转换过程。

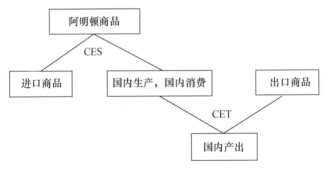

图 9-29　贸易模块基本框架

4. 碳税模块

目前，世界上有至少 20 个国家开征了碳税。这些国家大致分为三类：第一类是已经拥有较完备碳税制度的，它们较早开始实行碳税制度，政策力度也比较大，实施坚决，例如丹麦、荷兰等；第二类是在全球联合减排的呼声下开征碳税的，但是实施进度有起有落，例如澳大利亚、法国等欧盟国家；第三类是从其他利益出发的，对征收碳税降低碳排放的做法并不积极，例如美国和日本等国家。本文除了碳税的税率和行业的选择，其他碳税机制均仿照丹麦、荷兰等第一类国家的制度而假定：① 碳税税率是固定的，并且以能源税的形式进行缴纳；② 对于缴纳碳税的行业，其碳税税额可以用于抵扣企业增值税等税额，最高可以抵扣 50% 的企业赋税，额外的碳税将自行缴纳，不予抵扣。

5. 宏观闭合和市场出清模块

关于宏观闭合，本文主要考虑了三个平衡法则：政府预算平衡、对外贸易平衡和投资储蓄平衡。这三个法则在收入-支出模块已经做出了介绍，这里不再赘述。CGE 模型假定所有储蓄全部转化为投资，总投资等于内生的总储蓄，因此，本模型是储蓄驱动的。市场出清条件用于表达模型中所有市场的供给与需求的平衡。本文设置了两个出清条件：一个是产品市场的出清，阿明顿复合商品全部用于居民和政府的消费、储蓄及生产中的中间投入；另一个是要素市场的出清，农村居民和城镇居民获得的劳动力和资本的收入等于全社会的劳动力和资本的禀赋。

9.3.3 社会核算矩阵

社会核算矩阵是 CGE 模型的基础数据,大部分数据来自投入产出表(中国投入产出协会,2010),部分能源和排放数据来自《中国能源统计年鉴》和《中国统计年鉴》(国家统计局能源统计司,2015;国家统计局,2014),矩阵的调平利用了 SG-RAS 方法(王韬等,2012)。有两点值得注意:第一点是本文讨论的价格为 2010 年不变价,没有考虑通货膨胀和居民消费指数的变化;第二点是本文仅讨论化石燃料用于社会活动产生的二氧化碳排放量,不考虑微生物分解、动物和植物的呼吸作用产生的二氧化碳排放。为了方便分析,本文的社会核算矩阵将投入产出表里的能源行业和能源密集型行业拆分成如下几个行业,见表 9-6。

表 9-6 部门分类

部　　门	缩　　写
农林牧渔	AGR
煤炭	COL
石油和天然气	O_G
造纸行业	PAP
水泥行业	CMT
化学肥料	FER
化学工业	CMC
钢铁行业	STL
设备制造业	EQU
电力行业	ELC
建筑行业	CST
交通行业	TRA
其他行业	OTH
服务业	SER

9.3.4 动态化

资本禀赋是由当期资本存量,折旧率和投资额决定的。劳动力禀赋是外生的,数据来自《国家人口发展规划(2016—2030 年)》(国务院,2017)。本文建模的同时考虑了自主提高能源效率(AEEI):根据《节能减排中长期规划》(国家发展和改革委员会,2005),中国能源密集型行业的能源消费水平会在 2020 年达到世界先进水平,AEEI 的设定见表 9-7。

表 9-7　各个部门的 AEEI 设定值

部门	AGR	COL	O_G	PAP	CMT	FER	CMC
AEEI	0.025	0.006	0.006	0.015	0.015	0.02	0.015
部门	STL	EQU	ELC	CST	TRA	OTH	SER
AEEI	0.025	0.03	0.025	0.006	0.033	0.016	0.023

注：AEEI 在 2020 年后将减半。

9.3.5　情景设计

根据中国财政部有关课题组建议（北京商报，2016），本文模拟碳税税率为低、中、高三种水平，分别为 10 元/吨、50 元/吨和 100 元/吨。根据不同国家的碳税设计方案，本文模拟征税行业为向能源密集型企业征税、向能源密集型企业和能源行业征税、向所有行业征税并且降低能源企业 40% 的税率。本文碳税的设计情景框架见表 9-8。BAU（Businesses As Usual）是没有碳税情况下的情景，I1、I2、I3 分别是对能源密集型行业征收 10、50、100 元/吨的碳税；E1、E2、E3 分别是对能源密集型行业和能源行业征收 10、50、100 元/吨的碳税；A1、A2、A3 分别是对全行业征收 10、50、100 元/吨的碳税，其中对能源行业减免 40% 的碳税（参照荷兰碳税机制的经验），减免后的碳税仍旧可以参与碳税对企业间接税的抵扣。

表 9-8　本文的情景设计

情景简称	征税行业	碳税税率（元/吨）
BAU	—	—
I1	能源密集型行业[a]	10
I2	能源密集型行业	50
I3	能源密集型行业	100
E1	能源密集型行业+能源行业[b]	10
E2	能源密集型行业+能源行业	50
E3	能源密集型行业+能源行业	100
A1	全行业，能源行业减免 40%（不算抵扣）	10
A2	全行业，能源行业减免 40%（不算抵扣）	50
A3	全行业，能源行业减免 40%（不算抵扣）	100

[a] 能源密集型行业包括造纸行业、水泥行业、化肥行业、化学工业、钢铁行业和设备制造业。
[b] 能源行业包括：煤炭行业、石油和天然行业、电力行业。

9.3.6 研究结果

1. 经济影响

(1) GDP

在所有 CM 情景中,2030 年 GDP 相对 BAU 情景中的变化如图 9-30 所示。2030 年 BAU 情景里,GDP 达到 86.86 万亿元,而 I1、I2、E1、A1 情景的 GDP 和 BAU 情景的 GDP 是一样的。为何加入了碳税机制,中国的 GDP 却没有受到丝毫的影响?这一疑点将在下文做出解释。I3、E2 和 A2 情景的 GDP 为 86.83 万亿元、86.82 万亿元和 86.85 万亿元,表明这三个情景的碳税机制对 GDP 的负面影响较小,分别只下降了 0.025%、0.046% 和 0.004%。而 E3 和 A3 情景中的 GDP 为 86.64 万亿元和 86.77 万亿元,分别下降了 0.256% 和 0.101%,表明这两种碳税机制方案对 GDP 的负面影响较大,但也不会超过 0.5%。这一结论与陈诗一(2011)的研究结果相同。

综合来看,在低碳税情况下,GDP 几乎不会受到影响,而随着碳税税率的增加,碳税机制对 GDP 的负面影响几乎是指数性的增长(参见 E1、E2、E3 情景或其他情景)。仅对能源密集型行业征税的情况下,GDP 受到的影响微乎其微;对能源密集型行业和能源行业征税的情况下,GDP 受到的影响最大,在碳税税率仅为 10 元的情况下,2030 年 GDP 都将受到一定的负面影响;对全行业征收碳税,能源行业碳税减免 40% 的情况下,GDP 受到的负面影响介于前两类碳税机制之间。

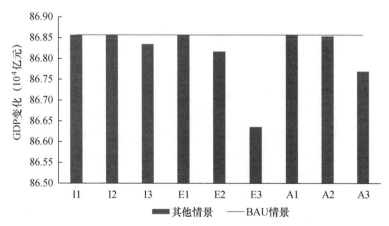

图 9-30 不同情景下,2030 年 GDP 的变化(BAU 情景=0)

(2) 碳税收入

政府的碳税总收入见图 9-31。需要注意的是,这里表示的碳税收入仅仅是企业原则上需要上缴的碳税额,包括了抵扣企业间接税的部分和实际上缴的部分。低碳税税率下,不同的征税行业对碳税收入的影响不大,在 0.04 万亿元到 0.12 万亿元不等。在中碳税和高碳税税率的情况下,碳税收入几乎直线上涨;中碳税税率会给政府带来 0.18 万亿元到 0.58 万亿元不等的收入;高碳税税率会给政府带来更大的收入,I3、E3 和 A3 情景下分别会给政府带来 0.35、0.89 和 1.10 万亿元的碳税收入。所此,我们可以看出,碳税税率与碳税收入基本上呈线性关系。参与行业越多,单位碳税税率带来的碳税收入越多。

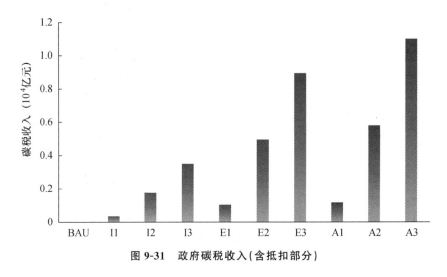

图 9-31　政府碳税收入(含抵扣部分)

(3) 企业碳税成本

企业碳税成本是企业抵扣完所有可以抵扣的间接税后,仍旧必须缴纳的碳税,这一部分碳税将直接增加政府的税收收入。企业碳税成本如图 9-32 所示。I1、I2、E1 和 A1 情景中,由于有碳税抵扣机制的存在,并且碳税税额较小,企业总赋税额并没有变化,因此企业碳税成本为 0。也因为此,碳税机制在这四种情景中对社会经济几乎没有任何影响,也就造成了前文 GDP 完全没有变动的情况。在 I3、E2、E3、A2 和 A3 情景中,总共有五种行业分别在不同的情景中真实上缴了碳税,分别是农业、水泥、化肥、钢铁和电力行业。水泥、化肥和钢铁行业在 I3 情景下存在企业碳税成本;E2 和 A2 情景中只有电力行业存在企业碳税成本;在 E3 情景里,除了农业的其他四个行业都在不同程度上增加了碳税成本;这五种行业在 A3 情景里全部增加了碳税成本,达到了 2347.71 亿元,但是总量不及 E3 情景的 3936.09 亿元,电力行业的碳税减免在其中起了重要作用。

农业存在赋税的主要原因是:相对于碳排放来说,农业的企业间接税本来就很低,而少量的间接税难以抵扣相对大量的碳排放,因此农业在 A3 情景下有一定的碳税成本。而电力行业更是如此,巨量的煤炭投入让电力行业成为碳税大户。本文也证实了根据荷兰碳税的经验,对能源行业的碳税减免能够减缓企业的压力,同时本文也更深层次地证明了对能源行业的碳税减免的部分在一定程度上能分摊给其他行业,例如:钢铁、化肥和水泥行业在 E3 情景里碳税成本分别为 394.54 亿元、25.41 亿元和 205.11 亿元,但是在 A3 情景里他们将上涨到 437.71 亿元、31.96 亿元、226.82 亿元,分别上涨了 10.58%、25.81% 和 10.94%。

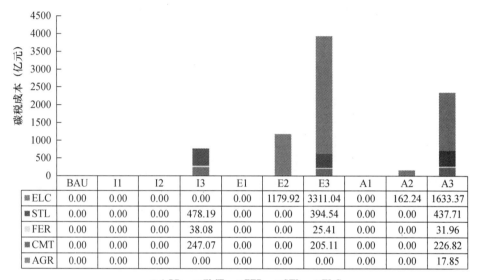

图 9-32 企业碳税成本

(4) 商品价格

CM 情景的商品价格相对于 BAU 情景中商品价格的变化率见图 9-33。可以看出,当所有的碳税用于抵扣间接税的情况下,基本可以理解为对社会不存在任何影响,商品价格也没有任何变动,这也可以解释在之前的结果中,I1、I2、E1 和 A1 情景中,为何 GDP 没有任何变化。在之后的分析里,我们也将忽略以上四个情景的数据,因为他们的数据和 BAU 情景下是一样的。同时,我们发现了以下几个规律:① 在碳税税率大到足够有效影响市场的前提下,碳税税率越高,商品价格上涨越大;② 仅对能源密集型行业征收碳税,即使碳税税率非常高,对商品价格的影响也微乎其微;③ 对能源密集型行业和能源行业征税,会显著提高电力、水泥和钢铁的价格,尤其是电力的商品价格,在 E2 和 E3 情景中,分别上涨了 2.51% 和 7.71%;④ 对能源行业减免税收的政策会显著降低因为征收碳税而导致上涨的能源价格。

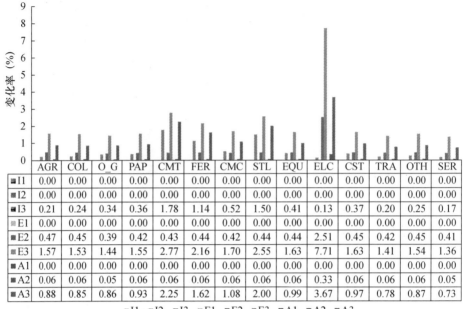

图 9-33　商品价格变化率（BAU 情景＝0）

（5）行业产出

碳税情景下的行业产出相对于 BAU 情景下的行业产出的变化率如图 9-34 所示。碳税能明显地降低能源企业的产出，在除了 A2 情景的中高水平的碳税机

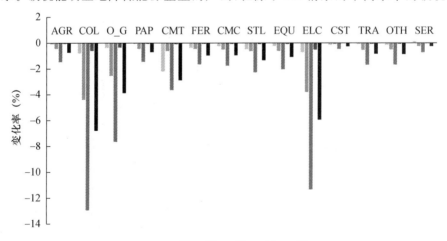

图 9-34　行业产出变化率

制下,煤炭、油气和电力行业分别降低了 4.39%~12.93%、2.53%~7.65% 和 3.81%~11.34%。其次是水泥、钢铁、设备制造业等能源密集型行业。由于电力企业碳税的增加,直接导致电力行业增加成本、降低产出,也因为这个原因,导致作为上游企业的煤炭行业,将遭遇一个滑铁卢。而作为能源密集型企业,也会受到能源企业尤其是电力企业成本压力增大后带来的影响,造成一定量的减产。

2. 能源影响

(1) 煤炭消费

2030 年各情景各行业煤炭消费量如表 9-9 所示,各情景煤炭消费量相对 BAU 情景的变化率见图 9-35。2030 年 BAU 情景的全社会煤炭消费总量是 47.53 亿吨标准煤,I3、E2、E3、A2 和 A3 情景中的消费总量将分别下降到 47.09 亿吨、45.45 亿吨、41.42 亿吨、47.25 亿吨和 44.30 亿吨标准煤,下降幅度分别为 0.93%、4.38%、12.86%、0.59% 和 6.80%。我们可以看出,虽然在高碳税情景下,电力行业是最大的赋税行业,但是电力行业并不是降低煤炭消费的最大的企业,煤炭行业才是。降低能源消费最大的行业是煤炭、石油、天然气和电力这些能源行业,在另一个侧面说明了碳税的有效性——因为化石能源消费量与行业产出有一个基本的经济规律,即在技术水平不变的情况下,想要增大产出,必须相应增大要素的投入。因此本节也佐证了之前发现的行业产出变化规律。另外,我们发现,碳税税率越大,降低能源消费的作用越明显,而且其影响力在一定程度内呈指数型增长。能源行业减免机制碳税会明显增加碳税机制下的能源消费量。

表 9-9　2030 年各情景各行业煤炭消费量*（单位：亿吨标准煤）

	BAU	I3	E2	E3	A2	A3
AGR	0.25	0.25	0.24	0.23	0.25	0.24
COL	4.29	4.24	4.02	3.52	4.25	3.88
O_G	0.08	0.08	0.08	0.07	0.08	0.08
PAP	0.68	0.68	0.66	0.63	0.68	0.65
CMT	2.52	2.46	2.46	2.29	2.52	2.38
FER	0.01	0.01	0.01	0.01	0.01	0.01
CMC	0.23	0.23	0.22	0.21	0.23	0.22
STL	4.63	4.59	4.5	4.24	4.61	4.42
EQU	4.65	4.62	4.53	4.28	4.63	4.46
ELC	21.96	21.75	20.71	18.32	21.79	20.04
CST	0.1	0.09	0.09	0.09	0.1	0.09
TRA	0.07	0.07	0.07	0.07	0.07	0.07

(续表)

	BAU	I3	E2	E3	A2	A3
OTH	6.11	6.08	5.96	5.65	6.09	5.88
SER	1.95	1.94	1.9	1.81	1.94	1.88
总　计	47.53	47.09	45.45	41.42	47.25	44.3

* 为了增加简洁性与可读性，I1、I2、E1 和 A1 情景已被省略，因为他们的能源数据和 BAU 情景一致，下同。

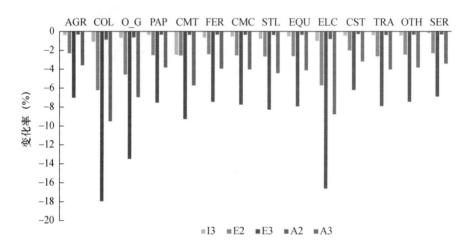

图 9-35　各情景煤炭消费量相对 BAU 情景的变化率

（2）石油和天然气消费

2030 年各情景各行业石油和天然气消费总量见表 9-10。2030 年 BAU 情景下，石油和天然气消费总量为 12.86 亿吨标准煤。在 I3、E2、E3、A2 和 A3 情景中，消费总量分别为 12.80、12.52、11.82、12.81 和 12.33 亿吨标准煤，分别下降了 0.21%、0.262%、7.94%、0.36% 和 4.08%，下降幅度小于煤炭消费量，但是基本趋势和煤炭消费量相同，即：税率越高，降低幅度越大；E2、E3 情景的减排效果分别优于 A2、A3 情景；能源行业的能源消费量降低幅度大于能源密集型行业的能源消费量降低幅度，后者又大于其他行业的消费量降低幅度。

表 9-10　2030 年各情景各行业石油和天然气消费总量（单位：万吨标准煤）

	BAU	I3	E2	E3	A2	A3
AGR	21	21	20	19	21	20
COL	154	152	145	126	153	139
O_G	6351	6309	6061	5495	6312	5910

(续表)

	BAU	I3	E2	E3	A2	A3
PAP	24	23	23	22	23	23
CMT	40	39	39	37	40	38
FER	7500	7453	7320	6942	7476	7206
CMC	4039	4018	3938	3727	4025	3878
STL	662	657	644	607	659	633
EQU	2053	2042	1999	1890	2045	1969
ELC	4929	4881	4648	4112	4890	4498
CST	23	23	23	22	23	23
TRA	2603	2593	2535	2398	2594	2499
OTH	94 014	93 620	91 722	87 037	93 704	90 449
SER	6193	6182	6051	5766	6174	5983
总　计	128 606	128 013	125 168	118 200	128 139	123 268

3. 环境影响

（1）二氧化碳减排量

从2017年实施碳税机制开始，一直到2030年各情景相对BAU情景的年二氧化碳减排量见表9-11。减排能力最低的是A2情景，从2023年开始，电力企业的碳税开始超过电力间接税的50%。因此，减排效果也是从2023年才体现出来，并且增长速度很慢，从2023年到2030年累计减排2.69亿吨二氧化碳。I3情景的减排效果也不尽人意，2017年到2030年累计减排量为9.46亿吨。E2、E3和A3的减排能力较强，到2030年累计减排分别达到50.03亿吨、151.10亿吨和79.41亿吨。我们发现，随着时间的推移，不同情景的碳减排能力在逐渐提升，说明碳税是一种有效的减排工具。另外，我们还发现，在一定程度内，碳税税率越大，减排能力和边际减排能力越强，碳税税率存在"边际减排递增规律"。例如，我们在研究E1、E2和E3的时候，发现当税率为10元/吨时减排能力为0；当税率提升至50元/吨时，减排能力为50.03亿吨；当税率翻番后，达到100元/吨时，减排能力提高到了之前的300%。因此，本文认为，低税率的碳税机制是完全没有必要的，中等税率机制必须配合合理的碳税征税行业才能起到一定的减排效果。

表 9-11　年二氧化碳减排量(单位:亿吨)

年　份	I3	E2	E3	A2	A3
2017	0.42	2.39	3.12	0.00	2.85
2018	0.45	2.53	5.65	0.00	4.23
2019	0.48	2.69	8.22	0.00	4.46
2020	0.51	2.84	9.76	0.00	4.69
2021	0.55	3.02	10.19	0.00	4.95
2022	0.59	3.20	10.64	0.00	5.22
2023	0.63	3.40	11.11	0.02	5.50
2024	0.68	3.60	11.59	0.10	5.80
2025	0.73	3.81	12.09	0.19	6.10
2026	0.78	4.03	12.62	0.28	6.42
2027	0.83	4.26	13.16	0.37	6.76
2028	0.88	4.50	13.73	0.47	7.11
2029	0.94	4.75	14.31	0.58	7.47
2030	1.00	5.01	14.92	0.69	7.85
总计	9.46	50.03	151.10	2.69	79.41

(2) 碳排放强度

各情景下中国碳排放强度见图 9-36。2017 年到 2030 年 BAU 情景的中国碳排放强度将从 1.671 吨/万元降低至 1.454 吨/万元。不同的碳税机制对碳排放强度的影响有着明显的区别。I3 和 A2 情景下,碳排放强度降低的水平非常有限,只降低了 0.007~0.011 吨/万元和 0.001~0.008 吨/万元,下降幅度为 0.43%~0.77%和 0.09%~0.54%。E2 和 A3 情景的碳排放强度分别降低了 0.041~0.057 吨/万元和 0.049~0.089 吨/万元,下降幅度为 2.48%~3.93%和 2.96%~6.12%,下降幅度较为明显。碳排放强度在 E3 情景中降低的最为明显,2017 到 2030 年下降了 0.053~0.169 吨/万元,下降幅度为 3.2%~11.59%。通过碳排放强度的结果我们发现,碳税机制的优势在于随着时间的推移,碳排放强度下降的趋势越发明显。但是低税率的碳税对碳强度的降低毫无贡献,而高水平的碳税能够显著降低碳排放强度,尤其是 E3 情景中。

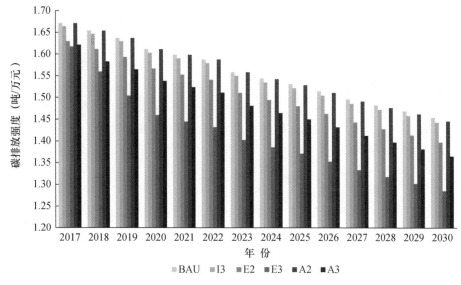

图 9-36 碳排放强度

9.3.7 结论与建议

本节通过构建CGE模型,构建了考虑了低、中、高三种碳税税率以及不同征税行业选择下的9个情景,分析了碳税机制的这两大关键因素带来的影响。得到以下结论:

在低碳税情况下,GDP几乎不会受到影响,而随着碳税税率的增加,碳税机制对GDP的负面影响逐渐增加,但是即使是负面影响最大的情景也不会超过0.5%。政府能够通过碳税制度增加很大的收入,如果参考丹麦碳税机制的做法可以抵扣部分企业赋税的话,碳税税率在低碳税水平下将为0,中高碳税税率情况下将有较大的收入。电力企业将是高碳税税率机制下的纳税大户。本文也证实了根据荷兰碳税的经验,对能源行业的碳税减免能够明显减缓企业的压力,同时本文也更深层次地证明了对能源行业的碳税减免的那一部分的碳税在一定程度上分摊给了其他行业。仅对能源密集型行业征收碳税,即使碳税税率非常高,对商品价格的影响也微乎其微。然而,对能源行业征税,会显著提高电力、水泥和钢铁等行业的价格,尤其是电力的商品价格。由于电力企业碳税的增加,直接导致电力行业增加成本,降低产出,也因为这个原因,导致作为上游企业的煤炭行业也将有一个大幅度减产的过程。而作为能源密集型企业,也会受到能源企业尤其是电力企业成本压力增大后带来的影响,造成一定量的减产。

虽然在高碳税情景下,电力行业是最大的赋税行业,但是电力行业并不是降低煤炭消费的最大的行业,而是煤炭行业。此外,降低能源消费最大的行业是煤炭、石油、天然气和电力这些能源行业,在另一个侧面说明了碳税机制的有效性。而这个有效性的主要原因是碳税将引起能源价格的上涨,而作为基本要素价格之一的能源价格,它的上涨会直接促进其他企业的生产选择倾向的变化,企业和居民会根据新的能源价格调整自己的企业生产结构而达到新的企业生产最优解,进而达到社会最优解。因此也解释了为什么对能源密集型企业征税的减排效果不如对能源企业征税的减排效果大。我们还发现,在一定程度内,碳税税率越大,减排能力和边际减排能力越强,碳税税率存在"边际减排递增规律"。同时,随着时间的推移,因为碳税机制而导致的碳排放强度下降的趋势越发明显,尤其是 E3 情景中。

本文认为,碳税制度作为一种简单、容易操作的政策,在实际减排方面也有着非常突出的贡献。低碳税税率的碳税机制是完全没有必要的,因为他们对经济和能源几乎构不成任何影响,而中等碳税税率必须配合合理的碳税征税行业才能起到一定的减排效果。高碳税税率的减排效果非常明显。同时,不应该仅仅对能源密集型企业征税,征税的重点应该是能源企业,这样才能够在调节要素市场的情况下,充分发挥市场的主观能动性进行节能减排。而未来中国电价放开管制将非常有利于碳税制度的实施与成效。最后,本文建议中国可以采用同时对能源企业和能源密集型企业征收高税率的碳税的减排方案。这样能够最大化减排成果,并且仅对中国 GDP 产生较小的影响。

第10章 新能源汽车

10.1 电动汽车发展现状及政策梳理

10.1.1 国际电动汽车发展概况

1. 全球电动汽车发展现状

近年来,全球电动汽车市场发展迅速,国际电动汽车的发展规模日趋扩大。如图10-1所示,2017年全球新能源汽车总销量达到122.4万辆,同比增长58.1%。其中,纯电动汽车占比64%,插电式混合动力汽车占比36%。就目前看来,纯电动车型占据全球新能源乘用汽车的主导地位。2010—2017年,新能源汽车销量以及市场份额都显著提高,在2010—2017年间,全球新能源汽车的市场份额增长了约100倍,达到1%,这反映出全球新能源汽车已经进入加速发展阶段。

图10-1 2010—2017年世界新能源乘用车销售及市场份额

数据来源:EV-sales。

从市场集中度来看,中国、欧洲和美国三大市场占世界电动汽车总销量的84.6%,引领全球新能源汽车市场。2017上半年,中国新能源汽车销量15.82万辆,同比增长达31%。欧洲新能源汽车销量达13.3万辆,同比增长达30%。美国新能源汽车销量为8.92万辆,同比增长达39%。挪威、荷兰以及瑞典分别以29%、6.4%和3.4%的比例占据全球电动汽车市场份额的前三位。

从新能源汽车企业来看,美国的特斯拉、德国的宝马以及中国的比亚迪等汽车企业都在电动汽车的研发与销量上呈现出较强的竞争力。当前的国际电动汽车发展呈井喷之势,根据目前各国的公开计划,到 2020 年,全球电动汽车保有量预计将增长到 1200 万辆,电动汽车销售额将占汽车总销售额的 7%。

在技术方面,由于电动汽车产业目前由欧洲(德国为主)、美国、日本和中国这几个地区和国家的汽车公司所主导,所以目前电动汽车供电设备(EVSE)与电动汽车之间的互联主要由这几个国家的标准来界定,主要标准如图 10-2 所示。在这些关键的标准上,以上国家均有一定数量的人员参与,且担任一定的职责。

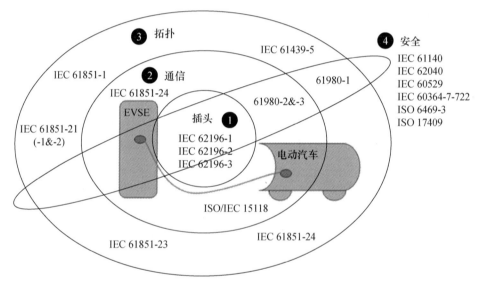

图 10-2　电动乘用车相关充电标准

来源:第一电动网。

2. 梳理主要国家电动汽车扶持政策

(1)美国

发展新能源汽车是奥巴马政府能源政策的重要组成部分,美国希望通过发展和利用新能源,使其摆脱对海外石油的过度依赖。奥巴马时期美国把电动汽车作为刺激经济和拯救汽车业的一张王牌。2008 年 10 月,美国国会批准了政府 7000 亿美元救市计划"经济稳定紧急法案 2008",其中包括对电动汽车给予单车最多 7500 美元的税收减免优惠。美国对 2009 年 12 月 31 日以后符合企业平均燃油经济性法规的插电式混合动力汽车和纯电动汽车,按照不同的电池容量,向汽车生产企业提供每台车 2500~7500 美元不等的抵税补贴。

美国电动汽车财税支持的基本思路是按照相关汽车的减排效果、电池密度进行的分级差异化补贴,该补贴额度呈递减趋势,先买的消费者享受相对高的补贴,后买的消费者补贴额度下降。美国对电动汽车的财税补贴保持技术中立性,没有明显的倾向扶持混合动力或者是纯电动,而是根据节能或减排的效果平等对待。

美国的消费补贴政策成效显著,有力支持了美国电动汽车的发展,对纯电动汽车和插电式混合动力产业化也起到了积极的推动作用,使美国企业在新能源汽车技术方面保持了世界先进水平。其财税支持政策主要表现在以下几个方面:

第一,税收优惠额度。对电池能量不低于 4 千瓦时的插电式混合动力汽车和纯电动汽车设定了 2500 美元的税收抵免基础额度,若电池能量在 4 千瓦时以上,可增加 417 美元/千瓦时的标准税收抵免额度。除电池能量外,根据车辆总重的不同,对各类符合条件的车辆设定了不同的最高抵税额度。

第二,税收优惠递减。每个插电式混合动力汽车和纯电动汽车制造商,其享受抵税优惠政策的插电式混合动力汽车与纯电动汽车在美累计销量达到 20 万辆起,在紧随其后的两个季度内,抵税额度降至各车型规定额度的 50%;再后两个季度内,额度降低至各车型规定额度的 25%;之后,不再享受抵税优惠政策。

第三,购车补贴政策。2012 年 3 月,白宫宣布了旨在鼓励消费者购买可替代燃料车型的新能源补贴政策,包括对新能源汽车的免税补贴。美国政府从 2013 年开始到 2016 年,再为每台节能车增加 2500 美元的财政补贴预算,即总抵税补贴最多可达 10 000 美元。而从 2017 年开始,补贴将逐年调降 2500 美元,到 2020 年彻底取消节能车补贴。

第四,以旧换新政策。为应对金融危机,美国在"2009 帮助消费者回收利用法案"中决定,自 2009 年 7 月 1 日起联邦政府拨款 30 亿美元(前期 10 亿美元+后期 20 亿美元)用来提供汽车消费者补贴,鼓励美国人把大排量的旧车置换为省油环保的新车,包括新能源汽车。消费者用不高于规定燃油经济水平的旧车换购必须达到燃油经济性要求的新车可以获得 3500~4500 美元的补贴,且旧车必须是 25 年以内生产、仍可使用、燃油经济性不高于 18 英里/加仑。[①] 美国总额为 30 亿美元的汽车"以旧换新"刺激已于 2009 年 8 月 25 日结束。美国运输部 2009 年 8 月 26 日宣布,消费者一共购买了 69 万辆新车。统计显示,消费者交回的旧车平均能耗为每加仑汽油行驶 16 英里,所购新车则达到了每加仑汽油行驶 25 英里。美国经济、环境以及消费者均受益,该政策同时也达到了"刺激美国经济"的预定目标。

第五,地方政府有力的扶持政策,如表 10-1 所示。

此外,美国目前新能源汽车保有量最大,也得益于其强有力的充电设施网络

---

① 1 英里=1.609344 千米,1 加仑=3.78543 升,18 英里/加仑=18×0.4251=7.65 千米/升。——编辑注

建设鼓励措施。美国联邦政府规定,每修建一个家庭充电桩可获得最高 2000 美元的抵税优惠(相当于购买和安装家庭充电桩成本的一半),商业用户修建大型充电基础设施可以享受最高 50 000 美元的抵税优惠。除此之外,各州根据当地电动车发展水平,制定了额外的免税或补贴政策。例如在"电动车之城"加州,在联邦补贴之外,私人用户每安装一个 240 伏壁挂式充电桩可获得 750 美元的补贴,同时安装充电计时器还将额外得到 250 美元补贴。如果在办工场所安装充电桩,壁挂式和立式充电桩可以分别得到 750 美元和 1000 美元的补贴。而如果是洛杉矶水电部用户,除了以上补贴外还可享受非峰值充电优惠。在有力的鼓励政策支持下,美国充电设施呈现以东西海岸为中心的弥散性分布格局,其中以加利福尼亚州、华盛顿州、纽约州、伊利诺伊州等为充电设施集中度最高的几大区域,而中部地区充电设施数量较少。

表 10-1 美国各州新能源汽车主要财税扶持政策

地 区	财税支持政策
加州	加州环保车补贴项目,在 2011 年初提供给消费者的补贴高达 5000 美元/台,2011 年下半年则降至 2500 美元/台;San Joaquin Valley 市还提供额外补贴 3000 美元/台,NEV(Neighborhood Electric Vehicle)积分政策
俄勒冈州	居民购买合格的 AFV(Alternative Fueled Vehicles,替代燃料汽车)/HEV(Hybrid Electric Vehicle,混合动力汽车)抵免所得税 1500 美元,居民将传统汽车改装成 AFV 抵免所得税 750 美元
华盛顿州	免除销售税和使用税的(7.3%~9.3%)
夏威夷州	可获得车辆原价 20%的州政府补贴,上限为 4500 美元,若同时购买充电器,补贴上限则为 5000 美元
马里兰州	抵免不超过 2000 美元的货物税
新墨西哥州	燃油经济性达到 27.5 英里/加仑(11.69 千米/升)的 HEV 免除周特许权税
纽约州	向公司用车提供不超过购买新轻型新能源汽车增量成本 50%的补助金
科罗拉多州	ZEV(Zero-Emissions Vehicle,零排放汽车/电动汽车)增量成本的 75%~85%抵免所得税
乔治亚州	ZEV 成本的 20%或 5000 美元所得税抵免,以较低者为准
伊利诺斯州	减免增量成本的 80%,不超过 4000 美元
俄克拉荷马州	车辆总价的 10%,不超过 1500 美元的 AFV 增量成本的 50%抵免所得税
佐治亚州	5000 美元州政府补贴,购买相应充电器还可获得原价 10%的补贴
罗得岛州	抵免 25%联邦所得税
南卡罗来纳州	抵免 20%联邦所得税
犹他州	抵免增量成本的 35%所得税,不超过 2500 美元

数据来源:笔者整理。

(2) 欧洲

21世纪后,电动汽车行业在欧洲迅速发展。据欧洲汽车制造商协会(ACEA)数据显示,2014年欧盟28个成员国加上自由贸易联盟国家,电动车销量达到97791辆,同比增长50.3%,挪威、英国等国家甚至实现成倍增长。

在推动电动汽车产业化方面,与美国不同的是,欧盟作为欧洲国家的联合体,无法制定统一的法律并直接面向各国制定具体详细的产业政策,而是提出共同目标和指导意见,同时在具体的产业领域对欧盟内国家进行支持,具体扶持方式见表10-2。欧洲各国政府纷纷根据本国国情制定了大量的政策和措施,以推动电动汽车的发展和消费,并不断加快基础设施建设,例如德国柏林市政府2009年宣布将免费提供土地用于在市区繁华地段建立至少550个汽车充电站;英国政府则于2010年启动了充电站补助项目"插电区域",计划在试点区域设立11 000个充电桩。

表10-2 欧洲电动汽车产业扶持方式

产业扶持方式	具体措施
经济扶持	① 法国政府曾一次性投入15亿法郎,之后又拨款5亿法郎,用纯电动汽车替代政府部门10%的内燃机公务车,并完善巴黎市区的充电站和各类基础设施 ② 2011年1月到2014年期间,英国政府共投资2.3亿英镑的财政补贴用于支持电动汽车发展
政策优惠	① 2015年英国出台补贴政策,规定购买纯电动汽车和排放在75克/千米以下的混合动力汽车将得到5000欧元/台的优惠 ② 德国针对个人给予购买电动车低息贷款优惠以此刺激电动汽车的消费,同时在2015年以前购买电动汽车可享受十年免行驶税的优惠,在2016年至2020年购买的电动车可以与家中另一辆车共享车牌,这样就只需缴纳一份保险 ③ 法国在每年的道路税中,对电动车辆给予了50%～100%的免除
法规强制	① 1992年开始实施欧Ⅰ污染物排放法规,此后每四年更新一次,标准在不断加严,并且根据排放标准形成一系列奖罚政策措施 ② 2014年欧盟条例限制2015年汽车二氧化碳平均排放为130克/千米,计划于2021年将汽车二氧化碳平均排放量降低到95克/千米

数据来源:笔者整理。

(3) 日本

日本是全球范围内最早开始发展电动汽车的国家之一,也是世界上首个实现混合动力汽车量产的国家,在实现混合动力系统的低燃耗、低排放和改进行驶性能方面稳居世界领先地位。1992年日本政府宣布有计划地向市场投放电动汽车,此后陆续推进了"政府优先采购低公害汽车""低公害车开发普及行动计划""新一代汽车计划"等项目。2010年日本经济产业省又提出"新一代汽车战略2010",以"成为新一代汽车研发中心"为总体战略目标,规划了未来10年日本电动汽车的发展,提出截至2020年,混合动力与纯电动汽车将占新车销量的20%~50%,同年普通充电站达到200万座,快速充电站达到5000座的要求。日本是一个车辆税收较重的国家,其对于电动汽车的鼓励主要体现在税收减免上。在1999年推出的绿色税制的基础上,日本曾多次对这一制度进行修改。在商业推广方面,日本大阪市由市政府、大发汽车公司、蓄电池公司和电力公司共同组成促进电动汽车发展的地方组织,采用优惠的租赁方法来鼓励用户购买电动汽车。同时,日本政府还十分重视对公民环保意识的培养,在1979年就制定了《节能法》,明确规定了政府对节能的宣传义务,将节能环保的宣传纳入法律。日本政府在推进产业化和引导国民进行电动汽车的消费上起步也较早,产业扶持具体方式见表10-3。

表10-3 日本电动汽车产业扶持政策

产业扶持政策	具体措施
经济扶持	自2008年12月起,日本政府计划7年内投入210亿日元用于开发高性能电动汽车蓄电池,并在2009年12月以来的一年时间内,连续拨款2300亿日元用于支持节能环保型的补贴。
政策优惠	① 2009年4月10日后,消费者在更换使用了13年以上的旧车时,如果购买符合2010年度燃耗标准的汽车,普通轿车、轻型轿车、大巴和卡车可以分别享受政府补贴25万日元、12.5万日元、40万~180万日元不等税费减免; ② 2009年起纯电动和插电式混合动力汽车免购置税和重量税,减免50%的持有税。
法规强制	① 日本于2009年10月开始实施最新的排放标准,将氮氧化物的排放在2005年规定的基础上降低65%,颗粒排放降低53%~64%; ② 日本政府陆续颁布了《关于促进新能源利用等特别措施法》和《可再生能源配额制法》等相关政策法规,进一步明确了日本新能源方面的发展目标和责任,同时还提出争取到2030年,日本对石油的依赖度由原来的50%下降到40%。

数据来源:笔者整理。

10.1.2 国内电动汽车发展概况

1. 中国电动汽车发展现状及特点

习近平总书记在十九大报告中特别强调了"加快生态文明体制改革,建设美丽中国"的新发展目标。报告中强调中国要建设的现代化是人与自然和谐共生的现代化,坚持节约优先、保护优先、自然恢复为主的方针,形成节约资源和保护环境的空间格局、产业结构、生产方式、生活方式,还自然以宁静、和谐、美丽。为推进绿色发展,要壮大节能环保产业、清洁生产产业、清洁能源产业,构建清洁低碳、安全高效的能源体系。在交通运输领域日益发展的今天,电动汽车的推广对缓解传统能源压力、促进交通行业低碳可持续发展有着重要意义。

近年来,中国新能源汽车的发展表现出色。2015 年,中国的新能源汽车销量跃居世界第一位。2016 年,《节能与新能源汽车技术路线图》提出未来中国汽车产业发展的总体目标之一是新能源汽车成为主流产品,汽车产业初步实现电动化转型。随着汽车行业的低碳化发展,中国电动汽车行业在政策的推动下发展迅猛。

根据中国汽车工业协会的统计,仅 2018 年 1 月,新能源汽车的累计产销量分别为 4.06 万辆和 3.84 万辆,同比增长 488.4%、573.6%。其中,纯电动乘用车产销量为 2.78 万辆和 2.68 万辆,在新能源乘用车中的占比为 68.5% 和 69.8%,同比增长 371.2%、437.4%;插电式混合动力乘用车产销量分别为 1.28 万辆和 1.17 万辆,同比增长分别达到约 11.3 倍和 15.6 倍。

如图 10-3 所示,2017 年中国纯电动汽车产销量分别为 65.5 万辆和 64.6 万辆,插电式混合动力汽车产销量分别为 12.8 万辆和 12.2 万辆。可以看出纯电动汽车一直是新能源汽车产销的主力军,销量占全年销量比超过 80%,插电式混合动力汽车的占比仅为 16%。

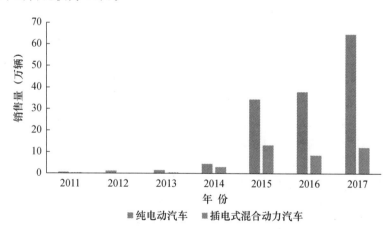

图 10-3　2011—2017 年中国纯电动汽车和插电式混合电动汽车的销售量
数据来源:中国汽车工业协会。

从保有量来看,截至 2017 年年底,中国新能源汽车保有量已经达到 153 万辆,占汽车总量的 0.7%。其中,2017 年新能源汽车新注册登记 65 万辆,与 2016 年相比,增加 15.6 万辆,增长 24.02%。十九大报告中强调坚持总体国家安全观,统筹发展和安全,增强忧患意识,做到居安思危,是我们党治国理政的一个重大原则。据统计,2016 年中国石油的对外依存已经达到 65.5%,成为全球最大的能源进口

国。然而,中国石油的平均储采比低于世界平均水平。因此,电动汽车的发展和普及将在一定程度上保障中国未来的石油供应安全。

目前,中国电动汽车的发展特点主要表现在以下几方面:

第一,政策护航带动电动汽车推广普及。随着电动汽车被国家确立为战略性新兴产业,各级政府相继出台了一系列政策鼓励电动汽车的普及与推广。为了确保电动汽车行业的健康发展,上层着手考虑相关鼓励及补贴政策,包括:免征购置税,设立充电设施奖励基金,推广情况社区公示,党政机关事业单位优先采购等。在国家政策的支持下,中国国内的电动汽车产业进入了快速发展新阶段。

第二,自主创新不断取得突破形成良好竞争力。近些年来,国家一直致力于电动汽车的产品开发,希望不断突破自主创新能力以形成产品开发竞争力。中国在电动汽车行业的自主创新过程中,一直遵循"以政府资金支持为先行,以核心技术为重点,以关键部件研发为首要任务"的方法论。开发电动汽车的关键在于电池,中国目前已经建立起纯电动汽车、混合动力汽车以及燃料电池汽车三种类型的研发体系,产学研三方面的紧密结合使得中国能够更快地提高电动汽车研发能力。

第三,试点运营不断深入,国民熟悉度不断提高。中国大概在十年前便在北京、上海、深圳、武汉等六座城市开始了小规模的电动汽车试运营。这在某种程度上增加了电动汽车的国民熟悉程度。另外,中国已经成为轻型电动车的生产大国和主要的销售市场所在地。供电电池、驱动电机生产体系的迅猛发展,无疑进一步提高了电动行业的国民熟悉度,这也为电动汽车行业的发展奠定了基石。

第四,企业加快产业化步伐,不断增加研发投入。电动汽车因其具备良好的环保性能以及能源动力多样化的特点,很好地解决了传统汽车行业所导致的环境污染、资源枯竭等问题,并且能够很大程度上解决能源短缺、合理调节能源发展结构,也正符合十九大报告中倡导的绿色出行原则。因此电动汽车引发了社会各界的关注,发展电动汽车行业也成为行业讨论的重中之重。国内相关企业不断加快产业化步伐,增加产品研发投入,将电动汽车作为未来的一个主流竞争型产品在公司的发展战略上得到高度重视。一些大型的汽车企业,例如东风、长安、比亚迪等都已经制定了各自的电动汽车产业规划,并在电动汽车的研发领域投入了大量资金。

第五,电动汽车整体产业化环境尚未形成。首先,电动汽车行业目前正处于发展的前期阶段,还需较长发展时间。目前尚未形成良好的包括政府、电动汽车生产厂家、电池供应商、充电桩运营商以及消费者在内的电动汽车整体产业化环境。其次,社会意识相对薄弱。目前而言公民的环保意识相对不高,对电动汽车的相关环保方面的社会意义不够明确,这为电动汽车的推广增加了难度,可见社会各界尚未形成保障电动汽车安全运行的认知。电动汽车安全运行的主要核心是电池,电池从生产到出售到使用和维护阶段经历漫长的过程,其安全运行较为复杂。

2. 中国国内充电设施发展现状

自中国政府允许社会资本进入充电基础设施的建设以来,中国充电基础设施建设已经取得了长足进步和发展,到2016年年底,累计共建成公共充电桩14.9万个,新能源汽车与充电桩比例约为7∶1,虽然与2020年规划目标中的1∶1还有一定差距,但是建设势头强劲。根据国家发改委颁布的《电动汽车充电基础设施发展指南(2015—2020)》,2020年的建设目标为集中式充换电站超过1.2万座,分散式充电桩超过480万个。

2017年中国新建设公共充电桩6.49万个,累计建成约21.4万个。图10-4显示了2010—2017年中国累计建成的公共充电桩数量,中国充电桩建设在近几年取得了突飞猛进的进步,2016年增长率最快,约为204%。

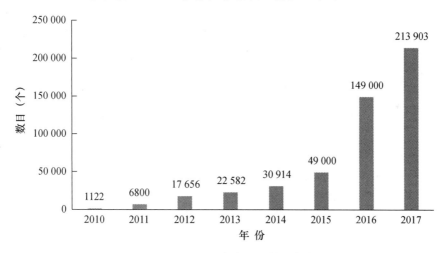

图10-4 2010—2017年中国公共充电桩数目
数据来源:中国汽车工业协会。

但是与"十三五"规划目标相比,目前仍然存在不小的差距。表10-4列出了2020年关于充电基础设施的建设目标与目前已经建成的数目对比。从表中可以看出,要完成2020年的规划目标,未来还要进一步加大充电基础设施建设力度和进程。目前已有电动汽车充电站的城市主要包括北京、天津、上海、重庆、浙江城市群(杭州、金华、绍兴、湖州)、江西城市群(南昌、九江、抚州、宜春、萍乡、上饶、赣州)、合肥、太原、西安、广州、深圳、襄阳、青岛、芜湖、长沙、湘潭、株洲等。与电动汽车推广城市相比,未来要把建设面扩大到更多的城市和地区。

表 10-4　2016 年年底中国已建成充电基础设施与 2020 年规划数量对比

项目	2016 年年底	2020 年	缺口
充电桩保有量	14.9 万个	480 万个	465.1 万个
充电站保有量	7000 个	12 000 个	5000 个
车桩数比	7.3∶1	1∶1	
充电设施投资	约 360 亿元	约 1320 亿元	约 960 亿元

数据来源:迈哲华《2016 中国新能源汽车充电桩白皮书》。

在技术方面,充电基础设施产业链包括上游、中游和下游。上游主要是充电设备的研发和制造,包括电池及其系统、充电桩、滤波装置、监控设备和变压器等。中游是充电设施的运营,由央企(包括国家电网、南方电网等)、国企(包括北汽新能源、京能集团)和民企(富电科技、特锐德电气股份)组成。下游是电动汽车市场,目前进入推广目录的电动汽车生产厂家共约 40 家,包括安凯汽车、江淮汽车、比亚迪等。

近年来,中国推出了一些关于推进电动汽车充电基础设施建设的政策,如表10-5 所示,这一系列的政策法规为电动汽车的发展提供了有力的政策支持。

表 10-5　关于推进充电基础设施建设的主要政策

时间	政策	主要内容
2014.07	《关于加快新能源汽车推广应用的指导意见》	加快充电设施建设,公共服务领域率先推广,完善推广补贴政策,给予新能源汽车税收优惠
2014.11	《关于新能源汽车充电设施建设奖励的通知》	对快速充电等建设成本较高的设施加大奖励力度
2015.08	《关于加快配电网建设改造的指导意见》	智能电网方面,提高配电网装备水平;电价改革,实行差异化电价,满足电动车充电设施建设要求
2015.10	《关于加快电动汽车充电基础设施建设的指导意见》	加速设施建设、统一充电标准、完善扶持政策
2015.11	《电动汽车充电基础设施发展指南(2015—2020)》	省会城市充电桩与电动汽车比例不低于 1∶12,城市核心区公共充电服务半径小于 2000 米
2015.12	充电新国标,修订电动汽车充电接口及通信协议	对充电接口的电压、电流、尺寸有详细具体标准
2015.12	《关于加强城市电动汽车充电设施规划建设工作的通知》	及时将电动汽车充电设施作为城市重要基础设施纳入城市规划,大力推进充电设施建设

(续表)

时间	政策	主要内容
2016.01	《电动汽车动力蓄电池回收利用技术政策》	指导企业合理开展电动汽车动力蓄电池的设计、生产及回收利用工作,建立上下游企业联运的动力蓄电池回收利用体系
2016.01	《关于"十三五"新能源汽车充电基础设施奖励政策及加强新能源汽车推广应用的通知》	加快推动新能源汽车充电基础设施建设,培育良好的新能源汽车应用环境,2016—2020年中央财政将继续安排资金对充电基础设施建设和运营给予奖补
2016.09	《关于加快居民区电动汽车充电基础设施建设的通知》	落实地方政府主体责任,充分调动各有关方面积极性,切实解决当前居民区电动汽车充电基础设施建设难题
2018.03	《2018年能源工作指导意见》	积极推进充电桩建设,加快落实新能源汽车充电设施布局,计划在2018年内建成充电桩60万个,其中公共充电桩10万个、私人充电桩50万个

数据来源:笔者根据中华人民共和国财政部及地方政府文件整理。

政策法规的颁布实施对中国充电基础设施的建设起到了重要推动作用,详细规定了中国充电基础设施发展的目标、路径和措施。如住房城乡建设部《关于加强城市电动汽车充电设施规划建设工作的通知》提出"将电动汽车充电设施作为城市重要基础设施纳入城市规划,大力推进充电设施建设,推动形成以使用者居住地基本充电设施为主体,以城市公共建筑配建停车场、社会公共停车场、路内临时停车位附建的公共充电设施为辅助,以集中式充、换电站为补充,布局合理、适度超前、车桩相随、智能高效的充电设施体系。"由国家发改委颁发的《关于加快居民区电动汽车充电基础设施建设的通知》把充电桩建设的关注点放在了居民住宅区,要求改造现有居民区停车位的电气化改造,对新建设居民区停车位统一安装充电设备,并探索居民区整体智能充电管理模式。

3. 中国电动汽车扶持政策梳理

为实现汽车行业绿色转型,保障中国能源供给安全,中国颁布了一系列有关新能源汽车的扶持政策,如表10-6所示,现行的政策主要可以分为税收优惠政策和财政补贴政策两类。财政部发布的《关于2016—2020年新能源汽车推广应用财政支持政策的通知》公示了2017—2018年及2019—2020年退坡幅度,分别为20%和40%。补贴政策的退坡将在一定程度上倒逼形成以技术创新为导向的新能源汽车市场,淘汰一批竞争力低下的汽车厂商。另外,补贴的逐步减少可能对仍处于发展初期的新能源汽车产业产生一定的冲击。

表 10-6 中国现行新能源汽车相关中央政策

类别	政策名称	实施日期	核心要点
税收优惠	《关于免征新能源汽车车辆购置税的公告》(2014年)	2014.09.01—2017.12.31	对获得许可在中国境内销售(包括进口)的纯电动以及符合条件的插电式(含增程式)混合动力、燃料电池三类新能源汽车,免征车辆购置税。
财政补贴	《关于调整新能源汽车推广应用财政补贴政策的通知》(2016年)	2016—2020	① 地方财政补贴(地方各级财政补贴综合)不得超过中央财政单车补贴额的50%; ② 除燃料电池汽车外,各类车型2019—2020年中央及地方补贴标准和上限,在现行标准基础上退坡20%; ③ 非个人同户购买的新能源汽车申请补贴,累计行驶里程须达到30 000千米(作业类专用车除外); ④ 保持2016—2020年补贴政策总体稳定的前提下,调整新能源汽车补贴标准。
	《关于2016—2020年新能源汽车推广应用财政支持政策的通知》	2017—2020	2017—2020年除燃料电池汽车外其他车型补助标准适当退坡,其中① 2017—2018年补助标准在2016年基础上下将20%;② 2019—2020年补助标准在2016年上下降40%。(详见附表)

附表:2016—2020年三类新能源汽车详细补贴标准(单位:万元/辆)

车型 (乘用车)	纯电续驶 里程 R (千米)	2016 基准	2017 退坡 (-20%)	2018 退坡 (-20%)	2019 退坡 (-40%)	2020 退坡 (-40%)
纯电动	$100<R<150$	2.5	2	2	1.5	1.5
	$150<R<250$	4.5	3.6	3.6	2.7	2.7
	$R≥250$	5.5	4.4	4.4	3.3	3.3
插电式 (含增程)	$R≥50$	3	2.4	2.4	1.8	1.8
燃料电池	$R≥300$	20	20	20	20	20

数据来源:《汽车纵横》杂志。

截至目前，中国国内共有近 40 个省市相继出台了与新能源汽车相关的补贴政策。相关地方政策如表 10-7 所示。

表 10-7 中国现行新能源汽车相关地方政策

省/市	政策名称	补贴条件及标准	其他优惠
北京	《2017 年北京新能源车型补贴标准》	① 按单车国补的 50% 执行；国补加地补总额不超过车辆售价 60% ② 纯电动：$100<R<250$，1 万元～1.8 万元/辆；$R>250$，2.2 万元/辆 ③ 燃料电池：10 万元/辆 （R 为标准工况续驶里程，单位：千米，下同）	长质保限期
上海	《上海市鼓励购买和使用新能源汽车暂行办法（2016 年修订）》	① 不超过单车国补的 50% ② 纯电动：$100<R<150$，1 万元～1.8 万元/辆；$R>250$，2.2 万元/辆 ③ 插电式及增程式：$R>50$，1 万元～2.4 万元/辆	免费专用号牌
广州	《新能源汽车购置地方财政补贴标准》	① 国补与地补比例 1:0.5 ② 对符合要求的节能汽车补贴 1 万元/辆	车辆使用、道路通行、充电服务
深圳	《深圳市 2017 年新能源汽车推广应用财政支持政策》	① 纯电动：$100<R<150$，1 万元～1.8 万元/辆；$R>250$，2.2 万元/辆 ② 插电式及增程式：$R>50$，1 万元～2.4 万元/辆； ③ 燃料电池：20 万元/辆	路桥费、充电费、自用充电设施安装补贴
广东	《新能源汽车推广应用省级财政补贴政策（征求意见稿）》	① 按单车国补的 50% 执行；国补加地补总额不超过车辆指导价的 50% ② 燃料电池汽车：不低于 4500 元/kW，地补不超过国补 ③ 省级补贴按区域分为三类	
天津	《天津市推广应用新能源汽车地方补助管理办法（2017 年）》	① 按单车国补的 50% 执行；国补加地补总额不超过车辆指导价的 50% ② 纯电动：$100<R<150$，1 万元/辆；$R>250$，2.2 万元/辆 ③ 插电式及增程式：$R>50$，1.2 万元/辆 ④ 燃料电池：10 万元/辆	不限行

(续表)

中国现行新能源汽车相关地方政策一览(以大中城市为主)

省/市	政策名称	补贴条件及标准	其他优惠
重庆	《关于重庆市2017年度新能源汽车推广应用财政补贴政策的通知》	① 市级补贴为单车国补的46%以内;各级补贴总和不超过单车国补的50% ② 纯电动:最高2万元/辆 ③ 插电式/增程式:$R>50$,1.2万元/辆 ④ 燃料电池:8万元/辆	免过路桥
西安	《西安市进一步加快新能源汽车推广应用的实施方案的通知》	① 公共服务领域按国补与地补1:0.5比例执行,非公共服务领域按1:0.3 ② 各级地补不超过单车国补的50%	
山西	《新能源汽车营销补助资金管理办法》补充通知	① 单车国补与地补按1:0.5比例执行 ② 甲醇轿车0.25万元/辆;甲醇多用途乘用车0.1万元/辆(2017年底到期)	
南京	《2017年南京市新能源汽车推广应用地方财政补助工作的通知》	① 按国补与地补1:0.5比例补助 ② 各级补贴总额不超过扣除国补后汽车售价的60%	充电设备建设运营补贴
江苏	《2017年新能源汽车推广应用地方财政补助工作的通知》	① 地补不超过单车国补50% ② 乘用车补贴最高不超过0.9万元/辆 ③ 燃料电池:5万元/辆	
合肥	《调整新能源汽车推广应用政策的通知》	$R>150$,按国补与地补1:0.5比例补助	
杭州	《2017—2018年杭州市新能源汽车推广应用财政支持政策》	① 微型纯电动:国补的25%,上限为1万元 ② 其余车型:国补的50% ③ 国补加地补总额不超过车辆售价50%	不摇号,不限行
福建	《加快全省新能源汽车推广应用促进产业发展的实施意见》	省、市财政给予不超过同期国补的50%	专用号牌、停车位、补贴过桥费、高速费、减免停车费
柳州	《柳州市新能源汽车推广应用财政补贴资金管理实施细则》	① 2017年至2018年按国补的40%补,2019年至2020年按国补的30%补 ② 符合条件的整车生产业,列入公告产品每款给予50万元一次性奖励	充电费补贴,充电设施建设补贴
内蒙古	《加快新能源汽车推广应用的实施意见》	① 按单车国补与地补1:0.5比例执行 ② 国补加地补总额不超过车辆售价60%	

(续表)

中国现行新能源汽车相关地方政策一览（以大中城市为主）

省/市	政策名称	补贴条件及标准	其他优惠
武汉	《关于加快新能源汽车推广应用若干政策的通知》	① 轴距>2.2 米的纯电动与插电式,按国补的 50% 补贴 ② 轴距≤2.2 米,按国补的 20% 补贴 ③ 燃料电池:国补与地补比例为 1∶1	不限行、物流车发通行证、专用停车位
江西	《2017年江西省新能源汽车推广应用财政补助和奖励方案》	① 单车国补的 15% ② 注册地在江西的整车生产企业,年销新能源乘用车超过 2 万辆最高奖励 80 万元	
南昌	《2017年南昌市新能源汽车推广应用财政补助和奖励方案》	① 单车购置市级补贴额＝2017 年中央财政相应车型单车补贴额＊15% ② 注册地在南京的汽车生产企业,年销售量 5000～30 000 辆,奖励 200 万元～1500 万元	
台州	《台州市新能源汽车推广应用财政补助暂行办法补充说明》	① 纯电动:$R \geqslant 250, 2.2$ 万元;$150 \leqslant R < 250, 1.8$ 万元;$100 \leqslant R < 150, 1$ 万元 ② 插电式(含增程式):$R \geqslant 50, 1.2$ 万元	
甘肃	《甘肃省新能源汽车补贴资金管理办法调整版》	① 省级按单车国补的 35% 执行 ② 其他各级地补按单车国补 15% 执行;各级补贴比例总和为单车国补的 50% ③ 国补加地补不超过购车价款的 50%	
贵阳	《关于促进贵阳市推广应用新能源汽车的实施性意见》	① 按省补的 100% 跟进补助;按车辆注册地由市和所在区(市、县)财政按各 50% 的比例承担 ② 国补加各级地补总额不超过车辆销售价格的 60%	
贵州	《关于调整我省新能源汽车推广应用补助政策的通知》	补贴总额不超过车辆销售价格的 50%	不摇号,不限行,减免通行费,免 2 小时停车费
青岛	《青岛市2016年新能汽车推广应用财政补助的通知》	① 纯电动乘用车、插电式混合动力(含增程式)乘用车每辆按中央财政补助标准的 1∶1 ② 纯电动客车、插电式混合动力(含增程式)客车、燃料电池车每辆按中央财政补助标准的 20% ③ 纯电动专用车(邮政、物流、环卫等)按电池容量每千瓦时补助 1000 元,且每辆补助额最高不超过 2 万元	

(续表)

省/市	政策名称	补贴条件及标准	其他优惠
唐山	《唐山市2016年和2017年新能源汽车推广应用地方财政补贴办法》	① 公交车按照中央财政补贴标准的50%给予补贴 ② 新能源乘用车每辆车最高不超过1万元、新能源客车每辆车不超过4.5万元、新能源专用车每辆车最高不超过3万元 ③ 补贴上限同时不得超过中央财政单车补贴额的50%	

数据来源：笔者整理。

十九大报告中指出推进绿色发展需倡导简约适度、绿色低碳的生活方式，开展创建节约型机关、绿色家庭、绿色学校、绿色社区和绿色出行等行动。中国推进电动汽车及基础设施建设的一系列政策举措也充分诠释了中国政府坚持绿色发展方式和生活方式、建设美丽中国的坚定决心。

10.2 新能源汽车环境价值及支付意愿评估

10.2.1 发展电动汽车的必要性

作为世界最大的发展中国家，2015年中国石油消费量同比增长约6.3%。但是，中国"富煤、贫油、少气"的资源禀赋迫使石油要从其他国家进口。2015年中国石油进口净值约为3.258亿吨，石油进口依赖度超过60%。根据国际能源机构（IEA）预测，2040年中国石油进口依赖度将超过80%，对进口石油的高度依赖会对中国的能源安全和经济构成严重威胁，石油能源安全问题成为威胁国家安全的重要因素之一。如何有效维护国家安全是十九大报告中提出的重要任务之一，保证中国石油供应安全的一个方法是在某些交通运输部门对石油进行替代（Lin和Xie，2014）。据国务院发展研究中心估计，2014年中国汽油消耗量占石油消费总量的三分之一左右，预计到2020年将达到57%，因此如果能够对交通运输领域的油耗进行替代，将有效缓解中国能源安全问题，而电动汽车的出现使得这种替代成为可能。

随着交通运输部门石油消耗量的增加，汽车尾气造成的污染日益严重。汽车尾气排放物包括能导致光化学烟雾的一氧化碳、二氧化硫、碳氢化合物、氮氧化物等，20世纪40年代以来的洛杉矶和东京光化学烟雾事件已经造成大量人员伤亡和经济损失。而在今天，汽车尾气排放已经被证明是造成当今中国雾霾严重的原因之一(雾霾通常是由细悬浮颗粒引起的)。自 2013 年以来,雾霾已经覆盖到中国大部分地区,特别是北京及周边地区(京津冀地区)①以及东北各省,这些地区近三分之一的城市空气质量严重下降,这与十九大提出的建设生态文明格格不入。雾霾天气可能会导致很多严重后果,如肺部疾病、城市交通堵塞以及经济损失(Hammitt 和 Zhou,2006),甚至可能危及中国的外交形势:日本和韩国已经把他们国家出现的雾霾天气归咎到中国身上。即使在美国,也有人认为中国的雾霾会对他们的国民健康构成威胁。这些指责可能不合理,但会影响到中国在世界上作为一个负责任大国的形象。

幸运的是,新能源汽车不会像传统汽车那样排放有害气体,这为我们提供了一个解决汽车尾气排放问题的新的选择方案;同时,与单边和多边气候政策在控制碳排放上一样(Li 等,2014),新能源汽车也可以在碳减排方面发挥重要作用(Nakata,2003),契合了当今建设绿色低碳经济的时代潮流。

新能源汽车是指不使用汽油作为主要动力来源的车辆。2015 年,中国生产约 37.9 万辆新能源汽车,比 2014 年增长约 4 倍。根据 2020 年颁发的《2012—2020 年节能与新能源汽车产业发展规划纲要》,2020 年中国新能源汽车累计生产和销售量将达到 500 万辆(Guo 等,2016)。由于新能源汽车在减少汽车尾气排放和降低石油进口依赖度方面发挥了不可替代的作用,中国将不遗余力地支持其发展(Gong 等,2013)。新能源汽车可分为电动汽车、混合动力汽车、燃料电池电动车等。电动汽车的驱动电源来自可再充电电池或其他储能装置。混合动力汽车则是将电动系统和内燃机结合安装在车辆中。因此,它可以由内燃机中消耗的化石燃料或可充电电池中的电力驱动。混合动力汽车可分为串联混合动力电动汽车和并联混合动力电动汽车。燃料电池电动车依靠的是燃料电池而不是充电电池产生的能量,燃料电池通常通过空气中的氧和其他原料发生化学反应来产生电力。

10.2.2 消费者视角下电动汽车环境价值评估研究

1. 问卷和变量

为了研究电动汽车的环境价值和支付意愿,我们从消费者的角度对这一问题进行考察。我们通过专业的数据调研公司——凯迪数据研究中心随机调查收集研究数据,考虑到地理分布、电动汽车的推广程度、环境影响程度和地方推广政策

---

① 京津冀地区,由北京、天津、河北等地组成,是中国北方经济区的重要核心,也是中国污染最严重的地区之一。

的差异性,将北京、上海、广州、深圳四个城市作为研究对象。调查问卷由10个问题组成,根据问题种类可分为三部分:受访者的背景,受访者对电动汽车的看法以及价值评估问题,见表10-8。

表 10-8 调查问卷

类 别	问 题
Ⅰ. 受访者的背景	
1. 性别	你是男性还是女性?
2. 年龄	你的年龄?
3. 家庭规模	你家有几个成员?
4. 家庭收入	你家一个月收入多少?
5. 教育	你的教育背景是什么?
6. 是否有私人汽车	你是否有私人汽车?
Ⅱ. 对电动汽车的看法	
7. 关于电动汽车的知识	你了解多少关于电动汽车的知识?(1=无,2=更少,3=中等,4=较多,5=更多)
8. 电动汽车在改善空气质量方面的作用	你认为电动汽车是否对改善空气质量有影响吗?(1=不确定,2=不明显,3=有影响,4=非常明显)
9. 电动车充电设施	你认为城市的充电设施是否足够?(1=不知道,2=不足,3=充足)
Ⅲ. 价值评估	
10. 支付意愿(WTP)	就电动汽车在城市的环境影响而言,你愿意为此付出多少?(0=10 000 元人民币,1=15 000 元人民币,2=25 000 元人民币,3=37 000 元人民币,4=52 000 元人民币,5=70 000 元人民币,人民=70 000 元人民币以上)

数据来源:笔者设计。

共有1028名受访者被采访,最终有958名有效受访者,即有效调查问卷为958份。在所有受访者中,357人为女性,601人为男性。受访者的年龄从16岁到70岁不等,其中60.33%的受访者年龄在25~45岁之间,这一年龄段的人也是电动汽车的主要消费者。受访者的家庭成员数从1~10不等,有40.61%的受访者的家庭成员数≥1且≤3,有55.22%的受访者家庭成员数≥4且≤6,剩余的受访者家庭成员数为≥7且≤10。我们将家庭月收入划分为五个区间:≤5000元,>5000元且≤8000元,>8000元且≤12 000元,>12 000元且≤18 000元,>18 000元。每个区间的受访人数占比分别为16.08%、30.69%、28.60%、

14.30%和10.33%,平均家庭月收入在5000~8000之间。另外,506名受访者已经拥有私家车,其余452人没有。

在问卷中第二类问题关于电动汽车的知识中,有43名受访者表示不了解电动汽车的任何知识,250名受访者表示了解一点关于电动汽车的知识,609名受访者表示了解一些电动汽车的知识,48名受访者表示对电动汽车的知识有全面了解,还有8名受访者表示对电动汽车的知识进行了专业研究。关于受访者对使用电动汽车是否能够提高城市空气质量的看法,约11.38%认为电动汽车对空气质量改善的影响是不确定的或不明显的,而剩下的受访者则持相反观点。约有16.60%的受访者认为,其生活的城市中电动汽车的充电设施已经足够了,67.75%则认为设施不足,其余的对城市充电设施的建设知之甚少。表10-9列出了每种支付意愿中受访者人数所占的百分比(%)。

近三分之一的受访者愿意为电动汽车的环境影响支付最低的金额,愿意支付第二低和第三低的金额的受访者人数几乎相同,这三类人数分别为295,207和202。只有234名受访者愿意支付高于3.7万元人民币。其中,愿意支付3.7万元、5.2万元、7万元和大于7万元人民币的受访者占比分别为9.19%、8.25%、2.82%和4.18%。图10-5显示了电动汽车环境价值估算情况。

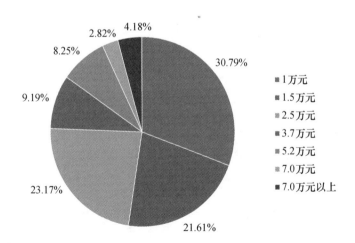

图10-5 电动汽车环境价值估算

数据来源:笔者计算。

表 10-9　每个 WTP 类别中受访者人数的百分比 (%)

变量		10000元	15000元	25000元	37000元	52000元	70000元	≥70000元	总计
年龄	≤25岁	9.92	7.83	9.5	4.49	2.61	0.94	1.25	36.54
	26~45岁	19.73	13.15	13.05	4.59	5.32	1.77	2.71	60.34
	46~60岁	0.52	0.52	0.52	0.1	0.31	0.1	0.1	2.19
	61~70岁	0.63	0.1	0.1				0.1	0.94
性别	女性	12.21	9.19	8.87	1.98	2.71	1.25	1.04	37.27
	男性	18.58	12.42	14.30	7.20	5.53	1.57	3.13	62.74
家庭	≤3人	12.11	8.87	10.02	4.18	2.51	1.04	1.88	40.61
	4~6人	17.02	11.69	12.42	4.80	5.53	1.67	2.09	55.22
	7~10人	1.67	1.04	0.73	0.21	0.21	0.10	0.21	4.18
收入	≤5000元	6.68	3.76	2.30	1.57	0.84	0.73	0.21	16.08
	5000~8000元	8.98	6.99	8.25	3.13	1.78	0.42	1.15	30.69
	8000~12000元	8.04	5.53	6.99	3.45	2.61	0.84	1.15	28.60
	12000~18000元	4.28	3.34	2.71	0.73	1.67	0.63	0.94	14.30
	>18000元	2.82	1.98	2.92	0.31	1.36	0.21	0.73	10.33
是否有私人汽车	没有	18.69	10.23	9.71	3.55	2.30	1.46	1.25	47.18
	有	12.11	11.38	13.47	5.64	5.95	1.36	2.92	52.82
教育背景	初中及以下	2.82	2.40	0.63	0.42	0.21	0.10	0.10	6.68
	高中	9.08	5.85	5.12	2.92	1.36	0.21	1.25	25.78
	本科	16.91	12.42	16.28	5.64	6.37	2.30	2.40	62.32
	硕士及以上	1.98	0.94	1.15	0.21	0.31	0.21	0.42	5.22

数据来源：笔者计算。

2. 结果和讨论

我们使用有序 Probit 模型来分析哪些因素会影响人们对电动汽车环境影响的支付意愿。根据模型结果,收入与人们对电动汽车环境影响的人均支付意愿(WTP)正相关,意味着收入较高的人愿意为电动汽车的环境影响付出更高的金额。是否拥有私家车也与电动汽车环境影响的人均支付意愿(WTP)有正相关关系,这意味着如果受访者已经拥有私家车,那么他/她愿意为电动汽车的环境影响支付更高的金额。如果受访者对电动汽车有更多的了解,他/她也愿意为电动汽车的环境影响付出更多的金额,这跟我们的预期一致。此外,老年人相较于年轻人不太愿意为电动汽车的环境影响而付出较多的金额。可能是因为老年人更保守,而且他们比年轻人更少关心空气质量。性别的影响也是正向的,这意味着男性认为电动汽车的环境价值更高,这在我们的常识之中。通常男性对数学更感兴趣,而数学又是科学、技术和工程学的基础(Guiso 等,2008;Sells,1976)。因此,与女性相比,男性更了解车辆,所以他们更加认可电动汽车对空气质量的影响。2014 年,中国男女司机人数分别为 2.3 亿和 7092 万人,前者是后者的 3.25 倍,说明男性对驾驶车辆的兴趣比女性高得多。此外,男性在花钱方面总是不如女性那么谨慎。这两个因素使得男性愿意为购买电动汽车方面支付更多的金额。最后,家庭规模的系数在统计学意义上不显著,意味着它的效果可以被忽略。我们接着添加电动汽车的充电设施状况的变量,其他变量的系数和显著性水平没有太大的变化,证明了原模型的稳健性和合理性。另外,电动汽车的充电设施状况对人们对于电动汽车环境影响的支付意愿具有积极作用。实际上,充电设施对于电动汽车的开发和推广是非常重要的:如果一个人认为在他/她住的城市充电设施足够,那么他/她更有可能使用电动汽车,因此,对于电动汽车环境影响的支付意愿更高。在添加教育背景变量后,收入的影响不再显著,但教育背景本身在 10% 的显著性水平上显著,其他变量的系数和显著性水平几乎保持不变。这表明如果控制受访者的教育背景水平,则收入不再是影响支付意愿(WTP)的因素。在相同的教育背景水平上,即使受访者的收入水平较高,也并不意味着他/她愿意支付的金额也更高。相应地,收入较低的被访者也可能愿意支付很高的金额。

最后,我们还分析了每个变量的边际影响。其中,是否有私人汽车变量的最低和最高边际效应分别为 −0.1167 和 0.0302,这意味着已经拥有私家车的人比没有私家车的人愿意为电动汽车的环境影响支付最小等级金额的可能性为 11.67%,但他们比没有私家车的人愿意为电动汽车的环境影响支付最高等级金额的可能性高 3.02%。年龄的边际增长将使得愿意支付最低和第二低等级的支付意愿(WTP)的可能性分别增加 4.53% 和 0.61%。例如,如果受访者的年龄从一个区间增加到另一个较高的区间(假设从 26~45 岁到 46~60 岁),则其最低的

支付意愿（WTP）的可能性将增加4.53%。但是对于较高等级的支付意愿（WTP），年龄的边际增长将降低其愿意支付的可能性。对于其他变量，如对电动汽车的知识了解程度，对电动汽车的环境影响看法，电动汽车的充电设施和教育背景，它们的边际增长将降低对电动汽车环境影响支付的最低和第二低等级支付意愿（WTP）的可能性，但增加了对其他五个等级的支付意愿（WTP）支付的可能性。具体来说，对电动汽车的知识了解程度，对电动汽车的环境影响看法，电动汽车的充电设施和教育背景的边际增长将会增加愿意支付的最高等级金额的可能性，其影响程度分别为1.15%、0.91%、1.52%和0.98%，但会降低愿意支付最低等级金额的可能性，其影响程度分别为4.43%、3.52%、5.86%和3.79%。

根据我们得到的估算结果，大众对电动汽车环境价值的平均最低支付意愿（WTP）为3.06万元。这意味着电动汽车在减少北京、上海、广州、深圳的城市空气污染物，提高其空气质量方面的价值可以达到3.06万元人民币。对于中国其他城市，由于经济发展，公民对空气质量和电动汽车的态度不同，电动汽车的平均环境价值与本研究的结果不同。然而，这个估算结果可以作为参考。Erdem等（2010）曾经估算土耳其混合动力汽车的平均支付意愿水平，也可以看作混合动力汽车外部性的价值，估算的结果是858美元，低于我们的结果。

3. 结论与政策建议

本小节的主要研究结果总结如下：

在受访者教育程度不同的情况下，家庭收入可以正向影响北京、上海、广州、深圳四地居民对新能源汽车环境价值的估价。

年龄与支付意愿负相关，年龄更大的受访者对新能源汽车环境价值的估价越低；私家车车主对其估计更高；受访者对新能源汽车的了解程度对估价高低同样产生正向影响，如果受访者认为新能源汽车可以显著改善空气质量，他们对其环境价值的估价也越高；此外，受访者对城市充电设施的态度也影响其支付意愿，认为城市充电设施充足的受访者愿意支付的金额也越高。

根据这些结论，为了进一步推广使用新能源汽车，推进生态文明和低碳经济的建设，我们提出的政策建议如下：首先，要考虑到受众对新能源汽车的环境价值有支付意愿，要重新考虑现有的对新能源汽车的购车补贴；其次，要加深消费者对新能源汽车的认识；再次，要加强新能源汽车配套充电设施的建设，这是大规模推广应用新能源汽车的前提条件；最后，在对新能源汽车的定价过程中，要考虑到不同的群体对其环境价值的评估不一样，比如老年群体和女性群体对其评估较低，由此可以采取价格歧视策略。

10.2.3 消费者视角下公众对电动公交汽车票价的支付意愿

1. 问卷和变量

与上一小节类似,本小节同样采用问卷调查的方式,通过凯迪数据研究中心共发放和回收了1028份问卷,其中有效问卷为950份,其他78份被认为是无效问卷。被认定为无效问卷是根据其对一些问题的回答,例如在这78份中有一些受访者年龄在20岁以下,但他们的职业却已经是政府的中层官员。在950份有效问卷中,231份来自北京,297份来自上海,263份来自广州,249份来自深圳。占全部样本的比例分别为24.3%、21.8%、27.7%和26.2%。

在950名受访者中,有750人愿意为每一辆新能源公交车支付额外费用,即750人拥有非零的支付意愿(WTP),占受访者总数的78.9%。另外200名受访者不愿意支付,其中1%的人不愿意支付是因为他们认为其居住地的环境已经够好了;19%认为他们的收入过低,所以他们负担不起;22.5%的人将污染归咎于污染者,认为污染者应该担负起控制空气污染的责任;24.5%人认为政府应该对空气质量的改善负责,剩下33%的人认为他们已经付了足够的税,所以他们拒绝为新能源公交车票价支付额外的费用(见表10-10)。

表10-10 为新能源公交车票价支付额外费用的统计情况表

WTP	地 点				总受访者	所占比例(%)
	北京	上海	广州	深圳		
(0,0.5)	41 (5.47%)	25 (3.33%)	29 (3.87%)	26 (3.47%)	121	16.13
[0.5,0.8)	38 (5.07%)	44 (5.87%)	54 (7.20%)	59 (7.87%)	195	26.00
[0.8,1.0)	47 (6.27%)	49 (6.53%)	61 (8.13%)	69 (9.20%)	226	30.13
[1.0,1.5)	29 (3.87%)	33 (4.40%)	36 (4.80%)	29 (3.87%)	127	16.93
[1.5,2.0)	12 (1.60%)	7 (0.93%)	12 (1.60%)	12 (1.60%)	43	5.73
高于2.0	10 (1.33%)	8 (1.07%)	7 (0.93%)	13 (1.73%)	38	5.06

数据来源:笔者计算。

在750名愿意支付额外的新能源公交车费用的受访者中,有30.13%的人愿意支付大于或等于0.8元,但少于1元。26%的人愿意支付大于或等于0.5元但少于0.8元。愿意支付少于0.5元,大于或等于1.0元,但小于1.5元的受访者的人几乎相同。少于10.79%的人愿意支付大于或等于1.5元的额外票价。在所调查的四个城市的受访者中,其支付意愿最多的是位于大于或等于0.8元,但小于1.0元这一区间。除北京之外,在其他三个城市的受访者中,人数第二多的支付区间为大于或等于0.5元,但低于0.8元。在北京,人数第二多的支付区间为少于0.5元。

在950名受访者中,36.95%为女性,63.05%为男性。女性与男性的比例接近1:2。他们的年龄从16岁到70岁不等,有60.84%的受访者年龄位于25岁至45岁之间,这意味着大多数调查者都是年轻人。在该年龄群体中,新能源公交车的接受度较高,年轻人是新能源汽车的主要消费者并对其环保功能有更充分的认识。因此,我们的问卷设计使目标受众更多地集中在较年轻的人群中。家庭成员的数量从1人到10人不等,95.79%的受访者都有少于或等于6个家庭成员。近63%的受访者拥有学士学位,大约6.79%的人拥有硕士学位或者更高的学位,只有6.74%的人接受了不到九年的教育。根据2015年1%人口抽样调查的主要数据公报,大学学历人口比例约为12.45%,远低于此调查。主要的原因是中国教育资源主要集中在东部地区(Lin和He,2017),北京、上海、广州和深圳的城市进入壁垒指数较高(Zhang和Tao,2012),具有较高教育水平的公民比低教育背景的人更容易移民到这些城市。此外由于调查问卷的目的是更多地集中在年轻群体身上,他们的教育水平也很高。

30.84%的受访者月收入超过5000元,但低于或等于8000元;28.32%的收入大于8000元,但低于或等于1.2万元,仅10.42%的受访者月收入大于18 000元。一半的受访者是私家车车主,而另一半则不是。约90%的受访者认为,新能源公交车在改善空气质量方面能发挥良好的作用,76.42%的受访者关心中国的能源安全问题。近72%的受访者认为他们生活在一个空气质量良好的地方,只有28%的人对他们居住地的空气质量进行了积极评价。

从以上分析可以看出,目标受众集中在较年轻、具有较高的教育背景和较高收入的群体。因此,下面的分析也是对这一群体的代表性体现。

2. 结果和讨论

本研究采用区间回归模型,分析了人们愿意额外支付的新能源公交车票价的影响因素,并估计了具体数值。除去那些没有支付意愿(WTP)的人,本研究的样本数为750。根据对模型的分析,年龄具有消极和显著的影响,这意味着被调查者的年龄越大,他/她愿意对新能源公交车票价额外支付的费用就越少。因此,老年人对新能源公交车的接受度低于年轻人。收入有显著而积极的影响,所以更富有的人愿意支付更多,这是合理的,也在我们的预期内。此外,如果人们认为新能源公交车可以改善空气质量,那么他们愿意支付的钱就会更高。家庭规模、教育背景以及被调查者是否拥有私家车,对支付意愿(WTP)没有显著的影响。

如果在原始模型中新加入一些变量,如加入被调查者是否认为他/她的居住地空气质量好这一变量,其对支付意愿(WTP)有显著和正向的影响。这表明,如果被调查者认为空气质量很好,那么他/她想要支付的额外费用就会更高。通常,生活在空气质量差的地区的人们愿意为减少空气污染支付更多的费用,但我们的结果与此相反。可能的原因是，人们生活在空气质量好的地区，对糟糕的空气质量更敏感。媒体的新闻和图片可能会在潜意识里影响到他们，所以他们有更多的意愿来防止空气污染。但是，对于那些已经生活在空气污染严重的地方的人们来说，他们可能认为新能源公交车对空气质量改善的影响是有限的，所以他们愿意花的钱少。在认为居住地空气质量不好的人群中，约有20%的人认为使用新能源公交车对改善空气质量有很明显的影响，但居住在空气质量良好的地区的人群中，有24%的受访者持同样的观点。加入新变量后，年龄仍然有负向和显著的影响；收入和对新能源公交车在空气质量改善方面的作用的看法仍然对支付意愿有正向影响。是否拥有私家车、家庭规模和教育背景仍然没有显著的影响，但教育背景的影响现在变成正向。

最后，加入受访者是否关注能源安全这一变量，是否关注能源安全对人们想要支付的额外费用的影响并不显著。虽然被访者对中国的能源安全问题很关心，但这并不意味着他/她有更高的支付意愿（WTP）。这表明，新能源公交车在减轻能源安全压力和降低对石油对外依存度方面发挥的作用并不为人所知。其他变量的系数和显著性水平不受影响，证明了分析结果的稳健性。

在具有非零支付意愿（WTP）的人群中，他们平均愿意支付的额外费用是每辆新能源公交车0.827元。因此，如果考虑那些不愿意支付更多费用的人其平均支付意愿为：$E(\text{WTP}) = (750/950) \times 0.827$ 元 $= 0.653$ 元，这意味着受访者愿意为每张新能源公交车票价平均额外支付0.653元。

3. 结论和政策建议

本研究通过对北京、上海、广州、深圳等城市公众对新能源公交车看法的随机调查，研究了中国四大城市新能源公交车票价的影响因素，并估算了其精确数值。

约有750名受访者愿意为新能源公交车支付额外的票价；另外200人则不然，因为他们认为其居住地的空气质量好（1%），或者他们的家庭收入太低，负担不起（19%）。一些人认为污染者应该承担控制空气污染的责任（22.5%），24.5%的人认为他们对空气质量的改善不负责任，其余的人认为他们缴纳了足够的税款。

不同变量对受访者愿意支付的额外费用的影响不同。年龄会产生负面影响，这意味着年长的人比年轻的人有更小的支付意愿（WTP）。人们对新能源公交车在改善空气质量方面的作用的态度对支付意愿有积极影响，这表明被调查者对新能源公交车对空气质量改善的认识程度越高，他/她就愿意支付更多的钱。受访者对当地空气质量的看法也有积极的影响，这说明如果被调查者认为他/她生活在一个空气质量良好的地方，他/她将会有更高的支付意愿（WTP）。无论受访者是否是汽车车主，家庭规模、教育背景和受访者对能源安全的担忧对支付意愿都没有显著影响。

根据这些结论,本小节提出以下一些政策建议。

首先,价格制定者需要考虑为什么受访者拒绝支付额外的新能源公交车票价费用。在前文中我们已经列出了几个可能的原因但它们并不仅限于此。

其次,加强普及新能源公交车的知识,特别是在缓解中国能源安全、降低石油对外依存度方面的作用。公众对新能源公交车的全面了解有利于其推广和使用。

再次,公交公司收取更高的新能源公交车票价是合理的。可参考票价为现有票价加0.653元。当然,不同的城市处于不同的发展阶段,所以对每一个城市和地方而言,价格的听证会都是必须的,这可以使价格更容易被公众接受。必须承认,该报告只是初步探究了人们对城市新能源公交车的认知程度,存在着诸多的局限性。例如,在样本选择中,只包括四个最发达的城市。随着新能源汽车推广计划的实施,未来中国将有更多的城市推广使用新能源公交车,许多其他城市应该被纳入下一个研究调查中。另外,本研究的目标受众集中在较年轻的群体,具有较高的教育背景和较高的收入。因此,本研究报告的结果分析只能代表该群体。

10.2.4 小结

党的十九大报告提出:到2035年要基本实现美丽中国目标,从根本上改变目前生态环境;到本世纪中叶,全面提升生态文明建设程度,把中国建设成为富强民主文明和谐美丽的社会主义现代化强国。在交通运输领域尤其是汽车工业大发展的今天,新能源汽车理应在绿色经济建设和发展过程中扮演重要角色,建设绿色交通符合绿色出行的倡议,必然对推进能源消费革命,构建低碳能源消费体系发挥重要作用。

新能源汽车的发展需要技术的研究和创新,国家政策的支持,也需要消费者的接纳。从消费者的角度,探究哪些因素会影响其对新能源汽车的支付意愿对于新能源汽车的定价具有重要意义。男性群体、年轻群体、高收入群体和教育程度高的群体对新能源汽车的支付意愿更高,因此可以在新能源汽车销售中进行价格歧视。城市充电基础设施对推广新能源汽车具有重要推动作用,但目前其建设跟不上新能源汽车的发展。最后,要加强对新能源汽车的知识普及,尤其是其对在改善空气质量和缓解能源安全方面的作用。

第 11 章 低碳能源消费政策和能源结构转型

目前,"以电代煤"工作已经在北方地区全面展开,然而由于各地区经济发展水平、群众承受能力、资源能源状况等条件存在一定差异,"以电代煤"技术的推广和应用还存在很多亟须解决的难题。第一,缺乏完整的"以电代煤"政策与投资模式评价方法;第二,政策引导过于宏观,缺乏有效的参考依据;第三,缺乏终端能源消费结构的评价体系。本章以北京"以电代煤"实践为基础,紧紧围绕"企业为主,政府推动,居民可承受"的方针,从政策、投资模式、居民收益等方面论证"以电代煤"推广策略的有效性,提出可供北方地区"以电代煤"的推广策略和政策建议,并进一步在终端能源领域构建"以电为中心"的能源消费模式。

11.1 "以电代煤"低碳政策回顾

中国煤炭消费可以大致分成两大类,发电用煤和其他用煤,各占 50% 左右。将煤炭消费向电能转变,改"用煤"为"用电"(以电代煤),是调整能源结构和转变能源使用方式的重要手段,对于改善当前的电力过剩和促进清洁能源发展都有积极意义。这里"以电代煤"主要是指将发电用煤之外的煤炭消费转换为电力消费。

11.1.1 能源消费现状

能源是人类社会发展的物质基础,是现代社会的血液。18 世纪以后,煤炭、石油、电力的广泛使用,先后推动了第一、第二次工业革命,使人类社会从农耕文明迈向工业文明,能源从此成为世界经济发展的重要动力。然而化石能源的过度消耗给环境带来了巨大影响,对人类的生存造成极大威胁,习近平总书记在十九大报告中提到,中国社会主要矛盾已经转化为人民日益增长的美好生活需要和不平衡不充分的发展之间的矛盾。人民美好生活需要日益广泛,不仅对物质文化生活提出了更高要求,而且在民主、法治、公平、正义、安全、环境等方面的要求日益增长。因此亟须对能源消费结构进行优化调整,加大环境保护力度。

1. 经济社会发展与能源消费

中国经济在能源的驱动下,取得了举世瞩目的发展。改革开放以来,国内生产总值由 1978 年的 3678.7 亿元,增长至 2015 年的 685 505.8 亿元,年均增长 9.7%。与此同时,中国年能源消费总量从 5.71 亿吨标准煤增加至 43 亿吨标准煤,年均增长5.6%,预计2020年将达到50亿吨标准煤。然而高速经济增长的背后,却形成了"高污染、高能耗"的发展模式,付出了化石能源过度消耗的代价。

全球一次能源消费结构如下:第一次工业革命之后,化石能源一直在人类能源生产和消费中占主导地位。在人类能源利用技术出现大的突破、找到足够代替化石能源的新能源之前,化石能源仍将是世界经济发展的基础性能源,人类社会以化石能源为主导的消费结构在较长时期内不会发生根本性改变。2016年,全球一次能源消费量共计约135亿吨油当量,其中,煤炭和石油消费占比分别是29.21%和32.94%,天然气消费占比23.85%,化石燃料消费占比高达85%以上,如图11-1所示。

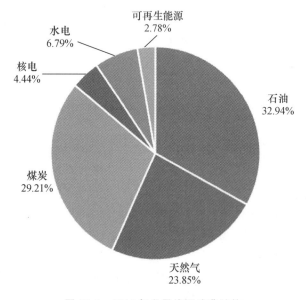

图11-1 2016年世界能源消费结构

数据来源:国家统计局。

中国经济社会的快速发展对能源的需求持续增长。2016年,中国一次能源消费总量达到43.5亿吨标准煤,是1980年的7.25倍,中国已成为世界最大的能源消费国。改革开放以来,中国一次能源消费结构总体上朝着优质化的方向发展,但是"富煤、贫油、少气"的资源禀赋,导致了中国以煤炭为主的能源消费结构。目前,中国已形成了以煤炭为中心,以石油、天然气、新能源和可再生能源为补充的能源生产供应体系。

表 11-1 中国一次能源消费结构

年份	能源消费总量（亿吨标准煤）	国民生产总值（亿元）	占比（%）			
			煤炭	石油	天然气	水电、核电、风电
1980	6.0	4587.6	72.2	20.7	3.1	4.0
1990	9.9	18 923.3	76.2	16.6	2.1	5.1
2000	14.6	99 066.1	69.2	22.2	2.2	6.4
2005	23.6	185 998.9	70.8	19.8	2.6	6.8
2010	32.5	411 265.2	68.0	19.0	4.4	8.6
2015	43.0	682 635.1	64.0	18.1	5.9	12.0
2016	43.5	744 127	62.0	18.3	6.2	13.5

数据来源：国家统计局，中国能源统计年鉴2017。

中国能源消费总量很大，但是人均水平较低。2015年，中国人均一次能源消费量为3.13吨标准煤，低于世界平均水平，不到美国的1/4，相当于日本的43%。随着经济社会的发展，中国能源消费还有较大的增长空间。

中国煤炭储量与消费趋势如下：煤炭是中国的基础性能源，储量丰富。表11-2是2016年全球和典型国家的煤炭储量，可以看出2016年全球煤炭储量为11 393.31亿吨，储采比为153。中国煤炭储量占全球总储量的21.4%，但是储采比仅为72，与世界平均水平及美国、印度等国家都有较大差距。按照这种开发速度，煤炭资源的可持续供应问题将成为约束中国经济发展的主要因素。而按照煤炭在一次能源消费的占比和近年来煤炭的消费量，中国煤炭的消费量正在逐年下降（表11-3）。

表 11-2 2016 年煤炭储量情况

国家	储量（亿吨）	储采比	全球占比（%）
美国	2 515.82	381	22.1
印度	947.69	137	8.3
中国	2 440.10	72	21.4
全球	11 393.31	153	100

数据来源：BP世界能源统计年鉴。

表 11-3 中国 1990—2015 年煤炭消费

项目	1990	1995	2000	2005	2010	2013	2014	2015
煤炭消费量（亿吨）	10.55	13.77	13.57	24.34	34.90	42.44	41.16	39.70

数据来源：国家统计局。

煤炭与电力发展趋势如下:中国以煤为主的资源禀赋决定了能源消费以煤为主的格局,也决定了以煤电为主的电力生产和消费结构。

作为燃煤发电大国,中国长期致力于发电技术、污染物控制技术的创新发展。在发电装备技术方面,中国的超临界常规煤粉发电技术达到世界先进水平,循环流化床锅炉技术达到世界领先水平。截至2016年年底,中国已投产吉(10^9,百万千瓦)瓦等级机组达到96台,0.3吉瓦以上火电机组比例由1995年的27.8%增长至2016年的79.1%。十九大报告指出,在过去的五年中,全党全国贯彻绿色发展理念的自觉性和主动性显著增强,忽视生态环境保护的状况明显改变。生态环境治理明显加强,环境状况得到改善。但中国作为全球生态文明建设的重要参与者、贡献者、引领者,中国的生态环境保护任重道远。

2. 电气化水平与终端能源消费和能源结构调整

电气化水平与一个国家的经济发展水平密切相关,经济发达程度越高,其电气化水平也就越高。一个国家的电气化水平通常用两个指标来衡量:一是发电用能占一次能源消费的比重;二是电能占终端能源消费的比重。

图11-2所示是2015年中国终端能源消费主要能源占比。可以看出,煤占比最高,合计占比24.87%,油品合计占比24.04%,焦炭占比13.42%,天然气占比4.96%。中国电能在终端能源消费中的比重高于世界平均水平,但是与世界发达国家相比,还有很大差距,比日本低5个百分点。

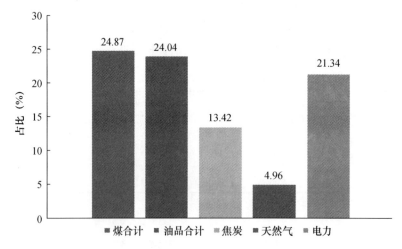

图11-2 2015年中国终端能源消费主要能源占比
数据来源:国家统计局,中国能源统计年鉴2016。

"以电代煤"是在终端能源消费领域用电能替代煤炭,从而达到减少化石能源在终端能源消费领域的占比、提高能源利用效率等效果。

第一,"以电代煤"是中国终端能源消费结构调整的必然趋势。电气化水平每提高1%,可以使得能源效率提高4%。从能源的终端利用效率来看,电能的终端利用效率最高,可以达到90%以上;燃气的终端利用效率为50%~90%,而燃煤的终端利用效率通常不高于40%。从经济效率来看,电能的经济效率是石油的3.2倍、煤炭的17.3倍,即1吨标准煤当量电力创造的经济价值与3.2吨标准煤当量的石油、17.3吨标准煤当量的煤炭创造的经济价值相同。

对中国来说,尽管电力消费占比在20%以上,但煤炭消费占比太高,与世界上主要发达国家差距明显。此外,根据权威机构解析,燃煤排放是引起PM2.5的最主要原因之一,占比达到22%以上。因此,调整终端能源消费结构,减少煤炭占比、提升电能占比,是中国未来能源发展的必然趋势,同时也与十九大中提出的"推进能源生产和消费革命,构建清洁低碳、安全高效的能源体系"不谋而合。

第二,"以电代煤"是商业和城市居民用能电气化的必然选择。中国商业和城市居民能源消费增长较快,2015年商业终端能源消费量4285万吨标准煤,城市居民终端能源消费量达到1.5亿吨标准煤,分别占终端能源消费总量的2%和6.5%。商业和城市居民的能源消费结构都曾经以煤炭为主,但是后来煤炭比重下降较多,电力比重逐渐上升。2010年煤炭在商业能源消费中的比重为35%,在城市居民能源消费中的比重为13%;电力在商业能源消费中的比重为37%,在城市居民能源消费中的比重为25%。

随着中国经济结构的调整和城镇化水平的提高,人民生活水平将不断改善,第三产业和城市居民的能源消费还将有较大幅度的增长。推动商业和城市居民的电能替代,增加电能等清洁能源消费比重,不但可以调整优化能源消费结构,也可以更好地支撑城市的发展,改善生活条件、提高生活质量,促进城市清洁、环保、高效的能源消费。可以重点从发展电采暖和电热水器、推广和应用热泵技术、推进家居电气化等方面入手,推动商业和城市居民用能电气化水平的提高。

第三,"以电代煤"是农村生活方式革命的重要内容。农村能源问题关系到全国7亿以上人口的用能和生活质量改善。农村能源发展是国家能源体系优化的重要组成部分。推动农村用能领域的电能替代,提高农村电气化水平,既可以促进农村生活质量的提高,也可以更好地支持农村经济和社会发展,服务新农村建设。以电力等优质清洁能源替代煤炭、薪柴、秸秆的直接燃烧,还可以减轻农村环境污染和生态破坏。

11.1.2 中央和北方部分地区"以电代煤"政策

1. 中央"以电代煤"政策

2016年,习近平总书记在中央财经领导小组第十四次会议上强调,推进北方地区冬季清洁取暖等6个问题,都是大事,关系人民群众生活,是重大的民生工

程、民心工程。十九大报告中指出,要坚持全民共治、源头防治,持续实施大气污染防治行动,打赢蓝天保卫战。以习近平总书记讲话为标志,国家各部委、各地区出台相关政策,加快推进能源生产和消费革命,加快推广清洁取暖技术。

2016年国家发改委等八部委联合印发《关于推进电能替代的指导意见》,将居民取暖领域电能替代作为重点任务推进,明确了电供暖的主要领域,即针对燃气(热力)管网难以覆盖的个别城区、郊区以及农村等大量使用散烧煤取暖地区,鼓励通过电锅炉、分散式电供暖、热泵等方式替代燃煤供暖,在东北等风电富余地区实施风电供暖。同时,在配电网建设改造、设备投资补贴、峰谷电价、电力直接交易等方面给予支持政策。

2017年3月,环保部印发《京津冀及周边地区2017年大气污染防治工作方案》,对北京、河南、河北省石家庄、山西省太原、山东省济南等"2+26"地区和城市提出要全面推进冬季清洁取暖等七大任务。

2017年全国两会,李克强总理在政府报告中指出:要全面实施散煤综合治理,推进北方地区冬季清洁取暖,完成以电代煤、以气代煤300万户以上,全部淘汰地级以上城市建成区燃煤小锅炉。

2017年5月,国家能源局印发《能源生产和消费革命(2016—2030)》,要求全面启动能源革命体系布局,推动化石能源清洁化,根本扭转能源消费粗放增长方式。

2017年9月,国家住房和城乡建设部、发展和改革委员会、财政部、能源局等四部委印发《关于推进北方采暖地区城镇清洁供暖的指导意见》,指出北方各地区要根据经济发展水平、群众承受能力、资源能源状况等条件,科学选择清洁供暖方式,加快燃煤供暖清洁化,因地制宜推进天然气、电供暖,在可再生能源资源富集的地区,鼓励优先利用可再生能源等清洁能源,满足取暖需求。

2017年9月,国家发改委印发《关于北方地区清洁供暖价格政策的意见》,指出要按照"企业为主、政府推动、居民可承受"的方针,遵循因地制宜、突出重点、统筹协调的原则,宜气则气,宜电则电,建立有利于清洁供暖价格机制,综合运用完善峰谷价格、阶梯价格,扩大市场化交易等价格支持政策,促进北方地区加快实现清洁供暖。

2. 北方部分省市"以电代煤"政策和措施

北京、天津等各地纷纷响应国家号召,出台相关政策,按照"企业为主、政府推动、居民可承受"的方针,大力推进电能替代和清洁供暖改造。表11-4为2017年以来北方部分省市"以电代煤"政策和措施。

表 11-4 北方部分省市"以电代煤"政策及措施

省市	政策及措施	具体内容
北京	2017年北京市农村地区村庄冬季清洁取暖工作方案	2017年10月31日前,完成700个农村地区村庄内住户"煤改清洁能源"任务,朝阳、海淀、丰台、房山、通州、大兴6个区平原地区村庄内住户基本实现"无煤化"
天津	天津市2017年大气污染防治工作方案	2017年10月底前,在中心城区、滨海新区核心区和其他区政府所在街镇(除列入市政府拆迁改造计划区域)实现城市居民生活散煤"无煤化"
河北	关于加快实施保定廊坊禁煤区电代煤和气代煤的指导意见	在县城建成区、周边工业区和重点镇以及新建区域,大力发展热电联产、高效环保集中供热站、燃气分布式热电冷多联供等清洁集中供热
河北	河北省可再生能源发展"十三五"规划	开展太阳能集热、电供暖、地热供暖、干热岩供暖、跨季节储热、生物质能供暖等工程。到2020年,可再生能源供暖总面积达到1.6亿平方米
河北	关于强力推进大气污染综合治理的意见和18个专项实施方案	2017年年内将对134个县(市、区)进行气代煤、电代煤工作,在大气污染传输通道的石家庄、唐山、廊坊、保定、沧州、衡水、邢台、邯郸八个城市今年要确保20~26个县(市、区)全面完成清洁取暖
河北	农村散煤治理专项实施方案	到2020年,全省农村清洁采暖面积要达到70%以上,其中集中供热覆盖20%左右;以集中供热替代分散燃煤供暖,主推"气代煤"支持"电代煤",支持利用可再生能源取暖
河南	将"加快推进冬季清洁取暖"列入全省十件重点民生实事	在能够集中供热的地方,加快清洁热源的扩容改造,扩大热网覆盖范围,优先发展集中供热。在城镇居民集中供暖覆盖不到的区域和农村地区,优先推进气代煤、电代煤"双替代"
山西	推进城乡采暖"以电代煤"试点工作实施方案	选择大同市、太原市、晋中市平遥古城、高速公路服务区、作为全省采暖"以电代煤"试点单位
山西	山西省大气污染防治2017年行动计划	太原、阳泉、长治、晋城、临汾、晋中"4+2"城市要划定"禁煤区",10月底前,完成燃料煤炭"清零"任务。到2017年底全省城市集中供热普及率达到90%
山东	关于加快推进电能替代工作的实施意见	鼓励居民使用碳晶电采暖、蓄热式电暖气替代传统散煤燃烧采暖,鼓励房地产开发商使用发热电缆、电热膜为小区居民供暖;推广碳晶、石墨烯发热器件、发热电缆、电热膜等分散电采暖技术
山东	关于推进农村地区供暖工作的实施意见	到2020年年底,全省70%以上的村庄实现冬季清洁供暖。推广以太阳能、电能、空气能、地热能、生物质能等为主要供暖能源的供暖模式

11.2 中国"以电代煤"现状评估——以北京为例

习近平总书记强调,要按照"企业为主、政府推动、居民可承受"的方针,宜气则气,宜电则电,尽可能利用清洁能源,加快提高清洁供暖比重。北京市全面贯彻中央关于大气环境治理和推动北方地区清洁取暖的工作部署,加快实施电能替代战略,大力推广"以电代煤"技术,减少煤炭在终端能源消费领域的比重,努力实现居民冬季采暖"无煤化"。然而,如何平衡企业、政府、居民三者之间的关系,如何在"煤改气"和"以电代煤"之间选择,又如何提高清洁能源的使用比重,需要严谨地分析。

北京市自2003年实施"以电代煤"工程以来,改造工程从城市核心区推广到北京地区的16个区县,已经形成北方地区规模最大、设备种类最全面的清洁取暖工程,形成了一套"政府推动、电网企业实施、居民受益"的推广模式。

1. 北京地区"以电代煤"推广模式

(1) 政府

"政府推动"的推广模式主要体现在政府出台的推动政策方面。据统计,从2003年至今,国家及北京市出台关于电能替代和"以电代煤"的政策共9项(表11-5),推动终端居民清洁取暖。其中,北京市政策6项,涉及"以电代煤"电价补贴、房屋节能保温补贴、用户户内线改造补贴、电采暖设备补贴等。

表11-5 "以电代煤"相关政策

序号	部门	文件名称	发文号
1	国家发改委	关于推进电能替代的指导意见	发改能源[2016]1054号
2	北京市发改委	北京市2016—2020年加快推动民用散煤清洁能源替代工作方案	京发改[2016]664号
3	北京市发改委	关于居民分户电采暖电价问题的通知	京发改[2006]2039号
4	北京市发改委	关于居民分户电采暖价格有关事项的通知	京发改[2009]2278号
5	北京市农委	关于完善北京农村地区以电代煤、煤改气相关政策的意见	京新农办发[2015]1号
6	北京市农委	2016年北京市农村地区村庄"煤改清洁能源"和"减煤换煤"工作方案	京政办发[2016]20号
7	北京市环保局	关于完善北京城镇居民"以电代煤""煤改气"相关政策的意见	京环函[2015]530号

(续表)

序号	部门	文件名称	发文号
8	国家环保部	京津冀大气污染防治强化措施（2016—2017年）	环大气[2016]80号
9	国家环保部	京津冀及周边地区2017年大气污染防治工作方案	环大气[2017]29号

第一，电价补贴政策。2006年，北京市发展和改革委员会出台东、西城居民"以电代煤"电价政策，鼓励居民住宅使用清洁能源采暖。即在采暖季用电低谷时段电价为0.3元/千瓦时，政府补贴0.2元/千瓦时，用户承担0.1元/千瓦时，如表11-6所示。

表11-6 季节性居民峰谷电价

时段	采暖季	非采暖季
时间范围	11月1日—次年3月31日	4月1日—10月31日
电价	低谷时段(21:00—次日6:00)0.3元/千瓦时 高峰时段(6:00—21:00)0.4883元/千瓦时	0.4883元/千瓦时

数据来源：国家电网。

2015年，"以电代煤"电价补贴政策推广到农村地区，农村"以电代煤"用户享受与城区相同的电价补贴标准，同时，市、区两级财政各补贴0.1元/千瓦时，采暖季每户用电限额为1万千瓦时。

第二，电采暖设备补贴政策。为减轻居民经济负担，2015年、2016年市、区两级政府出台政策，对"以电代煤"用户购买电采暖设施进行补贴，主要分为四方面，分别为：

① 电暖气（含电锅炉）取暖用户：由市财政按照每户设备购置费用的1/3进行补贴，补贴金额最高2200元；区财政在配套同等补贴金额的基础上，可进一步加大补贴力度。

② 空气源热泵用户：市财政按照取暖住房面积100元/平方米的标准给予补贴，每户补贴金额最高1.2万元；区财政在配套同等补贴金额的基础上，可进一步加大补贴力度。

③ 整村实施"煤改地源热泵"的用户：北京市固定资产投资给予50%资金支持。

④ 太阳能采暖设施用户：在自有住房上安装太阳能采暖设施的用户，采暖设备和安装费用由市政府固定资产投资承担30%、农村住户承担1/3，剩余部分由政

府承担。

第三,房屋节能保温补贴政策。为提高居民房屋的保温效果、降低能耗,北京市政府 2015 年出台房屋节能保温政策,规定:凡实施"以电代煤"的用户,北京市政府对新建房屋给予 2 万元/户的节能保温补贴,对既有房屋节能保温改造给予 1 万元/户的补贴。

第四,用户户内线路改造补贴政策。电采暖设备增加了用户的用电负荷,原有户内线路无法满足新增采暖设备的用电需求,因此,北京市政府出台了用户户内线路改造补贴政策,规定:"以电代煤"用户户内线路(即用户电表至取暖设备)的改造费用,由各区政府补贴 600 元/户。

第五,电网前期建设补贴政策。为加快"以电代煤"工程的实施进度,北京市政府出台政策,承担全部"以电代煤"配套输变电工程建设涉及前期手续、征占地和拆迁等事项,并将电网升级改造工程纳入政府审批绿色通道。另外,东、西城"以电代煤"政策实施过程中,北京市政府承担了配套的 4 座 220 千伏变电站、8 座 110 千伏变电站的征地拆迁等前期费用 12 亿元。

第六,配电网建设补贴政策。为缓解电网企业的投资压力,北京市政府出台配电网建设补贴政策,规定:在"以电代煤"的 10 千伏及以下配电网建设过程中,10 千伏以下、住户电表(含)之前的电网扩容投资,由电力公司承担 70%,市政府固定资产投资承担 30%。

(2)电网公司

国网北京市电力公司(简称国网北京电力)深入落实北京市政府"无煤化"工作要求和国家电网公司电能替代发展战略,积极开展"以电代煤"工程建设。从 2003 年至今,国网北京电力已经完成 104.1 万户居民"以电代煤"配套电网建设,全面实现北京南部平原(朝阳、海淀、丰台、石景山、通州、房山、大兴)"无煤化"目标,建成了北方地区规模最大的清洁取暖工程。

"十三五"期间,国网北京电力将投入 209 亿元用于"以电代煤"配套电网建设,其中主网投资 88 亿元,配网投资 121 亿,将改造 1521 个村,67.4 万户。配套电网建设包含 46 项输变电工程,220 千伏变电站工程 15 项,110 千伏变电站工程 31 项。

第一,城区"以电代煤"配套电网工程。城区"以电代煤"工程于 2003 年启动,2015 年基本实现采暖"无煤化",共累计完成 31 万户居民的分散式电采暖改造。根据城区供电公司提供数据统计,2013—2015 年城区"以电代煤"工程户均投资为 0.95 万元。

第二,农村"以电代煤"配套电网工程。农村"以电代煤"工程 2013 年启动,2016 年进入大发展时期。2016 年完成改造 25.13 万户,其中国网北京电力投资 14.01 亿元,涉及 18.29 万户,户均投资 0.77 万元;政府投资改造 6.84 万户,并对公司投资的 18.29 万户提供 30%资金补贴。表 11-7 为国网北京电力 2016 年农村"以电代煤"工程投资情况。

表 11-7　2016 年农村"以电代煤"工程投资情况

序号	地区	户数(户)	总投资(万元)	户均投资(万元/户)
	总计	182 917	140 111.29	0.77
1	朝阳	8029	5567.45	0.69
2	海淀	8102	6434.72	0.79
3	丰台	20 314	15 408.82	0.76
4	通州	45 988	34 262.48	0.75
5	昌平	8175	3266.17	0.40
6	门头沟	6116	4729.54	0.77
7	房山	24 721	21 678.67	0.88
8	大兴	17 564	17 904.13	1.02
9	平谷	6750	4263.77	0.63
10	怀柔	10 484	7648.52	0.73
11	密云	12 254	9032.27	0.74
12	顺义	7418	5401.29	0.73
13	延庆	7002	4513.48	0.64

注:① 由于 2016 年石景山区全部"以电代煤"项目均由政府出资,因此表中不包含石景山数据。② 表格投资数据为去除 30%政府补贴的决算金额。
数据来源:国家电网。

(3) 居民

随着"以电代煤"工程的推进,城市平房区居民户供电能力提升至 6 千瓦;农村地区户均供电能力由改造前的 1.5 千瓦增加至 9 千瓦,增长 6 倍,电气化水平达到甚至超越城市水平。居民对电采暖的接受程度普遍提高,用户使用电采暖比例逐年上升。不同电采暖设备配置比例分别为:空气源热泵占 76.28%,蓄热式电暖气占 21.12%,地源热泵占 2.26%,其他采暖设备占 0.34%。

根据公司用电信息系统统计,2016—2017 年采暖季城区和农村使用电采暖户数分别为 22.71 万户和 22.81 万户,合计 45.52 万户(见表 11-8)。

表 11-8　2016—2017 年采暖季"以电代煤"居民户数

区　域		户数(万户)
城　区		22.71
农村地区	朝阳	1.51
	海淀	0.98
	丰台	2.13
	石景山	0.34
	通州	4.00
	房山	3.19
	大兴	4.01
	昌平	0.96
	门头沟	0.70
	平谷	1.14
	怀柔	1.06
	密云	1.09
	顺义	1.53
	延庆	0.17
	农村地区合计	22.81
总　计		45.52

数据来源:国家电网。

2016—2017 年采暖季城区和农村"以电代煤"户均日用电量分别为 19.44 千瓦时/(日·户)和 42.52 千瓦时/(日·户)。对比"以电代煤"前用电量显著增加,城区户均日用电量增长 6.76 倍,农村户均增长 4.19 倍,详见表 11-9。城区和农村谷段电量占比分别为 73.33% 和 43.49%,详见表 11-10。

根据户均用电量测算,每户居民采暖季平均支出电费 2406 元,享受政府电费补贴后为 1813 元,较以往使用燃煤取暖节省费用约 2187 元,使居民生活成本有效降低。

表 11-9　2016—2017 年采暖季"以电代煤"户均日用电量

区　域		户均日用电量[千瓦时/(日·户)]			
		"以电代煤"前	"以电代煤"后	用电量增长	增长倍数
城　区		2.87	19.44	16.57	6.76
农村地区	朝阳	13.31	44.99	31.68	3.38
	海淀	11.38	68.45	57.07	6.01
	丰台	13.57	51.46	37.89	3.79
	石景山	15.31	42.09	26.78	2.75
	通州	9.17	38.56	29.39	4.2
	房山	9.59	43.46	33.87	4.53
	大兴	11.23	41.53	30.3	3.7
	昌平	8.81	42.61	33.8	4.84
	门头沟	9.54	37.83	28.29	3.97
	平谷	7.94	40.31	32.37	5.08
	怀柔	9.3	46.57	37.27	5.01
	密云	5.89	36.38	30.49	6.18
	顺义	9.73	28.19	18.46	2.9
	延庆	3.92	34.26	30.34	8.74
	农村地区合计	10.15	42.52	32.37	4.19

数据来源：国家电网。

表 11-10　2016—2017 年采暖季"以电代煤"用户谷段电量占比情况

区　域		谷段电量占比(%)	户均电价(元/千瓦时)
城　区		73.33	0.35
农村地区	朝阳	50.93	0.39
	海淀	37.60	0.42
	丰台	43.79	0.41
	石景山	63.26	0.37
	通州	42.80	0.41
	房山	41.39	0.41
	大兴	45.28	0.40
	昌平	43.94	0.41
	门头沟	31.27	0.43
	平谷	42.65	0.41
	怀柔	44.43	0.40
	密云	43.02	0.41
	顺义	43.11	0.41
	延庆	45.60	0.40
	农村地区合计	43.49	0.41

数据来源：国家电网。

2. 北京地区"以电代煤"模式评价

北京地区"以电代煤"工作中政府、企业、居民之间的利益关系可以认为是一种优化行为。政府出台政策推动"以电代煤"工程开展,补贴电采暖设备、配电网基础设施等,电网企业和居民得到收益;电网企业投资建设电网,加快城镇电气化进程,提高居民的生活水平,有利于产业发展和经济社会发展;居民通过"以电代煤"改造,减少了对化石能源的依赖,增加了用电电量,提高了电网企业的收益,同时减轻了政府大气环境污染治理的压力。根据规划模型,可以计算政府、电网企业、居民的收益。

通过计算可得出政府、电网企业、居民三个博弈参与者的收益情况,如表11-11所示。

表 11-11 "北京实践"的经济收益特性

主体	政府	电网企业	居民	总体
收益(亿元)	−3.3122	−0.4883	5.3391	1.5385

根据计算得到的三方收益结果,可以得到如下结论:

政府的收益特性:政府的收益主要由环境收益和补贴投资两部分构成。计算得出环境收益为1.8751亿元,年均补贴投资为5.1873亿元,较小的环境收益导致了负收益。因此,要提高政府的总收益,需要提高环境收益,减少补贴投资。即需要减少现有的补贴力度,或者在增加较小投资的基础上提高"煤改清洁能源"的总量,以减少更多的污染排放。北京政策的补贴中,谷段电价、房屋节能保温、户内线路改造、电采暖设备和配电网建设补贴的投入分别占年均投入的20.36%、29.18%、1.17%、38.87%和10.46%,房屋节能保温和电采暖设备改造所占的费用较高,因此,电采暖设备、房屋节能保温和谷段电价补贴力度调整是提高政府收益的最主要方式。

电网企业的收益特性:电网企业的收益主要由电费收入和配电网建设投资构成。计算得出:电费收入为0.079亿元,其中谷段为负收入,为−0.5111亿元;配电网建设的年折算成本为−0.5677亿元。因此,提高电网企业的收益需要提高电费收入,同时降低配电网的建设投资。提高电费收入需要从提高售电量和提高购售电差额来实现,可通过提升峰段配电网利用率、减少谷段购电成本实现。

居民的收益特性:居民收益由燃煤节省费用、电费成本和电采暖设备等投入构成。居民采暖季共节省10.092亿元,采暖电费成本3.6648亿元,电采暖设备等相关折算投资约1.0693亿元。节省的费用远远超过了投资的费用,达到了"居民可承受"的方针。

虽然"以电代煤"的实施过程中政府、企业均为亏损状态,但是若将政府、企业、居民合为一个整体,总体实现了收益。因此,要使"以电代煤"具有可持续性,只需要在三个主体之间进行优化调整。现有情况下,要实现政府、电网企业和居民三个参与者之间的利益均衡,需要减少居民用户的收益。可采用政府给予电网企业谷段电价补贴、减少电采暖设备等补贴力度等方式实现。

按照上述分析,需要调整规划模型中的控制变量,来实现政府、企业、居民用户三者之间的利益均衡。下面根据优化目标的需求,设定控制变量及其取值范围。由此得到优化后的"以电代煤"政策的收益,如表11-12所示。

表 11-12　优化后的"以电代煤"政策的收益特性

主体	政府	电网企业	居民
收益(亿元)	0	0	1.5385

由此,按照"以电代煤"博弈模型,提高政府收益的方法包括提高环境价值和减少电价、采暖设备等补贴力度;提高电网企业收益的方法包括增加用电量、增加购售电价差,尤其是降低谷段购电单价;提高居民收益的方法主要为节省更多的燃料成本。从上述利益均衡的分析可以看出,提升谷段电价、降低房屋节能保温和电采暖设备的补贴力度,可实现政府、电网企业和居民用户之间的利益均衡,但是这种方法仅仅实现了利益的均衡,却很难提高总体的经济收益。而扩大"以电代煤"总体利益的方法可总结为两种:① 在现有配电网基础上,加快电气化进度,提高配电网经济性,同时增加电能替代力度,减少化石能源的燃烧排放;② 制定"以电代煤"等专项电能交易政策,降低"以电代煤"购电成本,尤其是降低谷段上网电价。

11.3　中国"以电代煤"的推广

11.3.1　北京山区"以电代煤"推广模式

1. 北京未来"以电代煤"工作计划

随着北京平原地区"以电代煤"工作的提前完成以及国家关于北方地区清洁取暖政策的密集出台,下一步,北京市将全面推进山区居民清洁取暖工作。按照国网北京电力的初步摸底,2018—2020年,昌平、门头沟、房山、怀柔、密云、延庆等6个郊区的改造任务约为22.42万户。每个区的改造计划如表11-13所示。

表 11-13　2018—2020 年北京市山区"以电代煤"工程改造规模统计

区域	2018 村数（个）	2018 户数（户）	2019 村数（个）	2019 户数（户）	2020 村数（个）	2020 户数（户）	2018—2020 村数（个）	2018—2020 户数（户）
昌平	23	6933	26	5500	23	6985	72	19 418
门头沟	0	0	27	8616	20	5980	47	14 596
房山	51	33 542	17	7736	26	9383	94	50 661
怀柔	9	2958	79	14 739	52	10 907	140	28 604
密云	64	29 472	35	12 260	106	26 037	205	67 769
延庆	16	2916	42	10 914	138	29 325	196	43 155
总计	163	75 821	226	59 765	365	88 617	754	224 203

数据来源：国家电网。

2. 北京山区"以电代煤"取暖负荷及投资需求测算

山区与平原地区"以电代煤"工程的最大区别在于，山区气温较低、电网结构比较薄弱，电网改造的技术指标和投资需求不同。

（1）山区居民采暖热负荷需求

"以电代煤"热负荷需求是由用户采暖需求决定的，涉及房屋单位面积采暖热负荷指标和户均采暖面积等因素。这里以北京北部山区气候条件和典型采暖房屋（三间式平房）为例，采用 DeST 建筑模拟仿真软件，仿真计算山区房屋单位面积采暖热负荷指标，计算中室内温度设定为 18 摄氏度，房屋保温层为聚氨酯材料，厚度为 60 毫米，计算结果为：未进行保温改造的房屋热负荷需求为 136.24 瓦/平方米，保温改造后热负荷需求降为 105.81 瓦/平方米。因此，在开展山区"以电代煤"工程之前，有必要进行房屋保温改造。

由于自然条件和生活方式的差异，各地区人均住房面积及供暖面积不尽相同。通过对北京各区农村 4235 户居民的调研，得出北部山区居民的户均人口、采暖建筑面积等数据，如表 11-14 所示。可以看出：山区户均人口为 3.1 人，户均采暖面积为 84.02 平方米。

表 11-14　北京市山区建筑面积和采暖面积调研情况

区县名称	户均人口（人）	建筑面积（平方米）	采暖面积（平方米）	人均建筑面积（平方米）	人均采暖面积（平方米）
密云	2.4	130.03	73.1	54.2	30.5
延庆	2.8	107.1	66.3	38.3	23.8
房山	3.2	110.6	88.2	34.6	27.6
怀柔	3.1	139.7	59.5	45.1	19.2

(续表)

区县名称	户均人口（人）	建筑面积（平方米）	采暖面积（平方米）	人均建筑面积（平方米）	人均采暖面积（平方米）
门头沟	3.3	141.6	90.3	42.9	27.3
昌平	3.8	176.7	130.4	46.5	34.3
平谷	3.4	196.2	80.4	57.7	23.6
平均	3.1	143.1	84.0	45.6	26.6

数据来源：清华大学，北京市可持续发展促进会，北京农村地区燃煤情况调研及减量化技术方案研究示范．

以山区采暖热负荷指标和户均采暖面积数据为依据，保温改造后的户均采暖热功率需求为：105.81 瓦/平方米×84.02 平方米＝8.9 千瓦（热功率）。

（2）山区"以电代煤"电力负荷需求

"以电代煤"电力增容需求由采暖热需求和所采用的电采暖技术路线决定。考虑山区"以电代煤"技术路线未定，暂按照热效率（COP）95％考虑，则户均电采暖需用电负荷为：8.9 千瓦÷95％＝9.4 千瓦。根据《北京电网规划设计技术导则》饱和负荷预测指标表中农村住宅饱和负荷指标，按照上文户均建筑面积 143.1 平方米计算，预测农村地区每户用电饱和负荷为 1.43 千瓦，计算得到"以电代煤"后的最大户均负荷，预测为 11 千瓦/户。以 2016 年"以电代煤"电网投资数据为依据，等比例计算出 2018—2020 年电网改造户均投资约为 1.34 万元。

3. 北京山区"以电代煤"采用"北京模式"的效益评估

（1）山区"以电代煤"的投资有效性

假设政府依旧从电价、保温、户内线路改造、采暖设备、配电网建设等五方面进行补贴，补贴比例不变；电网企业按照户均 1.34 万元进行配电网投资；居民采暖年户均用电量按等比例计算，为 5684.3 千瓦时，其中，谷段电量为 2557.93 千瓦时，峰段电量为 3126.36 千瓦时。采用前一节的博弈模型，可以计算出政府、企业、居民的收益情况，如表 11-15 所示。

表 11-15　"北京实践"对北京山区"以电代煤"的有效性（单位：亿元）

投资年	政府收益	企业收益	居民收益	总体收益
2018	−1.1011	−0.1781	1.3579	0.0786
2019	−0.8680	−0.1404	1.0703	0.0620
2020	−1.2869	−0.2082	1.5870	0.0919
总计	−3.2560	−0.5267	4.0152	0.2325

从表中可以看出，三主体之间依旧为不均衡的状态，虽然还处于可持续的发展范围内，但是可调控的幅度减小。

（2）政府提高收益的方法分析

政府提高收益的方法有三种，即：提高环境收益率、减少电费补贴、减少固定资产投资补贴。提高环境收益率为后续增加电能替代量的工作，在初期可不考虑。减少电费补贴，可从两个角度着手：一方面通过电价政策，减少企业和居民的投入，从而减少或者取消电价补贴；另一方面通过推广合理的电采暖设备，在取得同样采暖效果的前提下，减少用电量。减少固定资产投资补贴，会提高企业和居民的投资，需要统筹考虑三者之间的均衡性。

（3）电网企业提高收益的方法分析

影响电网企业收益的主要因素是电费收入和电网建设投资。对于提高电费收入，主要有两种方法：增加售电量和增加购售电差价。电网建设投资为固定成本投入，很难实现减少的目标。因此，主要从增加售电量和增加购售电价差着手。

（4）居民提高收益的方法分析

影响居民收益的主要因素为用电费用。减少用电费用可从两点着手：减少用电量和降低采暖电价。

11.3.2 北方地区"以电代煤"推广模式

1. 北方各地区能源资源与经济发展现状

（1）北方各地区能源资源禀赋

能源资源禀赋是北方各地区清洁取暖技术选择和推广的重要依据。中国北部城市和地区能源资源禀赋差别很大：山西、内蒙古、新疆的煤炭储量相对丰富，新疆、黑龙江、陕西等地的石油储量相对丰富；新疆、内蒙古、陕西等地天然气储量相对丰富。如图 11-3 所示（数据来源：《中国能源统计年鉴》，其中西藏无数据）。

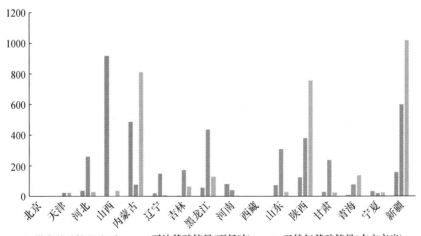

图 11-3　中国北方各地 2011—2015 年平均资源禀赋

数据来源：《中国能源统计年鉴》。

(2) 北方各地区的经济发展状况

北方各地区经济发展状况差别较大,图 11-4 为 2006—2015 年北方各省份的 GDP。从图中可以看出,各省份的国内生产总值存在很大差异,说明不同地区之间经济发展状况是不平衡的。在所列出的 16 个省份中,山东有绝对优势,然后依次是河南、河北、辽宁、北京,排在最末的两个省份是青海和宁夏。目前,仅有 4 个省份的 GDP 超过北京,而青海和宁夏的 GDP 在 2015 年仅为山东的 3.84%、4.62%,为北京的 10.50%、12.65%。

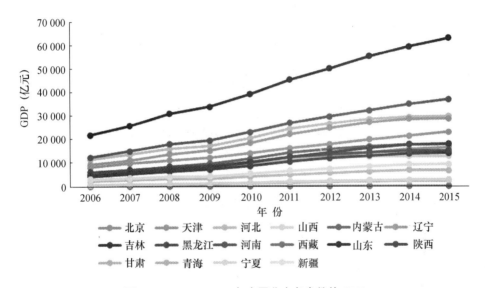

图 11-4　2006—2015 年中国北方各省份的 GDP
数据来源:国家统计局。

图 11-5 为 2006—2015 年中国北方各省的人均 GDP。从图中可以看出,各省份的人均国内生产总值与各省份的国内生产总值有所不同。人均 GDP 排在前列的分别是北京和天津,在 2010 年以前,北京位列第一,天津紧随其后,而到了 2010 年后天津反超北京位列榜首,不过二者之间的差距不大,然后依次是内蒙古、辽宁和山东。而 GDP 较高的河南、河北由于人口总量大,人均 GDP 名次下降较大。排在最末的是甘肃,2015 年其人均 GDP 仅为北京的 24.57%,地区之间的收入差距非常明显。

居民收入水平不同,消费水平不同,对煤炭的需求也不同,能够承受清洁取暖所带来的成本支出也不一样。图 11-6 为不同居民的消费水平,从中可以看出,对于同一个省份,居民消费水平、城镇居民消费水平和农村居民消费水平呈现出一

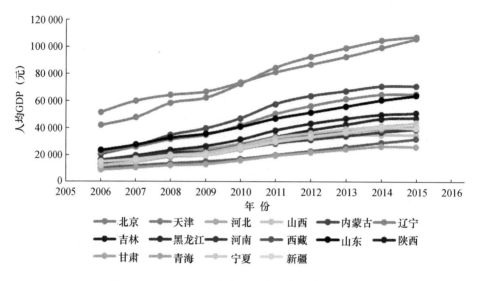

图 11-5　2006—2015 年中国北方各省份的人均 GDP

数据来源：国家统计局。

致性。

图 11-7 为北京地区居民消费水平变化曲线。可作为北方 15 省居民可承受能力分析的依据。

(3) 北方各地区气候状况和居住环境

气候条件是决定取暖需求的最重要因素之一。图 11-8 是北方主要城市采暖期内室外平均气温。从这 16 座城市中可以看出，有 6 座城市在采暖期内室外平均气温大于 0 摄氏度，但是最高平均温度只有 2.5 摄氏度。北京采暖期平均气温和零度相近，只有 0.1 摄氏度。其余 10 座省会城市的平均气温都低于 0 摄氏度，并且相差较为悬殊，以哈尔滨为例，平均气温只有 －8.5 摄氏度。而天津的平均气温在零度附近，为 －0.2 摄氏度。最高平均气温和最低平均气温相差悬殊。采暖期平均气温的差异也导致了采暖期天数和采暖期能源消耗的差异。各省会城市间的计算采暖天数差异巨大。采暖天数最高的是哈尔滨，167 天，接近半年的时间。

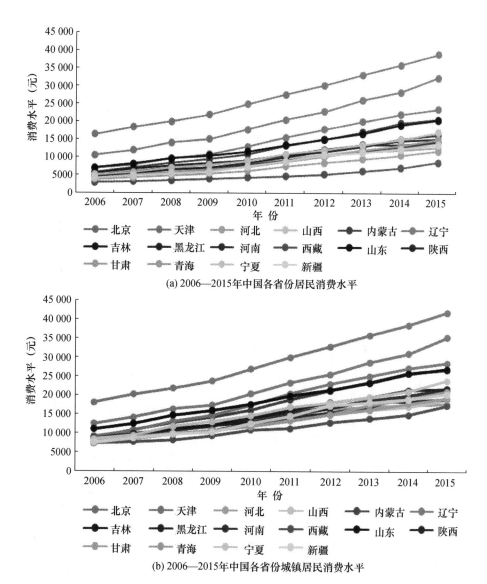

图 11-6 2006—2015 年中国各省份居民消费水平
数据来源：国家统计局。

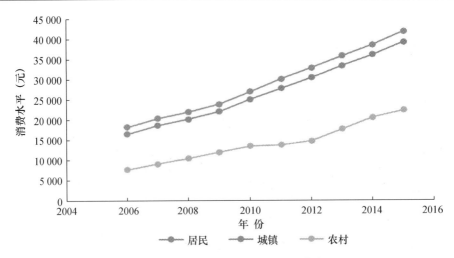

图 11-7　2006—2015 年北京居民消费水平

数据来源：国家统计局。

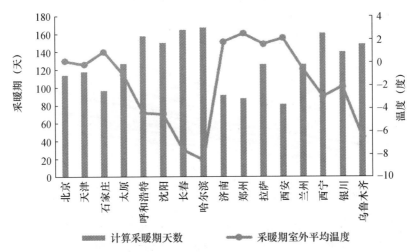

图 11-8　北方主要城市采暖期室外平均温度和计算采暖天数

数据来源：国家统计局，能源统计年鉴，2016。

居住房屋环境是决定取暖需求的另一重要因素。图 11-9 是 2012 年北方主要省份居民人均住房面积。鉴于数据的可得性，目前国家统计局公布的居民人均住房面积只到 2012 年。可以看出，各省之间人均居民住房面积差异较为显著。北京市人均居民住房面积最大，为 38.2 平方米/人；甘肃省这一指标最小，只有 24.1 平方米/人，为北京市的 2/3。人均居住面积超过 30 平方米/人的只有 5 个省或直辖市,分别是北京、陕西、河北、山西以及天津。当然随着经济的不断发展,中国居民的收入水平也不断上升。可以预见的是,截至目前的数据,各省份的人均住房居住面积肯定有所改变,人民居住水平在一定程度上肯定也有所改善。

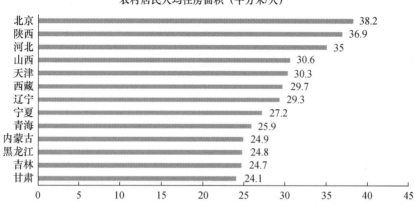

图 11-9　2012 年北方各地区居民人均住房面积

数据来源:国家统计局。

2. 北方各地区"以电代煤"取暖负荷及投资需求测算

(1) 北方各省份居民采暖需求测算

根据上一节中的论述,热负荷是描述电采暖需求的主要指标,受供暖天数、住房面积、采暖季平均温度等因素的影响。表 11-16 为调研得到的北方各省份供暖天数、人均住房面积、采暖季平均气温数据(北京人均住房 31 平方米,户均人口 2.55)。

表 11-16　北方主要城市采暖基本情况

省　份	供暖天数 (天)	人均住房面积 (平方米)	采暖季平均气温 (℃)	户均人口 (人)
甘肃	132	31.05	−19	3.37
河北	112	32.51	−25	3.23
河南	98	39.00	−9	3.22
山东	101	39.6	−10	3.15
黑龙江	176	23.7	−42	2.63

根据表中的数据,同样采用 DeST 建筑模拟仿真软件,分别以东北、华北、西北等地的典型住房为对象,仿真计算各地区的采暖需求。计算中室内温度设定为 18 摄氏度,房屋保温层为聚氨酯材料,厚度为 6 厘米,计算结果如表 11-17 所示。从表中的数据可以看出,增加保温层之后,热负荷需求明显降低,因此北方各省市推

广"以电代煤"之前应考虑增加房屋节能保温改造。根据单位面积采暖需求和平均住房面积数据,可计算出北方各省市在考虑房屋节能保温后的户均电采暖热需求。

表 11-17　北方主要省份采暖季日均热功率和最大热负荷指标

省　份	日均热功率(瓦/平方米)		户均热需求(千瓦)
	无保温	有保温	
甘肃	122.01	99.29	10.39
河北	142.65	116.73	12.26
河南	104.21	89.26	11.21
山东	104.49	89.25	11.13
黑龙江	329.00	260.50	16.24

(2) 北方各省采暖投资及用电需求测算

电采暖设备的选择决定了采暖设备的投资和用电需求,蓄热式电暖气、空气源热泵、地源热泵和太阳能采暖是目前应用最广泛的电采暖设备。通过计算,本节得到了甘肃、河北、河南、山东以及黑龙江针对不同采暖设备的投资和能效特性值。如表 11-18 所示。

表 11-18　不同类型采暖设备投资和能效特性

省　份	蓄热式电采暖		空气源热泵		地源热泵		太阳能采暖	
	投资(万元)	电量(10^4千瓦时)	投资(万元)	电量(10^4千瓦时)	投资(万元)	电量(10^4千瓦时)	投资(万元)	电量(10^4千瓦时)
甘肃	0.85	2.728 7	2.35	0.957 5	4.50	0.752 4	3.50	0.877 7
河北	0.85	2.732 0	2.35	0.958 7	4.50	0.753 3	3.50	0.878 8
河南	0.85	2.185 8	2.35	0.767 0	4.50	0.602 6	3.50	0.878 8
山东	0.85	2.236 6	2.35	0.784 8	4.50	0.616 7	3.50	0.719 4
黑龙江	0.85	5.686 9	2.35	1.995 6	4.50	1.567 9	3.50	1.829 3

表 11-18 中所呈现的不同类型采暖设备投资和能效特性值,地源热泵的投资额要高于另外三种采暖设备的投资,达到了 4.5 万元,但是地源热泵的能效特性显示出了最低的用电特性。对于太阳能采暖,投资费用略低于地源热泵,用电量略高于地源热泵。而对于空气源热泵,不论初期投资还是能效特征,在这四种采暖设备中都属于平均水平。对于蓄热式采暖,初期投资额最低,但是电量消耗表现最高。

针对不同省份的能效特性,年均气温低、采暖日数高、具备较高采暖需求的黑龙江省在采暖设备的电力消耗方面较其他几个省份要高,电力消耗是其他省份的2倍左右。而甘肃、河北、河南以及山东的不同采暖设备的电力需求非常接近,主要是因为这几个地区所处的地理位置大致在近似纬度并且冬季采暖需求相差不多。

电采暖设备的运行成本主要为设备年折算投资和运营电费。设定设备的折算年限为25年,按照各省现有的居民电价水平,可计算出各省采用不同类型电采暖设备的年运行成本,如表11-20所示。从表中可以看出:受用电价格、气温等因素的影响,各省户均需求会有一定的差异。从经济性角度分析,以黑龙江为代表的东北地区,以河南、河北为代表的华北地区,以甘肃为代表的西北地区和以山东为代表的北部沿海地区,均适合采用地源热泵技术。

表11-19 各省份现行居民用电电价

省 份	用电价格(元/千瓦时)
甘肃	峰0.759;平0.51;谷0.261
河北	0.52
河南	0.56
山东	0.5469
黑龙江	0.51

数据来源:国家电网。

表11-20 各省份不同电采暖设备的年运行成本(单位:万元)

省 份	蓄热式电暖气	空气源热泵	地源热泵	太阳能采暖
甘肃	1.4256	0.5823	0.5637	0.5876
河北	1.4546	0.5925	0.5717	0.5969
河南	1.2580	0.5235	0.5175	0.6321
山东	1.2572	0.5232	0.5173	0.5334
黑龙江	2.9343	1.1118	0.9796	1.0729

表11-21 各省份不同电采暖设备的年运行成本

省 份	人均收入(万元)	人均投资占人均收入之比(%)			
		蓄热式	空气源热泵	地源热泵	太阳能采暖
甘肃	13 466.6	17.041 2	7.464 856 66	6.355 566 9	7.033 481 75
河北	18 118.1	10.957 8	4.800 042 636	4.086 761	4.522 666 873
河南	31 291.4	6.352 33	2.782 623 31	2.369 128 1	2.621 826 316
山东	22 703.2	8.293 87	3.633 114 026	3.093 240 6	3.423 172 468
黑龙江	18 592.7	16.4572	7.208 983 241	6.137 686 9	6.792 379 229

由表 11-20 和表 11-21 的数据可知,在以上省份中,地源热泵采暖成本占人均收入的比例最低,经济性表现最好,蓄热式采暖成本占人均收入的比例最高,经济性表现最差。由于各地经济发展的不均衡性,尽管黑龙江在不同设备上的采暖成本是最高的,但通过表 11-21 的数据可知,河南在不同采暖设备上的成本占人均收入的比例是最低的,由此得知,河南居民对"以电代煤"的推广是最容易接受的。因此,在进行"以电代煤"推广时,考虑到经济发展与人均收入,从而得知居民的可承受情况是非常关键的。

同时,对北京的"以电代煤"后均衡状态下的居民可承受情况进行计算,如表11-22 所示。

表 11-22 北京"以电代煤"均衡状态下居民可承受情况

城　市	人均收入(元)	人均投资占人均收入之比(%)
北京	48 458	6.995 748 9

对比北京"以电代煤"均衡后的居民可承受情况可知,想要在北方供暖地区推广"以电代煤",以北京"以电代煤"均衡状态下的居民可承受情况为准,例如,黑龙江采用地源热泵和太阳能采暖的方式更容易推广"以电代煤",河北采用空气源热泵、地源热泵和太阳能采暖的方式更容易使大众接受。北方各省份中蓄热式所占成本比例最高,而大部分省份的空气源热泵、地源热泵和太阳能采暖方式的成本比例基本低于北京市"以电代煤"均衡状态下居民的可承受情况。因此,政府应减少对蓄热式采暖方式的关注,加大对空气源热泵、地源热泵和太阳能采暖方式的补贴,特别是地源热泵,虽然其成本远高于其他三种采暖设备成本,但地源热泵由于其较高的能效比呈现出极大的节能与经济优势。

11.4 "以电代煤"低碳发展的政策建议

"以电代煤"低碳发展政策的推进,是中国生态文明建设的重要成果。十九大报告指出,"大力度推进生态文明建设,全党全国贯彻绿色发展理念的自觉性和主动性显著增强,忽视生态环境保护的状况明显改变。生态文明制度体系加快形成,主体功能区制度逐步健全,国家公园体制试点积极推进。全面节约资源有效推进,能源资源消耗强度大幅下降"。同时,这一低碳发展政策也是十九大对生态和环境的要求。必须清醒看到,目前的工作还存在许多不足,也面临不少困难和挑战,生态环境保护任重道远。

由此,本章以北京"以电代煤"实践为基础,紧紧围绕"企业为主、政府推动、居民可承受"方针,从政策、投资模式、居民收益等方面论证"以电代煤"推广策略的有效性，提出推广策略和政策需求。

1. 本章通过对北京地区的分析得到的建议

第一，"煤改电"实践总体符合中央的推广方针和短、中期的发展要求，在政府和电网的推动下可继续推广。但是要实现可持续发展，需要通过减少补贴等方法实现收益平衡。

第二，在"北京实践"中，制约电网企业收益的主要因素是谷段售电电价，需要在现有政策基础上，取消谷段电价补贴，并将谷段电价提高到0.3734元/千瓦时，才能实现电网企业的盈利；制约政府收益的主要因素是采暖设备和房屋节能保温补贴，将房屋保温补贴降低至60%，同时将采暖设备补贴降低到11.94%以下，才能实现收益。

第三，由于"煤改电"是正效益项目，为了取得更高的效益，政府需要加快电能替代推进力度，设计和制订电能替代和购电电价政策，以逐步降低电网企业的购电成本。

第四，在保证电网企业收益的前提下，考虑通过电力市场化交易引进可再生能源电力提高"煤改电"工程效益，引进电价不能超过0.3552元/千瓦时。若延长谷段时间长度，政府需配套制订额外的燃煤或者燃气替代政策，以增加"煤改电"工程效益。

接着，本章通过总结北方各地区的采暖需求与不同采暖设备的成本以及各地区居民的可承受情况，分析地区"以电代煤"的推广路径。

2. 根据计算结果，本章针对在北方各地区进行清洁取暖推广的问题提出的建议

第一，采用房屋保温改造是十分必要的。经上文分析，经过房屋改造后，房屋的热负荷需求可降低20%~25%，尤其河南最为明显，进行房屋保温改造后可降低24.42%的热负荷需求，热负荷需求的下降将减少"以电代煤"的电力增容，缓解实施采暖季"以电代煤"前期的电网压力，有利于"以电代煤"在北方各省市的推广，尤其对于像哈尔滨、长春等采暖周期比较长的城市，建立新建住宅房屋保温标准，对旧屋进行房屋保暖改造，将从根本上降低"以电代煤"推广的难度。

第二，采用地源热泵式采暖方式，避免采用蓄热式采暖方式。虽然在前期投资中，地源热泵式采暖的投资费用最高，但因其优秀能效表现，对比较低投资费用的蓄热式采暖反而呈现出较大的节能优势。通过对比北方各地区单户居民年采暖成本，发现地源热泵式采暖成本是最低的，蓄热式采暖成本是最高的。因此，在准备推广"以电代煤"的城市，政府应加大对地源热泵式采暖方式的投资力度，力求形成规模效应，降低地源热泵的前期投资成本，发挥更大的经济效益。

第三，"以电代煤"推广应循序渐进，先从人均收入较高的大城市入手，形成由

点到线再到面的范围扩散,最终推动整个北方地区清洁取暖局面的实现。根据北方各省份和北京"以电代煤"均衡状态下居民可承受情况的对比,由于河南居民较高的人均收入,河南推广"以电代煤"所占成本占人均收入的比例很少,因此河南居民是可容易承受的,相比之下,对于人均收入水平较低的地区,因其经济的不发达,进行"以电代煤"改造对居民的可支配收入将造成很大的冲击。因此,政府应选择北方省份中经济发展和人均收入水平较高的城市先进行试点推广,增加对这些城市电采暖设备上的补贴,同时因为这些城市居民的生活水平、教育程度与环保意识较经济水平较低的城市居民要高,因此在进行"以电代煤"推广时,受到民众的阻力较小,更容易开展。在对济南、西安这些重点城市进行"以电代煤"推广的过程中,不断积累经验,提高技术水平,为大面积的"以电代煤"推广打下坚实的基础。

第 12 章 区域选择与影响

12.1 中国跨区域能源选择与协调发展

中国幅员辽阔,国土广茂,各区域之间地理条件、资源禀赋和经济发展水平千差万别。在当前转变发展方式、优化经济结构的新阶段,统筹协调各地区的发展,建设现代化经济体系也成为中国发展的战略目标之一。习近平总书记在十九大报告中特别提出"实施区域协调发展战略。加大力度支持革命老区、民族地区、边疆地区、贫困地区加快发展,强化举措推进西部大开发形成新格局,深化改革加快东北等老工业基地振兴,发挥优势推动中部地区崛起,创新引领率先实现东部地区优化发展,建立更加有效的区域协调发展新机制"为这一战略目标的具体实施指明了方向。

由于资源禀赋和历史等种种原因,中国各区域间的能源结构存在着一定的不合理,跨区域间的统一规划和协调不完善,在造成一定资源浪费的同时既带来额外的环境问题又一定程度上阻碍了区域间的协调发展。梳理中国跨区域能源问题的成因及现状,能够为进一步优化区域能源结构,做好跨区域能源统筹协调、规划和发展提供有益的参考,对区域协调发展战略顺利实施提供有力支持。

12.1.1 中国区域间能源交换问题的原因

资源禀赋的分布不均是造成中国跨区域能源问题的主要原因。根据万得相关数据,截至 2017 年年初,中国煤炭剩余技术可采储量为 2492.26 亿吨,石油为 35 亿吨,天然气为 5.43 万亿立方米,与 2016 年年初数据基本持平,反映了中国传统化石能源资源禀赋相对比较丰富,但是未来难有总量上大的突破。与此同时各类能源资源分布相对集中,能源禀赋与能源负荷之间存在着明显区域不匹配。

中国煤炭探明储量的约 85% 分布在经济相对欠发达的中西部地区,其中晋陕蒙三省储量更是占到了全国总量的 63.5%,仅有约 15% 煤炭储量分布于经济相对发达的沿海地区。煤炭供需存在着明显的区域不匹配。中国陆上天然气主要分布在中部和西部地区,海上天然气主要分布于环渤海地区,天然气探明储量集中在十个大型盆地,依次为:渤海湾、四川、松辽、准噶尔、莺歌海—琼东南、柴达木、吐—哈、塔里木、渤海、鄂尔多斯。现阶段中国的国内天然气生产主要集中在新疆气区、青海气区、川渝气区和鄂尔多斯气区四大气区,而天然气消费市场则相对集中于东部和南部地区。

由于国内供应不足,自 2007 年中国成为天然气净进口国以来,天然气对外依存度逐年上升,如图 12-1 所示,2017 年前 11 个月天然气进口量达到 845.75 亿立方米,天然气对外依存度超过 37%。

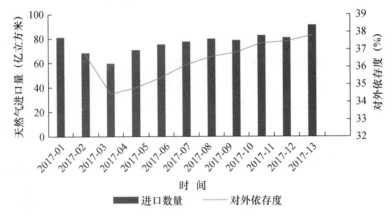

图 12-1　2017 年天然气进口及对外依存度
数据来源:Wind 资讯经济数据库。

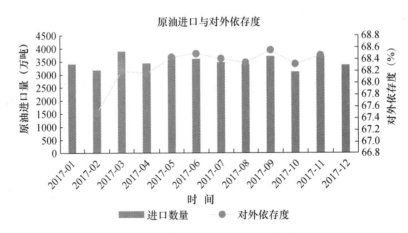

图 12-2　2017 年分月原油进口及对外依存度
数据来源:Wind 资讯经济数据库。

与天然气相比,中国的原油供给更加依赖于进口,2017 年中国原油对外依存度已经超过 68%(见图 12-2),主要通过路上管线运输与海上运输从国外输入。中国原油资源则主要分布于环渤海、东北和西北区域,因此相较于煤炭、天然气与原油不仅面临着严重的国内供需区域不匹配的问题,还需要在立足国内生产保障供给的同时,扩大国际能源合作,保障海外供应安全。

与传统的化石能源相同,中国的清洁能源分布也存在非常显著的区域差别。中国的水能资源主要分布于西部地区,可利用资源量的80%分布于西部12省区。相较于其他的清洁能源,中国的水能资源利用比较充分,未来进一步增加的空间不大,已建成的大型水电站相关配套长距离电力输送网线建设比较完善,但是西部地区小水电电能外送难仍是亟待解决的问题。

中国的风能资源比较丰富,中国10米高度层实际可开发利用的风能资源储量为2.53亿千瓦,2016年风电发电量约2410亿千瓦时。中国风能资源主要集中在东南沿海及东北、华北、西北地区,其中内蒙古、黑龙江、吉林、宁夏、甘肃、新疆等六省区资源相对丰富,已完成风电建设规模较大,但这些省区的风电需要经过长距离传输才能到达中国电力需求集中的东部沿海地区。然而风能资源主要得益于寒潮、冷空气和季风,季节性很强,一般春、秋和冬季比较丰富,夏季比较贫乏,因此风电难以实现长期稳定的输出,由于供需区域的不匹配以及成本、电网安全等原因,弃风弃电现象严重,大量风电资源被浪费。

中国太阳能资源丰富、分布广泛,年辐射量超过60亿焦[耳]/平方米的区域占中国国土面积的三分之二,但目前资源大规模利用仍主要集中在西部省份,其中光伏装机容量最大的五省区依次为新疆、甘肃、青海、内蒙古、江苏,2016年累计光伏发电量为620亿千瓦时。光伏也面临着与风电类似的窘境,不稳定的输出和供需区域的不匹配,造成了严重的弃光现象。

总而言之,对于中国而言,无论是传统的化石能源还是新兴的清洁能源,都存在着能源资源分布与需求区域严重不匹配的现象。资源与负荷之间的地理差距,使得能源不得不通过长距离的运输以满足各个区域经济发展的需求,也正是在这样的约束下,中国形成了北煤南运、西煤东运、北电南送、西电东送、北油南运、西油东输、西气东输等区域间的能源交换模式。然而这样的传统模式并不能够完全解决区域间能源供需不匹配造成的问题。

中国能源资源分布丰富的地区与国家实施区域协调发展战略中所提到的需要大力支持发展的区域高度匹配。那么借助区域协调发展战略的东风,通过深入剖析当前中国区域能源发展的现状,优化现有机制,建立更加高效、清洁的区域间能源交换模式具有重要的现实意义。

12.1.2 中国区域间能源交换现状及问题

未来很长一段时间内中国的一次能源消费以煤炭为主、二次能源消费以电力为主的格局不会发生大的改变。因此中国跨区域的能源选择与协调发展必须抓住煤炭和电力两个关键点。那么首先我们需要对2017年区域间的煤、电交换模式进行大致地梳理和分析,从全局的角度分析区域间能源交换的现状。

1. 电力

根据国家统计局公报,2017年全年中国累计发电量6.3万亿千瓦时,同比增长5.7%。图12-3为2016年3月至2017年12月中国分月电力生产情况,可以看到2017年全年中国电力生产都维持了较快增长,全年发电量同比增长5.7%,其中发电高峰出现在7月,达到6047亿千瓦时,同比增速最快也出现在7月达到8.6%。这反映了进入2017年中国经济虽正处于高速增长向高质量发展转型的阶段,但电力需求旺盛,未来较长的一段时间内,电力生产仍会维持较高的增速。

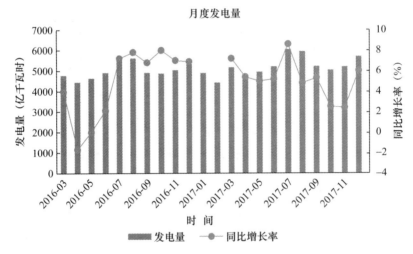

图12-3 2016年3月至2017年12月发电量

数据来源:国家统计局。

图12-4为31个省份2017年电力生产和电力消费对比图。通过数据可以看到仅有12省份能够实现电力生产自给自足,其余省份都必须通过跨省乃至跨区域送电来满足基本的电力需求,而电力需求最旺盛的十省份中更是仅有2个省份(四川和内蒙古)电力供给可以不依赖于外省输电。其中2017年对省外电力净需求前三的省份为广东省、江苏省与浙江省,分别达到1443亿千瓦时、1033亿千瓦时、933亿千瓦时。区域性巨大的供给和需求不平衡不得不通过跨省份、跨区域间的相互电力输送来解决,且地理因素、电网线路分布等进一步增强了区域间的电力交换需求。

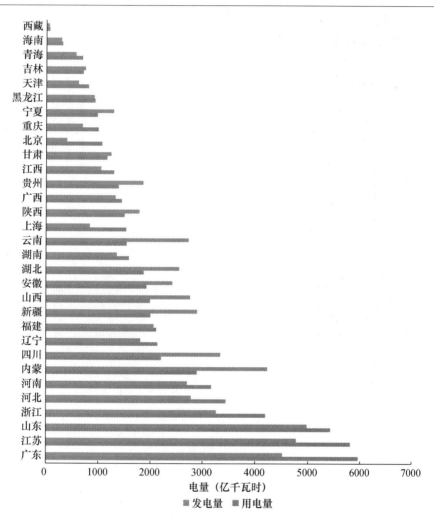

图 12-4　2017 年分省发电量、用电量

数据来源：国家统计局。

根据图 12-5 相关数据可以看到，2017 年前 11 个月全国跨省输出电量达到 10 250 亿千瓦时，超过发电量的 1/6。相较于 2016 年同期实现 16% 的增长，增长速度远高于发电量的同期增速。这反映了中国跨区域输电需求增长旺盛，跨省区的电力消费比重日益增强。与此同时，与 2016 年同期相比，跨省区送电增速也在不断加快，各省区之间电力联系日益紧密，跨省区的电力交换模式生命力越来越强。

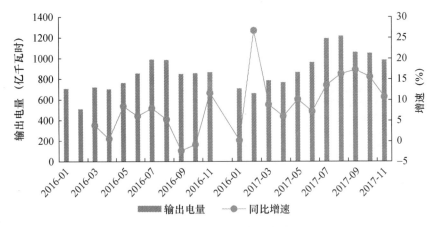

图 12-5　跨省输出电量合计

数据来源：Wind 资讯经济数据库。

跨省区的电力交换模式仍然不能够完全满足中国各区域经济增长对于电力的需求。中国西部、北部大量的电力资源需要经过多省区的能源输送才能送达东部沿海需求旺盛地区。因此长距离跨区域送电也是中国电力能源交换模式中重要的一环。

图 12-6 为西北、东北、华中、华东、华南、南方六大区域间相互的跨区域累计送电量。可以看到 2017 年前 11 个月跨大区域送电量累计达到 3885 亿千瓦时，相较于 2016 年同期增长了 11.61%，约占同期全国发电总量的 6.8%，其增速也已经超过

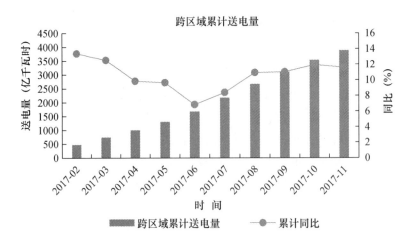

图 12-6　跨区域输出电量合计

数据来源：Wind 资讯经济数据库。

了同期发电总量的增速。这一方面是由于国家部分特高压输电网及相关配套设施的投资建成,完善了基础设施,为长距离大量送电打下了坚实的物质基础;另一方面由于经济转型中电力需求快速复苏,电力需求大省不得不将目标瞄准地理距离更远的供应地以满足自身经济发展的需求。因此可以预见,未来相当长一段时间内跨大区域多省份之间电力联系将进一步增强,长距离跨区域送电量仍将快速增加。

由以上这些相关数据分析可以清晰看到,在中国经济的发展正处于深刻变革期的当前,经济发展对于电力的需求依然十分旺盛。再加上自然资源禀赋等原因,难以广泛地实现各区域电力的自给自足,当前只能通过跨省区的电力交换来达到供需平衡,各个省区之间的电力联系将会进一步增强。因此无法像欧美发达国家一样通过小而相对独立的区域电网来满足电力供需。那么对于联系紧密的各个省区电网而言如何在保障电网安全的基础上高效清洁利用电力资源,实现全国的电力供需平衡成为重要的问题。

虽然中国跨省区电力输送规模巨大,然而时至今日仍然没能够形成全国统一的跨区跨省交易市场。当前中国仅有 2 个国家级交易机构,分别为北京电力交易中心和广州电力交易中心,大陆地区的 31 个省区则分别各自建立 32 个省级电力交易中心。由于市场化机制引入不充分,省区间电力交易仍往往局限于双方交易,没有引入第三方竞争者,因此往往存在政府干预以及失信等不规范行为,一方面提高了交易成本,造成了不必要的损失;另一方面又给电网综合调度和电力资源有效利用增加了难度。因此整合现有交易平台,充分发挥市场在资源配置中的决定性作用,实现电力资源跨区域的有效配置迫在眉睫。

与此同时,省区间协调机制也不完善,缺乏统筹规划。例如经济发达省份在负荷高峰时具有强烈意愿进行跨省购电,而到了负荷低峰则往往通过完全削减省外购电以保护省内的电站运行,这一方面导致负荷压力完全落到了跨区的电网上,降低了电网整体的安全性;另一方面电力输出省份不得不承担需求大幅波动带来的潜在损失,这一部分损失往往又通过提高负荷高峰期的外输电价来弥补,因而扭曲了要素价格,造成了供需双方不必要的损失。

近年来西部地区清洁能源装机增长迅速,新增的清洁装机需要跟已有装机共同竞争电力外输通道。然而由于成本劣势以及输出不稳定等原因,即使在当前有国家政策扶持的情况下,大量的清洁电力仍无法送出,而需求方也缺乏主动吸收清洁电力的内在动力,因此造成了大量清洁装机和清洁电力的浪费。未来如何通过基础设施建设及省区统筹协调,解决清洁电力外送难题,节约资源、优化能源消费结构也是亟待探索的问题。

2. 煤炭

受益于相关去产能政策,尤其自 2016 年 2 月开始实施的 276 天工作日限产制度,中国煤炭市场多年来的产能过剩现象出现了显著缓解,2017年煤炭产销走出了自2013年连续多年下滑的低谷(4年来首次出现正增长。如图12-7所示,自2017年4月起原煤生产累计同比增速即转负为正,2017年全年中国原煤生产达到34.45亿吨,与去年同期相比增长了3.2%)。由于中国电力生产依然以火电为主,2017年火电在电力生产中比重达到73.5%(包含天然气等其他火力发电),因此大量的原煤主要被运输到各地的火力发电站用于电力生产,其中内陆地区29省区(缺宁夏、西藏数据)前11个月发电耗用原煤为15.7亿吨,占同期国内原煤生产的50.1%,换而言之国内原煤产量的一半是用于火力发电。

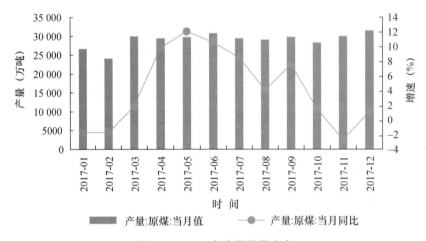

图12-7　2017年中国原煤生产

数据来源:国家统计局。

由于煤炭资源分布与需求存在着严重的空间不匹配,大量的原煤需要通过长途运输才能运抵各地的火力发电站。伴随2017年国内电力需求复苏,各地火电站对于原煤需求快速增加,煤炭从资源地向需求地的运输量显著加大。以晋煤外输核心大动脉大秦铁路为例,如图12-8所示,2017年全年大秦线煤炭运量达到4.32亿吨,与2016年相比增长了23.10%,其中2017年12月当月通过大秦线外输的煤炭达到3856万吨,创2014年7月以来单月最高值,晋煤外输显著加速,显示了旺盛的外部需求。

图12-9显示了29个省份2017年前11个月电煤消耗,可以看到绝大多数省区电煤消耗都出现了增长,其中福建省电煤消耗增速最快,相较于2016年同期电煤消耗增长了24%。仅山东、江苏、广东、北京、甘肃五省市电煤消耗同比减少,其中山东、江苏、广东、北京自身电力供给无法满足需求,需要从外省购电。这些省市2017年电煤消耗同比减少意味着在技术水平没有明显进步的前提下其煤电发电量在下降。对于这些省市而言,一方面电力需求在不断增长,另一方面却放弃

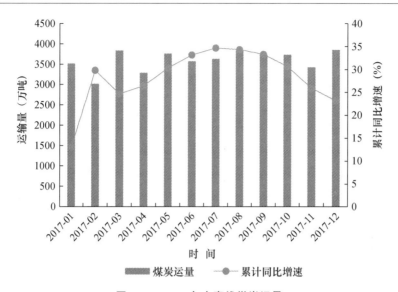

图 12-8 2017 年大秦线煤炭运量

数据来源：Wind 及相关上市公司公报。

相对廉价且容易获得的当地火电资源转而通过加大外省购电和提高其他种类的电力供给来满足当地日益增长的电力需求。

究其原因，短期来看可能是由于 2017 年下半年煤炭供应相对紧张，煤炭价格上涨较快。由于电价受国家管控，部分煤电企业无法转嫁增加的成本，造成了利润的大幅度下滑乃至亏损，因此火电发电积极性并不强。

长远来看，主要还是环境因素驱使这些省份选择减少煤电消耗转而寻找其他替代的电力品种。虽然煤电在中国电力生产当中居于主导地位，但是煤炭燃烧也被认为是导致局部雾霾和碳排放增加的主要原因。过往粗放式的发展模式在实现经济繁荣的同时也给当地积累了大量的环境问题，在中国经济由高速增长转向高质量发展的阶段，抓住重点着力解决突出的环境问题成为区域协调发展需要重点考虑的问题。因此部分地区已经开始选择更为清洁的能源来源以替代煤电，从而减少了局部区域的煤电需求。

同时，可以很清晰地看到电煤需求减少的省份恰好与中国经济发展最快、环境问题最突出的区域高度重合。这些区域能源选择的转变为未来中国整体能源选择的转变提供一定的有益参考和借鉴。立足长远，东、南部沿海发达地区能源需求尤其电力需求增长仍有较大空间，但当地的煤炭需求可能减少。这主要是因为东南沿海经济相对发达地区在经济转型过程中既要保证绿色增长又要解决历史遗留的环境问题，其边际减排成本及治理成本较高，环境剩余容纳能力有限，进

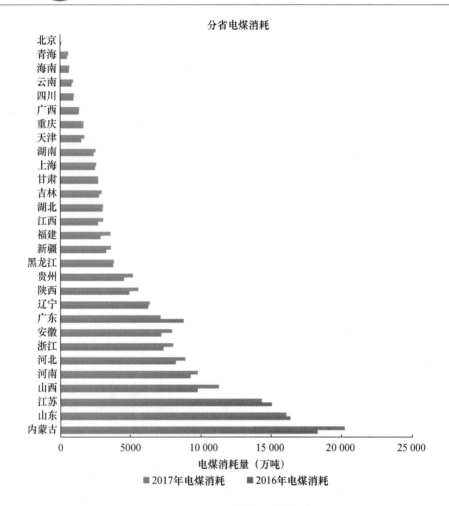

图 12-9　2016、2017 年分省电煤消耗

数据来源：Wind 资讯经济数据库。

一步发展煤电的环境空间不大，这也为在当地发展清洁能源留出宽阔的空间。为了保障这些区域未来的能源供给，一方面需要通过跨区域的能源交换，由北煤南运、西煤东运模式向北电南送、西电东送的模式转变以满足绿色增长的能源需求；另一方面，需要清洁能源发展模式从资源集中向负荷集中推进转化，通过在负荷集中地区大力发展清洁能源满足未来的能源需求。

12.2　政策建议

通过对 2017 年中国跨区域能源状况的大致梳理和分析可以看到未来中国大

区域间的能源交换模式出现了新的演化趋势。如何在中国经济发展进入高质量发展阶段的过程中,做好区域间的共同协调和统筹规划、优化配置、节约资源、保护环境是解决未来跨区域能源问题的关键。为此,我们在以下几个方面提出建议。

1. 加快电网建设,尽快建立全国统一的跨区电力交易平台

立足现在展望未来,随着中国电力需求的进一步增长以及能源交换方式逐渐由"运煤"向"运电"转变,可以预期中国跨区间的电力交换规模将会进一步增大。因此加快区域电网建设,增强区域间输电能力非常必要。

2016年全年国家电网完成电网投资约5400亿元,相较于2008年增加了1倍,2017年上半年国家电网完成电网投资2260亿元,仍保持在较高水平。与跨区电力交换直接相关的跨区域特高压电网建设也处于高速发展阶段,2014年国家能源局批复核准开工建设的"四交四直"特高压工程即淮南—南京—上海、锡盟—山东、蒙西—天津南、陕北榆横—山东潍坊交流线路以及宁东—浙江、锡盟—泰州、山西—江苏、滇西—广东(南方电网建设)直流线路,已于2017年年底前基本完工,建设线路长度超过1.2万千米。而根据相关规划到2020年国内交流特高压线路长度将达到3.149万千米,直流特高压线路总长度达到1.768万千米。未来将有更多的跨区域输电通道建成,西、北部地区丰富的电力资源将能够更加安全顺畅地输送到东、南负荷旺盛地区。同时需要注意的是由于跨区域电网建设周期长,影响范围广,需要提前规划、建设,因此在根据当前电力需求复苏、电力负荷加速增长的情况下,可以考虑适当调整相关规划进一步加快跨区域输电通道建设。

过去由于缺少全国统一的电力交易市场,难以充分发挥市场在资源配置中的决定性作用,制约了电力资源在省区间的充分、高效配置。相关问题也得到国家有关部门的重视,2017年7月,国家发改委和国家能源局原则上通过了《全国电力交易机构联盟组建方案》,允许北京和广州两家电力交易中心作为牵头单位,联合其余32家电力交易中心共同组建全国电力交易联盟。此后电力市场建设工作在交易联盟的框架下逐渐进行,各省电力交易中心陆续成立,建立跨区域统一的电力市场工作开始稳步推进。

但是自愿加盟前提下形成的交易联盟,其基础依然薄弱,市场化程度不够,没能充分发挥市场竞争带来的优势。长期而言,进一步深化电力体制改革,加快交易联盟的制度建设,尽快形成一个成熟的交易市场,有利于未来中国区域协调发展的大战略。

2. 推进天然气发电及储能建设

未来跨省区电力输送量的增大不仅对电网长距离大功率电力输送能力提出了更高的要求,对于电网安全运行也形成严峻的考验。由于各区域电网之间关联度加强,电力调度的广度和深度需要进一步加大,但长期以来中国电力调度依赖

于煤电深度调峰来保障电力系统平衡。长远来看,一方面当前火电调峰潜力已经基本耗尽,未来进一步挖掘的空间不大,另一方面从保护环境、减少排放的角度而言,中国进一步大规模建设煤电站的可能性也不大,因此为保障未来大范围跨区电网的安全,寻找灵活合适的调峰电力供给就成为关键。目前来说,推进天然气发电站建设是比较可行的解决方案。

首先相较于煤炭,天然气发电产生的排放较少、污染更加轻微。根据相关数据,当前最先进的1000兆瓦超临界燃煤机组,按发电效率47.82%、每度电消耗标煤256.8克计,单位电量的二氧化碳排放为640.2克/千瓦时,而以天然气联合循环发电机组中6F.01为例,其发电效率效率为55.8%,每度电消耗天然气折合标煤约220.2克,且单位电量的二氧化碳排放量仅为353.1克,无论从节约资源还是减少排放的角度而言都远优于煤电机组。

其次,相较于燃煤发电设备,燃气发电设备结构更加紧凑,因此天然气电站面积远小于煤电站,而且其水资源消耗比重也仅为燃煤电站的三分之一左右,因此天然气电站具有选址灵活,适宜于在东、南部负荷高而环境容量有限的区域就近建设,可以节约输电网络等相关配套设施的建设成本。

最后天然气发电输出调整灵活,能够迅速根据负荷变化做出实时调整,在高负荷区域周围新建天然气发电站能够就近快速实现局部的供需实时平衡,减少对大区域电网的冲击,保障国家电网的安全。

根据全国电力工业统计快报数据(2017年未单独提供气电数据),2016年中国气电装机0.7008亿千瓦,全年天然气发电1881亿千瓦时,占全年总发电量的3.14%,燃气机组年有效利用时间为2684小时。虽然经过多年投资建设中国天然气发电已经初具规模,但与欧美发达国家成熟电力系统相比未来提升空间仍然巨大。以美国为例,2016年美国发电量为4.08万亿千瓦时,约是中国发电总量的三分之二,其中天然气装机5.121亿千瓦,燃气发电13 783亿千瓦时,占全年总发电量的29.6%,年有效利用小时数为2689(以名义装机计算)。可以看到无论是装机规模还是发电占比,中国与美国相比在燃气发电上都存在着巨大差距。

中国《天然气发展"十三五"规划》指出到2020年中国气电装机规模要达到1.1亿千瓦,而根据目前区域化电力需求的新变化,未来中国对于燃气发电的需求将可能快速增长。按照当前有效利用小时数计算,未来相关气电规划可能难以满足需求的增长,需要在提高燃气机组有效利用小时数的基础上进一步加快天然气电站的建设。

由于新兴清洁能源发电技术普遍存在着输出不稳定、输出高峰与负荷高峰难以匹配的问题,为了保障电网平衡和供给稳定,需求侧往往不愿意大规模使用这部分清洁电力。与此同时,过去中国清洁能源开发往往强调资源集中,清洁能源开发多集中于资源富集地区,而相关清洁能源丰富的区域与负荷区域通常难以相互匹配,造成了大量新开发的清洁能源需要与传统的能源争夺输出通道而难以送达有效负荷区域。多重因素叠加造成了中国广泛的弃风、弃光等现象。

未来为了充分有效地利用新兴的清洁能源,一是要由资源集中的开发模式向负荷集中的开发模式转变,规划投资应该着力于在东、南部高负荷地区开发新兴清洁能源。二是提高对储能发展和投资力度,建立起有效的电网储能设施,在清洁能源高输出阶段储存多余能源,并在负荷高峰释放,这样既能够维护电网的平稳运行又能够有效地节约资源,实现对清洁能源的高效运用。

3. 推动煤改气、煤改电

长期以来煤炭在大规模开发、利用和运输过程中产生较大的污染,对中国环境造成了严重的影响。虽然经过多年发展,相对清洁的燃煤发电技术已经广泛应用从而大大减少了燃煤发电的污染,但是中国煤炭消耗中仍有近一半不是用来发电,其中大量煤炭被用于北方地区冬季的散烧取暖。这些分散利用的煤炭是当前中国环境问题尤其是大气污染问题的主要原因之一。因此在保障居民正常能源需求的同时尽快实现这部分煤炭的有效替代是中国北方空气重污染地区提升环境质量的重要途径。

短期比较可行的就是大规模发展"煤改气"和"煤改电"。一方面,使用电力与天然气比分散的直接燃煤更加清洁,另一方面在电力网络和管道运输网络相对成熟的如今,电力、天然气的运输成本相对较低,造成的额外资源浪费较少。

以动力煤为例,通过测算坑口价与平仓价格之间的差值我们可以大致估算出运输费用占煤炭价格中的比重,根据万得有关数据估算,动力煤从山西运输到秦皇岛的总费用占到煤价的30%~40%,再考虑煤炭还需要由重要集散口岸分输到各地所需的费用,其运输成本还将进一步提高,因此煤炭在运输过程中消耗的资源及造成的环境污染不可忽视。

而相关数据显示2017年前10个月中国电网输配电损耗约6.6%,根据以往数据,中国几条典型跨区特高压输电线电损也在4%~7%之间,其长距离输送所消耗的成本远小于煤炭。

根据国家发改委2017年下发的《核定天然气跨省管道运输价格的通知》,1219毫米天然气管道跨省运输价格在0.2857~0.1224元/(千立方米・千米)之间,折算成每立方米天然气500千米的运价约为0.1428~0.0612元,在居民天然气零售价格中占比不超过10%,即使考虑终端管网部分的运价增加,天然气输配成本占比也远远优于煤炭。

因此"煤改气""煤改电"不仅能够减少煤炭直接燃烧带来的污染,还能够有效节约运输成本,减少资源浪费。

参 考 文 献

[1] Abadie A, Gardeazabal J. The Economic Costs of Conflict: A Case Study of the Basque Country [J]. American Economic Review, 2003, 93(1):113—132.

[2] Anselin L, Local indicators of spatial association—LISA. Geographical analysis,1995, 27: 93—115.

[3] Czerny A, Letmathe P. Eco-efficiency: GHG reduction related environmental and economic performance. The case of the companies participating in the EU Emissions Trading Scheme. Business Strategy and The Environment, 2017, 26(6): 791—806. DOI: 10.1002/bse.1951.

[4] Dong H J, Dai H C, Geng Y, Fujita T, Liu, Z, Xie Y, Wu R, Fujii M, Masui T, Tang L. Exploring impact of carbon tax on China's CO_2 reductions and provincial disparities. Renewable and Sustainable Energy Reviews, 2017, 77: 596—603. DOI: 10.1016/j.rser.2017.04.044.

[5] Elhorst J P. Applied spatial econometrics: raising the bar. Spatial Economic Analysis, 2010 5: 9—28.

[6] Erdem C, İsmail Şentürk, Şimşek T. Identifying the factors affecting the willingness to pay for fuel-efficient vehicles in Turkey: A case of hybrids. Energy Policy, 2010, 38(6): 3038—3043.

[7] Fodha M, Zaghdoud O. Economic growth and pollutant emissions in Tunisia: an empirical analysis of the environmental Kuznets curve. Energy Policy, 2010, 38: 1150—1156.

[8] Frey M. Assessing the impact of a carbon tax in Ukraine. Climate Policy, 2017, 17(3): 378—396. DOI: 10.1080/14693062.2015.1096230.

[9] Fujii H, Managi S, Kaneko S. Decomposition analysis of air pollution abatement in China: empirical study for ten industrial sectors from 1998 to 2009. Journal of Cleaner Production, 2017, 59: 22—31.

[10] Gong H, Wang M, Wang H. New energy vehicles in China: Policies, demonstration, and progress. Mitigation & Adaptation Strategies for Global Change, 2013, 19(2):207—228.

[11] Grossman G M, Krueger A B. Environmental impacts of a North American free trade agreement. National Bureau of Economic Research, 1991.

[12] Guiso L, Monte F, Sapienza P, et al. Culture, Gender, and Math. Science, 2008, 320 (5880): 1164—1165.

[13] Hammitt J K, Zhou Y. The economic value of air-pollution-related health risks in China: a contingent valuation study. Environmental & Resource Economics, 2006, 33(3): 399—423.

[14] Harberger A C. Perspectives on capital and technology in less-developed countries [J]. Estudios De Economía, 1988: 79.

[15] He J. Pollution haven hypothesis and environmental impacts of foreign direct investment: the case of industrial emission of sulfur dioxide (SO_2) in Chinese provinces. Ecological economics, 2006 60: 228—245.

[16] Hopkin M. Emissions trading: The carbon game. Nature, 2004, 432(7015): 268—270. DOI: 10.1038/432268a.

[17] Hosoe N. Estimation errors in input-output tables and prediction errors in computable general equilibrium analysis. Economic Modelling, 2014, 42: 277—286. DOI: 10.1016/j.econmod.2014.07.012.

[18] Hosoe N, Gasawa K, Hashimoto H. Textbook of Computable General Equilibrium Modeling: Programming and Simulations (1st edition). Palgrave Macmillan, UK, 2010.

[19] Krugman P. The Myth of Asia's Miracle [J]. Foreign Affairs, 1994, 73(6):62—78.

[20] Lehner M, Tichler R, Steinmüller H, et al. The Power-to-Gas Concept [J], 2014.

[21] Li A, Du N, Wei Q. The cross-country implications of alternative climate policies. Energy Policy, 2014, 72(72):155—163.

[22] Lin B, He J. Learning curves for harnessing biomass power: What could explain the reduction of its cost during the expansion of China? Renewable Energy, 2016; 99: 280—288.

[23] Lin B, Xie C. Reduction potential of CO_2 emissions in China's transport industry. Renewable & Sustainable Energy Reviews, 2014, 33:689—700.

[24] Lin B Q, Wang X L. Electricity subsidy reform in China [J]. Energy & Environment, 2017, 28(3): 245—262.

[25] Lin B, Liu K. How Efficient Is China's Heavy Industry? A Perspective of Input-Output Analysis. Emerging Markets Finance and Trade, 2016, 52: 2546—2564.

[26] Liu L W, Sun X R, Chen C X, Zhao E D. How will auctioning impact on the carbon emission abatement cost of electric power generation sector in China? [J]. Applid Energy, 2016, 168: 594—609.

[27] Nakata T. Energy modeling on cleaner vehicles for reducing CO_2 emissions in Japan. Journal of Cleaner Production, 2003, 11(4):389—396.

[28] Pearce D. The Role of Carbon Taxes in Adjusting to Global Warming. Economic Journal, 1991, 101: 938—948. DOI: 10.2307/2233865.

[29] Rosas-Flores JA, Bakhat M, Rosas-Flores D, and Zayas JLF. Distributional effects of

subsidy removal and implementation of carbon taxes in Mexican households. Energy Economics, 2017, 61: 21—28. DOI: 10.1016/j.eneco.2016.10.021.

[30] Sells L W. The Mathematics Filter and the Education of Women and Minorities. Achievement Rating, 1976, 20.

[31] Shen S, Wang C. Decomposition Analysis on the Air Pollutant Baseline Emission Factors in China's Power Sector ☆. Energy Procedia, 2017, 105: 3355—3362.

[32] Silk J I, Joutz F L. Short and long-run elasticities in US residential electricity demand: a co-integration approach [J]. Energy Economics, 1997, 19(4):493—513.

[33] Small C, Pozzi F, Elvidge CD. Spatial analysis of global urban extent from DMSP-OLS night lights. Remote Sensing of Environment, 2005, 96: 277—291.

[34] Sun C, Lin B. Reforming residential electricity tariff in China: Block tariffs pricing approach [J]. Energy Policy, 2013, 60 (6): 741—752.

[35] Wang C X, Wang W, Huang R B. Supply chain enterprise operations and government carbon tax decisions considering carbon emissions. Journal of Cleaner Production, 2017, 152: 271—280. DOI: 10.1016/j.jclepro.2017.03.051.

[36] Wang H, Jin Y. Industrial ownership and environmental performance: evidence from China. World Bank Publications, 2002.

[37] Wesseh P K, Lin B Q, Atsagli P. Carbon taxes, industrial production, welfare and the environment. Energy, 2017, 123: 305—313. DOI: 10.1016/j.energy.2017.01.139.

[38] Wu Y. China's Capital Stock Series by Region and Sector. Economics Discussion, 2009.

[39] Y. Qi, N Stern, T Wu, et al. China's Post-Coal Growth [J]. Nature Geoscience, 2016, 9: 564—566.

[40] Yamazaki A. Jobs and climate policy: Evidence from British Columbia's revenue-neutral carbon tax. Journal of Environmental Economics and Management, 2017, 83: 197—216. DOI: 10.1016/j.jeem.2017.03.003.

[41] 北京商报.碳税征收将按下重启键. http://money.163.com/16/0928/22/C2385PFM002580S6.html,2016-09-28.

[42] 曹静.走低碳发展之路:中国碳税政策的设计及CGE模型分析[J].金融研究,2009(12):19—29.

[43] 曾少军,杨来,曾凯超.中国页岩气开发现状、问题及对策[J].中国人口·资源与环境,2013,23(03):33—38.

[44] 陈娟,黄元生,鲁斌.区域能源互联网"站—网"布局优化研究[J/OL].中国电机工程学报:1—10,2017-12-24.

[45] 陈诗一.边际减排成本与中国环境税改革[J].中国社会科学,2011(03):85—100+222.

[46] 邓可斌,曾海舰.中国企业的融资约束:特征现象与成因检验[J].经济研究,2014(2):47—60.

[47] 冯羽生,江应国.市场供需平衡下的光伏政策优化研究[J].江西理工大学学报,2017,38(2):40—45.
[48] 高鹏,谭喆,刘广仁,王培鸿.2016年中国油气管道建设新进展[J].国际石油经济,2017,25(03):26—33.
[49] 高新才,罗捷茹.区域能源消费水平的评价指标及影响因素分析[J].宏观经济研究,2011(06):83—89.
[50] 广东发展和改革委员会,广东海洋与渔业厅.广东省海洋经济发展"十三五"规划[Z].2017.
[51] 郭哲婧,管婷婷,董伟,等.基于产业链视角看中国新能源汽车发展现状、问题及对策[J].时代金融,2016(5):184—185.
[52] 国家电力调度控制中心,北京电力交易中心.《跨区域省间富余可再生能源电力现货交易试点规则(试行)》[EB/OL].2017-08-14.
[53] 国家发展和改革委员会,国家海洋局.国家发改委国家海洋局关于印发"一带一路"建设海上合作设想的通知[Z].2017.
[54] 国家发展和改革委员会,国家海洋局.全国海洋经济发展"十三五"规划[Z].2017.
[55] 国家发展和改革委员会,住建部.北部湾城市群发展规划[Z].2017.
[56] 国家发展和改革委员会.关于海上风电上网电价政策的通知[Z].2014.
[57] 国家发展和改革委员会,国家能源局.《电力中长期交易基本规则(暂行)》[EB/OL].发改能源[2016]2784号,2016-12-29.
[58] 国家发展和改革委员会,国家能源局.《北京电力交易中心组建方案》《广州电力交易中心组建方案》[EB/OL].发改经体[2016]414号,2016-03-01.
[59] 国家发展和改革委员会.可再生能源发展"十三五"规划[Z].2016.
[60] 国家发展和改革委员会办公厅,国家能源局综合司.《关于开展电力现货市场建设试点工作的通知》[EB/OL].发改办能源[2017]1453号,2017-09-05.
[61] 国家发展和改革委员会办公厅,国家能源局综合司.《关于开展电力现货市场建设试点工作的通知》[EB/OL].发改办能源〔2017〕1453号,2017-09-05.
[62] 国家发展和改革委员会办公厅,国家能源局综合司.《关于开展电力现货市场建设试点工作的通知》[EB/OL].发改办能源〔2017〕1453号.
[63] 国家发展和改革委员会,国家能源局.《关于开展分布式发电市场化交易试点的通知》[EB/OL].发改能源[2017]1901号,2017-10-31.
[64] 国家发展和改革委员会.节能中长期专项规划.
[65] 国家能源局,国家海洋局.海上风电开发建设管理实施细则[Z].2011.
[66] 国家能源局.《2017年市场监管工作要点》[EB/OL].国能监管[2017]81号,2017-04-13.
[67] 国家能源局.风电发展"十二五"规划[Z].2012.
[68] 国家能源局.风电发展"十三五"规划[Z].2016.
[69] 国家能源局.海上风电场工程规划工作大纲[Z].2009.
[70] 国家统计局.中国统计年鉴(2014).

[71] 国家统计局能源统计司.中国能源统计年鉴.

[72] 国涓,王玲,孙平.中国区域能源消费强度的影响因素分析[J].资源科学,2009,31(02):205—213.

[73] 国务院.国家人口发展规划(2016—2030年).

[74] 海南省人民政府.海南省能源发展"十三五"规划[Z].2017.

[75] 胡泽春,丁华杰,宋永华,张放.能源互联网背景下储能应用的研究现状与展望[J].电力建设,2016,37(08):8—17.

[76] 贾承造.论非常规油气对经典石油天然气地质学理论的突破及意义[J].石油勘探与开发,2017,44(01):1—11.

[77] 江苏省人民政府.江苏省"十三五"能源发展规划[Z].2017.

[78] 李善同,何建武.后配额时期中国、美国及欧盟纺织品贸易政策的影响分析[J].世界经济,2007(01):3—11.

[79] 李杏茹,赵祺彬,兰井志.近期中国页岩气勘探开发进展与存在问题[J].中国矿业,2016,25(05):6—10.

[80] 李杏茹,赵祺彬,兰井志.近期中国页岩气勘探开发进展与存在问题[J].中国矿业,2016,25(05):6—10.

[81] 林伯强,陈宇芳.碳排放交易市场、煤炭市场和新能源公司股票市场间动态关系和波动溢出:来自中国的证据[J].厦门大学中国能源政策研究院工作论文,2017.

[82] 林伯强,陈宇芳.碳排放交易市场、煤炭市场和新能源公司股票市场间动态关系和波动溢出:来自中国的证据[J].厦门大学中国能源政策研究院工作论文,2017.

[83] 林伯强,蒋竺均,林静.有目标的电价补贴有助于能源公平和效率[J].《金融研究》,2009(11):1—18.

[84] 林伯强,黄光晓.梯度发展模式下中国区域碳排放的演化趋势——基于空间分析的视角[J].金融研究,2011(12):35—46.

[85] 林伯强,刘奎.中国环境污染影响因素的空间计量分析[J].厦门大学中国能源经济研究中心工作论文.2017.

[86] 林伯强,刘希颖,邹楚沅,刘霞.资源税改革:以煤炭为例的资源经济学分析[J].中国社会科学,2012(02):58—78+206.

[87] 林伯强,吴微.中国现阶段经济发展的煤炭需求机理(工作论文).

[88] 林伯强,张广璐.中国服务业结构与综合效率[J].厦门大学中国能源经济研究中心工作论文.2017.

[89] 林伯强.电力短缺、短期措施与长期战略[J].经济研究,2004(3):28—36.

[90] 林伯强.解决"弃风弃光"问题刻不容缓.中国证券报,2017-02-15.

[91] 林伯强.尽快转变风电光伏补贴方式.中国证券报,2017-11-29.

[92] 林伯强.美国非常规油气如何降低能源成本[N].第一财经日报,2017-11-28(A11).

[93] 林伯强.新能源发电如何物尽其用.光明日报,2017-06-30.

[94] 林伯强. 中国需重点支持非常规油气发展[N]. 第一财经日报, 2017-10-26(A11).
[95] 林伯强. 发展页岩油气关键是持续的政策支持. 中国经济网, 2011-05-04.
[96] 刘敦楠.《电力中长期交易基本规则(暂行)》解读——关于优先发电权和可再生能源消纳保障[J]. 中国电力企业管理, 2017, 16: 44—46.
[97] 刘思强, 叶泽, 吴永飞, 等. 减少交叉补贴的阶梯定价方式优化研究——基于天津市输配电价水平的实证分析[J]. 价格理论与实践, 2017(6): 58—62.
[98] 刘英军, 刘畅, 王伟, 胡珊, 郝木凯, 徐玉杰, 刘嘉, 吴艳. 储能发展现状与趋势分析[J]. 中外能源, 2017, 22(04): 80—88.
[99] 卢军, 张少良, 杨柳. 区域能源项目优化设计及规划思路探讨[J]. 重庆建筑, 2014, 13(10): 5—8.
[100] 罗星, 王吉红, 马钊. 储能技术综述及其在智能电网中的应用展望[J]. 智能电网, 2014, 2(01): 7—12.
[101] 能源-经济-环境评价课题组, 雷仲敏. 中国区域能源-经济-环境协调发展评价[J]. 学习与实践, 2006(05): 8—15.
[102] 彭水军, 包群. 环境污染、内生增长与经济可持续发展. 数量经济技术经济研究, 2006, 23: 114—126.
[103] 彭烁, 洪慧, 周贤, 王保民. 煤炭与太阳能互补发电系统变工况热力性能研究[J]. 中国电机工程学报, 2016, 36(S1): 161—169.
[104] 祁斌, 查向阳. 直接融资和间接融资的国际比较[J]. 新金融评论, 2013(6):
[105] 钱伯章, 朱建芳. 页岩气开发的现状与前景[J]. 天然气技术, 2010, 4(02): 11—13+77.
[106] 任洪波, 吴琼, 高伟俊. 区域能源利用初探——由点到面促进城市节能减排[J]. 中外能源, 2014, 19(07): 8—15.
[107] 山东省发展和改革委员会. 山东省新能源和可再生能源中长期发展规划(2016—2030年)[Z]. 2017.
[108] 邵帅, 李欣, 曹建华, 杨莉莉, 2016. 中国雾霾污染治理的经济政策选择——基于空间溢出效应的视角. 经济研究, 73—88.
[109] 帅琴, 黄瑞成, 高强, 徐生瑞, 邱海鸥, 汤志勇. 页岩气实验测试技术现状与研究进展[J]. 岩矿测试, 2012, 31(06): 931—938.
[110] 孙珂.《全国电力交易机构联盟在京成立》[EB/OL]. 中国电力报, 2017-11-09.
[111] 滕泽伟, 胡宗彪, 蒋西艳. 中国服务业碳生产率变动的差异及收敛性研究[J]. 数量经济技术经济研究, 2017(3): 78—94.
[112] 田露露. 居民阶梯电价结构设计、效应评估与政策启示[D]. 东北财经大学, 2016.
[113] 汪昊, 娄峰. 中国财政再分配效应测算[J]. 经济研究, 2017, 52(01): 103—118.
[114] 汪克亮, 杨宝臣, 杨力. 考虑环境效应的中国省际全要素能源效率研究[J]. 管理科学, 2010, 23(6): 100—111.
[115] 王锋, 冯根福. 基于DEA窗口模型的中国省际能源与环境效率评估[J]. 中国工业经济,

2013(7):56—68.

[116] 王恕立,胡宗彪. 中国服务业分行业生产率变迁及异质性考察[J]. 经济研究,2012(4): 15—27.

[117] 王恕立,滕泽伟,刘军. 中国服务业生产率变动的差异分析——基于区域及行业视角[J]. 经济研究,2015(8):73—84.

[118] 王韬,马成,林聪. SAM 平衡的 SG-RAS 与 SG-CE 方法[J]. 统计研究,2012,29(12):88—95.

[119] 王香增,高胜利,高潮. 鄂尔多斯盆地南部中生界陆相页岩气地质特征[J]. 石油勘探与开发,2014(3):294—304.

[120] 王振宇,王冰,吴培肇,李薇,刘磊. 基于煤炭消费视角的北京市以电代煤减排效益研究[J]. 中国环境科学,2017,37(5):1995—2000.

[121] 王志华,温宗国,闫芳,陈吉宁,2007. 北京环境库兹涅茨曲线假设的验证. 中国人口·资源与环境,2007,17:40—47.

[122] 魏巍贤,马喜立,2015. 能源结构调整与雾霾治理的最优政策选择. 中国人口·资源与环境,2015,25:6—14.

[123] 许和连,邓玉萍. 外商直接投资导致了中国的环境污染吗?——基于中国省际面板数据的空间计量研究. 管理世界,2012:30—43.

[124] 许士春,张文文. 不同返还情景下碳税对中国经济影响及减排效果——基于动态 CGE 的模拟分析[J]. 中国人口·资源与环境,2016,26(12):46—54.

[125] 闫庆友,汤新发. 核电资源替代煤电资源的临界时点分析模型[J]. 运筹与管理,2013(5):233—239.

[126] 闫庆友,朱明亮,汤新发. 基于成本效用分析的电能替代实证研究[J]. 运筹与管理,2015,24(6):176—183.

[127] 姚昕,刘希颖. 基于增长视角的中国最优碳税研究[J]. 经济研究,2010,45(11):48—58.

[128] 姚瑶,于继来. 计及风电备用风险的电力系统多目标混合优化调度[J]. 电力系统自动化,2011,35(22):118—124.

[129] 叶季蕾,薛金花,王伟,吴福保,杨波. 储能技术在电力系统中的应用现状与前景[J]. 中国电力,2014,47(03):1—5.

[130] 叶泽,吴永飞,李成仁,等. 中国销售电价交叉补贴的关键问题及解决办法[J]. 价格理论与实践,2017(4):20—24.

[131] 余颖琳,赵黛青,陈勇. 区域能源可持续发展指标体系构建及综合评估[J]. 开放导报,2011(03):63—66.

[132] 张大伟. 中国非常规油气资源及页岩气未来发展趋势[J]. 国土资源情报,2016(11):3—7.

[133] 张大伟. 中国非常规油气资源及页岩气未来发展趋势[J]. 国土资源情报,2016,(11):3—7+56.

[134] 张友国.碳强度与总量约束的绩效比较:基于 CGE 模型的分析[J].世界经济,2013,36(07):138—160.
[135] 章名耀,李大骥,蔡宁生,徐益谦.关于中国发展先进燃煤发电技术的建议[J].动力工程学报,1994(2):1—8.
[136] 郑新业,傅佳莎.电力交叉补贴是中国特色"双重红利"[N].中国能源报,2015-03.
[137] 中国地调局.中国页岩气资源调查报告(2014),2015-06-10.
[138] 中国能源转型陷入两难储能技术成破局关键[J].功能材料信息,2016,13(06):44—45.
[139] 中国投入产出协会.2010 中国投入产出表》.

附录1　中国能源领域相关数据

1. 碳排放

表1　中、美、印二氧化碳排放总量

年份	中国(兆吨)	美国(兆吨)	印度(兆吨)
2000	3352.671	5976.013	965.410
2001	3514.958	5863.577	973.307
2002	3834.211	5897.142	1025.215
2003	4522.606	5968.585	1065.831
2004	5323.306	6071.054	1120.803
2005	6083.598	6108.159	1209.260
2006	6661.573	6029.180	1257.310
2007	7223.889	6132.420	1370.681
2008	7362.312	5954.086	1472.228
2009	7692.532	5529.795	1601.675
2010	8118.674	5754.630	1667.234
2011	8806.716	5617.271	1741.237
2012	8979.380	5405.986	1872.783
2013	9218.752	5544.294	1933.144
2014	9224.102	5599.852	2085.858
2015	9164.453	5445.019	2157.398
2016	9123.049	5350.365	2271.110

资料来源：BP Statistical Review of World Energy 2017.

表2　2016年中国各省(市、自治区)二氧化碳排放量

省份	碳排放(兆吨)	省份	碳排放(兆吨)
北京	75.45	辽宁	505.16
天津	132.76	吉林	212.47
河北	611.65	黑龙江	365.12
山西	1487.56	上海	164.23
内蒙古	789.31	江苏	633.38

（续表）

省 份	碳排放（兆吨）	省 份	碳排放（兆吨）
浙江	358.57	重庆	134.57
安徽	359.59	四川	220.08
福建	200.33	贵州	332.30
江西	154.81	云南	167.92
山东	1086.68	西藏	N/A
河南	534.64	陕西	610.41
湖北	241.39	甘肃	162.70
湖南	237.35	青海	50.64
广东	477.92	宁夏	199.34
广西	154.19	新疆	464.70
海南	61.96	—	—

资料来源：笔者根据各省统计年鉴与中国能源统计年鉴相关数据计算。

表3　2016年中国各省（市、自治区）碳强度排名

省 份	碳强度（吨/万元）
北京	0.29
天津	0.74
河北	1.91
山西	11.40
内蒙古	4.35
辽宁	2.27
吉林	1.44
黑龙江	2.37
上海	0.58
江苏	0.82
浙江	0.76
安徽	1.47
福建	0.70
江西	0.84
山东	1.60
河南	1.32
湖北	0.74
湖南	0.75
广东	0.59

(续表)

省　份	碳强度（吨/万元）
广西	0.84
海南	1.53
重庆	0.76
四川	0.67
贵州	2.82
云南	1.14
陕西	3.15
甘肃	2.26
青海	1.97
宁夏	6.29
新疆	4.82

资料来源：笔者根据各省统计年鉴与中国能源统计年鉴相关数据计算。

2. 一次能源

表 4　中国一次能源消费

年　份	能源消费量（兆吨油当量）
2000	1007.908
2001	1064.643
2002	1160.951
2003	1353.485
2004	1583.787
2005	1800.430
2006	1974.734
2007	2147.849
2008	2228.990
2009	2328.137
2010	2491.080
2011	2690.330
2012	2797.408
2013	2905.299
2014	2970.603
2015	3005.947
2016	3052.983

资料来源：BP Statistical Review of World Energy 2017.

表5　中、美、日、印、俄一次能源消费量比较（单位：兆吨油当量）

年份	中国	美国	印度	日本	俄罗斯
2000	1007.908	2309.938	315.977	512.143	620.296
2001	1064.643	2256.382	318.009	508.477	630.703
2002	1160.951	2290.923	332.036	507.945	628.520
2003	1353.485	2299.032	345.363	506.530	641.611
2004	1583.787	2345.849	365.856	513.143	648.025
2005	1800.430	2348.706	393.610	521.337	647.215
2006	1974.734	2331.642	413.958	520.424	676.105
2007	2147.849	2370.248	450.235	516.009	680.502
2008	2228.990	2318.845	475.715	509.320	683.503
2009	2328.137	2205.071	513.221	467.249	647.998
2010	2491.080	2284.069	537.071	496.026	673.285
2011	2690.330	2264.549	568.691	470.405	694.907
2012	2797.408	2209.262	611.602	467.747	695.227
2013	2905.299	2270.628	621.487	464.012	686.802
2014	2970.603	2296.538	663.585	452.297	689.175
2015	3005.947	2275.908	685.094	445.796	681.686
2016	3052.983	2272.680	723.902	445.265	673.942

资料来源：BP Statistical Review of World Energy 2017.

表6　中国历年一次能源消费结构变化（单位：兆吨油当量）

年份	石油	煤炭	天然气	核能	水力发电
2000	223.6	667.4	22.1	3.8	50.3
2001	227.9	681.3	24.7	4.0	62.8
2002	247.4	713.8	26.3	5.7	65.2
2003	271.7	853.1	30.5	9.8	64.2
2004	318.9	983.0	35.7	11.4	80.0
2005	327.8	1100.5	42.1	12.0	89.8
2006	347.7	1215.0	50.5	12.4	98.6
2007	364.4	1313.6	62.6	14.1	109.8
2008	380.3	1406.1	73.2	15.5	132.4
2009	404.6	1537.4	79.8	15.9	139.3
2010	437.7	1676.2	96.8	16.7	163.4
2011	461.8	1839.4	117.6	19.5	157.0
2012	483.7	1873.3	129.5	22.0	194.8
2013	503.5	1961.2	153.7	25.3	208.2
2014	526.8	1949.3	169.6	30.0	242.8
2015	561.8	1913.6	175.3	38.6	252.2
2016	578.7	1887.6	189.3	48.2	263.1

资料来源：笔者根据BP历年相关数据制表。

表7　2016年中、美、印、日、俄一次能源结构对比

	中国	美国	印度	日本	俄罗斯
总量(兆吨油当量)	3053.0	2272.7	723.9	445.3	673.9
石油(兆吨油当量)	578.7	863.1	212.7	184.3	148.0
所占比重(%)	18.96	37.98	29.38	41.39	21.96
天然气(兆吨油当量)	189.3	716.3	45.1	100.1	351.8
所占比重(%)	6.20	31.52	6.23	22.48	52.20
煤(兆吨油当量)	1887.6	358.4	411.9	119.9	87.3
所占比重(%)	61.83	15.77	56.90	26.93	12.95
核能(兆吨油当量)	48.2	191.8	8.6	4.0	44.5
所占比重(%)	1.58	8.44	1.19	0.90	6.60
水力发电(兆吨油当量)	263.1	59.2	29.1	18.1	42.2
所占比重(%)	8.62	2.60	4.02	4.06	6.26

资料来源：BP Statistical Review of World Energy 2017.

表8　中国各省(市、自治区)能源消费量(单位：万吨标准煤)

省　份	2000	2005	2010	2011	2012	2013	2014	2015
北京	4144	5522	6954	6995	7178	6723	6831	6853
天津	2794	4085	6818	7598	8208	7882	8145	8260
河北	11 196	19 836	27 531	29 498	30 250	29 664	29 320	29 395
山西	6728	12 750	16 808	18 315	19 336	19 761	19 862	19 384
内蒙古	3549	9666	16 820	18 737	19 786	17 681	18 309	18 927
辽宁	10 656	13 611	20 947	22 712	23 526	21 721	21 803	21 667
吉林	3766	5315	8297	9103	9443	8645	8560	8142
黑龙江	6166	8050	11 234	12 119	12 758	11 853	11 955	12 126
上海	5499	8225	11 201	11 270	11 362	11 346	11 085	11 387
江苏	8612	17 167	25 774	27 589	28 850	29 205	29 863	30 235
浙江	6560	12 032	16 865	17 827	18 076	18 640	18 826	19 610
安徽	4879	6506	9707	10 570	11 358	11 695	12 011	12 332
福建	3463	6142	9809	10 653	11 185	11 190	12 110	12 180
江西	2505	4286	6355	6928	7233	7583	8055	8440
山东	11 362	24 162	34 808	37 132	38 899	35 358	36 511	37 945
河南	7919	14 625	21 438	23 062	23 647	21 909	22 890	23 161
湖北	6269	10 082	15 138	16 579	17 675	15 703	16 320	16 404
湖南	4071	9709	14 880	16 161	16 744	14 918	15 317	15 469
广东	9448	17 921	26 908	28 480	29 144	28 480	29 593	30 145

(续表)

省份	2000	2005	2010	2011	2012	2013	2014	2015
广西	2669	4869	7919	8591	9155	9100	9515	9761
海南	480	822	1359	1601	1688	1720	1820	1938
重庆	2428	4943	7856	8792	9278	8049	8593	8934
四川	6518	11 816	17 892	19 696	20 575	19 212	19 879	19 888
贵州	4279	5641	8175	9068	9878	9299	9709	9948
云南	3468	6024	8674	9540	10 434	10 072	10 455	10 357
陕西	2731	5571	8882	9760	10 626	10 611	11 222	11 716
甘肃	3012	4368	5923	6496	7007	7287	7521	7523
青海	897	1670	2568	3189	3524	3768	3991	4134
宁夏	1179	2536	3681	4316	4562	4781	4946	5405
新疆	3328	5506	8290	9927	11 831	13 632	14 926	15 651

资料来源：CEIC 中国经济数据库。

表9 中国分行业能源消费总量(单位:万吨标准煤)

年份	农、林、牧、渔、水利业	工业	建筑业	交通运输、仓储和邮政业	批发、零售业和住宿餐饮业	其他行业	生活消费
2000	3913.8	103 773.9	2178.5	11 241.6	3047.6	5761.6	15 613.9
2001	4115.2	107 137.6	2255.0	11 613.1	3170.2	5931.6	16 183.1
2002	4331.2	113 600.4	2409.6	12 313.2	3373.2	6240.9	17 162.5
2003	4954.6	131 167.9	2720.7	14 116.2	3914.9	7152.8	19 764.7
2004	5697.4	152 506.5	3114.6	16 642.2	4484.1	8242.8	22 768.4
2005	6071.1	168 723.5	3403.3	18 391.0	4847.8	9254.6	25 305.4
2006	6330.7	184 945.5	3760.7	20 284.2	5314.0	10 276.0	27 765.2
2007	6228.4	200 531.4	4127.5	21 959.2	5689.4	11 158.2	30 813.9
2008	6013.1	209 302.2	3812.5	22 917.3	5733.6	11 771.3	31 898.3
2009	6860.0	243 567.0	4712.0	24 460.0	7303.0	13 933.0	35 173.0
2010	6978.0	261 377.0	5533.0	27 102.0	7847.0	15 052.0	36 470.0
2011	7675.0	278 048.0	6052.0	29 694.0	9147.0	16 843.0	39 584.0
2012	7804.0	284 712.0	6337.0	32 561.0	10 012.0	18 407.0	42 306.0
2013	8054.8	291 130.6	7017.0	34 819.0	10 598.2	19 762.6	45 530.8
2014	8094.3	295 686.4	7519.6	36 336.5	10 873.4	20 084.0	47 212.3
2015	8231.7	292 276.0	7696.4	38 317.7	11 403.7	21 880.8	50 099.5
2016	8544.0	290 255.0	7991.0	39 651.0	12 015.0	23 154.0	54 209.0

资料来源：CEIC 中国经济数据库。

表 10　中国石油储量变化

年　份	石油储量（10^4 亿桶）
2000	15.2
2001	15.4
2002	15.5
2003	15.5
2004	15.5
2005	15.6
2006	20.2
2007	20.7
2008	21.2
2009	21.6
2010	23.2
2011	23.7
2012	24.4
2013	24.7
2014	25.1
2015	25.7
2016	25.7

资料来源：BP Statistical Review of World Energy 2017.

表 11　世界主要国家和地区石油储量比较（单位：10^4 亿桶）

	2011 末	2012 末	2013 末	2014 末	2015 末	2016 末	比例（%）
中国	23.7	24.4	24.7	25.1	25.7	25.7	1.51
美国	39.8	44.2	48.5	55.0	48.0	48.0	2.81
俄罗斯	105.7	105.5	105.0	103.2	102.4	109.5	6.42
北美	225.3	229.3	232.6	237.9	227.5	227.5	13.33
非洲	125.2	130.6	130.1	129.2	128.2	128.0	7.50
中美洲和拉丁美洲	326.9	328.8	329.8	331.7	329.0	327.9	19.21
欧洲	158.0	158.2	157.2	154.6	154.9	161.5	9.46
中东地区	797.9	799.3	803.0	803.8	803.0	813.5	47.67
全球储量	1681.3	1694.6	1701.8	1706.5	1691.5	1706.7	100

资料来源：BP Statistical Review of World Energy 2017.

表12 中国石油消费增长趋势

年份	石油消费量（千桶/日）
2000	4697
2001	4810
2002	5205
2003	5795
2004	6755
2005	6900
2006	7432
2007	7808
2008	7941
2009	8278
2010	9436
2011	9796
2012	10 230
2013	10 734
2014	11 209
2015	11 986
2016	12 381

资料来源：BP Statistical Review of World Energy 2017.

表13 世界主要国家和地区石油消费（单位：千桶/日）

年份	中国	美国	日本	印度	欧洲
2000	4697	19 701	5542	2259	19 443
2001	4810	19 649	5392	2285	19 769
2002	5205	19 761	5312	2413	19 661
2003	5795	20 033	5418	2485	19 948
2004	6755	20 732	5270	2556	20 064
2005	6900	20 802	5354	2606	20 229
2006	7432	20 687	5174	2737	20 452
2007	7808	20 680	5013	2941	20 202
2008	7941	19 490	4846	3077	20 110
2009	8278	18 771	4387	3237	19 300
2010	9436	19 180	4442	3319	19 244
2011	9796	18 882	4442	3488	19 064

(续表)

年份	中国	美国	日本	印度	欧洲
2012	10 230	18 490	4702	3685	18 594
2013	10 734	18 961	4516	3727	18 370
2014	11 209	19 106	4303	3849	18 287
2015	11 986	19 531	4139	4164	18 450
2016	12 381	19 631	4037	4489	18 793

资料来源：BP Statistical Review of World Energy 2017.

表14　2016年世界主要国家原油进出口情况（单位：兆吨）

国家及地区	原油进口	原油出口	总消费量	进口依存度（%）
美国	393.3	24.4	863.1	45.6
中国	382.6	2.9	578.7	66.1
印度	212.3	0.0046	212.7	99.8

资料来源：BP Statistical Review of World Energy 2017.

表15　中国历年石油进出口量（单位：兆吨）

年份	进口量	出口量	贸易差额
2000	97.485	21.72	75.764
2001	91.182	20.47	70.715
2002	102.69	21.39	81.302
2003	131.9	25.41	106.49
2004	172.91	22.41	150.51
2005	171.63	28.88	142.75
2006	194.53	26.26	168.27
2007	211.39	26.64	184.75
2008	230.15	29.46	200.70
2009	203.49	4.69	198.80
2010	234.56	2.03	232.52
2011	252.94	1.48	251.46
2012	271.3	1.3	270.00
2013	282.6	0.9	281.7
2014	308.4	0.06	308.3
2015	332.6	2.86	329.7
2016	382.6	2.89	379.7

资料来源：BP Statistical Review of World Energy 2017.

表 16　中国煤炭消费增长趋势(单位:兆吨油当量)

年　份	生产量	消费量
2000	707.318	706.054
2001	749.375	742.541
2002	800.286	814.055
2003	945.340	970.168
2004	1106.942	1131.150
2005	1241.702	1324.601
2006	1328.423	1454.719
2007	1439.283	1584.171
2008	1491.770	1609.280
2009	1537.863	1685.778
2010	1665.284	1748.949
2011	1851.682	1903.853
2012	1873.543	1927.793
2013	1894.595	1969.073
2014	1864.210	1954.484
2015	1825.563	1913.617
2016	1685.712	1887.551

资料来源:BP Statistical Review of World Energy 2017.

表 17　中国煤炭进出口量

年　份	进口量	出口量	净出口量
2002	1081	8384	7303
2003	1110	9403	8293
2004	1861	8666	6805
2005	2622	7172	4550
2006	3811	6327	2517
2007	5102	5317	215
2008	4034	4543	509
2009	12 583	2240	−10 343
2010	18 307	1910	−16 397
2011	22 236	1466	−20 770
2012	28 841	928	−27 913
2013	32 702	751	−31 951
2014	29 122	574	−28 548
2015	20 406	534	−19 872
2016	25 555	879	−24 676

资料来源:《中国能源统计年鉴2017》。

表 18　中国煤炭基础储量

年　份	煤炭基础储量（兆吨）
2002	331 760
2003	334 203
2004	337 343
2005	332 635
2006	333 480
2007	326 126
2008	326 144
2009	318 960
2010	279 393
2011	215 790
2012	229 886
2013	236 290
2014	239 993
2015	244 010
2016	249 230

资料来源：CEIC 中国经济数据库及中国统计年鉴 2017。

表 19　中国天然气消费增长趋势

年　份	生产量（吉立方米）	消费量（吉立方米）
2000	25.3	22.8
2001	28.2	25.5
2002	30.4	27.2
2003	32.6	31.6
2004	38.6	36.9
2005	45.9	43.4
2006	54.5	53.4
2007	64.5	65.7
2008	74.8	75.7
2009	79.4	83.3
2010	89.2	100.1
2011	98.1	123.4
2012	100.7	135.8
2013	110.0	154.7
2014	118.4	169.6
2015	122.5	175.3
2016	124.6	189.3

资料来源：BP Statistical Review of World Energy 2017.

表 20 中国历年天然气贸易量(单位:兆立方米)

年 份	生产量	消费量	净进口量
2000	27 200	24 503	−2697
2001	30 329	27 430	−2899
2002	32 661	29 184	−3477
2003	35 015	33 908	−1107
2004	41 460	39 672	−1788
2005	49 320	46 763	−2557
2006	58 553	56 141	−2412
2007	69 240	70 523	1283
2008	80 300	81 293	993
2009	85 269	89 520	4251
2010	94 848	107 576	12 728
2011	102 530	130 710	28 180
2012	107 220	143 844	133 122
2013	122 200	171 900	49 700
2014	131 600	188 400	56 800
2015	136 100	194 800	58 700
2016	138 400	210 300	71 900

资料来源:BP Statistical Review of World Energy 2017.

表 21 中国天然气探明储量

年 份	天然探明储量(10^4 亿立方米)
2000	1.4
2001	1.4
2002	1.3
2003	1.4
2004	1.5
2005	1.6
2006	1.7
2007	2.3
2008	2.8
2009	2.9
2010	2.8
2011	3.0
2012	3.2
2013	3.5
2014	3.7
2015	4.8
2016	5.4

资料来源:BP Statistical Review of World Energy 2017.

表22 主要国家和地区天然气探明储量变化情况(单位:10^4亿立方米)

国家/时间	2000末	2010末	2011末	2012末	2013末	2014末	2015末	2016末
中东地区	58.99	78.63	79.66	79.68	79.99	80.06	79.41	79.38
俄罗斯	30.60	31.49	31.81	31.98	32.26	32.36	32.27	32.27
非洲	12.46	14.61	14.66	14.45	14.18	14.36	14.24	14.25
中美洲和拉丁美洲	6.88	7.53	7.55	7.68	7.65	7.63	7.67	7.59
美国	5.02	8.63	9.46	8.72	9.58	10.44	8.71	8.71
中国	1.41	2.82	3.00	3.22	3.46	3.67	4.80	5.37
全球储量	139.31	176.25	185.39	184.35	185.82	187.18	185.42	186.57

资料来源:BP Statistical Review of World Energy 2017.

3. 电力

表23 中国历年发电量变化

年 份	发电量(吉千瓦时)
2000	1355.6
2001	1480.8
2002	1654.0
2003	1910.6
2004	2203.3
2005	2500.3
2006	2865.7
2007	3281.6
2008	3495.8
2009	3714.7
2010	4207.2
2011	4713.0
2012	4987.6
2013	5431.6
2014	5649.6
2015	5814.6
2016	6142.5

资料来源:BP Statistical Review of World Energy 2017.

表 24 2017 年中国发电装机构成

	装机容量(10^4 千瓦)	所占比重(%)	较上年增长(%)
火电	106 094.41	64.28	4.25
水电	33 207.05	20.12	2.75
风电	14 747.15	8.93	10.98
核电	3364.22	2.04	6.47
太阳能及其他	7637.90	4.63	70.53
全部	165 050.72	100.00	7.67

资料来源:CEIC 中国经济数据库。

表 25 2017 年中国全口径发电量构成

	2017 发电量(吉千瓦时)	比重(%)	较上年增长(%)
火电	4662.74	71.79	5.09
水电	1081.88	16.66	−9.34
核电	248.07	3.82	16.31
风电	295.00	4.54	39.60
全部	6495.14	100.00	5.90

资料来源:CEIC 中国经济数据库。

表 26 2017 年分行业全社会用电量

	用电量(10^8 千瓦时)	增长率(%)
第一产业	1155	7.3
第二产业	44 413	5.5
其中:工业	43 624	5.5
轻工业	7493	7
重工业	36 131	5.2
第三产业	8814	10.7
居民用电量	8695	7.8
用电总量	63 077	6.6

资料来源:国家能源局。

表27 电力投资(单位:亿元)

年 份	2010	2011	2012	2013	2014	2015	2016	2017
电源工程投资	3969	3927	3732	3872	3686	3936	3408	2700
水电	819	971	1239	1223	943	789	617	618
火电	1426	1133	1002	1016	1145	1163	1119	740
核电	648	764	784	660	533	565	504	395
风电	1038	902	607	650	916	1200	927	643
电网投资	3448	3687	3661	3856	4119	4640	5431	5315

资料来源:CEIC中国经济数据库。

表28 火电发电设备利用小时数

年 份	设备利用小时数(小时)
2000	4848
2001	4899
2002	5272
2003	5767
2004	5991
2005	5865
2006	5612
2007	5344
2008	4885
2009	4865
2010	5031
2011	5305
2012	4982
2013	5020
2014	4778
2015	4364
2016	4186
2017	4209

资料来源:CEIC中国经济数据库。

表 29　中国火电装机容量

年　份	火电装机容量(10^4 千瓦)
2000	23 754.02
2001	25 301.00
2002	26 554.67
2003	28 977.09
2004	32 948.30
2005	39 138.00
2006	48 382.21
2007	55 607.42
2008	60 285.84
2009	65 107.63
2010	70 967.21
2011	76 833.97
2012	81 968.45
2013	87 009.08
2014	93 232.31
2015	100 553.71
2016	106 094.41
2017	110 604.00

资料来源：CEIC 中国经济数据库。

表 30　中国水电装机容量

年　份	水电装机容量(10^4 千瓦)
2000	7935.22
2001	8300.64
2002	8607.46
2003	9489.62
2004	10 524.16
2005	11 739
2006	13 029.22
2007	14 823.21
2008	17 260.3919
2009	19 629.0188
2010	21 605.7181

(续表)

年 份	水电装机容量(10^4 千瓦)
2011	23 297.8808
2012	24 947.0476
2013	28 044.0715
2014	30 485.6844
2015	31 954.2981
2016	33 207.0493
2017	34 119

资料来源:CEIC 中国经济数据库。

表 31　中国风电装机容量

年份	风电装机容量(10^4 千瓦)
2004	81.97
2005	105.83
2006	207.25
2007	419.89
2008	838.7728
2009	1759.9408
2010	2957.5478
2011	4623.3138
2012	6142.3343
2013	7651.6835
2014	9656.65
2015	13 075.19
2016	14 747.15
2017	16 367.00

资料来源:CEIC 中国经济数据库。

表 32　中国及主要国家历年核电发电量(单位:吉千瓦时)

年 份	中国	美国	法国	日本
2000	16.7	793.6	415.2	319.7
2001	17.5	809.3	421.1	321.1
2002	25.1	821.1	436.8	314.9
2003	43.3	803.9	441.1	230.4

(续表)

年份	中国	美国	法国	日本
2004	50.5	830.0	448.2	285.9
2005	53.1	823.1	451.5	293.0
2006	54.8	828.7	450.2	305.0
2007	62.1	848.9	439.7	279.0
2008	68.4	848.6	439.4	251.7
2009	70.1	840.9	409.7	287.4
2010	73.9	849.4	428.3	292.4
2011	86.4	831.8	442.1	162.9
2012	97.4	809.8	425.4	18.0
2013	111.6	830.5	423.7	14.6
2014	132.5	839.1	436.5	0.0
2015	170.8	839.1	437.4	4.5
2016	213.2	847.7	403.2	17.7

资料来源：BP Statistical Review of World Energy 2017

表33 中国核电装机容量

年份	核电装机容量(10^4 千瓦)
2000	210
2001	210
2002	446.8
2003	618.6
2004	696
2005	696
2006	696
2007	908
2008	907.82
2009	907.82
2010	1082.4
2011	1257.02
2012	1257.02
2013	1465.9
2014	2007.8
2015	2716.70
2016	3364.22
2017	3582.00

资料来源：CEIC 中国经济数据库。

表34　中国各省(市、自治区)电力消费量(单位:10^8 千瓦时)

省(市、自治区)	2010	2011	2012	2013	2014	2015	2016
北京	830.9	853.7	911.94	908.70	933.41	952.72	1020.27
天津	675.4	727.0	767.13	794.48	823.94	800.60	807.93
河北	2691.5	2984.9	3077.8	3251.19	3314.11	3175.66	3264.52
山西	1460.0	1650.4	1765.8	1832.34	1826.86	1737.21	1797.18
内蒙古	1536.8	1833.6	2016.8	2181.91	2416.74	2542.87	2605.03
辽宁	1715.3	1861.6	1899.9	2008.46	2038.73	1984.89	2037.40
吉林	577.0	630.6	787.05	659.52	667.81	651.96	667.63
黑龙江	762.6	816.8	827.91	840.19	832.87	868.97	896.62
上海	1295.9	1339.6	1353.4	1410.61	1369.02	1405.55	1486.02
江苏	3864.4	4281.6	4580.9	4871.77	5012.54	5114.70	5458.95
浙江	2820.9	3116.9	3210.6	3453.05	3506.39	3553.90	3873.19
安徽	1077.9	1221.2	1361.1	1528.07	1585.18	1639.79	1795.00
福建	1315.1	1520.2	1579.5	1772.55	1859.21	1851.86	1968.58
江西	700.5	835.1	867.67	947.11	1018.52	1087.26	1182.50
山东	3298.5	3635.3	3794.6	4083.12	4223.49	5117.05	5390.75
河南	2463.5	2822.6	2926.2	3085.88	3160.95	2879.62	2989.15
湖北	1417.8	1572.6	1642.7	1814.43	1853.67	1665.16	1763.11
湖南	1353.3	1545.0	1582.3	1500.48	1513.65	1447.63	1495.65
广东	4060.1	4399.0	4619.4	4830.13	5235.23	5310.69	5610.13
广西	993.2	1112.2	1153.8	1237.75	1307.51	1334.32	1359.65
海南	158.2	185.1	210.31	232.02	251.88	272.36	287.31
重庆	625.0	717.0	723.03	813.27	867.21	875.37	924.89
四川	1549.0	1962.5	2009.6	1984.61	2055.16	1992.40	2101.02
贵州	835.5	944.1	1046.5	1128.02	1173.73	1174.21	1241.78
云南	1004.1	1204.2	1313.6	1305.03	1529.48	1438.61	1410.52
陕西	859.2	982.5	1066.7	1152.22	1226.01	1221.73	1357.06
甘肃	804.4	923.5	994.56	1073.25	1095.48	1098.72	1065.15
青海	465.2	560.7	602.22	676.29	723.21	658.00	637.51
宁夏	546.8	724.5	741.79	795.04	848.75	878.33	886.91
新疆	662.0	839.1	1151.5	1602.50	1915.73	2160.34	2316.46

资料来源:CEIC 中国经济数据库。

表 35　中国各省(市、自治区)发电量(单位:10^8 千瓦时)

省(市、自治区)	2010	2012	2013	2014	2015	2016	2017
北京	268.8	290.99	336.01	363.97	420.88	434.39	387.80
天津	589.08	589.69	624.26	625.52	622.84	617.55	609.30
河北	1993.1	2411.24	2507.28	2499.90	2497.85	2630.59	2777.30
山西	2151	2545.91	2641.11	2647.02	2449.27	2535.08	2762.80
内蒙古	2489.3	3172.18	3567.14	3857.81	3928.77	3949.81	4229.60
辽宁	1295.1	1441.05	1553.86	1647.82	1665.18	1778.76	1805.70
吉林	604.56	691.62	778.68	771.73	731.27	760.26	745.40
黑龙江	777.43	849.16	839.30	881.30	873.57	900.41	912.50
上海	876.19	886.2	958.77	792.30	792.70	807.29	830.30
江苏	3359.2	4001.13	4320.68	4347.57	4360.75	4709.37	4775.10
浙江	2568.4	2808.19	2941.80	2885.29	3010.84	3197.66	3259.20
安徽	1443.8	1771.08	1970.04	2033.91	2061.89	2252.69	2419.70
福建	1356.3	1622.60	1777.18	1873.41	1900.97	2007.43	2062.60
江西	664.45	728.20	875.41	873.33	982.06	1085.35	1046.60
山东	3042.7	3211.67	3549.03	3691.12	4684.58	5329.27	4978.70
河南	2191.8	2643.00	2864.00	2729.87	2624.63	2652.66	2703.50
湖北	2043	2238.19	2237.26	2382.31	2341.33	2479.02	2549.00
湖南	1226.3	1398.05	1355.53	1313.70	1313.95	1385.09	1349.20
广东	3236.9	3763.80	3874.97	3948.39	4034.90	4263.66	4515.90
广西	1032.2	1186.07	1265.87	1310.03	1299.93	1346.51	1321.60
海南	152.66	198.55	231.44	244.55	260.98	287.73	283.90
重庆	504.29	597.65	630.03	675.80	679.81	701.19	690.50
四川	1794.6	2150.51	2631.36	3079.44	3129.59	3273.85	3340.00
贵州	1385.6	1617.71	1678.12	1747.67	1814.87	1903.99	1856.50
云南	1365	1759.13	2180.51	2550.01	2553.37	2692.54	2730.10
西藏	21.02	26.24	29.14	32.25	44.77	54.48	50.20
陕西	1112.3	1341.83	1511.98	1620.78	1623.10	1757.41	1781.40
甘肃	791.53	1102.97	1201.94	1241.13	1242.22	1214.33	1241.20
青海	468.26	584.21	611.08	580.32	565.60	552.96	561.00
宁夏	587.16	1009.66	1104.76	1156.57	1154.75	1144.38	1287.00
新疆	679.32	1237.06	1667.82	2090.93	2478.51	2719.13	2894.60

资料来源:CEIC 中国经济数据库。

表36 2016年中国各省(市、自治区)发电设备利用小时数(单位:小时/年)

省(市、自治区)	火电	水电	平均
北京	4158	664	3983
天津	4519	—	4141
河北	4846	563	4157
山西	4100	1245	3485
内蒙古	4979	1756	3656
辽宁	4343	1082	3857
吉林	3326	1400	2756
黑龙江	4081	1864	3411
上海	3716	—	3564
江苏	5125	1011	4806
浙江	3950	2137	4010
安徽	4541	1444	4161
福建	3872	3368	3917
江西	4927	3276	4165
山东	4924	698	4788
河南	4025	2655	3674
湖北	4024	3620	3819
湖南	3452	3363	3325
广东	4028	1762	3836
广西	3193	4380	3494
海南	5586	1489	4102
重庆	3708	3520	3379
四川	2682	4286	3786
贵州	4304	3840	3602
云南	1879	4276	3357
西藏	74	3118	2378
陕西	4690	3063	4105
甘肃	3778	3854	2554
青海	4958	3257	2458
宁夏	5422	3693	3575
新疆	4730	3617	3112

资料来源:CEIC中国经济数据库。

附录2 2017年国内能源大事记

1.《能源发展"十三五"规划》发布

2017年1月5日,国家能源局在京召开新闻发布会,发布《能源发展"十三五"规划》及《可再生能源发展"十三五"规划》,明确了发展目标、重点任务和措施。

2. 国务院:到2020年能源消费总量控制在50亿吨标准煤以内

2017年1月,《"十三五"节能减排综合工作方案》指出,到2020年全国万元(人民币)国内生产总值能耗比2015年下降15%,能源消费总量控制在50亿吨标准煤以内。

3. 中国最大"渔光互补"光伏发电浙江宁波投运

2017年1月11日,中国最大"渔光互补"光伏发电项目在浙江省宁波市慈溪周巷水库和长河水库投运。该项目总投资18亿元,总水域面积4492亩,总装机容量达200兆瓦,预计年均发电量约 2.2×10^8 千瓦时。

4. 中国第二个国家级大宗能源商品交易中心在重庆成立

2017年1月12日,中国第二个国家级大宗能源商品交易中心——重庆石油天然气交易中心在重庆挂牌成立。重庆石油天然气资源丰富,特别是页岩气开发全国领先,管网运输发达,金融市场较为成熟。因此,国家决定在重庆建设中国第二家石油天然气交易中心。

5. 国电集团2017年控制投资不超过448亿元

2017年1月,国电集团将控制投资在448亿元以内,规模同比减少,计划新投电源项目 485×10^4 千瓦,新开工 470×10^4 千瓦。

6. 中企发布全球首款石墨烯五号电池

2017年2月21日,北京碳世纪科技有限公司在北京发布石墨烯锂离子五号充电电池,这也意味着全球首款石墨烯锂离子五号充电电池问世。这款石墨烯电池可循环使用3万次,能在零下45摄氏度至60摄氏度下使用,且能实现量产。

7. 中国首座海上移动式试采平台"海洋石油162"在烟台交付

2017年2月24日,中国建造的首座海上移动式试采平台"海洋石油162"在烟台交付,该平台是目前世界上功能最完善的海上移动式试采装备。

8. 世界最大火力发电厂落地内蒙古

2017年2月25日,内蒙古大唐国际托克托发电有限责任公司五期工程10号

机组顺利通过168小时试运行。至此,该公司五期扩建工程两台国产$66×10^4$千瓦超超临界机组全部投入商业运行,总装机达到$672×10^4$千瓦,成为世界在役最大火力发电厂。

9. 三峡电站发电首破10^4亿千瓦时,绿色能源输往半个中国

2017年3月1日12时28分,三峡电站中央控制室发电自动计数器滚动的数字,刷地跳上了10 000亿千瓦时。举世瞩目的三峡工程建成后连续发电14年,发电量终破10^4亿千瓦时大关。

10. 中国石化"十三五"拟投2000亿元,打造四大世界级炼化基地

2017年3月2日,中国石油化工集团公司宣布,"十三五"期间,中国石化计划投资2000亿元,优化升级打造茂湛、镇海、上海和南京四个世界级炼化基地。

11. 南网出台全国首个自贸区供电营业规则

2017年3月2日,广东电网公司批复实施《横琴自贸区供电营业规则》,成为南方电网公司乃至全国首个自贸区供用电规则。

12. 黑龙江发现世界罕见巨大石墨矿3500万吨

2017年3月2日,黑龙江省森林工业总局正式对外发布消息,该省最新探明巨大石墨矿3500万吨以上,这一品位好、规模大的石墨矿在中国乃至世界尚属罕见。

13. 煤炭深加工五年规划首发布

2017年3月3日,《煤炭深加工产业示范"十三五"规划》正式印发。作为首个国家层面的煤炭深加工产业规划,也是"十三五"期间14个能源专项规划中唯一经由国务院批准的规划,其明确煤炭深加工产业发展定位的同时,也为未来煤炭清洁高效利用指明了方向。

14. 2017年退出煤炭产能1.5亿吨以上

2017年3月5日,《2017年国务院政府工作报告》提出,2017年要再退出煤炭产能1.5亿吨以上,压减钢铁产能5000万吨左右。同时,要淘汰、停建、缓建煤电产能50兆千瓦以上。

15. 北京最后一座燃煤热电厂停机,步入无煤发电时代

2017年3月18日,北京最后一座大型燃煤机组——华能北京热电厂燃煤机组正式停机备用。这标志着北京本地发电进入无煤时代,北京也因此成为全国首个全部实施清洁能源发电的城市。

16. 中国首个大型页岩气田累计供气突破100亿方

2017年3月21日,中国石化新闻办宣布中国首个大型页岩气田——涪陵页岩气田累计供气突破100亿方。目前,涪陵页岩气田日销售页岩气达1600万方,相当于3200万户居民每日用气需求。

17. 中国东北首个海上风电项目在辽宁大连开工建设

2017年3月30日,三峡新能源大连市庄河Ⅲ(300兆瓦)海上风电场项目建设动员大会在辽宁省大连庄河市举行,标志着总投资51.4亿元人民币的东北首个海上风电项目正式开工建设。

18. 预计未来20年中国新能源增量将超欧美之和

2017年3月30日,在京发布的《BP世界能源展望(2017年版)》显示,未来20年,中国将是可再生能源增长的最大来源,其可再生能源增量将超过欧盟和美国之和。

19. 中国首个微电网获得售电许可

2017年3月,吐鲁番新能源城市微电网示范项目获得售电许可,成为中国首个获得电力业务许可证(供电类)的微电网。

20. 中国西部地区首部绿色建筑发展规章施行

2017年4月1日,《青海省促进绿色建筑发展办法》正式施行,这也是中国西部地区首部促进绿色建筑发展的政府规章。

21. 北京启动史上最大规模"煤改气"工程

2017年4月6日,《决胜2017煤改气行动》誓师动员大会在北京举行,标志着北京市2017年"煤改气"工程全面启动。

22. 打造"天舟之心",中国空间电源迈向"锂电时代"

2017年4月20日,中国第一艘货运飞船天舟一号发射升空。神舟七号伴随卫星曾开创载人航天首次使用锂电的历史,但在低轨高压大容量锂电领域,拥有2700W功率的天舟一号是中国航天史上的第一次。

23. 南方电网公司首次国际美元债券成功发行

2017年4月27日,南方电网公司李文中总会计师在美国纽约宣布,南方电网公司首次国际美元债券发行成功。

24. 四川电力交易复式竞价撮合上线运行

2017年5月12日,"复式竞价撮合"电力交易在四川正式上线运行。业内人士认为,该交易方式借鉴股票交易模式,圆满实现电力购售双方"自愿申报、自主定价、集中撮合、多边成交"的目标,在全国电力交易中尚属首创。

25. 中国首次海域可燃冰试采成功

2017年5月18日,中国南海神狐海域天然气水合物(又称"可燃冰")试采实现连续187个小时的稳定产气。这是中国首次实现海域可燃冰试采成功,是"中国理论""中国技术""中国装备"所凝结而成的突出成就。

26. 华南首座风电安装平台广州交付,核心设备均为中国制造

2017年5月18日,华南首座风电安装平台在广州南沙交付,该平台基本实现

国产化,主吊机、升降系统等核心设备均为中国制造,打破海外技术垄断,部分关键部件的成本仅为海外同类产品的五成。

27. 全国碳市场纳管企业碳排放管理示范工程发布

2017年5月19日,深圳排放权交易所主办的"碳交易与绿色金融"分论坛在三亚举行第十二届世界低碳城市联盟大会暨低碳城市发展论坛,同时发布"全国碳市场纳管企业碳排放管理示范工程"。

28. 国务院印发油气改革指导意见,改革从打破垄断开始

2017年5月21日,中共中央、国务院印发《关于深化石油天然气体制改革的若干意见》,明确了深化石油天然气体制改革的指导思想、基本原则、总体思路和主要任务。

29. 江苏省建成世界最大"虚拟电厂"

2017年5月24日,世界首套"大规模源网荷友好互动系统"在江苏投运,这相当于使中国拥有了世界上最大规模容量的"虚拟电厂"。

30. 中国煤制油技术实现工业规模量产

2017年5月,中科合成油技术有限公司与神华宁煤合作,在贺兰山下实现了世界上单套规模最大的年产400万吨煤制油装置一次性试车成功,开创了中国煤制油的崭新历史。

31. "华龙一号"首堆穹顶精准实现吊装

2017年5月25日,中国自主三代核电"华龙一号"全球首堆示范工程——中核集团福清核电5号机组提前15天精准实现吊装。这是目前全球唯一按计划进度建设的三代核电技术。

32. 国内首个农林生物质和生活垃圾焚烧发电一体化项目建成

2017年6月,由中国光大绿色环保有限公司投资建设的国内首个农林生物质直燃发电与生活垃圾焚烧发电融为一体的示范项目,在安徽省宿州市灵璧县建成投运。

33. 世界首个特高压柔性直流换流阀中国问世

2017年6月,中国企业特变电工成功研制出世界首个特高压柔性直流输电换流阀,标志着特变电工在国际上首次将柔性直流技术从现有的最高等级±350千伏提高到±800千伏特高压等级,送电容量从现有的最高1兆千瓦等级提升至5兆千瓦,开启了直流输电的新时代。

34. 广东建首个电力市场反垄断联合执法工作机制

2017年6月7日,南方能源监管局与广东省发展改革委联合印发《关于建立广东电力市场反垄断联合执法工作机制通知》,这是全国首个电力市场反垄断工作机制,也是国内电力监管机构与反垄断执法机构在电力市场交易领域的首次合作。

35. 黄河源头开启"煤改电"清洁取暖之路

2017年6月8日,青海省果洛州玛多县"煤改电"清洁取暖示范项目正式开工,标志着黄河源头第一县清洁取暖之路正式开启。

36. 中国首批绿色电力证书核发

2017年6月12日,国家可再生能源信息管理中心发布消息,向提交申请的华能、华电、中节能、中水顾问等企业所属的20个可再生能源发电项目核发了中国首批绿色电力证书,绿证表征的上网电量共计2.3亿千瓦时。

37. 中国首次在省一级范围内实现全清洁能源供电

2017年6月17日0时至23日24时,青海开启连续168小时清洁能源供电,期间实现用电零排放,这也是中国国家电网首次在省一级范围内实现全清洁能源供电。

38. 青、藏两省区启动航煤项目

2017年6月,青海油田正式启动格尔木炼油厂航煤项目建设工作。根据计划,格尔木炼油厂将在10月底前建成年产15万吨航煤加氢装置,彻底结束青海、西藏两省区无航煤生产的历史。

39. 中国研制出高转化率钙钛矿光伏电池

2017年6月,中国研究人员通过新型材料研发和工艺创新,使钙钛矿太阳能电池大面积组件的转化效率提升至16%,该数据为目前钙钛矿太阳能电池组件的最高转化率。

40. 世界首个超高压输电混合背靠背换流站建成投运

2017年6月26日,云南电网与南方电网主网鲁西背靠背直流异步联网二期扩建工程建成投运,这也是世界首个柔性直流和常规直流混合背靠背换流站。

41. 绿证认证正式启动

2017年7月1日,国家能源局在京组织召开《绿色电力证书自愿认购启动仪式》,绿证自愿认购网上交易平台也正式启动上线。

42. "中能北海"号首航将为中国西南清洁能源提供保障

2017年7月10日,目前全球最先进、最环保的LNG船舶之一的"中能北海"号LNG船舶在广西北海LNG接收站码头顺利完成17.4万立方LNG,折合1亿立方米天然气的装卸任务,该船将为中国大西南清洁能源市场的稳定供应提供更为有力的保障。

43. 中国中车发布全球首款12米纯电动智能驾驶客车

2017年7月18日,由中国中车株洲所旗下的中车电动自主研发、全球首款12米智能驾驶客车在湖南株洲公开路试,且自动完成了牵引、转向、变道等动作,最高时速达到每小时40千米。

44. 中国天然气市场化定价改革再进一步

2017年7月20日,上海石油天然气交易中心与中海石油气电集团有限责任公司浙江销售分公司举办LNG(液化天然气)夏季专场交易,在线上通过公开竞价确定销售价格,这在国内属于首次。

45. 中国首个品牌煤价格指数发布

2017年7月22日,内蒙古自治区鄂尔多斯市政府对外披露2017夏季中国煤炭交易会在该市举行。交易会期间发布了"鄂尔多斯煤"价格指数,这是中国国内首个品牌煤价格指数。

46. 中国钢铁行业首支产业转型主题基金揭牌

2017年7月28日,中国河钢集团有限公司与中国长城资产管理股份有限公司联合成立的"长城河钢产业发展基金"在北京正式揭牌。这是中国钢铁行业首支产业转型主题基金,母基金规模为100亿元人民币。

47. 全球首套年产30万吨焦炉煤气工业化制无水乙醇工程投产

2017年8月,中溶科技股份有限公司自主建设的全球首套年产30万吨焦炉煤气工业化制无水乙醇一期工程年产10万吨生产线一次投料成功,并产出纯度达99.98%无水乙醇,代表着煤制乙醇新技术实现了产业化发展。

48. 首个"熊猫电站"正式运营

2017年8月10日,布局在山西省大同市的全球首座熊猫光伏电站正式并网发电。熊猫电站是熊猫绿色能源集团携手联合国开发计划署共同推广的绿色能源示范项目。大同熊猫电站的投运,也开启了全球布局的"熊猫100计划",也就是在全球建设100座熊猫电站。

49. 首批国产30 MW等级移动式燃气轮机发电机组顺利下线

2017年8月22日,中国首批五台国产35 MW移动式燃气轮机发电设备TM2500于华电通用轻型燃机设备有限公司顺利下线。

50. 四川首次拍卖煤炭产能指标

2017年8月24日,西南联合产权交易所公布四川省首次挂牌的煤炭产能指标拍卖结果。公告显示,挂牌的1200多万吨指标全部成交,成交金额共计184 385.96万元。

51. 内蒙古首次发布:查明煤炭资源量破万亿吨

2017年8月29日,内蒙古自治区官方首次对外发布,内蒙古已查明煤炭资源量突破万亿吨大关,居中国首位。

52. 国内首家海外电力项目众包平台正式上线

2017年8月30日,国际电力业务众包平台一起包工程网1.0版上线公测发布会在长沙举行。

53. 中国首次发现 200℃以上大规模可利用干热岩

2017 年 8 月,青海共和盆地钻获高温优质干热岩体,这是中国首次发现温度达到 200℃以上的大规模可利用干热岩资源。

54. 干热岩勘查重大突破:全国可采量达 $17×10^4$ 亿吨标准煤

2017 年 9 月 6 日,国土资源部中国地质调查局相关负责人表示,经初步评价全国陆域干热岩资源量为 $856×10^4$ 亿吨标准煤,根据国际标准,以其 2% 作为可采资源,全国陆域干热岩可采资源量达 $17×10^4$ 亿吨标准煤。

55. 中国将加快推进北方采暖地区城镇清洁供暖

2017 年 9 月 6 日,国家住房城乡建设部等 4 部门联合印发了《关于推进北方采暖地区城镇清洁供暖的指导意见》,提出京津冀及周边地区"2+26"城市重点推进"煤改气""煤改电"及可再生能源供暖工作,减少散煤供暖,加快推进"禁煤区"建设。

56. 全国首次管道气竞价交易开展

2017 年 9 月 12 日,上海石油天然气交易中心进行了全国首次管道天然气竞价交易试点,全天全部 900 万方天然气均以最高价成交,较基准门站价上浮 20%。

57. 中国首个有国际准入资质的核电"神经系统"研制成功

2017 年 9 月,国家核电技术公司下属牵头的重大专项"CAP1400 核电站数字化仪控系统"通过国家能源局组织的验收。这标志着中国首个具有完整自主知识产权和国际市场准入资质的核电站数字化仪控系统研制成功,打破了国际知名核电仪控企业在该领域的长期垄断。

58. 中国煤电排放绩效达到世界先进水平

2017 年 9 月 19 日,由中国电力企业联合会完成的《中国煤电清洁发展报告》在京发布,报告指出,中国煤电烟尘、二氧化硫、氮氧化物排放量大幅下降,排放绩效达到世界先进水平。

59. 国家能源局发文促进储能技术与产业发展

2017 年 9 月 22 日,国家发展和改革委等五部门联合发布《关于促进储能技术与产业发展的指导意见》,计划在未来十年内分两个阶段推进储能产业发展,第一阶段实现储能由研发示范向商业化初期过渡;第二阶段实现商业化初期向规模化发展转变。

60. 15 部委再推乙醇汽油

2017 年 9 月,国家发改委、国家能源局等 15 个部门联合发布《关于扩大生物燃料乙醇生产和推广使用车用乙醇汽油的实施方案》,提出到 2020 年,在全国范围内推广使用车用乙醇汽油,基本实现全覆盖,并将"以生物燃料乙醇为代表的生物能源"提高到了"国家战略性新兴产业"的地位。

61. 中国石油在"2+26"城市区域内完成国Ⅵ油品升级

2017年10月1日,中国石油在"2+26"城市区域内所属2000多座加油站,按照国家要求全部完成国Ⅵ油品升级置换工作。

62. 中广核技国内首创全球领先的电子束处理工业废水技术

2017年10月16日,中广核开发的电子束处理工业废水技术在北京通过中国院士专家团鉴定,该技术能够高效降解常规手段难以处理的污染物,属国内首创,居全球领先地位。

63. 风电补贴将分步退出,至2022年全取消

2017年10月16日,《中国可再生能源展望2017》正式发布。国家能源局新能源与可再生能源司副司长梁志鹏表示,风电要在新能源当中率先摆脱补贴依赖。基本思路就是分类型、分领域、分区域地逐步退出,在2020—2022年基本上实现风电不依赖补贴发展。

64. 世界首台100万千瓦水电机组座环在哈尔滨产出

2017年10月17日,世界单机容量最大的白鹤滩100万千瓦水电机组首台座环在哈电集团电机公司水电分厂通过验收,标志着白鹤滩水电站机组制造进入了重要阶段,是中国水电迈向世界水电"无人区"的重要一步。

65. 泰州变电站首次实现交直流"手拉手"传输电能

2017年10月,世界首座交直流合建变电站泰州变电站启动投运,首次实现"手拉手"传输电能,该工程于2015年12月15日开建,历时22个月,工程动态投资254亿元。

66. 中国五矿集团牵头建亿吨级矿石交易中心

2017年11月3日,中国五矿集团公司与曹妃甸港集团股份有限公司、河钢集团、首钢集团、中国远洋海运集团在京举行签约仪式,五方决定以增资扩股的方式,在曹妃甸港共同建设涵盖保税、仓储、配矿、保值、融资、现货、期货交割库等功能的亿吨级国际矿石交易中心。

67. "华龙一号"首台核能发电机研制成功

2017年11月6日,由东方电机为中核集团福清核电站5、6号机组研制的首台具有完全自主知识产权的"华龙一号"半转速汽轮发电机成功通过了"型式试验"。这标志着中国三代核电自主品牌"华龙一号"半转速汽轮发电机研制成功。

68. 国家电投与360共建智慧能源大数据安全研究中心

2017年11月21日,大数据协同安全技术国家工程实验室智慧能源大数据安全研究中心正式揭牌成立。该研究中心由国家电投集团和360企业安全集团共同成立,力图解决大数据时代下能源行业面临的网络安全问题。

69. "国家能投"成立,成为第四大能源央企

2017年11月28日,中国国电集团和神华集团合并重组的国家能源投资集团公司召开成立大会。重组后的国家能源集团资产规模超过$1.8×10^4$亿元,是中国能源领域又一家"航母级"央企,也是世界上最大的煤炭生产公司、火力发电公司、可再生能源发电公司和煤制油煤化工公司。

70. "气荒"来袭,多部委启动应急预案

2017年11月28日,河北首次拉响全省天然气供应橙色预警。一场严重的"气荒"在中国北方蔓延。国家发改委、环保部、住建部、国家能源局等多个部委密集下发紧急文件,要求确保群众温暖过冬。

71. 新疆玛湖凹陷区发现十亿吨级砾岩油田

2017年11月30日,新疆油田公司正式发布消息,新疆准噶尔盆地玛湖凹陷中心区发现了10亿(吉)吨级玛湖砾岩大油区,这是世界上首次在凹陷中心区发现10亿吨级砾岩大油区。

72. 中国(太原)煤炭交易中心能源大数据平台启动

2017年12月6日,中国(太原)煤炭交易中心能源大数据平台在山西太原宣告启动,这也意味着,山西煤炭行业正式进入"大数据时代"。

73. 国家印发《关于促进生物质能供热发展的指导意见》

2017年12月,国家印发了《关于促进生物质能供热发展的指导意见》。文件指出,到2020年,生物质热电联产装机容量超过$1200×10^4$千瓦,生物质成型燃料年利用量约3000万吨,生物质燃气年利用量约100亿立方米,生物质能供热合计折合供暖面积约10亿平方米,年直接替代燃煤约3000万吨。

74. 沿海港口首个"亿吨油品公司"诞生

2017年12月18日,青岛港2017年油品综合吞吐量超越了1亿吨,青岛实华原油码头有限公司成为沿海港口首个"亿吨油品公司"。

75. 中国启动全国碳排放交易体系

2017年12月19日,国家发改委宣布全国碳排放交易体系正式启动,并印发《全国碳排放权交易市场建设方案(发电行业)》,明确将以发电行业(含热电联产)为突破口率先启动全国碳排放交易体系。

76. 国内首套GWP值研究装置投入使用

2017年12月20日,国内首套GWP值研究装置投入使用,该套装置不仅填补了国内空白,亦可助力中国自主知识产权替代品的开发和温室气体的减排工作。

77. 发改委明确降低2018年光伏发电价格

2017年12月,国家发改委印发《关于2018年光伏发电项目价格政策的通知》,明确降低2018年光伏发电价格,积极支持光伏扶贫,逐步完善通过市场形成

价格的机制等具体政策。

78. 中国乏燃料运输容器打破国外垄断

2017年12月20日,国家科技重大专项及中核集团科技专项"龙舟—CNSC乏燃料运输容器研制"项目成果——大型乏燃料运输容器原型样机通过验收,并具备了批量化生产能力。这是中国乏燃料运输史上的里程碑式事件。

79. 全球首段承载式光伏高速公路试验段济南建成通车

2017年12月28日,中国拥有自主知识产权的全球首段承载式光伏高速公路试验段在山东济南建成通车,已并网发电。

附录3 2017年国际能源大事记

1. 2017年起荷兰电车全以风能供电

2017年1月起,全荷兰的电车全部以风能等再生能源供电运作。这也让荷兰成为全球首个以100%再生能源运作电车的国家。

2. 特斯拉超级工厂开始量产锂电池

2017年1月4日,特斯拉汽车公司宣布,其与日本松下公司合资的"超级工厂"(Gigafactory)已开始批量生产新一代"2170"锂离子电池。

3. 莫桑比克尼亚萨省发现高品位煤矿

2017年1月,莫桑比克尼亚萨省拉戈地区(LAGO DISTRICT)发现几处高品位煤矿,估计储量达8.5×10^8(亿)吨。

4. 阿联酋宣布1630亿美元投资可再生能源项目

2017年1月10日,阿联酋公布了2050能源战略规划。宣布1630亿美元投资可再生能源项目的计划,从而实现全国一半的电力需求来自可再生能源。到2050年阿联酋的能源构成将包括44%的可再生能源、38%的天然气、12%的清洁燃料及6%的核电。

5. 美能源部年度能源展望:风电装机容量翻倍

2017年1月9日,美国能源部公布其年度能源展望报告,并指出到2023年,其风电装机容量有望翻倍,从现在的76吉瓦增长到152吉瓦。

6. 沙特计划开始大规模发展可再生能源项目

2017年1月16日,沙特阿拉伯能源大臣哈立德·法利赫在阿布扎比全球能源论坛期间表示,近期该国将开始进行参与发展可再生能源项目第一阶段的招标。沙特阿拉伯计划2023年前依靠可再生能源在该国生产约10吉瓦能源,主要是利用太阳能和风能。

7. 欧洲太阳能:商业模式和融资创新是关键

2017年1月,欧盟贸易组织Solar Power Europe在发布的一份报告中强调,创新的商业模式和融资方案是太阳能下一阶段在整个欧洲发展的关键驱动力。

8. 中国资本涌入越南太阳能领域

2017年1月,越南正成为中国太阳能电池板企业投资目的地,扩大生产以满足全球日益增长的需求,并利用越南关税优惠政策出口美国及欧洲两个最大

市场。

9. 德国复兴信贷银行重启光伏＋储能补贴

2017年1月,德国复兴信贷银行(KfW)宣布,将在德国重启光伏＋储能补贴。该银行目前已自德国经济部获得了这笔资金,将很快开始处理项目申请。

10. 伊朗国家石油公司称在国内发现150亿桶的石油储备

2017年2月,伊朗国家石油公司称伊朗发现的石油储备,数量为150亿桶,其中20亿桶为可开采石油。

11. 伊斯兰堡最大绿地公园用上中国光伏

2017年2月,中国援助巴基斯坦的法蒂玛—真纳公园太阳能光伏发电项目举行交接仪式。该公园是首都伊斯兰堡最大的绿地公园,中方援建的太阳能发电设施位于公园内,占地面积2.4288万平方米,总装机容量为850千瓦,用于为该公园提供清洁的照明用电。这是中方援巴的民生示范项目之一。

12. 瑞典承诺到2045年消除温室气体排放

2017年2月,瑞典公布了本国的节能减排计划,承诺到2045年完全消除温室气体排放,并呼吁所有国家包括美国"逐步落实并最终实现《巴黎协定》"的目标。

13. 约旦成为第一个安装太阳能空调的发展中国家

2017年2月6日,约旦环境大臣亚辛·海亚特表示,约旦是第一个利用太阳能为建筑物制冷和供暖的发展中国家。目前,约旦有四个地点配备了将太阳能空调设备,这四个地点是德国约旦大学、佩特拉宾馆、伊尔比德商会和皇家文化中心。

14. 墨西哥太阳能拍卖创全球最低价

2017年2月,在墨西哥第二次清洁能源拍卖中获得的1.8吉瓦光伏项目合同已签订。在拍卖中,太阳能中位价为每兆瓦小时(MWh)31.70美元,是迄今为止世界上最低的中位价。

15. 俄罗斯将建本国最大的风电场

2017年2月,俄罗斯罗斯托夫州批准133公顷土地用于Azovsky VES公司建造风电场,租用期为十年。该风电场装机容量90兆瓦,将是俄罗斯最大的风电场。

16. 欧盟必须在2030年前关闭所有燃煤电厂

2017年2月9日,非营利组织气候分析(Climate Analytics)表示,欧盟必须在2030年前关闭全部315座燃煤电厂,以履行巴黎气候协议作出的承诺。

17. 南非释放支持可再生能源明确信号

2017年2月9日,南非总统祖马在2017年国情咨文中提到"南非国家电力公司将按招标计划继续签署可再生能源电力采购协议"。对此,国家电力公司表示将继续致力于可再生能源开发。

18. 美对华光伏产品启动反补贴第四次行政复审调查

2017年2月13日,美国商务部发布公告,决定对进口自中国的光伏产品启动反补贴第四次行政复审调查。

19. 西班牙批准建欧洲最大光伏电站

2017年2月,西班牙国家市场和竞争委员会批准穆尔西亚大区建造太阳能光伏电站。据悉,电站装机容量450兆瓦,占地面积相当于1000个足球场,建成后将成为欧洲最大的光伏电站。

20. 撒哈拉沙漠以南的非洲可持续能源发展仍落后

2017年2月15日,世界银行最新发布的报告显示,撒哈拉沙漠以南的非洲有5亿多人过着没有电的生活。该地区在出台推进可持续能源发展的国家政策方面落后于世界其他地区。

21. 世界银行推出首个全球政策计分卡

2017年2月,世界银行发布《可再生能源监管指标》报告,推出首个此类全球政策计分卡,在能源可及性、能效和可再生能源3个领域给111个国家打分。

22. 俄罗斯最先进核电机组正式投入工业运行

2017年2月28日,俄罗斯国家原子能公司表示,俄罗斯按照后福岛时代安全技术修建的最先进核电机组——新沃罗涅日核电站6号发电机组正式投入工业运行。

23. 非洲最大风力发电站实现并网发电

2017年3月,肯尼亚图尔卡纳风力电站一期102兆瓦机组已接入电网,实现并网发电,预计2017年6月份全部310兆瓦可全部投入使用。图尔卡纳电站投资约7亿美元,是非洲最大风力发电站,全年发电规模有望达到16×10^8千瓦时。

24. 俄石油公司实现对巴什石油公司控股

2017年3月,俄罗斯石油公司从巴什石油公司少数股东手中收购13 481 080股普通股,收购后俄石油公司持有巴什石油公司69.3%股份,完成对巴什石油公司控股。

25. 欧盟批准匈牙利扩建核电站项目

2017年3月6日,欧盟委员会发表声明宣布同意匈牙利扩建保克什核电站,称其符合欧盟关于国家补贴的相关规定。

26. 印度拟强制要求基建项目使用本国产钢铁

2017年3月8日,印度拟强制要求国内基础设施建设项目使用本国产的钢铁,印度政府希望通过此举刺激印度钢铁的消费和生产,进而推动"印度制造"。

27. 俄能源部长称俄已探明油气资源足够开采 50 余年

2017 年 3 月,俄能源部长诺瓦克称,俄罗斯已探明的油气资源足够开采 50 余年,且目前俄罗斯石油开采成本仅为 10～15 美元/桶。此外,俄罗斯在大陆架以及北极地区还拥有巨大的油气资源储量。

28. 阿曼苏哈尔港自由区将建世界首个能源自给创新区

2017 年 3 月,苏哈尔港自由区计划建世界首个能源自给的产业集群,名为苏哈尔创新区,目前面向全球招商。

29. 世界银行为巴基斯坦编制光伏发电布局规划

2017 年 3 月,世界银行与巴基斯坦替代能源发展局(AEDB)宣布启动新的巴基斯坦光伏地图编制工作,为巴基斯坦后续光伏发电项目进行布局规划。

30. 欧洲复兴开发银行拨款 3 亿欧元支持希腊可再生能源开发

2017 年 3 月 9 日,欧洲复兴开发银行宣布批准了一项价值 3 亿欧元针对希腊的财务框架,旨在资助希腊的可再生能源投资项目。

31. 欧盟用 4 亿欧元助力阿尔及利亚可再生能源等项目

2017 年 3 月 13 日,欧盟和阿尔及利亚在布鲁塞尔签署了总额为 4 亿欧元的项目。此举的目的是为了发展阿尔及利亚经济的多样化以及改善由公共财政现代化和可再生能源的发展带来的商务环境。

32. 美能源公司将坦供电公司告上国际仲裁庭

2017 年 3 月 13 日,美国 Symbion Power 电力公司将坦供电公司(Tanesco)告上国际仲裁庭,要求后者支付 5.61 亿美元(约合 1.25×10^4 亿坦先令)的合同违约金。

33. 美国发现近 30 年来最大陆上油田

2017 年 3 月,西班牙雷普索尔与美国阿姆斯特朗油气公司在美国阿拉斯加州北坡发现了储量为 12 亿桶的大型油田。这是全美 30 年来发现的最大陆上油藏。

34. 韩国和土耳其将在伊朗合建中东最大电厂

2017 年 3 月,韩国 SK 工程与建设集团(SK E&C)与土耳其的能源巨头 UNIT 国际公司合作,将在伊朗建设并运行新发电厂。在这次合作中,SK E&C 将加入土耳其 UNIT 公司的在建项目中,在伊朗建设和运行五座新的天然气发电厂,总价值为 42 亿美元。

35. GE 收购 LM 获欧盟批准

2017 年 3 月,欧盟委员会已批准美国 GE 公司以 15 亿英镑并购丹麦风电叶片制造商 LM Wind Power 公司,这次并购将在欧盟并购制度下进行。该委员会表示合并后的实体将"继续在欧洲面对有效竞争"。

36. 欧委会为非洲可再生能源投资 3 亿欧元

2017 年 3 月,欧洲委员会为非洲联盟领导的非洲可再生能源计划(AREI)注资 3 亿欧元,用于资助可持续能源项目。欧盟国际合作与发展部专员内文·米米察宣布启动 19 个可再生能源项目的准备工作,总投资潜力可达 48 亿欧元。

37. 特朗普废除奥巴马清洁电力计划

2017 年 3 月 28 日,美国总统特朗普签署行政令,推翻了前总统奥巴马为对抗气候变化所做的大部分努力,以期提振煤炭行业和油气开采业并增加就业,但有环保组织称将就此诉诸法庭。

38. 丹麦史上最大海上风电项目获欧盟核准

2017 年 3 月,欧盟批准了丹麦史上最大海上风电项目,装机容量为 600 兆瓦。欧盟将为该项目提供 11 亿克朗建设资金,该项目预计于 2021 年投产使用。

39. 全球最大"光伏+储能"在南澳动工

2017 年 3 月,澳大利亚再生能源投资商 Lyon Group 宣布将斥资 10 亿澳币,在南澳 Riverland 地区建置全球规模最大的"太阳能光伏+储能"专案,将用上 3400 万片太阳能组件与 110 万组锂电池。

40. 美国石油天然气行业从国际贸易中获益甚丰

2017 年 3 月 23 日,美国油气专业网站 E&P《勘探与开发》发表文章指出,美国石油天然气行业近年来从国际贸易中获益甚丰。在国内市场趋于饱和的情况下,出口给美国页岩油气生产商和炼油厂开辟了新生命线。

41. BP 售新西兰炼油公司近半股份

2017 年 3 月,BP 完成了其子公司在新西兰炼油公司(Refining NZ)中持有的 21.19% 所有权股份中的部分股份出售。

42. 特朗普签署行政命令支持美煤炭开发

2017 年 3 月 28 日,美国总统特朗普签署行政命令,解除了上任总统奥巴马签署的联邦土地煤炭开采新租约禁令。此举让美国煤炭行业大受鼓舞。当日美国主要煤炭企业股票大部分出现不同程度的攀升。

43. 世界第三大能源消费国印度加入 IEA

国际能源机构于 3 月 30 日邀请印度成为其联盟国,扩大了与全球第三大能源消费国之间在能源安全和可持续方面的合作。

44. 法国开发署为南非清洁电力发展投资 4.73 亿美元

2017 年 4 月,南非国有电力公用事业公司 Eskom 与法国开发署(AFD)签署了一份价值 60 亿兰特(4.73 亿美元)的分期贷款框架协议来支持 Eskom 公司对

输电网络的扩展和强化的投资。

45. 埃及将建首座核电站 采用俄罗斯核技术

2017年4月,埃及内阁环境与能源委员会宣布,埃及将在首都开罗西北地区建设首座核电站。该核电站位于埃及首都开罗西北130千米的达巴地区,采用俄罗斯的核技术,由4台发电量达4800兆瓦的核电机组组成。

46. 欧洲电力企业联名宣布即将"告别"煤炭

2017年4月5日,代表全欧洲3500家公司的电力行业组织欧洲电力工业联盟(Eurelectric)在布鲁塞尔举行新闻发布会,宣布欧洲电力行业计划"2020年以后不再投资新建燃煤电厂"。

47. 阿曼和科威特签订能源合作大单

2017年4月10日,阿曼石油公司与科威特国际石油公司在阿曼首都马斯喀特签约多个能源合作项目,合同总额达70亿美元,其中包括关于发展杜库姆炼厂与石化工业综合体项目的协议。

48. 美国拒绝埃克森美孚涉俄业务的豁免请求

2017年4月21日,美财政部决定,拒绝埃克森美孚公司有关在俄罗斯从事油气开采业务的豁免请求,维持针对俄罗斯的现有经济制裁。

49. 墨西哥将允许第三方代理清洁能源证书

2017年4月,墨西哥能源管理委员会(CRE)委员吉耶尔莫·苏洛阿加在接受采访时表示,墨西哥将允许在市场上销售清洁能源证书(CEC),并且允许第三方代理来处理。

50. 萨尔瓦多建成中美洲最大太阳能光伏电站

2017年5月2日,萨尔瓦多副总统奥尔蒂斯出席萨最大的光伏太阳能电站启动仪式。该电站装机容量101兆瓦,由法国公司NEOEN建造和运营,项目总投资额达1.51亿美元。

51. 全球能源互联网本底资源完成评估

2017年5月5日,全球能源互联网发展合作组织宣布,已完成对全球能源互联网本底资源北极风能、赤道太阳能以及全球各大洲清洁能源资源的评估;全球电网发展情况调研、五大洲骨干电网接线图绘制等也已完成。同时,东北亚、东南亚、南亚、亚欧非及美洲电网互联研究正在展开,梳理出近100项全球跨国跨洲联网重点项目,并建立了重点项目库。

52. 德国光伏制造巨头 Solar World AG 申请破产

2017年5月10日,德国仅剩的光伏制造巨头 SolarWorld AG 发布官网声明,宣布将即刻申请破产程序。该企业在过去的几年间曾多次向中国光伏制造商提起"双反"诉讼。

53. 加拿大可再生能源发电已达 66% 的比例

2017 年 5 月,根据加拿大国家能源委员会的最新一份报告显示,加拿大全国的发电量中,可再生能源发电已占 66% 的比例。

54. 日本众院通过日印核能协定

2017 年 5 月 16 日,日本众院全体会议凭借自民党、公明党等的多数赞成,通过了允许向印度出口核电的《日印核能协定》批准案。

55. 西班牙政府败诉 将赔偿两光热发电投资方 1.28 亿欧元

2017 年 5 月,光热电站投资商 Eiser 基础设施有限公司与太阳能卢森堡公司针对资金纠纷问题通过世界银行国际投资争端解决中心(ICSID)向西班牙政府提起诉讼,最终 ICSID 判决西班牙政府败诉,并裁定其向起诉方投资的光热电站支付包括利息在内共计 1.28 亿欧元的赔偿。

56. 瑞士公投决定未来彻底退出使用核能

2017 年 5 月 22 日,瑞士举行全民公投以 58.2% 的支持率通过了新的能源法案《能源战略 2050》。该法案从 2018 年 1 月 1 日起生效后,瑞士将不再新建核电站,并在未来彻底退出使用核能。该法案还确定了瑞士将大力发展可再生能源,推进能源转型。

57. 特朗普宣布美国退出《巴黎协定》

2017 年 6 月 2 日,美国总统特朗普宣布,退出旨在缓解全球气候变暖的《巴黎协定》,终止巴黎气候协定的所有条款。

58. 国际可再生能源署官员:中国是全球能源转型的领跑者

2017 年 6 月 6 日,在能源基金会主办的"清洁能源经济转型论坛"上,国际可再生能源署总干事 Adnan Z. Amin 先生表示,中国在可再生能源领域扮演了领导者的角色,对可再生能源的发展及全球能源转型做出了重要贡献。

59. 德国、丹麦、比利时联手开发近海风力发电

2017 年 6 月 6 日,德国、丹麦和比利时三个国家的能源部长和一些行业领袖签署了 2017 年近海风能的联合声明。该项目计划在 2020—2030 年,承诺交付 60 吉瓦风力发电,在 2020 后的十年每年至少要有 4 吉瓦的新部署。

60. 德最高法院裁决核燃料税不符合宪法

2017 年 6 月 7 日,德最高法院判定,针对能源企业征收的核燃料税是违反宪法的。根据宪法法庭的这一判决,RWE、Eon 和 EnBW 等核电企业能够获得几十亿欧元的退税。

61. 英国与德国可再生能源发电上网功率创新高

2017 年 6 月 7 日,英国与德国的可再生能源发电上网功率达到了新高,风力

和太阳能分别满足了当天全国用电需求的 40% 及 60%。

62. 中巴经济走廊首个能源项目圆满建成投产

2017 年 6 月 8 日,由中国能建天津电建承建的萨希瓦尔燃煤电站 2 号机组圆满完成 168 小时满负荷试运,标志着中巴经济走廊首个能源项目正式建成投产。

63. 2021 年墨西哥或将成为全球第七大光伏市场

2017 年 6 月,根据 2017 欧洲太阳能电力全球展望报告,预计到 2021 年,墨西哥有可能成为全球第七大光伏(PV)市场。

64. 东芝同意向美国南方电力就西屋债务支付 36.8 亿美元

2017 年 6 月 10 日,东芝公司就已破产的美国西屋电气公司(WH)负责的两个核电机组建设项目表示,已经与订货方美国南方电力公司达成了支付 36.8 亿美元的协议。通过履行作为西屋母公司对部分施工费用提供债务担保的合同,东芝的负担金额上限确定了下来。

65. 美国风能、太阳能首次超过全国总发电量的 10%

2017 年 6 月,据美国能源信息署新发布的一份能源报告显示,随着清洁能源市场的不断增长,2017 年 3 月份美国风力发电和太阳能发电量首次超过美国总发电量的 10%。

66. 西非清洁能源走廊启动

2017 年 6 月,西非清洁能源走廊(WACEC)在开普敦启动,旨在扩大该地区公共事业级可再生能源项目的部署规模。

67. 亚投行公布能源战略支持成员履行《巴黎协定》

2017 年 6 月 16 日,亚洲基础设施投资银行(亚投行)发表媒体声明,公布亚投行能源领域战略,并表示支持成员履行《巴黎协定》相关承诺。

68. 韩国能源政策重大转向:不再开发核电

2017 年 6 月 19 日,韩国总统文在寅宣布,他领导的新一届政府将终止所有建设新核电站的计划,也不再批准延期运行现有核电站,以兑现竞选承诺。

69. 印度废除光伏发电州际传输费用至 2019 年底

2017 年 6 月,印度新能源和可再生能源部(MNRE)做出决定,废除光伏发电州际传输费用至 2019 年底,以使光伏电价较火电价格具有更多优势。

70. 法国电力集团收购阿海珐核电业务获欧盟批准

2017 年 6 月,法国电力集团(EDF)收购阿海珐集团核反应堆业务已经获得欧洲委员会的批准。欧委会在对其进行调查后认为该交易符合反垄断法。

71. 美国大型公司成为清洁能源主要推动力

2017 年 6 月,美国的主要企业如沃尔玛百货有限公司和通用汽车公司已经成为了美国最大的可再生能源买主。这对可再生能源业的发展起到了推动作用,而这个行业也被认为是帮助美国减少二氧化碳排放的关键。

72. 英出台新法案 高速服务站加油站配充电桩

2017年6月,根据英国政府最新出台的自动与电动汽车法案,高速公路服务站和主要加油站都将安装电动汽车充电桩。

73. 中国与芬兰签署能源合作谅解备忘录

2017年6月27日,在中国与芬兰两国领导人见证下,国家能源局副局长王晓林与芬兰驻华大使马寰雅在大连共同签署了《中华人民共和国国家能源局与芬兰共和国经济就业部关于中芬能源领域合作的谅解备忘录》。

74. 英国脱欧后将继续发展核能

2017年6月28日,英国能源部长理查德·哈林顿在核工业协会举行的会议上表示,英国将致力于贯彻落实包括清洁能源增长计划和工业战略在内的重大举措。在英国扩大经济和发展低碳经济过程中核工业将发挥重要作用。

75. 全球第二大油服公司诞生

2017年7月3日,贝克休斯公司(Baker Hughes)与通用电气公司(GE)旗下石油天然气业务部门合并交易正式完成,世界第二大油服公司诞生,超越哈里伯顿仅次于斯伦贝谢,新公司名称为Baker Hughes,a GE company,简称BHGE。交易规模达到230亿美元。新公司在休斯敦和伦敦设立双总部,7月5日起以BHGE为名字在纽约证券交易所进行交易。

76. 伊朗与中国公司签署50亿美元天然气协议

2017年7月3日,伊朗与法国道达尔及一家中国石油公司签署50亿美元协议,开发其海上天然气田。根据协议,法国石油巨头道达尔公司是该项目作业方,持股50.1%,中国公司持股30%,伊朗国家石油公司持股19.9%。

77. 亚行1.5亿美元贷款助力尼泊尔输配电系统升级

2017年7月,亚洲开发银行ADB批准为尼泊尔输配电系统升级项目提供1.5亿美元贷款,旨在帮助尼泊尔进一步提高供电和配电的稳定性和效率。

78. 全球首个商业级海上漂浮式风力发电场组建完工

2017年7月,阿联酋马斯达尔公司宣布,全球首个商业级海上漂浮式风力发电场Hywind苏格兰发电场项目已经组建完工,不日将运抵并部署于苏格兰阿伯丁郡海岸。

79. 特斯拉在澳大利亚打造"世界最大锂电池"储存风电

2017年7月7日,美国特斯拉公司首席执行官埃隆·马斯克宣布,2017年年底前将在澳大利亚造出100兆瓦的世界最大容量锂离子蓄电池组,用于储存风电。

80. 土耳其暂停批准《巴黎协定》

2017年7月8日,土耳其总统埃尔多安在汉堡举行的G20总结新闻发布会上表示,在美国退出《巴黎气候协定》后,土耳其已经暂停批准该协定。埃尔多安表示,土耳其目前没有批准该协定,作为发展中国家,土耳其还没有得到关于免受制裁的保障。

81. 澳大利亚地方政府2.62亿澳元收回神华公司部分采矿权

2017年7月12日,澳大利亚新南威尔士州政府表示,迫于当地农民和环保人士反对在农业用地上进行采矿的压力,州政府已经同意支付2.62亿澳元购回神华公司在悉尼西北400千米的利物浦平原的勘探权中的51.4%。而反对采矿的活动人士则表示要继续努力,争取全面禁止在该地区采矿。

82. 日本东电董事长表明含氚处理污水排放入海方针

2017年7月,关于日本东京电力公司福岛第一核电站含有高放核污水净化后残留的放射性物质的处理水,该公司董事长川村隆接受各媒体采访时称"(作为东电)已作出了判断",表明排放入海的方针。

83. 印尼2019年将停止进口天然气

2017年7月,据印尼官方预计,该国2019年开始将无需进口天然气。印尼能源和矿产部数据显示,2019年日均天然气进口需求约为4730万立方米,但拟开发完工的江格里克等气田产量,加之35吉瓦电力开发计划,所需天然气规模呈下降态势,届时印尼气田将能满足上述进口需求。

84. 世界银行将向埃及500兆瓦太阳能项目投资6.6亿美元

2017年7月,世界银行旗下的国际金融公司(IFC),已经批准了一项6.6亿美元的融资,用于埃及南部阿斯旺1.8吉瓦Benban太阳能综合项目中11座太阳能电站的建设,总产能为500兆瓦。

85. 欧洲政企联合推动海上风电快速发展

2017年7月,德国、丹麦和比利时三国的能源部长与包括全球最大海上风电开发商东能源公司(Dong Energy A/S)在内的25家企业的首席执行官在伦敦发表联合声明,承诺将继续增加对海上风电的投资力度,并力推该产业成本下降。

86. 英国宣布2040年起禁售汽油和柴油汽车

2017年7月26日,英国政府宣布,将于2040年起全面禁售汽油和柴油汽车,届时市场上只允许电动汽车等新能源环保车辆销售。

87. 韩新设国家能源委员会

2017年8月,韩国政府明文规定,将减少核电和化石燃料的使用比重,逐渐增加使用可再生能源。同时,为了向绿色环境能源转换,韩国宣布设立国家能源委员会,总统文在寅任委员长。

88. 芬兰将打造超级地下核废料库储存时间十万年

2017年8月3日,芬兰奥尔基卢奥托岛将使用迷宫般的地下隧道储存核废料。芬兰存储核废料的计划放眼于遥远的未来。该地下核废料仓库的设计考虑了地震、甚至是未来冰河时代的潜在影响,此外,铜制的巨大处理罐被用来储存基岩上的核废料,至少可储存十万年。此举可能成为其他国家效仿的模板。

89. 美向联合国正式递交退出《巴黎协定》文书

2017年8月4日,美国国务院发表声明说,美国已在当天向联合国递交文书,正式表达退出《巴黎协定》的意愿。据《巴黎协定》中的相关规定,美国完成退出流程还需要3年多时间,这意味着美国要等到2020年11月才能正式退出。

90. 墨西哥可再生能源行业获得8.1亿美元贷款

2018年8月8日,墨西哥能源部宣布,墨风电和太阳能项目共从墨外贸银行(Bancomext)、国家金融银行(Nafin)、公共工程银行(Banobra)三家开发银行获得8.1亿美元贷款。能源部表示,这些贷款可以保障长期电力项目的基础设施建设,从而扩大能源来源。获得这些贷款的公司分别为Zuma Energia、Cubico、Alten和Cubico联合体。

91. 欧洲电企纷纷中止煤电扩张计划

2017年8月,牛津大学新发布研究报告称,过去十年里欧洲电企认识到决策错误,中止了大量煤电扩张计划。报告指出,其他国家应从欧洲的教训中吸取经验,在考虑煤电扩张计划时三思而后行。

92. 《关于汞的水俣公约》正式生效

2017年8月16日,联合国主导下多国签署的环保条约《关于汞的水俣公约》正式生效。该条约的目的是为了防止由水银引起的环境污染和健康危害。

93. 欧盟针对电力企业更严格排放新规生效

2017年8月17日,欧盟委员会正式发布了针对污染严重电力设施的更为严格的排放标准。新标准将对诸多大型电厂产生影响,欧委会承诺给他们4年过渡期来满足新的排放要求。

94. 全球最大的"数据堡垒"将在北极建成

2017年8月,世界上最大的数据库"Kolos"即将在北极建成,这项工程将由100%可持续能源驱动。

95. 孟加拉国正式加入国际太阳能联盟

2017年8月22日,孟内阁批准签署国际太阳能联盟协议,将成为国际太阳能联盟成员。该联盟构想由印度总理穆迪和法国总统奥朗德于 2015 年 11 月 30 日在巴黎举行的联合国气候变化会议上提出，由 121 个太阳能资源丰富的国家组成，致力于消除太阳能发电障碍，为太阳能项目提供资金，开展科研工作，促进清洁能源的发展和产能的提高。

96. 阿根廷发行 45 亿美元国库债券发展可再生能源

2017 年 8 月，阿根廷政府将发行国库债券用于发展可再生能源。据悉，阿根廷政府此次发型的国库债券达到 44.98 亿美元，用于成立可再生能源发展基金 Foder。

97. 中吉最大能源合作项目比什凯克热电厂竣工投产

2017 年 8 月 30 日，中吉最大能源合作项目比什凯克热电厂改造项目全面竣工投产。该项目由中国企业特变电工总承建。改造完成的比什凯克热电厂保留原有机组，并建设新机组，使发电量从原有的 2.62 亿千瓦时/年提高到 17.4 亿千瓦时/年，成为比什凯克第一座现代化热电站。

98. 委内瑞拉首次以人民币计价公布油价

2017 年 9 月 15 日，委内瑞拉石油部网站首次以人民币计价的方式公布委原油价格，8 月 11—15 日一周原油均价报 306.26 元，按同期美元对人民币汇率 1∶6.55 计算约合 46.75 美元，较上周轻微上涨。此报价是自上周总统宣布对外支付弃用美元结算以抵御美国金融制裁风险后的首次官方油价公示。

99. 迪拜启动建设全球最大光热电站项目

2017 年 9 月 16 日，全球最大的集中式太阳能发电站项目在迪拜启动。电站的总装机容量为 70 万千瓦。用于收集反射太阳光的太阳能集中器将高达 260 米，其高度属现今世界同类型集中器之最。

100. 日本原子能委员会发布《核能白皮书》

2017 年 9 月 14 日，日本原子能委员会发布了一份长达 332 页的《核能白皮书》，这是自 2011 年福岛核电站发生严重核事故以来发布的首份核能报告。报告说明了政府清理受损核电站和加强安全标准的情况，并呼吁继续将核能作为国家能源供应的关键组成部分。

101. 特朗普政府正式撤销奥巴马清洁能源计划

2017 年 10 月 10 日，美国环保署署长（EPA）普鲁特（Pruitt）在华盛顿签署了一项拟议规则，正式撤销了奥巴马时期决定的清洁能源计划。

102. 中国神华收购希腊四个风力发电厂 75% 权益

2017 年 11 月 2 日，希腊基础设施开发集团 Copelouzos 称，中国神华集团收购了该公司开发的四个风电场 75% 的权益。神华集团和 Copelouzos 5 月同意在希腊和其他国家的清洁能源项目和发电厂升级方面展开合作。

103. 埃及与三家企业联合签署 250 兆瓦风电厂建设协议

2017年11月,埃及与由丰田公司、Engie公司和Orascom公司三家企业组成的联合体签署250兆瓦风力发电厂建设协议。该发电厂位于苏伊士省,项目总成本为4亿美元。

104. 墨西哥国家石油公司发现 15 年来最大陆地油田

2017年11月3日,墨西哥国家石油公司宣布在维拉克鲁斯州发现十五年来最大陆地油田,油田名为Ixachi,轻油和天然气原始储量相当于15亿桶,可采储量3.5亿桶。墨总统涅托表示,该油田拥有很高经济价值,因为该油田所处位置与现有基建设施临近,将很快能够投入生产。

105. 拉美最大光伏电站投入使用

2017年11月3日,智利总统米歇尔·巴切莱特(Michelle Bachelet)宣布,由西班牙跨国公司Acciona在智建造的ElRomero光伏电站全面投入使用。ElRomero位于智利阿塔卡马沙漠(Atacama),2015年10月开始建设,投资约为3.43亿美元。

106. 特斯拉建造的全球最大锂电池按时完工

2017年11月23日,南澳大利亚州政府宣布,特斯拉公司已完成了全球最大锂离子电池储能系统的建设工作,使其能够按计划在一百天期限之内完成交付。

107. 巴西建成拉美最大太阳能园区

2017年11月28日,拉丁美洲最大的太阳能园区在巴西东北部皮奥伊州落成,园区内共安装93万块太阳能板,装机容量292兆瓦,可为30万户居民供电。

108. 韩英两国签署政府间核电合作备忘录

2017年11月27日,韩国产业通商资源白云揆长官在伦敦与英国企业能源产业战略部(BEIS)长官签署了两国关于核电领域合作的备忘录。备忘录主要包括两国政府对韩国电力和韩国水力原子力等企业参与英国新建核电项目给予支援,以及在核电领域加强合作等内容。

109. 墨西哥取消汽油和柴油最高限价

2017年11月30日报道,墨西哥财政部表示,即日起取消公布汽油和柴油最高限价,由国内各加油站自定油价。财政部称,通过现行的生产和服务特殊税能够遏制油价急速攀升,同时,油价自由化有助于市场合理配置资源,刺激资本涌入,提升墨成品油竞争力。

110. 西非最大太阳能发电中心建成

2017年12月,位于布基纳法索首都瓦加杜古郊区的Zagtuli太阳能发电中心正式建成。该项目占地60公顷,计划最大发电能力为33兆瓦,占布总发电量的

5%,规模为西非地区最大。

111. 世界银行将于 2019 年停止为石油和天然气项目融资

2017年12月12日,世界银行在巴黎召开的气候峰会上宣布将于2019年停止为石油和天然气项目融资,目的是推动世界经济向清洁能源转型。

112. 欧盟成员国同意到 2030 年实现可再生能源占比达 27%

2017年12月18日,欧盟各成员国环境和能源部长就2030年可再生能源目标达成一致,要求到2030年实现可再生能源占比达到27%,在2020年达到20%。

113. 澳大利亚推出全球第一辆太阳能列车

2017年12月,澳大利亚拜伦湾铁路公司推出了全世界第一辆太阳能列车,并在新南威尔斯省实际运作。虽然行车距离不长,但其证明了太阳能动力可以实际用于运输。